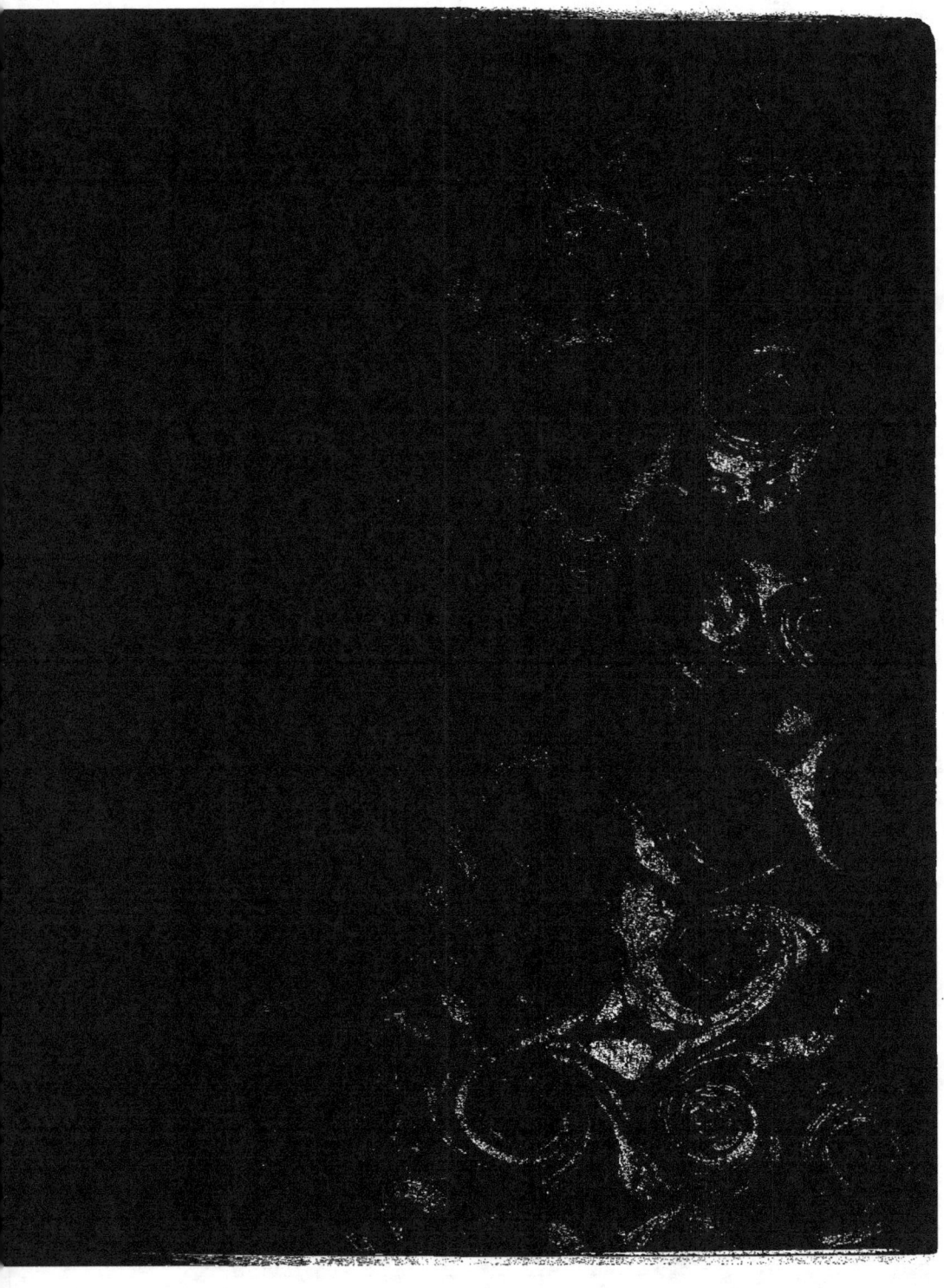

0 . 16 . 11

PRINCIPES
MATHÉMATIQUES
DE LA
PHILOSOPHIE NATURELLE.

RECHERCHES
MATHÉMATIQUES
ET
PHILOSOPHIQUES

PRINCIPES
MATHÉMATIQUES

DE LA

PHILOSOPHIE NATURELLE,

Par feue Madame la Marquife DU CHASTELLET.

TOME PREMIER.

A PARIS,

Chez { DESAINT & SAILLANT, rue S. Jean de Beauvais,
LAMBERT, Imprimeur-Libraire, rue & à côté
de la Comédie Françoife, au Parnaffe.

M. D. C C L I X.
AVEC APPROBATION ET PRIVILÉGE DU ROI.

AVERTISSEMENT
DE L'ÉDITEUR.

CET Ouvrage est composé de deux Parties. La premiere est une traduction du texte littéral des *Principes Mathématiques de la Philosophie Naturelle*. Il est presque superflu d'avertir qu'elle a été faite sur la derniere édition de 1726 ; édition qui l'emporte sur toutes les précédentes par rapport aux corrections suggérées par des idées postérieures, & par les remarques de quelques célèbres Mathématiciens. L'illustre Interprete, plus jalouse de saisir l'esprit de l'Auteur, que ses paroles, n'a pas craint en quelques endroits d'ajouter ou de transposer quelques idées pour donner au sens plus de clarté. En conséquence on trouvera souvent *Newton* plus intelligible dans cette traduction que dans l'original, & même que dans la traduction Angloise. En effet, on s'est tellement attaché dans cette derniere au texte littéral de l'Auteur, que s'il y a quelque ambiguité dans le Latin, on la retrouve dans l'Anglois. Tant de timidité donneroit lieu de soupçonner l'Auteur d'avoir foiblement entendu son original, & d'avoir usé de la ressource ordinaire en pareil cas : c'est de rendre les mots quand on ne peut rendre les choses. Nous

AVERTISSEMENT.

aimons pourtant mieux penser que cette scrupuleuse fidélité vient d'un autre motif, & l'attribuer à un certain respect si justement acquis à cet immortel Ouvrage ; respect qui a engagé son Traducteur à le rendre trait pour trait.

A l'égard de la confiance que le Public doit avoir dans cette traduction, il suffit de dire qu'elle a été faite par feue Madame la Marquise *du Chastellet*, & qu'elle a été revûe par M. *Clairaut*.

La seconde partie de l'Ouvrage est un Commentaire des endroits des principes, relatifs au système du monde. Ce Commentaire est lui-même divisé en deux parties, dans la premiere desquelles on expose de la maniere la plus sensible, les principaux phénomènes dépendans de l'attraction : ces découvertes jusqu'à présent hérissées de tant d'épines, seront désormais accessibles à tous les Lecteurs capables de quelque attention, & qui auront de légères notions des Mathématiques.

A cette partie du Commentaire en succède une plus sçavante. On y donne par analyse la solution des plus beaux problèmes du système du monde : on y examine la forme qu'ont réellement ou qu'auroient les orbites des planétes dans les différentes hypothèses de pésanteur, l'attraction qu'exerceroient des corps de différentes figures, la réfraction de la lumiere, effet de l'attraction des parties insensibles des corps, la théorie de la figure de la terre & celle de marées. Toutes ces recherches sont tirées pour la plupart ou des Ouvrages de M. *Clairaut*, ou des cahiers

AVERTISSEMENT.

qu'il avoit aciennement donnés en forme de leçons à Madame la Marquife *du Chaftellet*. L'avant derniere fection eft un excellent précis de fon Traité fur la *figure de la terre*. La diſſertation du ſçavant M. *Daniel Bernoulli*, qui a remporté le prix propoſé pour la queſtion des marées, forme le fond de la derniere : elle eſt de plus augmentée de diverſes notes & éclairciſſemens que l'Auteur a communiqués.

On s'étonnera ſans doute que ce Commentaire ne s'étende pas plus loin ; mais, je l'ai déja dit, ſon Auteur a cru devoir ſe borner à ce qui concerne plus particulierement le ſyſtême du monde. Dans cette vûe, il n'a pas jugé néceſſaire de commenter la partie des Principes qui contient la théorie des fluides. D'ailleurs cette théorie a été traitée par tant de mains, & en particulier avec tant de ſuccès par MM. *Daniel Bernoulli* & *d'Alembert*, dont les écrits ſont entre les mains de tout le monde, qu'il devenoit ſuperflu d'y toucher. À l'égard de la théorie des Cometes, on trouve dans la premiere partie du Commentaire un article entier qui les concerne & qui doit ſuffire. La détermination géométrique de la forme de leurs orbites eſt contenue dans le problême général des trajectoires, & c'eſt dans les traités d'Aſtronomie qu'on doit chercher la maniere d'en déterminer la forme & la poſition d'après les obſervations. M. l'Abbé de la Caille a parfaitement rempli cet objet dans ſes Elémens d'Aſtronomie, où il a beaucoup ſimplifié les opérations par leſquelles M. Newton avoit enſeigné à déterminer les orbites des Cometes.

AVERTISSEMENT.

Il n'y a que la théorie des planétes secondaires dont l'omission dans cet Ouvrage sembleroit plus difficile à justifier; mais au tems où M. *Clairault* travailloit avec *Madame du Chastellet*, il étoit encore trop peu content, & de ce que *Newton* avoit fait sur ce sujet, & de ses idées propres, pour lui en rien communiquer. Cette partie intéressante du systême du Monde n'a reçu que depuis peu cette perfection qui lui manquoit. Les Lecteurs qui voudront être suffisamment instruits sur cette matiere, pourront consulter la piéce de *M. Clairaut* qui a remporté le prix de l'Académie de Petersbourg sur la *théorie de la Lune*, & l'Ouvrage que *M. d'Alembert* vient de publier sous le titre de *Recherches sur quelques points importans du systême du Monde*.

C'est-là tout ce qu'en qualité d'Editeurs nous avons à dire de cet Ouvrage. M. de Voltaire a pris la peine de tracer le caractère de la sçavante Dame qui en est l'Auteur. La Préface Historique qu'on lit à la suite de cet Avertissement est de cet homme célèbre.

PRÉFACE HISTORIQUE.

CETTE traduction que les plus savans Hommes de France devoient faire, & que les autres doivent étudier, une femme l'a entreprise & achevée à l'étonnement & à la gloire de son pays. Gabrielle-Emilie de Breteuil, Marquise du Châtelet, est l'Auteur de cette Traduction, devenue nécessaire à tous ceux qui voudront acquérir ces profondes connoissances, dont le monde est redevable au grand Newton.

C'eût été beaucoup pour une femme de sçavoir la Géométrie ordinaire, qui n'est pas même une introduction aux vérités sublimes contenues dans cet Ouvrage immortel. On sent assez qu'il falloit que Madame la Marquise du Chastelet fût entrée bien avant dans la carriére que Newton avoit ouverte, & qu'elle possédât ce que ce grand homme avoit enseigné. On a vu deux prodiges : l'un, que Newton ait fait cet Ouvrage ; l'autre, qu'une Dame l'ait traduit & l'ait éclairci.

Ce n'étoit pas son coup d'essai, elle avoit auparavant donné au Public une explication de la Philosophie de Léibnitz sous le titre d'Institutions de Physique, addressées à son fils, auquel elle avoit enseigné elle-même la Géométrie.

Le Discours préliminaire qui est à la tête de ses Institutions est un chef d'œuvre de raison & d'éloquence : elle a répandu dans le reste du Livre une méthode & une clarté que Léibnitz n'eut jamais, & dont ses idées ont besoin, soit qu'on veuille seulement les entendre, soit qu'on veuille les réfuter.

Après avoir rendu les imaginations de Léibnitz intelligibles, son esprit qui avoit acquis encore de la force & de la maturité par ce travail même, comprit que cette Métaphysique si hardie, mais si peu fondée, ne méritoit pas ses recherches. Son ame étoit faite pour le sublime, mais pour le vrai. Elle sentit que les monades & l'harmonie préétablies devoient être mises avec les trois élémens de Descartes, & que des systêmes qui n'étoient qu'ingénieux, n'étoient pas dignes de l'occuper. Ainsi, après avoir eu le courage d'embellir Léibnitz, elle eut celui de l'abandonner : courage bien rare dans quiconque a embrassé une opinion, mais qui ne coûta guères d'efforts à une ame qui étoit passionnée pour la vérité.

Défaite de tout esprit de systême, elle prit pour sa régle celle de la Société Royale de Londres, *Nullius in verba*; & c'est parce que la bonté de son esprit l'avoit rendue ennemie des partis & des systêmes, qu'elle se donna toute entiére à Newton. En effet Newton ne fit jamais de systême, ne supposa jamais rien, n'enseigna aucune vérité qui ne fût fondée sur la plus sublime Géométrie ou sur des expériences incontestables. Les conjectures qu'il a hazardées à la fin de son Livre sous le nom de Recherches, ne sont que des doutes, il ne les donne que pour tels ; & il seroit presque impossible que celui qui n'avoit jamais affirmé que des vérités évidentes, n'eût pas douté de tout le reste.

PRÉFACE.

Tout ce qui est donné ici pour principe, est en effet digne de ce nom, ce sont les premiers ressorts de la nature, inconnus avant lui : & il n'est plus permis de prétendre à être Physicien sans les connoître.

Il faut donc bien se garder d'envisager ce Livre comme un système, c'est-à-dire comme un amas de probabilités qui peuvent servir à expliquer bien ou mal quelques effets de la Nature.

S'il y avoit encore quelqu'un d'assez absurde pour soutenir la matière subtile & la matière cannellée, pour dire que la terre est un soleil encrouté, que la lune a été entraînée dans le tourbillon de la terre, que la matière subtile fait la pesanteur, & toutes ces autres opinions romanesques substituées à l'ignorance des Anciens, on diroit : Cet homme est Cartésien. S'il croyoit aux monades, on diroit : Il est Léibnitien ; mais on ne dira pas de celui qui sçait les élémens d'Euclide, Qu'il est Euclidien : ni de celui qui sçait d'après Galilée en quelle proportion les corps tombent, Qu'il est Galiléiste. Aussi en Angleterre ceux qui ont appris le calcul infinitésimal, qui ont fait les expériences de la lumière, qui ont appris les loix de la gravitation, ne sont point appellés Newtoniens : c'est le privilége de l'erreur de donner son nom à une Secte.

Si Platon avoit trouvé des vérités, il n'y eût point eu de Platoniciens, & tous les hommes auroient appris peu à peu ce que Platon avoit enseigné ; mais parce que dans l'ignorance qui couvre la terre, les uns s'attachoient à une erreur, les autres à une autre, on combatoit sous différents étendards : il y avoit des Péripatéticiens, des Platoniciens, des Épicuriens, des Zénoniftes, en attendant qu'il y eût des Sages.

Si on appelle encore en France Newtoniens les Philofophes qui ont joint leurs connoiffances à celles dont Newton a gratifié le genre humain, ce n'eft que par un refte d'ignorance & de préjugé. Ceux qui fçavent peu & ceux qui fçavent mal, ce qui compofe une multitude prodigieufe, s'imaginérent que Newton n'avoit fait autre chofe que combattre Defcartes, à peu près comme avoit fait Gaffendi : ils entendirent parler de fes découvertes, & ils les prirent pour un fyftême nouveau. C'eft ainfi que quand Harvée eut rendu palpable la circulation du fang, on s'éleva en France contre lui : on appella Harvéiftes & Circulateurs ceux qui ofoient embraffer la vérité nouvelle que le Public ne prenoit que pour une opinion. Il le faut avouer, toutes les découvertes nous font venues d'ailleurs, & toutes ont été combatues. Il n'y a pas jufqu'aux expériences que Newton avoit faites fur la lumiere, qui n'ayent effuyé parmi nous de violentes contradictions. Il n'eft pas furprenant après cela que la gravitation univerfelle de la matiere ayant été démontrée, ait été auffi combatue.

Il a fallu, pour établir en France toutes les fublimes vérités que nous devons à Newton, laiffer paffer la génération de ceux qui ayant vieilli dans les erreurs de Defcartes, *turpè putaverunt parere minoribus, & quæ imberbes didicère, fenes perdenda fateri.*

Madame du Châtelet a rendu un double fervice à la poftérité en traduifant le Livre des Principes, & en l'enrichiffant d'un Commentaire. Il eft vrai

PRÉFACE.

que la Langue Latine dans laquelle il est écrit, est entendue de tous les sçavans ; mais il en coute toujours quelques fatigues à lire des choses abstraites dans une Langue étrangere : d'ailleurs le Latin n'a pas de termes pour exprimer les vérités mathématiques & Physiques qui manquoient aux anciens.

Il a fallu que les modernes créassent des mots nouveaux pour rendre ces nouvelles idées. C'est un grand inconvénient dans les Livres de sciences, & il faut avouer que ce n'est plus gueres la peine d'écrire ces Livres dans une Langue morte, à laquelle il faut toujours ajouter des expressions inconnues à l'antiquité, & qui peuvent causer de l'embarras. Le Français qui est la Langue courante de l'Europe, & qui s'est enrichi de toutes ces expressions nouvelles & nécessaires, est beaucoup plus propre que le Latin à répandre dans le monde toutes ces connoissances nouvelles.

A l'égard du Commentaire Algébrique, c'est un Ouvrage au dessus de la traduction. Madame du Châtelet y travailla sur les idées de M. Clairaut : elle fit tous les calculs elle-même, & quand elle avoit achevé un Chapitre, M. Clairaut l'examinoit & le corrigeoit. Ce n'est pas tout, il peut dans un travail si pénible échaper quelque méprise ; il est très-aisé de substituer en écrivant un signe à un autre ; M. Clairaut faisoit encore revoir par un tiers les calculs, quand ils étoient mis au net, de sorte qu'il est moralement impossible qu'il se soit glissé dans cet Ouvrage une erreur d'inattention ; & ce qui le feroit du moins autant, c'est qu'un Ouvrage où M. Clairaut a mis la main, ne fût pas excellent en son genre.

Autant qu'on doit s'étonner qu'une femme ait été capable d'une entreprise qui demandoit de si grandes lumieres & un travail si obstiné, autant doit-on déplorer sa perte prématurée. Elle n'avoit pas encore entierement terminé le Commentaire, lorsqu'elle prévit que la mort pouvoit l'enlever ; elle étoit jalouse de sa gloire & n'avoit point cet orgueil de la fausse modestie, qui consiste à paroître mépriser ce qu'on souhaite, & à vouloir paroître supérieure à cette gloire véritable, la seule récompense de ceux qui servent le Public, la seule digne des grandes ames, qu'il est beau de rechercher, & qu'on n'affecte de dédaigner que quand on est incapable d'y atteindre.

Elle joignit à ce goût pour la gloire, une simplicité qui ne l'accompagne pas toujours, mais qui est souvent le fruit des études sérieuses. Jamais femme ne fut si savante qu'elle, & jamais personne ne mérita moins qu'on dît d'elle, C'est une femme savante : elle ne parloit jamais de science qu'à ceux avec qui elle croyoit pouvoir s'instruire, & jamais n'en parla pour se faire remarquer. On ne la vit point rassembler de ces Cercles où il se fait une guerre d'esprit, où l'on établit une espéce de tribunal, où l'on juge son siecle, par lequel, en récompense, on est jugé très-féverement. Elle a vécu longtems dans des sociétés où l'on ignoroit ce qu'elle étoit, & elle ne prenoit pas garde à cette ignorance.

Née avec une éloquence singuliere, cette éloquence ne se déployoit que quand elle avoit des objets dignes d'elle. Ces Lettres où il ne s'agit que de montrer de l'esprit, les petites finesses, ces tours délicats que l'on donne à des choses ordinaires, n'entroient point dans l'immensité de ses talents; le mot propre, la précision, la justesse & la force étoient le caractère de son éloquence ; elle eût plûtôt écrit comme Pascal & Nicole, que comme Madame de Sevigné. Mais cette fermeté sévère & cette trempe vigoureuse de son esprit ne le rendoient pas inaccessible aux beautés de sentiments : les charmes de la Poësie & de l'Eloquence la pénétroient, & jamais oreille ne fut plus sensible à l'harmonie. Elle savoit par cœur les meilleurs vers, & ne pouvoit souffrir les médiocres. C'étoit un avantage qu'elle eut sur Newton, d'unir à la profondeur de la Philosophie, le goût le plus vif & le plus délicat pour les Belles Lettres.

On ne peut que plaindre un Philosophe réduit à la sécheresse des vérités, & pour qui les beautés de l'imagination & du sentiment sont perdues.

Dès sa tendre jeunesse elle avoit nourri son esprit de la lecture des bons Auteurs, en plus d'une Langue ; elle avoit commencé une traduction de l'Enéide dont j'ai vû plusieurs morceaux remplis de l'ame de son Auteur : elle apprit depuis l'Italien & l'Anglais. Le Tasse & Milton lui étoient aussi familiers que Virgile : elle fit moins de progrès dans l'Espagnol, parce qu'on lui dit qu'il n'y a gueres, dans cette Langue, qu'un Livre célébre, & que ce Livre est frivole.

PRÉFACE.

L'étude de fa Langue fut une de fes principales occupations: il y a d'elle des remarques manufcrites, dans lefquelles on découvre, au milieu de l'incertitude de la Grammaire, cet efprit philofophique qui doit dominer par tout, & qui eft le fil de tous les labyrinthes.

Parmi tant de travaux que le favant le plus laborieux eût à peine entrepris, qui croiroit qu'elle trouvât du tems, non feulement pour remplir tous les devoirs de la fociété, mais pour en rechercher avec avidité tous les amufemens? Elle fe livroit au plus grand monde comme à l'étude : tout ce qui occupe la fociété étoit de fon reffort, hors la médifance. Jamais on ne l'entendit relever un ridicule, elle n'avoit ni le tems, ni la volonté de s'en appercevoir; & quand on lui difoit que quelques perfonnes ne lui avoient pas rendu juftice, elle répondoit qu'elle vouloit l'ignorer. On lui montra un jour je ne fais quelle miférable brochure dans laquelle un auteur, qui n'étoit pas à portée de la connoître, avoit ofé mal parler d'elle. Elle dit que fi l'auteur avoit perdu fon tems à écrire ces inutilités, elle ne vouloit pas perdre le fien à les lire, & le lendemain ayant fçu qu'on avoit renfermé l'auteur de ce libelle, elle écrivit en fa faveur, fans qu'il l'ait jamais fçu.

Elle fut regrettée à la Cour de France, autant qu'on peut l'être dans un pays où les intérêts perfonnels font fi aifément oublier tout le refte. Sa mémoire a été précieufe à tous ceux qui l'ont connue particuliérement, & qui ont été à portée de voir l'étendue de fon efprit & la grandeur de fon ame.

PRÉFACE.

Il eût été heureux pour ses amis qu'elle n'eût pas entrepris cet ouvrage dont les savants vont jouir. On peut dire d'elle, en déplorant sa destinée, *periit arte sua.*

Elle se crut frappée à mort long-tems avant le coup qui nous l'a enlevée : dès lors elle ne songea plus qu'à employer le peu de tems qu'elle prévoioit lui rester à finir ce qu'elle avoit entrepris, & à dérober à la mort ce qu'elle regardoit comme la plus belle partie d'elle même. L'ardeur & l'opiniatreté du travail, des veilles continuelles, dans un tems où le repos l'auroit sauvée, amenerent enfin cette mort qu'elle avoit prévue. Elle sentit sa fin approcher, & par un mélange singulier de sentiments qui sembloient se combattre, on la vit regretter la vie, & regarder la mort avec intrépidité : la douleur d'une séparation éternelle affligeoit sensiblement son ame, & la Philosophie dont cette ame étoit remplie lui laissoit tout son courage. Un homme qui s'arrachant tristement à sa famille qui le pleure, & qui fait tranquillement les préparatifs d'un long voyage, n'est que le faible portrait de sa douleur & de sa fermeté : de sorte que ceux qui furent les témoins de ses derniers momens sentoient doublement sa perte par leur propre affliction & par ses regrets, & admiroient en même tems la force de son esprit, qui mêloit à des regrets si touchans une constance si inébranlable.

PRÉFACE
DE MONSIEUR NEWTON
à la premiere édition des Principes en 1686.

LES Anciens, comme nous l'apprend Pappus,* firent beaucoup de cas de la Méchanique dans l'interprétation de la nature, & les modernes ont enfin, depuis quelque tems, rejetté les formes fubftantielles & les qualités occultes, pour rappeller les Phénomenes naturels à des loix mathématiques. On s'eft propofé dans ce Traité de contribuer à cet objet, en cultivant les Mathématiques en ce qu'elles ont de rapport avec la Philofophie naturelle.

Les anciens partagerent la Méchanique en deux claffes; l'une théorique, qui procéde par des démonftrations exactes; l'autre pratique. De cette derniere reffortiffent tous les Arts qu'on nomme Méchaniques, dont cette fcience a tiré fa dénomination : mais comme les Artifans ont coutume d'opérer peu exactement, de là eft venu qu'on a tellement diftingué la Méchanique de la Géométrie, que tout ce qui eft exact, s'eft rapporté à celle-ci, & ce qui l'étoit moins, à la premiere. Cependant les erreurs que commet celui qui exerce un art, font de l'artifte

---

* Coll. Math. Liv. 8. proœm.

PRÉFACE.

& non de l'art. Celui qui opere moins exactement est un Méchanicien moins parfait, & conféquemment celui qui opérera parfaitement, fera le meilleur.

La Géométrie appartient en quelque chofe à la Méchanique; car c'eſt de cette derniere que dépend la defcription des lignes droites & des cercles fur lefquels elle eſt fondée. Il eſt effectivement néceffaire que celui qui veut s'inftruire dans la Géométrie fache décrire ces lignes avant de prendre les premieres leçons de cette fcience : après quoi on lui apprend comment les problèmes fe réfolvent par le moyen de ces opérations. On emprunte de la Méchanique leur folution : la Géométrie enfeigne leur ufage, & fe glorifie du magnifique édifice qu'elle éleve en empruntant fi peu d'ailleurs. La Géométrie eſt donc fondée fur une pratique méchanique, & elle n'eſt autre chofe qu'une branche de la Méchanique univerfelle qui traite & qui démontre l'art de mefurer. Mais comme les Arts ufuels s'occupent principalement à remuer les corps, de-là il eſt arrivé que l'on a affigné à la Géométrie, la grandeur pour objet, & à la Méchanique, le mouvement : ainfi la Méchanique théorique fera la fcience démonftrative des mouvemens qui réfultent des forces quelconques, des forces néceffaires pour engendrer des mouvemens quelconques.

Les anciens qui ne confidérerent gueres autrement la pefanteur que dans le poids à remuer, cultiverent cette partie de la Méchanique dans leurs cinq puiffances qui regardent les arts manuels; mais nous qui avons pour objet, non les Arts, mais l'avancement de la Philosophie, ne nous bornant pas à considérer seulement les puissances manuelles, mais celles que la nature employe dans ses opérations, nous traitons principalement de la pesanteur, la légéreté, la force électrique, la résistance des fluides & les autres forces de cette espéce, soit attractives, soit répulsives : c'est pourquoi nous proposons ce que nous donnons ici comme les principes Mathématiques de la Philosophie naturelle. En effet toute la difficulté de la Philosophie paroit consister à trouver les forces qu'employe la nature, par les Phénomenes du mouvement que nous connoissons, & à démontrer ensuite, par là, les autres Phénomenes. C'est l'objet qu'on a eu en vue dans les propositions générales du I. & II. Livre, & on en donne un exemple dans le III. en expliquant le système de l'Univers : car on y détermine par les propositions Mathématiques démontrées dans les deux premiers Livres, les forces avec lesquelles les corps tendent vers le Soleil & les Planetes ; après quoi, à l'aide des mêmes propositions Mathématiques, on déduit de ces forces, les mouvemens des Planetes, des Cometes, de la Lune & de la Mer. Il seroit à desirer que les autres Phénomenes que nous présente la nature, pussent se dériver aussi heureusement des principes méchaniques : car plusieurs raisons me portent à soupçonner qu'ils dépendent tous de quelques forces dont les causes sont inconnues, & par lesquelles les particules des corps sont poussées les unes vers les autres, & s'unissent en figures régulières, ou sont repoussées & se fuyent mutuellement ; & c'est l'igno-

rance

rance où l'on a été jusques ici de ces forces, qui a empêché les Philosophes de tenter l'explication de la nature avec succès. J'espére que les principes que j'ai posés dans cet Ouvrage pourront être de quelque utilité à cette maniere de philosopher, ou à quelque autre plus véritable, si je n'ai pas touché au but.

L'ingénieux M. Halley, dont le sçavoir s'étend à tous les genres de littérature, a non seulement donné ses soins à cette Edition, en corrigeant les fautes de l'impression, & en faisant graver les figures : mais il est celui qui m'a engagé à la donner. Car après avoir obtenu de moi ce que j'avois démontré sur la forme des orbites planétaires, il ne cessa de me prier d'en faire part à la Société Royale, dont les instances & les exhortations gracieuses me déterminèrent à songer à publier quelque chose sur ce sujet. J'y travaillai ; mais après avoir entamé la question des irrégularités de la Lune, & diverses autres concernant les loix & la mesure de la pesanteur & des autres forces, les figures que décriroient les corps attirés par des forces quelconques, les mouvemens de plusieurs corps entre eux, ceux qui se font dans des milieux résistans, les forces, les densités & les mouvemens de ces milieux, les orbes enfin des Cométes ; je pensai qu'il étoit à propos d'en différer l'édition jusques à un autre tems, afin d'avoir le loisir de méditer sur ce qu'il restoit à trouver, & de donner un ouvrage complet au public : ce que je fais à présent. A l'égard des mouvemens lunaires, ce que j'en dis étant encore imparfait, je l'ai renfermé dans les corrolaires de la proposition LXVI. du I. Livre, de crainte d'être obligé d'expofer & de démontrer chaque point en particulier : ce qui m'auroit engagé dans une prolixité fuperflue, & auroit troublé la fuite des propofitions.

J'ai mieux aimé placer dans quelques endroits, quoique peu convenables, des chofes que j'ai trouvées trop tard, plûtôt que de changer les numero des oppofitions & des citations qui s'y rapportoient.

Je prie les fçavans de lire cet Ouvrage avec indulgence, & de regarder les défauts qu'ils y trouveront, moins comme dignes de blame, que comme des objets qui méritent une recherche plus approfondie & de nouveaux efforts.

A Cambridge, du Collége de la Trinité, le 8. Mai 1686.

IS. NEWTON.

PRÉFACE DE L'AUTEUR
à la tête de la seconde Edition.

CETTE seconde Edition paroit corrigée dans plusieurs Articles & avec quelques additions. Dans la seconde Section du premier Livre on a rendu plus facile la maniere de trouver les forces nécessaires pour faire mouvoir un corps dans des orbites données; & dans la Section VII. du second Livre, on a recherché avec plus de soin, la théorie de la résistance des fluides, qu'on confirme par de nouvelles expériences. Dans le III. Livre, on déduit d'une façon plus complette, la théorie de la Lune & la précession des Equinoxes, & l'on a ajouté à la théorie des Cometes un plus grand nombre d'exemples d'orbites calculées, & avec plus de soin: ce qui lui donne une nouvelle confirmation.

A Londres, ce 28. Mars 1713.

I S. NEWTON.

PRÉFACE DE L'AUTEUR
à la troisiéme édition.

DANS cette troisiéme Edition, dont a eu foin M. Camberton, Docteur en médecine, très-habile dans ces matieres; on explique plus au long quelques points concernant la réfiftance des milieux, & on a ajouté quelques nouvelles expériences fur la chute des graves dans l'air. On explique aufli avec plus de détail dans le Livre troifiéme, la démonftration qui prouve que la Lune eft retenue dans fon orbite par la force de la gravité. Le même Livre eft augmenté des Obfervations nouvelles faites par M. Pound fur la proportion des axes de Jupiter entre eux, de même que de quelques autres concernant la Comete de 1680, faites en Allemagne par M. Kirch, & qui ne nous font parvenues que depuis peu. Elles montrent de nouveau combien les orbites paraboliques approchent de celles des Cometes. On détermine avec plus d'exactitude l'orbite de cette Comete fameufe, fuivant les calculs de M. Halley, & cela dans l'ellipfe; d'où l'on fait voir que cette Comete fe mouvant dans une orbite de cette forme, eut pendant neuf fignes, un cours qui ne fut pas moins régulier que celui des Planetes dans leurs orbites propres. On y a enfin ajouté la détermination de l'orbite de la Cométe de 1723, calculée par M. Bradley, Profeffeur d'Aftronomie à Oxford.

A Londres le 12 *Janvier* 1725-6.

IS. NEWTON.

PREFACE DE M. CÔTES

Sur la présente Edition des Principes mathématiques de la Philosophie Naturelle de M. NEWTON.

NOUS DONNONS enfin au Public une nouvelle Édition de la Philosophie de M. de Newton, défirée depuis long-tems, & supérieure aux précédentes, par les corrections & les augmentations que l'Auteur y a faites. La Table des Matières est suffisante pour faire connoître au Lecteur tout ce que renferme cet excellent Ouvrage; & la Préface de M. Newton l'instruira pareillement des additions & des changemens qu'il a jugé nécessaires & convenables. Nous n'avons donc ici qu'à exposer en peu de mots quelle est la méthode dont il fait usage dans cette nouvelle Philosophie.

On peut rapporter à trois différentes classes tous les Auteurs qui ont entrepris de traiter la Physique. On a vu d'abord des Philosophes qui ont donné à chaque espèce particulière de corps des qualités occultes & propres à chacun, d'où ils ont ensuite fait dépendre d'une manière encore plus occulte les Phénomenes dont nous sommes témoins. C'est-là le fondement de la Philosophie de l'Ecole, enseignée par *Aristote* & par les Péripatéticiens. Selon eux, chaque effet particulier dépend absolument d'une certaine Nature propre à chacun des corps qui en est le sujet ou la cause; mais ils gardent un profond silence sur la cause & le principe de cette Nature. Puis donc qu'ils ont laissé les choses pour ne s'occuper que des mots; on ne doit les regarder tout au plus que comme les inventeurs d'une espèce de jargon philosophique, & non comme les auteurs d'une véritable Philosophie.

D'autres ont pris le parti d'abandonner des mots vuides de sens, & se sont flattés d'acquérir une gloire plus solide par des travaux plus réels. Ils ont donc posé pour principe, que toute la matière en général est de même nature ou homogène; & que la variété que l'on remarque dans tout corps en particulier par sa configuration extérieure, ne dépend que de quelques affections très-simples en elles-mêmes, & très-faciles à concevoir. Rien de mieux que de procéder ainsi du plus simple au plus composé; pourvu néanmoins que l'on ne donne pas à ces propriétés primitives & primordiales d'autres modes ni d'autres bornes que celles que la Nature a préscrites elle-même. Mais bientôt ces derniers Philosophes admirent à leur gré telles grandeurs & telles figures qu'ils jugerent à-propos; ima-

PRÉFACE.

ginerent au besoin des mouvemens & des positions respectives dans les parties composantes des corps : enfin ils forgerent des fluides invisibles, doués d'une subtilité miraculeuse, agités par des mouvemens secrets, capables de pénétrer les pores de tous les Corps, comme si la matiere n'opposoit aucune résistance ; & par-là ils tomberent dans des rêveries aussi ridicules que celles des Anciens, en négligeant de s'instruire & d'examiner la véritable constitution de la nature ; connoissance qu'on ne doit pas assurément chercher dans des conjectures trompeuses, puisque les observations les plus incontestables ont encore bien de la peine à nous la procurer.

Venons à la troisiéme classe, à ceux qui dans leur Philosophie ne réconnoissent d'autre regle que l'expérience. Ces derniers, bien convaincus que l'on doit, autant qu'il est possible, faire dépendre les effets des causes les plus simples, n'admettent cependant aucun principe qui ne soit prouvé par des observations constantes. Ils ne font point d'hypotèses, & n'en reçoivent aucunes en physique, si ce n'est pour les soumettre à l'examen & reconnoitre leur vérité ou leur fausseté par une discussion éxacte & rigoureuse. Ils employent dans cette recherche les deux méthodes connues de tout le monde, l'Analyse & la Synthèse. Avec le secours de la première, de quelques Phénomenes choisis adroitement, ils déduisent les forces de la Nature, & les loix les plus simples qui dérivent de ces mêmes forces ; ils exposent ensuite synthétiquement l'ordre & la disposition des autres qui dépendent immédiatement de ces premieres. C'est-là sans doute la meilleure Philosophie, & c'est aussi celle qu'a choisie notre illustre Auteur & qu'il a cru justement préférable à toute autre. C'est la seule qu'il ait jugée digne de ses soins & de ses travaux, & qu'il ait cru devoir perfectionner & embellir. L'explication du systême du Monde qui se déduit si facilement de sa Théorie de la gravité, est à la fois une heureuse application de cette nouvelle philosophie, & un modèle que l'on ne peut trop imiter. Quelques Philosophes, avant M. Newton, ont soupçonné que la pesanteur pouvoit être une propriété commune à tous les corps ; d'autres l'ont imaginé gratuitement : notre Philosophe est le premier & le seul qui ait pu le démontrer par les Phénomenes, & en faire le fondement inébranlable des Théories les plus brillantes.

Je n'ignore pas que des personnages illustres & de grand nom dans les Sciences n'ont accordé qu'avec peine leur suffrage à ce nouveau principe ; peut-être par un effet de certains préjugés, qui faisoient une impression trop forte sur leur esprit : je sçais même, qu'ils ont quelquefois préféré des conjectures vagues à des vérités certaines. Mon dessein n'est point d'attaquer ici leur réputation, mais seulement de mettre mon Lecteur en état de porter un jugement équitable, par une expofition abrégée des découvertes du Chevalier Newton, fur la matière dont il eft queftion.

Commençons donc d'abord par ce qu'il y a de plus fimple & de plus à notre portée : jettons les yeux fur notre globe, & voyons quelle eft la nature de la gravité dans les Corps fublunaires ; afin d'être plus affurés dans nos recherches, lorfque nous en ferons aux Corps céleftes qui fe trouvent fi éloignés de notre habitation. Tous les Philofophes font d'accord pour admettre une gravitation générale de tous les Corps terreftres vers notre globe. On eft convaincu par un grand nombre d'expériences, qu'il n'y a pas de Corps vraiment léger. Ce que l'on appelle légereté n'eft qu'une propriété relative & apparente ; ce n'eft pas une légereté abfolue & véritable ; on fçait qu'elle dépend d'une gravité plus puiffante des Corps environnants.

Cela pofé, puifque les Corps gravitent vers la terre, il faut auffi que la terre gravite également vers les Corps ; car il eft aifé de prouver, comme on va le faire tout à l'heure, que l'action de la gravité eft égale & réciproque. Imaginons la maffe de la terre partagée en deux parties quelconques, égales ou inégales. Si les efforts ou les poids de chaque partie l'une vers l'autre n'étoient pas égaux, la plus foible céderoit néceffairement à la plus forte, & les deux parties ainfi unies continueroient de fe mouvoir à l'infini vers le point du ciel oppofé à la direction de la plus péfante ; ce qui eft abfolument contraire à l'expérience ; il faut donc dire que les poids des parties font dans un parfait équilibre, c'eft-à-dire, que l'action de la gravité eft égale & réciproque.

Les poids des corps également éloignés du centre de la terre font comme les quantités de matière qu'ils renferment. C'eft une fuite néceffaire de l'égalité d'accélération des corps qui tombent par la feule force de leur pefanteur ; car il eft évident que des forces qui impriment à des corps inégaux des dégrés égaux de viteffe, doivent être proportionelles à la quantité de matière qu'il faut mettre en mouvement. D'ailleurs on eft maintenant affuré que tous les corps reçoivent une égale accélération ; puifque, dans le vuide de Boile, ils décrivent tous des efpaces égaux en tems égaux ; n'étant plus différemment arrêtés par la réfiftance de l'air. La même vérité eft encore prouvée avec plus d'exactitude par l'expérience des pendules.

Les forces attractives * des corps à diftances égales font comme les quantités de matière contenues dans ces mêmes corps. Car puif-

---

* On remarquera ici que M. Côtes employe le mot de force attractive pour exprimer la pefanteur, comme a fait M. Newton. En général, toutes ces expreffions, force attractive, attraction, gravité, gravitation, pefanteur, ne fignifient rien autre chofe que cette tendance de tous les corps vers un centre commun de pefanteur, foit que cette tendance qui produit réellement une force, foit occafionnée dans les corps par un méchanifme que nous ignorons ; foit que

que les corps gravitent vers la terre, & que celle-ci gravite vers les corps avec des momens égaux, le poids de la terre sur un corps quelconque, ou, ce qui est la même chose, la force avec laquelle un corps attire la terre, sera égale à la pesanteur de ce même corps vers la terre. Mais dans chaque corps, le poids est proportionel à la quantité de matiére : donc la force avec laquelle un corps attire la terre, ou, ce qui revient au même, la force absolue de ce corps sera comme la même quantité de matiére qu'il renferme.

Il suit de-là que la force attractive (ou la pesanteur) des corps résulte des forces attractives (ou des pesanteurs) de chaque partie qui les composent ; puisque cette force de gravitation augmente ou diminue selon que la quantité de matière augmente ou diminue. Il faut regarder l'action de la terre comme le résultat des actions réunies de toutes ses parties ; & par conséquent il faut que tous les corps terrestres s'attirent avec des forces absolues qui soient en raison de la matiére attirante. Telle est la nature de la gravité sur la terre : voyons maintenant ce qu'elle est dans les cieux.

C'est une loi de la Nature reçue de tous les Philosophes, qu'un corps restera toujours en repos, ou continuera de se mouvoir en ligne droite, tant qu'il ne sera point soumis à l'action de forces étrangeres qui l'obligent de changer de situation. Il suit de-là que les corps qui se meuvent dans des courbes, & qui par conséquent s'écartent continuellement des lignes droites qui touchent leurs orbites, sont aussi continuellement retenus dans cette route curviligne par l'action d'une force qui leur est perpétuellement appliquée. Donc, pendant que les planetes décrivent leurs trajectoires, elles seront continuellement détournées des tangentes à chaque point de la courbe, par l'action répetée d'une force toujours présente.

Il y encore un principe qu'il faut accorder, & que l'on démontre géométriquement, c'est que lorsque des corps mus dans une courbe qui se trouve sur un même plan décrivent autour d'un point fixe ou mobile des aires proportionelles aux tems, ils sont poussés par des forces qui tendent vers ce même point : donc puisque tous les Astronômes conviennent que les Planetes principales décrivent autour du soleil des aires proportionelles aux tems, de même que les satellites de chacune de ces Planetes du premier ordre autour de ces mêmes Planetes ; il faut conclure que la force qui les détourne continuellement des tangentes de leurs orbites pour les faire circu-

plutôt elle soit une propriété continuellement imprimée à la matiére par un pur effet de la volonté du Créateur, qui veut produire par-là tous les Phénomenes dont nous sommes témoins. Il ne s'agit ici que du fait ; les noms sont indifférens & présenteroient tous les mêmes difficultés pour quiconque n'entreroit pas bien dans l'esprit de l'Auteur. Voyez à ce sujet le Chapitre II. des Discours de M. de Maupertuis, sur la Fig. des Astres, pag. 16 de la nouvelle édition. On ne peut rien de plus lumineux que cette excellent morceau, qui est une discussion (vraiment) métaphysique sur l'attraction, comme son titre l'annonce.

PRÉFACE.

ler dans ces mêmes courbes, est aussi continuellement dirigée vers les corps qui se trouvent aux foyers de ces orbites. C'est donc avec raison que l'on peut appeller cette force une force *centripete* à l'égard du corps *circulant*; & une force *attractive* à l'égard du corps *central*, quelle que soit la cause qui produit cette force.

De plus, il est pareillement démontré géométriquement que si plusieurs corps se meuvent uniformément dans des cercles concentriques, de maniére que les quarrés des temps périodiques soient entr'eux comme les cubes des distances au centre commun; les forces de chacun de ces corps seront réciproquement comme les quarrés des mêmes distances. On démontre avec la même facilité que, si des corps font leurs révolutions dans des orbites qui ne différent presque pas du cercle, & dont les absides soient fixes; les forces centripetes de ces corps seront comme les quarrés des distances. Or de l'aveu constant de tous les Astronomes toutes les planetes se trouvent dans l'un ou l'autre cas; donc leurs forces centripetes sont réciproquement comme les quarrés de leurs distances au centre. Si l'on nous objecte que les absides des orbites de chaque Planete, & particuliérement de la Lune, ne sont pas dans un repos parfait; mais qu'ils ont un mouvement fort lent suivant l'ordre des signes; on peut répondre que, quand même nous accorderions que cette erreur vient de ce que la loi de la force centripete s'éloigne tant soit peu de la raison doublée inverse des distances; néanmoins il est aisé de calculer jusqu'où peut aller l'erreur qui suit de cette fausse supposition, & de faire voir qu'elle est absolument insensible. En effet, quoique la loi de la force centripete de la Lune qui est la plus sujette à être troublée dans ses mouvemens, surpasse un peu le rapport de la raison doublée; néanmoins elle en approche soixante fois davantage que de la raison triplée. On peut encore réfuter cette objection plus solidement en soutenant, comme il est démontré dans cet Ouvrage, que ce mouvement des absides ne vient pas de ce que l'intensité des forces centripetes s'éloigne de la raison doublée, mais qu'il dépend réellement d'une cause totalement différente : ainsi il faudra toujours admettre comme un principe incontestable, que les Planetes principales tournent autour du Soleil, & les secondaires autour des premieres, par l'action de forces centripetes qui suivent précisément la raison inverse des quarrés des distances.

De ce que l'on vient de dire, il suit évidemment que les Planetes sont rétenues dans leurs orbites par une force qui agit continuellement sur elles; que cette force est toujours dirigée vers le centre de ces orbites; qu'elle augmente à mesure que les Planetes approchent du centre, & qu'elle diminue à mesure qu'elles s'en éloignent;

PRÉFACE.

que l'augmentation croît comme le quarré de la diſtance décroît. Examinons préſentement par une comparaiſon bien établie, ſi la peſanteur qui fait tomber les corps ſur notre globe n'eſt pas de même nature que les forces centripetes qui rétiennent les Planetes dans leurs orbites. Le moyen de s'en aſſurer, c'eſt de voir ſi l'on ne pourra pas trouver de part & d'autre les mêmes loix & les mêmes propriétés : pour y parvenir, commençons par chercher quelle eſt la force centripete de la lune qui eſt le corps le plus proche de notre globe.

Les eſpaces rectilignes parcourus en tombant par des corps quelconques depuis le point de repos, pendant un tems donné, ſont proportionels aux forces qui les pouſſent ; c'eſt une propoſition démontrée dans toute la rigueur géométrique : donc la force centripete de la Lune parcourant ſon orbite, ſera à la force de la peſanteur ſur la ſurface de la terre, comme l'eſpace que la lune décriroit en deſcendant vers la terre, dans un temps infiniment petit en vertu de ſa force centripete, ſi elle n'avoit point de mouvement de révolution, eſt à l'eſpace que parcourt dans le même tems un corps près de la ſurface de la terre par la ſeule force de la peſanteur. Le premier des eſpaces dont on vient de parler eſt égal au ſinus-verſe de l'arc décrit par la lune, pendant le même tems ; puiſque ce ſinus-verſe meſure la quantité dont la force centripete a écarté la lune de la tangente ; cet eſpace peut ſe calculer par la connoiſſance du tems périodique de la lune & de ſa diſtance au centre. L'autre eſpace dont nous avons parlé, ſe déduit de la théorie des pendules, ſuivant les expériences de M. *Huyghens*. Si l'on fait le calcul on trouvera que le premier eſpace eſt au ſecond, ou, ce qui revient au même, que la force centripete qui retient la lune dans ſon orbite eſt à la force de la peſanteur ſur la ſurface de la terre, comme le quarré du demi diamétre de la terre eſt au quarré du demi diamétre de l'orbite de la lune. D'ailleurs, ſuivant ce qui précede, la force centripete de la lune dans ſon orbite eſt à la force centripete de la lune auprès de la ſurface de la terre dans la même raiſon ; donc la force centripete de la lune & la force de la peſanteur ſur la ſurface de la terre ſont entierement égales. Ce ne ſont donc point deux forces diſtinctes & différentes, mais préciſément une ſeule & même force ; car ſi ces deux forces avoient lieu en même tems & ſe trouvoient néanmoins diſtinguées l'une de l'autre près de la ſurface de la terre, les corps tomberoient deux fois plus vite que par la ſeule force de la peſanteur. Il eſt donc certain que cette force centripete qui retient la lune dans ſon orbite en l'écartant de la tangente, par attraction ou par impulſion, n'eſt autre choſe que la force de la peſanteur terreſtre qui s'étend juſques à la lune ; & la raiſon ſeule nous fait voir

PRÉFACE.

que cette force peut avoir son effet à des distances encore plus grandes, puisque nous ne pouvons pas observer la moindre diminution sensible au sommet des plus hautes montagnes. La lune gravite donc vers la terre, & par une action réciproque la terre gravite vers la lune : on verra cette proposition confirmée dans cet Ouvrage, lorsqu'il est question du flux & reflux de la mer & de la précession des Équinoxes, Phénomenes qui dépendent tous deux de l'action combinée de la lune & du soleil sur la terre. Cette même comparaison que l'on vient de faire nous apprend en même tems la loi suivant laquelle décroît la force de la pesanteur dans les grandes distances de la terre ; car puisque la pesanteur des corps terrestres ne diffère pas de la force centripete de la lune, qui décroît en raison des quarrés des distances ; la pesanteur suivra donc aussi la même loi, & diminuera dans la même proportion.

Venons présentement aux autres planetes. Puisque les révolutions des planetes principales autour du soleil, celles des Satellites de Jupiter & de Saturne, autour de ces deux Planetes sont des phénomenes de même nature que la révolution de la lune autour de la terre ; puisqu'il est démontré de plus que les forces centripetes de ces planetes sont dirigées vers le centre du soleil, & que celles des Satellites de Jupiter & de Saturne sont pareillement dirigées vers le centre de chacune de ces deux planetes, comme la force centripete de la lune est elle-même dirigée vers le centre de la terre ; enfin puisque toutes ces forces sont réciproquement proportionelles aux quarrés de leurs distances, de même que la force de la lune (comparée à celle des corps terrestres) est réciproquement comme le quarré de sa distance : il faudra donc conclure que toutes ces forces sont de même espèce. Ainsi de même que la lune gravite sur la terre, & la terre sur la lune ; de même aussi toutes les planetes secondaires graviteront vers les planetes principales, & celles-ci graviteront toutes vers leurs Satellites ; de même enfin toutes les planetes graviteront vers le soleil, & le soleil gravitera vers toutes les planetes.

Il faut donc reconnoître que le soleil gravite sur toutes les planetes, & que toutes les planetes pésent réciproquement sur celui-ci. Car pendant que les Satellites accompagnent leur planete principale, ils font en même tems leurs révolutions autour du soleil, ainsi que cette même planete : donc il est prouvé par le même raisonnement que les planetes principales & secondaires pésent vers le soleil, & que le soleil pése vers elles. On a encore outre cela d'autres preuves de la pesanteur des planetes secondaires vers le soleil, déduites des inégalités du mouvement de la lune, dont on trouvera une théorie exacte exposée avec toute la sagacité possible dans la troisiéme partie de cet Ouvrage.

On peut encore déduire du mouvement des Cometes que la force attractive du soleil se fait sentir à des distances énormes dans toutes les parties de l'étendue. En effet ces corps, après avoir parcouru un intervalle immense, s'approchent continuellement du soleil ; & quelquefois ils sont si près de ce globe qu'ils paroissent presque le toucher lorsqu'ils se trouvent dans leur périhélie. C'est en vain que les Astronômes des siécles précédents ont cherché à établir une théorie de ces nouvelles planetes ; cette découverte étoit réservée à notre siécle, & à notre illustre Auteur, qui nous a donné des méthodes aussi faciles dans la pratique quelles sont conformes aux observations. Il est donc évident que les Cometes se meuvent dans des sections coniques qui ont leur foyer au centre du soleil ; & que les rayons menés du soleil aux différents points de leurs trajectoires décrivent des aires proportionelles aux tems. Il suit encore évidemment de ces Phénomenes, & l'on peut aussi le démontrer géométriquement ; que les forces qui rétiennent les Cometes dans leurs orbites sont dirigées vers le soleil, & que leur intensité est en raison inverse des quarrés de leurs distances au centre de ce même astre. Donc les Cometes gravitent vers le soleil, & par conséquent la force attractive du soleil s'étend non-seulement aux différentes planetes qui se trouvent à des distances finies, & qui sont presque toutes dans un même plan ; mais elle agit encore sur les Cometes qui se trouvent placées dans toutes les différentes parties du Ciel, & à toutes sortes de distances. Telle est donc la nature des corps pesants, qu'ils font sentir leur action à toutes les distances imaginables sur tous les autres corps pesants. Il suit encore de-là que les Planetes & les Cometes s'attirent mutuellement, & que tous ces corps gravitent réciproquement les uns vers les autres ; & cette conséquence se trouve confirmée par les inégalités des mouvemens de Jupiter & de Saturne, connues des Astronomes, & causées par les actions réciproques de ces planetes les unes sur les autres. Le mouvement si lent des apsides, & dont on a parlé ci-devant, vient encore à l'appui de cette vérité, & dépend de causes entierement semblables.

Il faut reconnoître maintenant d'après tout ce que l'on vient de voir, que la terre, le soleil & tous les corps célestes qui accompagnent le soleil ont une gravitation réciproque les uns vers les autres, par laquelle ils paroissent s'attirer. Donc chacune de leurs parties, si petite qu'elle soit, a pareillement une force d'attraction proportionelle à sa masse, suivant ce que l'on a dit plus haut sur les corps terrestres : à différentes distances, les forces de ces mêmes parties seront réciproquement comme les quarrés des distances ; car il est encore démontré que les globes qui attirent, suivant cette loi, doivent être composés de parties attirantes dans la même raison.

Les conséquences que l'on vient de déduire, sont fondées sur cet axiome reçu de tous les Philosophes, que les effets de même genre dont les propriétés connues sont les mêmes, ont aussi les mêmes causes, d'où naissent les mêmes propriétés, quoique ces causes ne soient pas encore connues. Qui doute en effet, si c'est la pesanteur qui fait tomber les pierres en Europe, que ce ne soit aussi la même pesanteur qui les fasse tomber en Amérique ? Si la pesanteur est réciproque entre la terre & les pierres en Europe, qui pourra nier qu'elle ait la même propriété en Amérique ? Si la force attractive de la terre ou d'une pierre est le résultat des forces attractives des parties dans l'Europe ; ne faut-il pas aussi qu'en Amérique elle résulte d'une pareille combinaison ? Si la force de la pesanteur se trouve dans toutes les espéces de corps, & se fait sentir à toutes sortes de distances en Europe, pourquoi voudrions-nous soutenir qu'elle n'auroit pas aussi les mêmes propriétés en Amérique ? Cette regle est la base de toute la Philosophie ; supprimez la & vous ne pourrez plus rien établir d'universel. On ne connoît la nature de chaque chose que par les observations & les expériences, & de-là il suit que nous ne jugeons que par cette régle d'analogie.

Puis donc que tous les corps terrestres & célestes que nous pouvons observer, ou sur lesquels nous pouvons faire des expériences, sont des corps pesants ; il faudra dire que la pesanteur est une propriété qui convient à tous les corps ; & de même que nous n'en pouvons concevoir aucuns qui ne soient étendus, mobiles & impénétrables, nous ne pouvons pas non plus en concevoir qui ne soient pesants. C'est par l'expérience que nous concevons l'étendue, la mobilité & l'impénétrabilité des corps, & c'est aussi par l'expérience que nous connoissons leur gravité. Tous les corps que nous avons pu observer sont étendus, mobiles & impénétrables ; & nous en concluons que tous, ceux même sur lesquels nous n'avons pas pu faire d'observations, sont pareillement étendus, mobiles & impénétrables. Tous les corps que nous avons pu observer sont pesants, & nous concluons légitimement de même que ceux sur lesquels nous n'avons point fait d'expériences, sont aussi des corps pesants. Si l'on nous dit que les corps des étoiles fixes n'ont point de gravité, parce que l'on n'a pas encore pu l'observer, on pourra nous prouver aussi par le même raisonnement que ces corps ne sont ni étendus, ni mobiles, ni impénétrables ; car on n'a pas encore observé ces propriétés dans les fixes. Mais à quoi bon m'arrêter plus long-temps ? il faut que la pesanteur soit une des propriétés primitives de tous les corps, ou que l'on cesse de regarder comme telle leur étendue, leur mobilité, leur impénétrabilité; il faut que l'on puisse expliquer éxactement les phénomenes de la nature par la loi de la pesanteur, ou que l'on renonce à en donner une explication raisonnable en faisant usage de l'étendue, de la mobilité & de l'impénétrabilité des corps.

Je ne doute pas qu'on ne désaprouve cette conclusion, & qu'on ne me reproche de ramener les qualités occultes. On ne cesse de nous objecter que la gravité est une qualité de cette espèce, & qu'on doit bannir absolument de la philosophie toutes les explications fondées sur de pareilles causes: mais nous pouvons répondre que l'on ne doit pas appeller occultes des qualités dont l'existence est évidemment démontrée par l'expérience; mais celles-là seulement qui n'en ont qu'une imaginaire, & qui ne sont prouvées en aucune manière. Ceux qui ont réellement recours aux qualités occultes sont ceux qui, pour expliquer les mouvemens de la nature, ont imaginé des tourbillons d'une matière qu'ils forgent à plaisir, & qui ne tombe sous aucun sens.

Faudra-t-il donc rejetter la gravité de tous les ouvrages philosophiques, comme une qualité occulte, par ce que l'on ignore jusqu'à présent la cause de cette même gravité? En établissant de pareils principes, que l'on prenne garde de donner dans des absurdités manifestes, & de ruiner par-là tous les fondemens de la Philosophie. En effet toutes les causes sont liées les unes aux autres par une chaîne non interrompue, & se déduisent les unes des autres en allant du plus simple au plus composé. Si vous arrivez une fois à la cause la plus simple, il ne vous sera pas possible de remonter plus haut; car on ne peut pas donner une explication méchanique de la cause la plus simple; & si cela se pouvoit, dès-lors elle cesseroit d'être telle. Il faudra donc traiter de qualités occultes les causes de cette nature, & les bannir de la Philosophie; ce qui ne peut avoir lieu, que l'on n'éxclue pareillement toutes celles qui dépendent immédiatement des premieres, & celles qui se déduisent des secondes, & ainsi de suite jusqu'à ce que l'on ait absolument supprimé toutes les causes des phénomenes qu'il faut expliquer.

D'autres regardent la gravité comme un effet surnaturel, & veulent que ce soit un miracle perpétuel, d'où ils concluent qu'il faut la rejetter, puisque les causes surnaturelles ne doivent point avoir lieu en physique. Une objection si misérable, & qui renverse toute philosophie, mérite à peine que l'on y réponde; car suivant cette idée, ils se trouvent réduits à l'une de ces deux extrémités, ou de soutenir, contre toute évidence, que la pésanteur n'est pas une propriété commune à tous les corps; ou de regarder comme surnaturel tout ce qui ne dépend pas des autres propriétés des corps, ou d'une cause

PRÉFACE. xxxj

méchanique. Il eſt cependant conſtant qu'il y a dans les corps des propriétés primitives, & qui par cette raiſon ne peuvent dépendre d'autres propriétés : que l'on examine donc ſi ces propriétés ne ſont pas ſurnaturelles, & par conſéquent dans le cas d'être réjettées; qu'on voye enfin ce que deviendroit la Philoſophie avec de tels raiſonnemens.

Il a encore une autre eſpèce de Philoſophes qui ne rejettent la Phyſique céleſte de M. Newton que parce qu'elle eſt oppoſée au ſyſtème de Deſcartes, & ne paroît pas pouvoir s'accorder avec les principes de ce Philoſophe. Nous ne pouvons pas les empécher de ſuivre leur ſentiment; mais il faut qu'ils ſe conduiſent de même à notre égard, & qu'ils ne refuſent pas aux autres une liberté qu'ils veulent qu'on leur accorde. Qu'il nous ſoit donc permis d'embraſſer la Philoſophie de Newton, & de nous y attacher, parce qu'elle nous paroît plus véritable; qu'il nous ſoit permis de préférer des cauſes prouvées par les phénomenes à des cauſes fictices, & qui ne ſont confirmées par aucune expérience. Une vraie Philoſophie ne doit employer dans l'explication de la nature que des cauſes vraiment exiſtantes; elle ne doit point chercher les loix par leſquelles le Tout-puiſſant auroit pu produire l'ordre admirable qui regne dans cet univers, s'il avoit jugé à-propos de les employer; mais ſeulement celles qu'il a réellement établies par un acte libre de ſa volonté. En effet, nous pouvons croire raiſonnablement qu'un même effet peut être produit par pluſieurs cauſes différentes; mais la vraie cauſe pour un Philoſophe, eſt celle qui produit actuellement l'effet dont il eſt queſtion : la bonne Philoſophie n'en réconnoît point d'autres. Dans les pendules, le même mouvement de l'éguille qui marque les heures peut dépendre également d'un poids ſuſpendu, ou d'un reſſort enfermé dans la machine. Si l'on a devant ſoi une horloge miſe en mouvement par un poids, ce ſeroit une choſe ridicule d'imaginer un reſſort, & de vouloir expliquer le mouvement de l'éguille par cette hypotéſe faite avec trop de précipitation; car il falloit d'abord conſidérer attentivement la conſtruction intérieure de la machine, afin de reconnoître par expérience le vrai principe du mouvement propoſé : on peut porter à-peu-près le même jugement de ces Philoſophes qui commencent par établir que l'eſpace immenſe des Cieux eſt rempli d'une matière extrêmement ſubtile, & veulent enſuite que cette même matière ſoit miſe dans un mouvement continuel par les tourbillons qu'elle a formés; car il pourroit arriver qu'ils expliquaſſent tous les Phénomenes par leurs hypotéſes, & l'on ne pourroit pas dire pour cela qu'ils nous euſſent donné une vraie Philoſophie, ni qu'ils euſſent découvert les vraies cauſes des mouvemens céleſtes; à moins qu'ils ne nous ayent démontré l'une

PRÉFACE.

de ces deux propositions, ou que les causes qu'ils nous donnent existent réellement, ou qu'il n'en pourroit éxister d'autres.

Si donc nous faisons voir que l'attraction des corps a réellement lieu dans la nature ; si nous montrons de plus comment on peut expliquer tous les mouvemens célestes par cette propriété ; dès-lors c'est nous faire une objection ridicule & sans force, que de vouloir nous prouver que l'on doit expliquer ces mêmes mouvemens par les tourbillons, quand même nous aurions accordé la possibilité d'une telle explication. Mais il s'en faut de beaucoup, car on ne peut expliquer ces phénomenes en aucune maniere par le moyen des tourbillons, c'est une chose si bien prouvée par notre Auteur, démontrée par des raisons si solides, que ce seroit vouloir s'occuper sérieusement de rêveries que de consacrer sans aucun fruit son tems & ses travaux, à rétablir un édifice misérable & chimérique par des éclaircissemens ou des commentaires également inutiles.

En effet, si les corps des Planetes & des Cometes sont emportés autour du Soleil par des tourbillons ; il faut que les corps emportés & les parties du tourbillon voisines de ces corps ayent la même vitesse & la même direction ; il faut par conséquent qu'elles ayent la même densité ou une même force directement proportionelle à la quantité de matiere. Or il est constant que les Planetes & les Cometes, lorsqu'elles se trouvent dans la même partie du Ciel, ont néanmoins des vitesses & des directions différentes. Il est donc nécessaire que les mêmes parties du fluide céleste, qui sont à égales distances du soleil tournent dans le même tems avec des directions & des vitesses différentes ; car il faut une direction & une vitesse déterminée pour le passage des Planetes ; & il faut dans le même tems une autre vitesse & une autre direction pour le passage des Cometes. Comme ce Phénomene est absolument inexplicable, de deux choses l'une, ou il faudra convenir que tous les corps célestes ne sont pas emportés par un tourbillon ; ou il faudra dire que ce n'est pas un seul tourbillon qui produit tous ces mouvemens ; mais plusieurs qui sont différents les uns des autres, & qui occupent le même espace du Ciel, qu'ils parcourent dans le même tems avec des vitesses & des directions différentes.

Si l'on suppose qu'un même espace contient différents tourbillons, qui se pénétrent mutuellement & font leurs révolutions avec des mouvemens différents ; comme d'ailleurs tous les mouvemens doivent être parfaitement analogues à ceux des corps qu'ils entraînent, lesquels font leurs révolutions avec une régularité surprenante dans des sections coniques tantôt fort excentriques, tantôt presque circulaires ; on peut demander avec raison comment il peut se faire que ces mouvemens se conservent en entier sans jamais avoir été

PRÉFACE.

troublés depuis tant de siécles par les actions diverses de la matiere qu'ils rencontrent sans cesse. Si de plus on fait attention que ces mouvemens imaginaires sont plus composés & plus difficiles à expliquer que les mouvemens réels & véritables des Planetes & des Cometes; on sera bientôt convaincu, ainsi que nous, qu'ils ont été gratuitement introduits dans la Philosophie; car toute cause doit être plus simple que son effet. Si l'on accorde une fois la liberté d'imaginer tout ce que l'on voudra, on verra bientôt quelqu'un nous assurer que toutes les Planetes & les Cometes sont ainsi que notre terre environnées d'atmospheres; & d'abord cette hypothèse paroit plus conforme à la raison. On nous dira ensuite que ces atmospheres, par leur nature, se meuvent autour du soleil & décrivent des sections coniques; & ce mouvement peut encore se concevoir plus facilement qu'un semblable mouvement propre à divers tourbillons qui se pénétrent mutuellement : enfin on établira bientôt, comme une chose absolument hors de doute, que les Planetes & les Cometes sont emportées autour du soleil par leurs atmosphéres, & l'on triomphera d'avoir ainsi découvert les causes des mouvemens célestes. Mais quiconque rejette une pareille fiction doit aussi à plus forte raison rejetter la premiere; car ces deux hypothèses n'en font absolument qu'une seule.

Galilée a démontré qu'une pierre jettée & mue dans une parabole ne quitte la ligne droite que par la force de la pesanteur, qui est pourtant une qualité occulte. Mais il faut espérer que quelque Philosophe plus fin & plus adroit imaginera un jour une autre cause; il supposera quelque matiere subtile, invisible, inpalpable, qui ne peut tomber sous aucun sens, mais qui se trouve dans les environs de la surface de la terre; il soutiendra que cette matiere se meut dans toutes sortes de directions, qu'elle obeit à toutes sortes de mouvemens différents & même opposés, & enfin qu'elle décrit toutes sortes de lignes paraboliques; ensuite il aura bientôt expliqué d'une maniere brillante pourquoi la pierre quitte la ligne droite; & par-là s'attirera l'approbation d'un vulgaire ignorant. Cette pierre, nous dira-t-il, nage dans un fluide subtil, & en suivant son cours, elle doit nécessairement se conformer au mouvement du milieu dans lequel elle se trouve. Or ce fluide se meut dans des lignes poraboliques; donc il faut absolument que la pierre décrive une parabole. Qui n'admirera un si grand Philosophe, un génie si perçant? est-il possible d'expliquer les Phénomenes de la nature d'une maniere plus claire, plus à la portée même du commun, & enfin par des causes plus méchaniques, la matière & le mouvement? Qui ne rira au contraire de ce pauvre *Galilée*, qui employe le plus grand appareil de Géométrie pour ramener de nouveau des qualités occultes que l'on avoit si sagement bannies de la Philosophie : mais rougissons de nous amuser à des puerilités de cette nature, & parlons enfin sérieusement.

Tout se réduit à ce qui suit : il y a un nombre infini de Cometes, leurs mouvemens sont extremement réguliers, & elles suivent précisément les mêmes loix que les Planetes ; elles se meuvent dans des sections coniques ; leurs trajectoires sont extrêmement excentriques ; il y en a dans toutes les parties du Ciel ; elles parcourent les espaces célestes, & passent auprès des Planetes avec la plus grande facilité ; souvent même elles marchent contre l'ordre des signes : tous ces Phénomenes sont confirmés par les observations astronomiques, & ne peuvent s'expliquer par les tourbillons. Bien plus ils ne peuvent pas même exister si les Planetes se trouvent entraînées par des tourbillons ; enfin le mouvement des Cometes devient absolument impossible, si l'on ne bannit de l'univers, cette matière subtile qui ne doit son éxistence qu'à l'imagination, & si on ne la fait rentrer dans le néant dont on l'avoit tirée.

Examinons encore cette matière & voyons plus en détail ce qui suit de l'hypothèse des tourbillons. Si les Planetes sont ainsi emportées autour du soleil ; suivant ce que l'on a déja dit, les parties du tourbillon qui environnent la Planete doivent être de même densité qu'elle ; ainsi toute la matière qui environne le périmétre du grand orbe sera aussi dense que la terre, & celle qui se trouve entre ce grand orbe & celui de Saturne aura autant ou plus de densité ; car pour qu'un tourbillon puisse subsister, il faut que les parties les moins denses soient vers le centre & que les plus denses s'en éloignent. En effet, puisque les quarrés des tems périodiques des Planetes sont comme les cubes des distances au Soleil, il faut que les tems périodiques des parties de chaque tourbillon voisines de la Planete suivent à-peu-près le même rapport : or il suit de la que les forces centrifuges de ces mêmes parties sont en raison inverse des quarrés des distances. Donc celles qui sont plus éloignées ont moins de force centrifuge, & par conséquent si elles ont moins de densité elles céderont à la plus grande force avec laquelle les parties plus voisines du centre tâchent de s'en écarter ; donc les plus denses monteront tandis que les moins denses descendront ; il y aura ainsi un changement continuel de lieu jusqu'à ce que toute la matière du tourbillon se trouve tellement disposée qu'elle puisse demeurer en équilibre. Si deux fluides de différente pesanteur spécifique sont contenus dans un même vase, on sçait que le plus pesant va toujours au fond ; & c'est par une raison presque toute semblable que les parties les plus denses d'un tourbillon s'écartent du centre en vertu d'une plus grande force centrifuge. Il faut donc réconnoître que

PRÉFACE.

toute la partie du tourbillon qui se trouve au-dehors de l'orbe de la terre, par rapport au soleil, aura une densité & par conséquent une force d'inertie proportionnée à la quantité de matiére, laquelle densité sera au moins égale à la densité & à l'inertie de notre terre ; d'où il suit que les Cometes éprouveront une résistance considérable & très-sensible dans leur mouvement, pour ne pas dire capable de le détruire absolument, comme cela est plus que probable. Il est néanmoins certain par la régularité des mouvemens de ces mêmes Cometes, qu'elles n'éprouvent pas la moindre résistance sensible, & par conséquent qu'elles ne trouvent nulle part aucune matiére qui puisse leur résister, ou ce qui revient au même, qui ait quelque densité ou quelque force d'inertie. Car la résistance des milieux ne vient que de l'inertie de la matiére fluide, ou de la viscosité ou ténacité des parties de ce même fluide. Celle qui vient de cette derniere cause est très-petite & peut à peine être observée dans les fluides connus, à moins que le dégré de viscosité ou ténacité ne se trouve très-considérable, comme cela se voit dans l'huîle ou le miel. La résistance que l'on éprouve dans l'eau, dans l'air, dans le vif-argent & autres fluides de cette espéce qui n'ont point de viscosité est presque toute de même nature que celle dont nous avons parlé d'abord, & ne peut pas être diminuée par de nouveaux dégrés de subtilité, tant que la densité à laquelle elle est toujours proportionelle, reste la même. Tout ceci est démontré par notre illustre Auteur avec toute la clarté possible, dans sa belle Théorie de la résistance des milieux ; Théorie qui se trouve exposée avec beaucoup plus de précision dans cette nouvelle Edition, & qui est encore confirmée davantage par les expériences sur la chute des corps.

On sait que les corps en mouvement le communiquent peu à peu au fluide environnant ; cette communication produit une perte, & cette perte rallentit nécessairement la vitesse. La diminution de vitesse est donc proportionelle au mouvement communiqué, lequel est lui-même comme la densité du fluide lorsque la vitesse est connue : donc la diminution de mouvement ou la résistance sera aussi comme la même densité du fluide, & rien ne peut la supprimer, à moins que le fluide qui vient choquer les parties postérieures du corps en mouvement ne lui rende ce qu'il a perdu par la résistance du milieu. Mais c'est ce que l'on ne peut dire, à moins que l'impression du fluide sur les parties postérieures du corps ne soit égale à celle que le même corps éxerce sur les parties du fluide qui lui sont directement opposées ; c'est-à-dire, à moins que la vitesse relative avec laquelle le fluide revient frapper le corps par derriere ne soit égale à celle avec laquelle le corps frappe le fluide ; ou, ce qui revient au même, à moins que la vitesse absolue du fluide

PRÉFACE.

recurrent ne soit double de celle du fluide répoussé par le corps; ce qui est absolument impossible. On ne peut donc en aucune maniere supprimer la résistance des fluides, du moins celle que produisent la densité & l'inertie ; d'où il faut conclure que les fluides célestes n'ont aucune force d'inertie puisqu'ils n'opposent aucune résistance ; qu'il n'y a pareillement aucune force qui communique le mouvement, puisqu'il n'y a point de force d'inertie ; point de force qui puisse produire le plus léger changement dans les corps en général ou en particulier, puisqu'il n'y a point de force qui puisse communiquer le mouvement ; en un mot que ces fluides n'ont aucune efficacité, puisqu'ils n'ont aucun moyen de produire le changement. Pourquoi donc ne pas regarder comme ridicule & indigne d'un Philosophe, une hypothèse qui n'a point de fondement & ne peut en aucune maniére servir à expliquer les loix & les phénomenes de la nature ? Ceux qui veulent que l'univers soit rempli de matière, & en même tems soutiennent que cette matière n'a point de force d'inertie ; établissent réellement l'éxistence du vuide dont ils ne suppriment que le nom ; car puisqu'il n'y a aucune maniére & aucune raison de distinguer une telle matière du vuide, il est évident que ce n'est plus qu'une dispute de mots. Si malgré tout cela, il y a encore des personnes si fort attachées à la matière qu'elles veuillent croire qu'il n'est pas possible d'admettre un espace absolument vuide de corps, voyons enfin où cette assertion les conduira.

Diront-ils que ce plein dans lequel ils imaginent que l'univers est construit, est un effet de la volonté de Dieu qui a tout disposé de cette maniére afin de trouver pour les opérations de la nature une ressource toujours présente dans cette matière subtile qui pénétre & remplit tout ; quoique nous ayons déja prouvé que l'on ne peut avancer cette proposition, puisqu'il est démontré par les phénomenes des Cometes qu'une telle matière ne peut avoir aucune éfficacité ? Avanceront-ils que Dieu a voulu établir ce plein, pour une fin que nous ne connoissons pas, ce qui seroit une autre absurdité, puisque l'on pourroit prouver par le même raisonnement toute autre disposition & tout autre méchanisme qu'il plairoit d'imaginer pour expliquer le systême de l'univers ? Oseroient-ils enfin nous assurer que ce plein universel n'est pas dépendant de la volonté de Dieu, mais qu'il doit son éxistence à une certaine nécessité de la nature ? Il faut donc qu'ils retombent dans toutes les impiétés de la plus méprisable de toutes les sectes, de ceux qui sont assez stupides pour croire que tout se fait au hazard, & non par une Providence souverainement intelligente ; de ces hommes qui s'imaginent que la matière a toujours existé nécessairement & en tout lieu, qu'elle est infinie & éternelle. Si on leur accordoit ce principe, il s'ensuit aussi de là qu'elle doit être abfolument uniforme & homogène dans toute fon étendue; car la variété des formes eft directement oppofée à la néceffité de l'éxiftence : elle fera auffi par la même raifon immobile; car fi elle fe meut néceffairement vers un certain point de l'étendue, avec une certaine viteffe déterminée; par une égale néceffité elle fera auffi en mouvement vers un autre point de l'étendue avec une viteffe différente; mais il eft évident qu'elle ne peut fe mouvoir en même-tems vers différents lieux & avec des viteffes différentes; elle eft donc néceffairement immobile. Donc il n'a pas pu réfulter de cette matiére un monde auffi beau & auffi admirable que le nôtre, par la variété des formes & des mouvemens; cet ouvrage ne peut donc être qu'un effet de la volonté fouverainement libre d'un Dieu qui prévoit tout & qui gouverne tout.

C'eft là qu'il faut chercher la fource & l'origine de toutes ces loix que nous appellons *loix de la nature*, dans lefquelles on retrouve à chaque inftant les marques fenfibles d'une intelligence infinie, fans jamais y découvrir le moindre trait qui puiffe nous les faire regarder comme néceffaires. Se flatter de pouvoir découvrir les principes d'une vraie phyfique & les loix de la nature par la feule force de fon génie, en fermant les yeux fur tout ce qui nous environne, pour ne confulter que la lumière d'une raifon intérieure; c'eft établir que le monde exifte néceffairement, & que les loix dont il s'agit font des fuites immédiates de cette néceffité : ou fi l'on eft perfuadé que cet Univers eft l'ouvrage d'un Dieu; c'eft avoir affez d'orgueil pour imaginer qu'un être auffi petit, auffi foible que l'homme, connoit néanmoins avec évidence ce que Dieu pouvoit faire de mieux. Toute Philofophie faine & véritable eft uniquement appuyée fur les phénomenes. Si les mêmes phénomenes nous conduifent de gré ou de force à des principes dans lefquels on voit briller évidemment l'intelligence & le pouvoir abfolu d'un Etre fouverainement fage & puiffant; ce n'eft pas une raifon de les rejetter, parce qu'ils déplairont à quelques particuliers; que ce foit pour ces gens-là des miracles ou des qualités occultes, on ne doit point leur imputer les noms que la malice peut leur donner; à moins qu'on ne veuille nous avouer tout fimplement que la philofophie doit être fondée fur l'Athéifme; mais il ne faut pas alterer & corrompre la Philofophie pour des hommes de cette efpéce; l'ordre de la nature doit être auffi facré qu'il eft immuable.

Les gens de bien & les juges équitables dans cette matiére regarderont certainement comme la plus excellente maniére de traiter la Philofophie, celle qui eft fondée fur les expériences & les obfervations. Nous ne pouvons expofer ici la gloire & l'éclat que cette nouvelle Philofophie reçoit de l'excellent Ouvrage de notre illuftre

Auteur. Rien de plus juste que le respectueux étonnement avec lequel ceux qui ont approfondi ces matiéres ne cessent d'admirer la force & la grandeur de cet heureux génie occupé à résoudre les problèmes les plus difficiles, & si supérieur à tout ce que l'on pouvoit attendre de l'esprit humain : il a, pour ainsi dire, déchiré le voile de la nature pour nous en découvrir les plus admirables mystères : il a mis sous nos yeux une exposition si élégante du systême de l'univers, un ensemble si beau & si parfait, qu'Alphonse * lui-même n'auroit plus rien à désirer ni pour l'harmonie, ni pour la simplicité, si ce prince vivoit encore. Nous pouvons maintenant contempler de plus près la majesté de la nature, jouir plus que jamais d'un spectacle si doux ; adorer & servir avec plus d'ardeur le Maître & le Créateur de toutes choses, & c'est là le plus grand avantage que l'on puisse retirer de la Philosophie. Il faut être aveugle pour ne pas voir dans le meilleur & le plus sage de tous les ouvrages, la sagesse & la bonté infinie de celui qui en est l'auteur ; mais c'est le comble de la folie que de ne vouloir pas le reconnoître.

Ce grand Ouvrage de M. Newton sera donc un solide rempart que les impies & les athées ne pourront jamais renverser ; c'est là qu'il faut chercher des armes si l'on veut les combattre avec succès. Il y a déja longtems que cette importante vérité a été reconnue, par un illustre Professeur du Collége de la Trinité, M. Richard *Bentley*, qui fait à la fois la gloire de son siécle & l'ornement de notre Académie. Ce grand homme aussi recommandable par une vaste érudition que par la protection qu'il accorde à tous les Savants, est aussi le premier qui l'ait démontré avec autant de force que d'élégance dans ses discours académiques, si universellement estimés, & qui ont été publiés en latin & en anglois. Je me fais un plaisir de reconnoître ici combien je lui suis redevable à toutes sortes d'égards, & je ne doute point que le Lecteur ne soit pareillement disposé à lui payer le tribut de l'estime dûe à son sçavoir & à son mérite. Lié depuis long-temps d'une maniére intime avec notre illustre Auteur ; & d'ailleurs aussi sensible à cette gloire qu'à celle qu'il reçoit de ses ouvrages, qui font les délices de toutes les personnes lettrées, il a sçu rendre un service également important au nom de son ami & au progrès des sciences. Les exemplaires de la

---

* Alphonse roi de Castille vivoit vers le milieu du XIII siécle : il donna des sommes prodigieuses pour faire construire de nouvelles tables astronomiques. On rapporte de lui un trait singulier qui revient à cet article. Lorsque les Astronomes qu'il avoit choisis pour faire cet Ouvrage lui présentèrent leur systême, qui se trouvoit embarrassé d'une infinité de cercles qu'ils avoient cru nécessaires pour expliquer les différents mouvements des astres : *Si Dieu dit ce Prince, m'eut consulté lorsqu'il créa l'Univers, tout auroit été dans un ordre meilleur & plus simple*: Ironie adroite qui part moins d'un principe d'impiété, que d'un génie naturellement connoisseur, qui se doutoit bien que le méchanisme de l'Univers devoit être beaucoup plus simple que celui qu'on lui proposoit.

PRÉFACE.

derniere édition des Principes étoient devenus très-rares & se vendoient à un prix éxorbitant. Il ne cessa de faire les plus vives instances à M. Newton, & détermina enfin cet homme, aussi supérieur aux autres par sa modestie que par son sçavoir, à laisser paroître sous ses auspices & à ses dépens cette nouvelle édition que l'on a revue d'un bout à l'autre, & qui se trouve enrichie de diverses additions importantes que l'on y a faites; enfin c'est par son crédit que je reçus dans le même tems une somme considérable qui me fut donnée, pour veiller à ce que cet Ouvrage fût exécuté avec tout le soin & toute la correction possible.

A Cambridge, le 12 Mai 1713.

ROGER COTES, Associé du Collége de la Trinité, & Professeur d'Astronomie & de Physique expérimentale.

Avertissement sur les Planches de cet Ouvrage.

COMME on n'a pas voulu multiplier inutilement les Planches & les Figures, lorsque l'on trouvera une même Figure sous deux numéro, on regardera cette Figure comme si c'étoit deux Figures séparées.

Les Planches qui étoient absolument nécessaires dans cet Ouvrage, & d'autres obstacles qu'on ne pouvoit pas prévoir, ont empêché jusqu'ici la publication des *Principes de Newton*, qu'on se proposoit de mettre en vente dès l'année 1756.

ERRATA.

PRÉFACE de M. Côtes, *p.* XXIV, avant derniere *lig.* au lieu de cette, *lisez* cet; & au lieu de vraiement, *lisez* vraiment.
Préface de M. Newton, *p.* xviij, *lig.* 8, oppositions; *lisez* propositions.
Préface de M. Newton à la troisiéme édition, *p.* xx, *lig.* 2, Camberton, *lisez* Pemberton.
Ier Volume, *p.* 38, Lemme 2e *cottez* en marge, Fig. 6.
Page 39, Lemme 4e *cottez* en marge, Fig. 7 & 8.
Page 40, Lemme 6e *cottez* en marge, Fig. 9.
Page 94, *lig.* 3, le point coïncide; *lis.* le point M. coïncide.
Ibidem, *ligne* 22, la droite *trp. lisez* la droite *tr.*
Page 293, à la marge, Fig. 29; *lisez* Fig. 26.
Page 297, à la marge, *ligne* 12, Fig. 27; *lisez* Fig. 28.
IIe Volume, *page* 35, vers le bas, *mettez* Figure 1re à la marge.
Commentaire, *page* 161, *ligne* 12; je fais les lignes A P, *lisez* A S.
Page 164, *ligne* 4, de la Sphere P S, *lisez* P Q.
Ibidem, au bas de la page, Fig. 6; *lisez* Fig. 7.
Page 198, vers le bas de la page; le canal A B, *lisez* le canal K L.
Page 212, *ligne* 10, les particules *s*, *lisez* les particules S.
Page 219, vers le bas de la page, ou à, *lisez* on a.

Page 237, *ligne* 14, on aura par le rapport $\dfrac{\frac{2}{15}ce\delta}{\frac{2}{3}ce + \frac{8}{15}ce\delta}$

Lisez on aura pour le rapport $\dfrac{\frac{2}{15}ce\delta}{\frac{2}{3}ce + \frac{6}{15}ce\delta}$

Page 283, vers le haut de la page, *mettez* à la marge Fig. 4.

SUR LA PHYSIQUE.

SUR LA PHYSIQUE DE NEWTON*
A MADAME
LA MARQUISE DU CHÂSTELET.

TU m'appelles à toi, vaste & puissant génie,
Minerve de la France, immortelle Emilie.
Je m'éveille à ta voix, je marche à ta clarté,
Sur les pas des vertus & de la vérité.
Je quitte *Melpoméne* & les jeux du Théâtre,
Ces combats, ces lauriers, dont je fus idolâtre.
De ces triomphes vains mon cœur n'est plus touché.
Que le jaloux *Rufus*, à la terre attaché,
Traîne au bord du tombeau la fureur insensée
D'enfermer dans un vers une fausse pensée;
Qu'il arme contre moi ses languissantes mains,
Des traits qu'il destinoit au reste des humains;
Que quatre fois par mois un ignorant *Zoïle*
Eléve en frémissant une voix imbécille;
Je n'entends point leurs cris que la haine a formés.
Je ne vois point leurs pas dans la fange imprimés.
Le charme tout-puissant de la Philosophie,
Eléve un esprit sage au-dessus de l'envie.
Tranquille au haut des cieux, que *Newton* s'est soumis,
Il ignore en effet s'il a des ennemis.
Je ne les connois plus. Déja de la carriére
L'auguste vérité vient m'ouvrir la barriére;

*Cette Lettre est imprimée au-devant des Elémens de Newton, donnés au Public par M. de Voltaire en 1738 & 1742.

Déja ces tourbillons, l'un par l'autre preſſés,
Se mouvant ſans eſpace, & ſans régles entaſſés,
Ces fantômes ſçavans à mes yeux diſparoiſſent.
Un jour plus pur me luit; les mouvemens renaiſſent;
L'eſpace, qui de Dieu contient l'immenſité,
Voit rouler dans ſon ſein l'Univers limité,
Cet Univers ſi vaſte à notre foible vûe,
Et qui n'eſt qu'un atôme, un point dans l'étendue.
 Dieu parle, & le cahos ſe diſſipe à ſa voix.
Vers un centre commun tout gravite à la fois.
Ce reſſort ſi puiſſant, l'ame de la nature,
Etoit enſeveli dans une nuit obſcure.
Le compas de *Newton*, meſurant l'Univers,
Leve enfin ce grand voile, & les Cieux ſont ouverts.
 Il découvre à mes yeux, par une main ſçavante,
De l'aſtre des ſaiſons la robe étincelante;
L'émeraude, l'azur, le pourpre, le rubis,
Sont l'immortel tiſſu dont brillent ſes habits.
Chacun de ſes raïons dans ſa ſubſtance pure,
Porte en ſoi les couleurs dont ſe peint la nature,
Et confondus enſemble ils éclairent nos yeux,
Ils animent le monde, ils empliſſent les Cieux.
 Confidens du Très-haut, ſubſtances éternelles,
Qui brûlez de ſes feux, qui couvrez de vos aîles
Le Trône où votre Maître eſt aſſis parmi vous,
Parlez; du grand *Newton* n'étiez-vous point jaloux?
 La mer entend ſa voix. Je vois l'humide empire
S'élever, s'avancer vers le Ciel qui l'attire:
Mais un pouvoir central arrête ſes efforts;
La mer tombe, s'affaiſſe, & roule vers ſes bords.

Cométes, que l'on craint à l'égal du tonnerre,
Cessez d'épouvanter les peuples de la terre ;
Dans une ellipse immense achevez votre cours ;
Remontez, descendez près de l'astre des jours ;
Lancez vos feux, volez ; & revenant sans cesse,
Des mondes épuisés ranimez la vieillesse.

Et toi, sœur du soleil, astre qui dans les Cieux
Des sages éblouis trompois les faibles yeux,
Newton de ta carriére a marqué les limites :
Marche, éclaire les nuits, tes bornes sont prescrites.

Terre, change de forme, & que la pesanteur,
En abaissant le Pôle, éléve l'Equateur.
Pôle, immobile aux yeux, si lent dans votre course,
Fuyez le char glacé des sept Astres de l'Ourse : *
Embrassez dans le cours de vos longs mouvemens
Deux cens siécles entiers par de-là six mille ans.

Que ces objets sont beaux ! Que notre ame épurée
Vole à ces vérités dont elle est éclairée !
Oui, dans le sein de Dieu, loin de ce corps mortel,
L'esprit semble écouter la voix de l'Eternel.

Vous, à qui cette voix se fait si bien entendre,
Comment avez-vous pû, dans un âge encor tendre,
Malgré les vains plaisirs, ces écueils des beaux jours,
Prendre un vol si hardi, suivre un si vaste cours,
Marcher après *Newton* dans cette route obscure
Du labyrinthe immense où se perd la nature ?
Puissé-je auprès de vous, dans ce Temple écarté,
Aux regards des François montrer la Vérité,

* C'est la Période de la pression des Equinoxes, laquelle s'accomplit en vingt-six mille neuf cens ans, ou environ.

Tandis * qu'Algaroti, sûr d'instruire & de plaire,
Vers le Tibre étonné conduit cette Etrangére.
  Que de nouvelles fleurs il orne ses attraits,
Le compas à la main j'en tracerai les traits ;
De mes crayons grossiers je peindrai l'immortelle ;
Cherchant à l'embellir, je la rendrois moins belle.
Elle est, ainsi que vous, noble, simple & sans fard,
Au-dessus de l'éloge, au-dessus de mon art.

  * M. Algaroti, jeune Vénitien, faisoit imprimer alors à Venise un Traité sur la Lumiére, dans lequel il expliquoit l'Attraction. Il y a eu sept éditions de son Livre, lequel a été fort mal traduit en françois.

PRINCIPES

PRINCIPES MATHÉMATHIQUES
DE LA
PHILOSOPHIE NATURELLE.

DÉFINITIONS.

DÉFINITION PREMIERE.

La quantité de matiere se mesure par la densité & le volume pris ensemble.

L'Air devenant d'une densité double est quadruple en quantité, lorsque l'espace est double, & sextuple, si l'espace est triple. On en peut dire autant de la neige & de la poudre condensées par la liquéfaction ou la compression, aussi-bien que dans tous les corps condensés par quelque cause que ce puisse être.

Je ne fais point attention ici au milieu qui passe librement entre les parties des corps, supposé qu'un tel milieu éxiste. Je désigne

Tome I.   A

la quantité de matiere par les mots de *corps* ou de *masse*. Cette quantité se connoît par le poids des corps : car j'ai trouvé par des expériences très-éxactes sur les pendules, que les poids des corps sont proportionnels à leur masse; je rapporterai ces expériences dans la suite.

DÉFINITION II.

La quantité de mouvement est le produit de la masse par la vitesse.

Le mouvement total est la somme du mouvement de chacune des parties; ainsi la quantité du mouvement est double dans un corps dont la masse est double, si la vîtesse reste la même; mais si on double la vîtesse, la quantité du mouvement sera quadruple.

DÉFINITION III.

La force qui réside dans la matiere (vis insita *) est le pouvoir qu'elle a de résister. C'est par cette force que tout corps persévere de lui-même dans son état actuel de repos ou de mouvement uniforme en ligne droite.*

Cette force est toujours proportionnelle à la quantité de matiere des corps, & elle ne différe de ce qu'on appelle *l'inertie de la matiere*, que par la maniere de la concevoir : car l'inertie est ce qui fait qu'on ne peut changer sans effort l'état actuel d'un corps, soit qu'il se meuve, soit qu'il soit en repos; ainsi on peut donner à la force qui réside dans les corps le nom très-expressif de *force d'inertie*.

Le corps éxerce cette force toutes les fois qu'il s'agit de changer son état actuel, & on peut la considérer alors sous deux différens aspects, ou comme *résistante*, ou comme *impulsive* : comme résistante, en tant que le corps s'oppose à la force qui tend à lui faire changer d'état; comme impulsive, en tant que le même corps fait effort pour changer l'état de l'obstacle qui lui résiste.

On attribue communément la résistance aux corps en repos, & la force impulsive à ceux qui se meuvent; mais le mouvement

DE LA PHILOSOPHIE NATURELLE.

& le repos, tels qu'on les conçoit communément, ne font que respectifs : car les corps qu'on croit en repos ne font pas toujours dans un repos absolu.

DÉFINITION IV.

La force imprimée (vis impreſſa) *eſt l'action par laquelle l'état du corps eſt changé, ſoit que cet état ſoit le repos, ou le mouvement uniforme en ligne droite.*

Cette force conſiſte uniquement dans l'action, & elle ne ſubſiſte plus dans le corps, dès que l'action vient à ceſſer. Mais le corps perſévere par ſa ſeule force d'inertie dans le nouvel état dans lequel il ſe trouve. La force imprimée peut avoir diverſes origines, elle peut être produite par le *choc*, par la *preſſion*, & par la *force centripete*.

DÉFINITION V.

La force centripete eſt celle qui fait tendre les corps vers quelque point, comme vers un centre, ſoit qu'ils ſoient tirés ou pouſſés vers ce point, ou qu'ils y tendent d'une façon quelconque.

La gravité qui fait tendre tous les corps vers le centre de la terre; la force magnétique qui fait tendre le fer vers l'aimant, & la force, quelle qu'elle ſoit, qui retire à tout moment les planétes du mouvement rectiligne, & qui les fait circuler dans des courbes, ſont des forces de ce genre.

La pierre qu'on fait tourner par le moyen d'une fronde, agit ſur la main, en tendant la fronde, par un effort qui eſt d'autant plus grand, qu'on la fait tourner plus vîte, & elle s'échape auſſitôt qu'on ne la retient plus. La force éxercée par la main pour retenir la pierre, laquelle eſt égale & contraire à la force par laquelle la pierre tend la fronde, étant donc toujours dirigée vers la main, centre du cercle décrit, eſt celle que j'appelle *force centripete*. Il en eſt de même de tous les corps qui ſe meuvent en rond, ils font tous effort pour s'éloigner du centre de leur révolution ; & fans le fecours de quelque force qui s'oppofe à cet effort & qui les retient dans leurs orbes, c'eft-à-dire, de quelque *force centripete*, ils s'en iroient en ligne droite d'un mouvement uniforme.

Un projectile ne retomberoit point vers la terre, s'il n'étoit point animé par la force de la gravité, mais il s'en iroit en ligne droite dans les cieux avec un mouvement uniforme, fi la réfiftance de l'air étoit nulle. C'eft donc par fa gravité qu'il eft retiré de la ligne droite, & qu'il s'infléchit fans ceffe vers la terre ; & il s'infléchit plus ou moins, felon fa gravité & la vîteffe de fon mouvement. Moins la gravité du projectile fera grande par rapport à fa quantité de matiére, plus il aura de vîteffe; moins il s'éloignera de la ligne droite, & plus il ira loin avant de retomber fur la terre.

Ainfi, fi un boulet de canon étoit tiré horifontalement du haut d'une montagne, avec une vîteffe capable de lui faire parcourir un efpace de deux lieues avant de retomber fur la terre : avec une vîteffe double, il n'y retomberoit qu'après avoir parcouru à peu près quatre lieues, & avec une vîteffe décuple, il iroit dix fois plus loin ; (pourvû qu'on n'ait point d'égard à la réfiftance de l'air,) & en augmentant la vîteffe de ce corps, on augmenteroit à volonté le chemin qu'il parcoureroit avant de retomber fur la terre, & on diminueroit la courbure de la ligne qu'il décriroit ; en forte qu'il pourroit ne retomber fur la terre qu'à la diftance de 10, de 30, ou de 90 degrès ; ou qu'enfin il pourroit circuler autour, fans y retomber jamais, & même s'en aller en ligne droite à l'infini dans le ciel.

Or, par la même raifon qu'un projectile pourroit tourner autour de la terre par la force de la gravité, il fe peut faire que la lune par la force de fa gravité, (fuppofé qu'elle gravite) ou par quelqu'autre force qui la porte vers la terre, foit détournée à tout moment de la ligne droite pour s'approcher de la terre, & qu'elle foit contrainte à circuler dans une courbe, & fans une telle force, la lune ne pourroit être retenue dans fon orbite.

DE LA PHILOSOPHIE NATURELLE.

Si cette force étoit moindre qu'il ne convient, elle ne retireroit pas assez la lune de la ligne droite; & si elle étoit plus grande, elle l'en retireroit trop, & elle la tireroit de son orbe vers la terre. La quantité de cette force doit donc être donnée; & c'est aux Mathématiciens à trouver la force centripete nécessaire pour faire circuler un corps dans un orbite donné, & à déterminer réciproquement la courbe dans laquelle un corps doit circuler par une force centripete donnée, en partant d'un lieu quelconque donné, avec une vîtesse donnée.

La quantité de la force centripete peut être considérée comme *absolue, accélératrice & motrice.*

DÉFINITION VI.

La quantité absolue de la force centripete est plus grande ou moindre, selon l'efficacité de la cause qui la propage du centre.

C'est ainsi que la force magnétique est plus grande dans un aimant que dans un autre, suivant la grandeur de la pierre, & l'intensité de sa vertu.

DÉFINITION VII.

La quantité accélératrice de la force centripete est proportionnelle à la vîtesse qu'elle produit dans un temps donné.

La force magnétique du même aimant est plus grande à une moindre distance, qu'à une plus grande. La force de la gravité est plus grande dans les plaines, & moindre sur le sommet des hautes montagnes, & doit être encore moindre (comme on le prouvera dans la suite) à de plus grandes distances de la terre, & à des distances égales; elle est la même de tous côtés; c'est pourquoi elle accélére également tous les corps qui tombent, soit qu'ils soient légers ou pesans, grands ou petits, abstraction faite de la résistance de l'air.

DÉFINITION VIII.

La quantité motrice de la force centripete est proportionnelle au mouvement qu'elle produit dans un temps donné.

Le poids des corps est d'autant plus grand, qu'ils ont plus de masse; & le même corps pese plus près de la surface de la terre, que s'il étoit transporté dans le ciel. La quantité motrice de la force centripete est la force totale avec laquelle le corps tend vers le centre, & proprement son poids; & on peut toujours la connoître en connoissant la force contraire & égale qui peut empêcher le corps de descendre.

J'ai appelé ces différentes quantités de la force centripete, *motrices*, *accélératrices*, & *absolues*, afin d'être plus court.

On peut, pour les distinguer, les rapporter *aux corps* qui sont attirés vers un centre, *aux lieux* de ces corps, & *au centre* des forces.

On peut rapporter la force centripete motrice au corps, en la considérant comme l'effort que fait le corps entier pour s'approcher du centre, lequel effort est composé de celui de toutes ses parties.

La force centripete accélératrice peut se rapporter au lieu du corps, en considérant cette force en tant qu'elle se répand du centre dans tous les lieux qui l'environnent, pour mouvoir les corps qui s'y rencontrent.

Enfin on rapporte la force centripete absolue au centre, comme à une certaine cause sans laquelle les forces motrices ne se propageroient point dans tous les lieux qui entourent le centre; soit que cette cause soit un corps central quelconque, (comme l'aimant dans le centre de la force magnétique, & la terre dans le centre de la force gravitante,) soit que ce soit quelqu'autre cause qu'on n'apperçoit pas. Cette façon de considérer la force centripete est purement mathématique: & je ne prétends point en donner la cause physique.

La force centripete accélératrice est donc à la force centripete motrice, ce que la vîtesse est au mouvement ; car de même que la quantité de mouvement est le produit de la masse par la vîtesse, la quantité de la force centripete motrice est le produit de la force centripete accélératrice par la masse ; car la somme de toutes les actions de la force centripete accélératrice sur chaque particule du corps est la force centripete motrice du corps entier. Donc à la surface de la terre où la force accélératrice de la gravité est la même sur tous les corps, la gravité motrice ou le poids des corps est proportionnel à leur masse ; & si on étoit placé dans des régions où la force accélératrice diminuât, le poids des corps y diminueroit pareillement ; ainsi il est toujours comme le produit de la masse par la force centripete accélératrice. Dans les régions où la force centripete accélératrice seroit deux fois moindre, le poids d'un corps sousdouble ou soustriple seroit quatre fois ou six fois moindre.

Au reste, je prens ici dans le même sens les attractions & les impulsions accélératrices & motrices, & je me sers indifféremment des mots d'*impulsion*, d'*attraction*, ou de *propension* quelconque vers un centre : car je considere ces forces mathématiquement & non physiquement ; ainsi le Lecteur doit bien se garder de croire que j'aie voulu désigner par ces mots une espece d'action, de cause ou de raison physique ; & lorsque je dis que les centres attirent, lorsque je parle de leurs forces, il ne doit pas penser que j'aie voulu attribuer aucune force réelle à ces centres que je considere comme des points mathématiques.

S C H O L I E.

Je viens de faire voir le sens que je donne dans cet Ouvrage à des termes qui ne sont pas communément usités. Quant à ceux de *temps*, d'*espace*, de *lieu* & de *mouvement*, ils sont connus de tout le monde ; mais il faut remarquer que pour n'avoir considéré ces quantités que par leurs relations à des choses sensibles, on est tombé dans plusieurs erreurs.

DÉFINITIONS.

Pour les éviter, il faut diftinguer le temps, l'efpace, le lieu, & le mouvement, en *abfolus & relatifs, vrais & apparens, mathématiques & vulgaires*.

I. Le temps abfolu, vrai & mathématique, fans relation à rien d'extérieur, coule uniformément, & s'appelle *durée*. Le temps relatif, apparent & vulgaire, est cette mefure fenfible & externe d'une partie de durée quelconque (égale ou inégale) prife du mouvement : telles font les mefures d'*heures*, de *jours*, de *mois*, &c. dont on fe fert ordinairement à la place du temps vrai.

II. L'efpace abfolu, fans relation aux chofes externes, demeure toujours fimilaire & immobile.

L'efpace relatif est cette mefure ou dimenfion mobile de l'efpace abfolu, laquelle tombe fous nos fens par fa relation aux corps, & que le vulgaire confond avec l'efpace immobile. C'eft ainfi, par exemple, qu'un efpace, pris au dedans de la terre ou dans le ciel, eft déterminé par la fituation qu'il a à l'égard de la terre.

L'efpace abfolu & l'efpace relatif font les mêmes d'efpece & de grandeur; mais ils ne le font pas toujours de nombre; car, par exemple, lorfque la terre change de place dans l'efpace, l'efpace qui contient notre air demeure le même par rapport à la terre, quoique l'air occupe néceffairement les différentes parties de l'efpace dans lefquelles il paffe, & qu'il en change réellement fans ceffe.

III. Le lieu est la partie de l'efpace occupée par un corps, & par rapport à l'efpace, il est ou relatif ou abfolu.

Je dis que le lieu eft une partie de l'efpace, & non pas fimplement la fituation du corps, ou la fuperficie qui l'entoure : car les folides égaux ont toujours des lieux égaux, quoique leurs fuperficies foient fouvent inégales, à caufe de la diffemblance de leurs formes; les fituations, à parler exactement, n'ont point de quantité; ce font plutôt des affections des lieux, que des lieux proprement dits.

De même que le mouvement ou la tranflation du tout hors de fon

DE LA PHILOSOPHIE NATURELLE.

DÉFINITIONS.

son lieu est la somme des mouvemens ou des translations des parties hors du leur ; ainsi le lieu du tout est la somme des lieux de toutes les parties, & ce lieu doit être interne, & être dans tout le corps entier (*& propterea internus & in corpore toto.*)

IV. Le mouvement absolu est la translation des corps d'un lieu absolu dans un autre lieu absolu, & le mouvement relatif est la translation d'un lieu relatif dans un autre lieu relatif ; ainsi dans un vaisseau poussé par le vent, le lieu relatif d'un corps est la partie du vaisseau dans laquelle ce corps se trouve, ou l'espace qu'il occupe dans la cavité du vaisseau ; & cet espace se meut avec le vaisseau ; & le repos relatif de ce corps est sa permanence dans la même partie de la cavité du vaisseau. Mais le repos vrai du corps est sa permanence dans la partie de l'espace immobile, où l'on suppose que se meut le vaisseau & tout ce qu'il contient. Ainsi, si la terre étoit en repos, le corps qui est dans un repos relatif dans le Vaisseau auroit un mouvement vrai & absolu, dont la vîtesse seroit égale à celle qui emporte le vaisseau sur la surface de la terre ; mais la terre se mouvant dans l'espace, le mouvement vrai & absolu de ce corps est composé du mouvement vrai de la terre dans l'espace immobile, & du mouvement relatif du vaisseau sur la surface de la terre ; & si le corps avoit un mouvement relatif dans le vaisseau, son mouvement vrai & absolu seroit composé de son mouvement relatif dans le vaisseau, du mouvement relatif du vaisseau sur la terre, & du mouvement vrai de la terre dans l'espace absolu. Quant au mouvement relatif de ce corps sur la terre, il seroit formé dans ce cas de son mouvement relatif dans le vaisseau, & du mouvement relatif du vaisseau sur la terre. Ensorte que si la partie de la terre où se trouve ce vaisseau avoit un mouvement vrai vers l'orient, avec une vîtesse divisée en 10100 parties : que le vaisseau fût emporté vers l'occident avec 10 parties de cette vîtesse ; & que le Pilote se promenât dans le vaisseau vers l'orient, avec une partie de cette même vîtesse : ce Pilote auroit un mouvement réel & absolu dans l'espace im-

Tome I.   B

mobile, avec 10001 parties de vîteſſe vers l'orient, & un mouvement relatif ſur la terre vers l'occident avec 9 parties de vîteſſe.

On diſtingue en aſtronomie le temps abſolu du temps relatif par l'*équation du temps*. Car les jours naturels ſont inégaux, quoiqu'on les prenne communément pour une meſure égale du temps; & les Aſtronomes corrigent cette inégalité, afin de meſurer les mouvemens céleſtes par un temps plus éxact.

Il eſt très poſſible qu'il n'y ait point de mouvement parfaitement égal, qui puiſſe ſervir de meſure éxacte du temps; car tous les mouvemens peuvent être accélérés & retardés, mais le temps abſolu doit toujours couler de la même manière.

La durée ou la perſévérance des choſes eſt donc la même, ſoit que les mouvemens ſoient prompts, ſoit qu'ils ſoient lents, & elle ſeroit encore la même, quand il n'y auroit aucun mouvement; ainſi il faut bien diſtinguer le temps de ſes meſures ſenſibles, & c'eſt ce qu'on fait par l'équation aſtronomique. La néceſſité de cette équation dans la détermination des Phénomènes ſe prouve aſſez par l'expérience des horloges à pendule, & par les obſervations des Eclipſes des ſatellites de Jupiter.

L'ordre des parties de l'eſpace eſt auſſi immuable que celui des parties du temps; car ſi les parties de l'eſpace ſortoient de leur lieu, ce ſeroit, ſi l'on peut s'exprimer ainſi, ſortir d'elles-mêmes. Les temps & les eſpaces n'ont pas d'autres lieux qu'eux-mêmes, & ils ſont les lieux de toutes les choſes. Tout eſt dans le temps, quant à l'ordre de la ſucceſſion : tout eſt dans l'eſpace, quant à l'ordre de la ſituation. C'eſt là ce qui détermine leur eſſence, & il ſeroit abſurde que les lieux primordiaux ſe mûſſent. Ces lieux ſont donc les lieux abſolus, & la ſeule tranſlation de ces lieux fait les mouvemens abſolus.

Comme les parties de l'eſpace ne peuvent être vûes ni diſtinguées les unes des autres par nos ſens, nous y ſuppléons par des meſures ſenſibles. Ainſi nous déterminons les lieux par les poſitions & les distances à quelque corps que nous regardons comme immobile, & nous mesurons ensuite les mouvemens des corps par rapport à ces lieux ainsi déterminés : nous nous servons donc des lieux & des mouvemens relatifs à la place des lieux & des mouvemens absolus ; & il est à propos d'en user ainsi dans la vie civile : mais dans les matieres philosophiques, il faut faire abstraction des sens ; car il se peut faire qu'il n'y ait aucun corps véritablement en repos, auquel on puisse rapporter les lieux & les mouvemens.

DÉFINITIONS

Le repos & le mouvement relatifs & absolus sont distingués par leurs *propriétés*, leurs *causes* & leurs *effets*. La propriété du repos est que les corps véritablement en repos y sont les uns à l'égard des autres. Ainsi, quoiqu'il soit possible qu'il y ait quelque corps dans la région des fixes, ou beaucoup au-delà, qui soit dans un repos absolu, comme on ne peut pas connoître par la situation qu'ont entr'eux les corps d'ici-bas, si quelqu'un de ces corps conserve ou non sa situation par rapport à ce corps éloigné, on ne sçauroit déterminer, par le moyen de la situation que ces corps ont entr'eux, s'ils sont véritablement en repos.

La propriété du mouvement est que les parties qui conservent des positions données par rapport aux touts participent aux mouvemens de ces touts ; car si un corps se meut autour d'un axe, toutes ses parties font effort pour s'éloigner de cet axe, & s'il a un mouvement progressif, son mouvement total est la somme des mouvemens de toutes ses parties. De cette propriété il suit, que si un corps se meut, les corps qu'il contient, & qui sont par rapport à lui dans un repos relatif, se meuvent aussi ; & par conséquent le mouvement vrai & absolu ne sçauroit être défini par la translation du voisinage des corps extérieurs, que l'on considére comme en repos. Il faut que les corps extérieurs soient non seulement regardés comme en repos, mais qu'ils y soient véritablement : autrement les corps qu'ils renferment, outre leur transla-

DÉFINITIONS.

tion du voisinage des ambians, participeront encore au mouvement vrai des ambians, & s'ils ne changeoient point de position par rapport aux parties des ambians, ils ne seroient pas pour cela véritablement en repos ; mais ils seroient seulement considérés comme en repos. Les corps ambians sont à ceux qu'ils contiennent, comme toutes les parties extérieures d'un corps sont à toutes ses parties intérieures, ou comme l'écorce est au noyau. Or l'écorce étant muë, le noyau se meut aussi, quoiqu'il ne change point sa situation par rapport aux parties de l'écorce qui l'environnent.

Il suit de cette propriété du mouvement qu'un lieu étant mû, tout ce qu'il contient se meut aussi, & par conséquent qu'un corps qui se meut dans un lieu mobile, participe au mouvement de ce lieu. Tous les mouvemens qui s'éxécutent dans des lieux mobiles ne sont donc que les parties des mouvemens entiers & absolus. Le mouvement entier & absolu d'un corps est composé du mouvement de ce corps dans le lieu où l'on le suppose, du mouvement de ce lieu dans le lieu où il est placé lui-même, & ainsi de suite, jusqu'à ce qu'on arrive à un lieu immobile, comme dans l'éxemple du Pilote dont on a parlé ci-dessus. Ainsi les mouvemens entiers & absolus ne peuvent se déterminer qu'en les considérant dans un lieu immobile : & c'est pourquoi j'ai rapporté ci-dessus les mouvemens absolus à un lieu immobile, & les mouvemens relatifs à un lieu mobile. Il n'y a de lieux immobiles que ceux qui conservent à l'infini dans tous les sens leurs situations respectives; & ce sont ces lieux qui constituent l'espace que j'appelle *immobile*.

Les causes par lesquelles on peut distinguer le mouvement vrai du mouvement relatif sont les forces imprimées dans les corps pour leur donner le mouvement: car le mouvement vrai d'un corps ne peut être produit ni changé que par des forces imprimées à ce corps même ; au lieu que son mouvement relatif peut être produit & changé, sans qu'il éprouve l'action d'aucune force : il suffit qu'il y ait des forces qui agissent sur les corps par rapport auſquels on le conſidere, puiſque ces corps étant mûs, la relation dans laquelle conſiſte le repos ou le mouvement relatif change, de même, le mouvement abſolu d'un corps peut changer, ſans que ſon mouvement relatif change; car ſi les forces qui agiſſent ſur ce corps agiſſoient en même temps ſur ceux par rapport auſquels on le conſidere, & en telle ſorte que les relations reſtaſſent toujours les mêmes, le mouvement relatif, qui n'eſt autre choſe que ces relations, ne changeroit point. Ainſi le mouvement relatif peut changer, tandis que le mouvement vrai & abſolu reſte le même, & il peut ſe conſerver auſſi, quoique le mouvement abſolu change; il eſt donc ſûr que le mouvement abſolu ne conſiſte point dans ces ſortes de relations.

Les effets par leſquels on peut diſtinguer le mouvement abſolu du mouvement relatif, ſont les forces qu'ont les corps qui tournent pour s'éloigner de l'axe de leur mouvement; car dans le mouvement circulaire purement relatif, ces forces ſont nulles, & dans le mouvement circulaire vrai & abſolu elles ſont plus ou moins grandes, ſelon la quantité du mouvement.

Si on fait tourner en rond un vaſe attaché à une corde juſqu'à-ce que la corde, à force d'être torſe, devienne en quelque ſorte infléxible; ſi on met enſuite de l'eau dans ce vaſe, & qu'après avoir laiſſé prendre à l'eau & au vaſe l'état de repos, on donne à la corde la liberté de ſe détortiller, le vaſe acquérera par ce moyen un mouvement qui ſe conſervera très long temps: au commencement de ce mouvement la ſuperficie de l'eau contenue dans le vaſe reſtera plane, ainſi qu'elle l'étoit avant que la corde ſe détortillât; mais enſuite le mouvement du vaſe ſe communiquant peu à peu à l'eau qu'il contient, cette eau commencera à tourner, à s'élever vers les bords, & à devenir concave, comme je l'ai éprouvé, & ſon mouvement s'augmentant, les bords de cette eau s'éléveront de plus en plus, juſqu'à-ce que ſes révolutions s'achevant dans des temps égaux à ceux dans leſquels le vaſe fait un tour entier, l'eau fera dans un repos relatif par rapport à ce vase. L'ascension de l'eau vers les bords du vase marque l'effort qu'elle fait pour s'éloigner du centre de son mouvement, & on peut connoître & mesurer par cet effort le mouvement circulaire vrai & absolu de cette eau ; lequel est entiérement contraire à son mouvement relatif ; car dans le commencement où le mouvement relatif de l'eau dans le vase étoit le plus grand, ce mouvement n'excitoit en elle aucun effort pour s'éloigner de l'axe de son mouvement : l'eau ne s'élevoit point vers les bords du vase, mais elle demeuroit plane, & par conséquent elle n'avoit pas encore de mouvement circulaire vrai & absolu : lorsqu'ensuite le mouvement relatif de l'eau vint à diminuer, l'ascension de l'eau vers les bords du vase marquoit l'effort qu'elle faisoit pour s'éloigner de l'axe de son mouvement ; & cet effort, qui alloit toujours en augmentant, indiquoit l'augmentation de son mouvement circulaire vrai. Enfin ce mouvement vrai fut le plus grand, lorsque l'eau fut dans un repos relatif dans le vase. L'effort que faisoit l'eau pour s'éloigner de l'axe de son mouvement, ne dépendoit donc point de sa translation du voisinage des corps ambians, & par conséquent le mouvement circulaire vrai ne peut se déterminer par de telles translations.

Le mouvement vrai circulaire de tout corps qui tourne est unique, & il répond à un seul effort qui est sa mesure naturelle & éxacte ; mais les mouvemens relatifs sont variés à l'infini, selon toutes les relations aux corps extérieurs ; & tous ces mouvemens, qui ne sont que des relations, n'ont aucun effet réel, qu'en tant qu'ils participent du mouvement vrai & unique. De-là il suit que dans le systême de ceux qui prétendent que nos cieux tournent au-dessous des cieux des Etoiles fixes, & qu'ils emportent les Planetes par leurs mouvemens : toutes les parties des cieux, & les Planetes qui sont en repos par rapport aux cieux qui les environnent se meuvent réellement ; car elles changent leur position entre elles (au contraire de ce qui arrive aux corps qui sont dans un

DE LA PHILOSOPHIE NATURELLE.

repos abfolu) & étant tranfportées avec les cieux qui les entourent, elles font effort, ainfi que les parties des touts qui tournent, pour s'éloigner de l'axe du mouvement.

Les quantités relatives ne font donc pas les véritables quantités dont elles portent le nom, mais ce font les mefures fenfibles, (éxactes ou non éxactes) que l'on employe ordinairement pour les mefurer. Or comme la fignification des mots doit répondre à l'ufage qu'on en fait, on auroit tort fi on entendoit par les mots de *temps*, d'*efpace*, de *lieu* & de *mouvement*, autre chofe que les mefures fenfibles de ces quantités, excepté dans le langage purement mathématique. Lorfqu'on trouve donc ces termes dans l'Ecriture, ce feroit faire violence au texte facré, fi au lieu de les prendre pour les quantités qui leur fervent de mefures fenfibles, on les prenoit pour les véritables quantités abfolues, ce feroit de même aller contre le but de la Philofophie & des Mathématiques, de confondre ces mêmes mefures fenfibles ou quantités relatives avec les quantités abfolues qu'elles mefurent.

Il faut avouer qu'il eft très difficile de connoître les mouvemens vrais de chaque corps, & de les diftinguer actuellement des mouvemens apparens, parce que les parties de l'efpace immobile dans lefquelles s'éxécutent les mouvemens vrais, ne tombent pas fous nos fens. Cependant il ne faut pas en défefpérer entièrement; car on peut fe fervir, pour y parvenir, tant des mouvemens apparens, qui font les différences des mouvemens vrais, que des forces qui font les caufes & les effets des mouvemens vrais. Si, par éxemple, deux globes attachés l'un à l'autre par le moyen d'un fil de longueur donnée viennent à tourner autour de leur centre commun de gravité, la tenfion du fil fera connoître l'effort qu'ils font pour s'écarter du centre du mouvement, & donnera par ce moyen la quantité du mouvement circulaire. Enfuite, fi en frappant ces deux globes en même-temps, dans des fens oppofés, & avec des forces égales, on augmente ou on diminue le mouvement circulaire, on connoîtra par l'augmentation ou la diminution de la tenfion du fil, l'augmentation ou la diminution du mouvement; & enfin on trouvera par ce moyen les côtés de ces globes où les forces doivent être imprimées pour augmenter le plus qu'il eft poffible le mouvement, c'eft-à-dire, les côtés qui fe meuvent parallélement au fil, & qui fuivent fon mouvement; connoiffant donc ces côtés & leurs oppofés qui précédent le mouvement du fil, on aura la détermination du mouvement.

On parviendroit de même à connoître la quantité & la détermination de ce mouvement circulaire dans un vuide quelconque immenfe, où il n'y auroit rien d'extérieur ni de fenfible à quoi on pût rapporter le mouvement de ces globes.

Si dans cet efpace il fe trouvoit quelques autres corps très éloignés qui confervaffent toujours entr'eux une pofition donnée, tels que font les étoiles fixes, on ne pourroit fçavoir par la tranflation relative des globes, par rapport à ces corps, s'il faudroit attribuer le mouvement aux globes, ou s'il le faudroit fuppofer dans ces corps; mais fi en faifant attention au fil qui joint les globes, on trouvoit fa tenfion telle que le mouvement des globes le requiert; alors non-feulement on verroit avec certitude que ce font les globes qui fe meuvent, & que les autres corps font en repos; mais on auroit la détermination du mouvement de ces globes par leurs tranflations relatives à l'égard des corps.

On fera voir plus amplement dans la fuite comment les mouvemens vrais peuvent fe connoître par leurs caufes, leurs effets, & leurs différences apparentes, & comment on peut connoître au contraire par les mouvemens vrais ou apparens leurs caufes & leurs effets, & c'eft principalement dans cette vûe qu'on a compofé cet Ouvrage.

AXIOMES

ately as they appear.

AXIOMES,
OU
LOIX DU MOUVEMENT.

PREMIERE LOI.

Tout corps perſévère dans l'état de repos ou de mouvement uniforme en ligne droite dans lequel il ſe trouve, à moins que quelque force n'agiſſe ſur lui, & ne le contraigne à changer d'état.

Les projectiles par eux-mêmes perſévèrent dans leurs mouvemens, mais la réſiſtance de l'air les retarde, & la force de la gravité les porte vers la terre. Une toupie, dont les parties ſe détournent continuellement les unes les autres de la ligne droite par leur cohérence réciproque, ne ceſſe de tourner, que parceque la réſiſtance de l'air la retarde peu à peu. Les planettes & les comètes qui ſont de plus grandes maſſes, & qui ſe meuvent dans des eſpaces moins réſiſtans, conſervent plus long-temps leurs mouvemens progreſſifs & circulaires.

II. LOI.

Les changemens qui arrivent dans le mouvement ſont proportionnels à la force motrice, & ſe font dans la ligne droite dans laquelle cette force a été imprimée.

Si une force produit un mouvement quelconque, une force double de cette premiere produira un mouvement double, & une force triple un mouvement triple, ſoit qu'elle ait été imprimée en un ſeul coup, ſoit qu'elle l'ait été peu à peu & ſucceſſivement, & ce mouvement, étant toujours déterminé du même côté que la force génératrice, ſera ajoûté au mouvement que le corps eſt supposé avoir déja, s'il conspire avec lui ; ou en sera retranché, s'il lui est contraire, ou bien sera retranché ou ajoûté en partie, s'il lui est oblique; & [de ces deux mouvemens il s'en formera un seul, dont la détermination sera composée des deux premieres.

III. LOI.

L'action est toujours égale & opposée à la réaction ; c'est-à-dire , que les actions de deux corps l'un sur l'autre sont toujours égales , & dans des directions contraires.

Tout corps qui presse ou tire un autre corps est en même-temps tiré ou pressé lui-même par cet autre corps. Si on presse une pierre avec le doigt, le doigt est pressé en même-temps par la pierre. Si un cheval tire une pierre par le moyen d'une corde, il est également tiré par la pierre : car la corde qui les joint & qui est tendue des deux côtés, fait un effort égal pour tirer la pierre vers le cheval, & le cheval vers la pierre ; & cet effort s'oppose autant au mouvement de l'un, qu'il excite le mouvement de l'autre.

Si un corps en frappe un autre, & qu'il change son mouvement, de quelque façon que ce soit, le mouvement du corps choquant sera aussi changé de la même quantité & dans une direction contraire par la force du corps choqué, à cause de l'égalité de leur pression mutuelle.

Par ces actions mutuelles, il se fait des changemens égaux, non pas de vîtesse, mais de mouvement, pourvû qu'il ne s'y mêle aucune cause étrangere ; car les changemens de vîtesse qui se font de la même manière dans des directions contraires doivent être réciproquement proportionnels aux masses, à cause que les changemens de mouvement sont égaux. Cette loi a lieu aussi dans les attractions, comme je le prouverai dans le scholie suivant.

DE LA PHILOSOPHIE NATURELLE.

COROLLAIRE I.

Un corps poussé par deux forces parcourt, par leurs actions réunies, la Diagonale d'un parallélogramme dans le même temps, dans lequel il auroit parcouru ses côtés séparément.

Si le corps, pendant un temps donné, eut été transporté de A en B, d'un mouvement uniforme par la seule force M imprimée en A; & que par la seule force N, imprimée dans le même lieu A, il eut été transporté de A en C, le corps par ces deux forces réunies sera transporté dans le même temps dans la diagonale AD du parallélogramme $ABCD$; car puisque la force N agit selon la ligne AC parallele à BD, cette force, selon la seconde loi du mouvement, ne changera rien à la vîtesse avec laquelle ce corps s'approche de cette ligne BD, par l'autre force M. Le corps s'approchera donc de la ligne BD dans le même temps; soit que la force N lui soit imprimée, soit qu'elle ne le soit pas; ainsi à la fin de ce temps il sera dans quelque point de cette ligne BD. On prouvera de la même maniére qu'à la fin de ce même temps le corps sera dans un point quelconque de la ligne CD. Donc il sera nécessairement dans le point d'intersection D de ces deux lignes, & par la premiere loi il ira d'un mouvement rectiligne de A en D.

COROLLAIRE II.

D'où l'on voit qu'une force directe AD *est composée des forces obliques quelconques* AB *&* BD, *& réciproquement qu'elle peut toujours se résoudre dans les forces obliques quelconques* AB *&* BD. *Cette résolution & cette composition des forces se trouve confirmée à tout moment dans la méchanique.*

Supposons que du centre O d'une roüe partent des rayons inégaux OM, ON, qui soutiennent par des fils MA, NP des poids A & P, & qu'on cherche les forces de ces poids pour faire tourner cette roüe.

AXIOMES, OU LOIX DU MOUVEMENT.

Fig. 1.

Fig. 2.

C ij

On menera d'abord par le centre O la droite KOL perpendiculaire en K & en L aux fils MA, NP, & du centre O & de l'intervalle OL, le plus grand des intervalles OK, OL on décrira un cercle. On tirera enfuite par le centre O, & par l'interfection D de ce cercle avec le fil MA la droite OD à laquelle on menera par A la parallele AC, terminée en C par la droite DC, qui lui eft perpendiculaire. Cela pofé, comme il eft indifférent que les points K, L, D, des fils foient attachés ou non au plan de la rouë, les poids feront le même effet, foit qu'ils foient attachés aux points K & L, foit qu'ils foient attachés aux points D & L.

Soit donc exprimée la force totale du corps A par la ligne AD, & foit cette force décompofée dans les deux forces AC, & CD, la premiere AC tirant le rayon OD dans fa direction, ne contribue point au mouvement de la rouë ; mais la feconde DC tirant le rayon OD perpendiculairement, fait le même effet que fi elle tiroit perpendiculairement le rayon OL égal à OD, c'eft-à-dire qu'elle fera équivalente au poids P, pourvû que ce poids foit au poids A, comme la force DC eft à la force DA, ou, ce qui revient au même (à caufe des triangles femblables ADC, DOK) comme OK à OD ou OL : Donc fi les poids A & P font pris dans la raifon renverfée des rayons OK, OL, aufquels ils font appliqués, ils feront en équilibre, ce qui eft la propriété fi connue du levier, de la balance, & du treüil. Si l'un des poids eft à l'autre dans une plus grande raifon, fa force en fera d'autant plus grande pour mouvoir la rouë.

Suppofons préfentement que le poids p égal au poids P, foit en partie foutenu par le fil Np, & en partie par le plan pG, on menera pH & NH, la premiere perpendiculaire à l'horifon, & l'autre au plan pG, & prenant pH pour exprimer la force avec laquelle le corps p tend en en bas, on décompofera cette force dans les deux pH & NH. Imaginant enfuite que le poids p, au lieu d'être attaché au fil Np, fut arrêté par un plan pQ perpendiculaire à la direction Np, & coupant le plan pG, dans une ligne parallele à l'horifon, il eft clair que les forces avec lefquelles le corps prefferoit les plans pQ, pG, qui le retiendroient dans cette fuppofition, feroient exprimées, la premiere par pN, & la feconde par HN. Donc en fupprimant le plan pQ, & laiffant le fil Np qui fait abfolument le même effet, la tenfion de ce fil fera la même force pN avec laquelle le plan pQ étoit preffé.

Ainfi la tenfion du fil, lorfqu'il eft dans la fituation oblique pN, eft à la tenfion du même fil, lorfqu'il a, comme dans le cas précédent, la fituation perpendiculaire PN, comme pN à pH. C'eft pourquoi fi le poids p eft au poids A dans la raifon compofée de la raifon réciproque des moindres diftances du centre de la roue aux fils pN & AM, & de la raifon directe de pH à pN; ces poids auront une égale force pour faire mouvoir la roue, & feront par conféquent en équilibre, ce dont tout le monde peut reconnoître la vérité.

Le poids p, en s'appuyant fur ces deux plans obliques, eft dans le même cas qu'un coin entre les deux furfaces internes du corps qu'il fend : & on peut connoître par-là les forces du coin & du marteau : puifqu'en effet la force avec laquelle le corps p, preffe le plan pQ, eft à la force avec laquelle ce même corps eft pouffé vers ces plans, fuivant la ligne perpendiculaire pH, par la force de fa gravité ou par les coups du marteau, comme pN à pH; & à la force par laquelle il preffe l'autre plan pG, comme pN à HN.

On peut par une femblable décompofition des forces trouver la force de la vis; car la vis n'eft autre chofe qu'un coin mû par un levier, ce qui fait voir la fécondité de ce Corollaire, & fournit de nouvelles preuves de fa vérité; il peut fervir de bafe à toute la méchanique dans laquelle on a employé jufqu'à préfent tant de différens principes.

On en tire aifément, par exemple, les forces de toutes les machines compofées de roues, de tambours, de poulies, de leviers, de cordes tendues, de poids montans directement ou obliquement,

Axiomes, ou Loix du Mouvement.

& enfin de toutes les puiſſances dont les machines ſont ordinairement compoſées ; on en tireroit auſſi les forces néceſſaires aux tendons pour mouvoir les membres des animaux.

COROLLAIRE III.

La quantité de mouvement, qui réſulte de la ſomme de tous les mouvemens vers le même côté, & de leurs différences vers des côtés oppoſés, ne change point par l'action des corps entr'eux.

L'action & la réaction ſont égales, ſuivant la troiſiéme loi ; donc par la ſeconde elles produiſent dans les mouvemens des changemens égaux dans des directions oppoſées. Donc ſi les mouvemens ſe font du même côté ; ce qui ſera ajoûté au mouvement du corps chaſſé, doit être ôté du mouvement de celui qui le ſuit, enſorte que la ſomme des mouvemens demeure la même qu'auparavant. Si les corps viennent de deux côtés oppoſés, il faudra retrancher également du mouvement de ces deux corps, & par conſéquent la différence des mouvemens vers des côtés oppoſés demeurera toujours la même.

Suppoſons, par exemple, que la boule *A* ſoit triple de la boule *B*, & qu'elle ait deux parties de vîteſſe, & que *B* la ſuive dans la même ligne droite avec 10 parties de vîteſſe, le mouvement du corps *A* ſera à celui du corps *B*, comme 6 à 10 : Prenant donc 6 & 10 pour exprimer les quantités de mouvement de ces corps, 16 ſera la ſomme de leurs mouvemens.

Lorſque ces corps viendront à ſe rencontrer, ſi le corps *A* gagne 3, 4 ou 5 parties de mouvement, le corps *B* en perdra autant, enſorte que le corps *A*, après la réflexion continuant ſon chemin avec 9, 10 ou 11 parties de mouvement, le corps *B*, ira avec 7, 6 ou 5, & la ſomme ſera toujours de 16 parties comme auparavant. Si le corps *A* gagne 9, 10, 11 ou 12 parties, & qu'il pourſuive par conſéquent ſon chemin après le choc avec 15, 16, 17 ou 18 parties de mouvement ; le corps *B* perdant tout ce que le corps *A* gagne, continuera de ſe mouvoir, vers le même côté avec une partie de mouvement, après en avoir perdu 9, ou il restera en repos, ayant perdu les 10 parties de mouvement progressif qu'il avoit, ou il retournera vers le côté opposé avec un degré de mouvement, après avoir perdu tout ce qu'il avoit & même une partie de plus (si je puis m'exprimer ainsi), ou bien enfin il retournera vers le côté opposé avec deux parties de mouvement, après avoir perdu 12 parties de son mouvement progressif. Ainsi les sommes des mouvemens conspirans 15+1 ou 16+0, & les différences des mouvemens opposés 17−1 & 18−2, feront toujours 16 parties comme avant le choc & la réfléxion : Connoissant donc la quantité de mouvement avec laquelle les corps se meuvent après la réfléxion, on trouvera la vîtesse de chacun, en supposant que cette vîtesse soit à la vîtesse avant la réfléxion, comme le mouvement après la réfléxion est au mouvement avant la réfléxion. Ainsi dans le dernier cas, où le corps *A* avoit 6 parties de mouvement avant la réfléxion, & 18 après, & 2 de vîtesse avant la réfléxion ; ou trouveroit que la vîtesse après la réfléxion seroit 6, en disant, comme 6 parties de mouvement avant la réfléxion, sont à 18 parties après la réfléxion ; ainsi 2 de vîtesse avant la réfléxion sont à 6 de vîtesse après la réfléxion.

Si les corps n'étoient pas sphériques, ou que se mouvant suivant diverses lignes droites, ils vinssent à se choquer obliquement, pour trouver leur mouvement après la réfléxion ; il faudra commencer par connoître la situation du plan qui touche tous les corps choquans au point de concours : Ensuite (par le Cor. 2.) on décomposera le mouvement de chaque corps en deux mouvemens, l'un perpendiculaire & l'autre parallele à ce plan tangent : & comme les corps n'agissent les uns sur les autres que selon la ligne perpendiculaire au plan tangent, les mouvemens paralleles seront les mêmes après & avant la réfléxion ; & les mouvemens perpendiculaires éprouveront des changemens égaux vers les côtés opposés ; ensorte que la somme des mouvemens conspirans & la différence des mouvemens opposés, resteront toujours les mêmes.

qu'auparavant. C'est de ces sortes de réfléxions que viennent ordinairement les mouvemens circulaires des corps autour de leurs centres; mais je ne considérerai point ces cas dans la suite, parce qu'il seroit trop long de démontrer tout ce qui y a rapport.

COROLLAIRE IV.

Le centre commun de gravité de deux corps ou de plusieurs corps ne change point son état de mouvement ou de repos, par l'action réciproque de ces corps ; ainsi le centre commun de gravité de tous les corps qui agissent les uns sur les autres (supposé qu'il n'y ait aucune action ni aucun obstacle extérieur) est toujours en repos, ou se meut uniformément en ligne droite.

Car, si deux points se meuvent uniformément en ligne droite, & que leur distance soit divisée en raison donnée, le point de division sera en repos, ou il se mouvera uniformément en ligne droite. C'est ce qu'on trouvera démontré ci-après dans le Lemme 23 & dans son Corollaire, pour le cas où les deux points se meuvent dans le même plan; & ce qui se démontre facilement par la même méthode pour le cas où les deux points seroient dans des plans différens. Donc, si des corps quelconques se meuvent uniformément en ligne droite, le commun centre de gravité de deux de ces corps, ou sera en repos, ou se mouvera uniformément en ligne droite ; parce que la ligne, qui joint les centres de ces corps, sera divisée par leur centre commun de gravité dans une raison donnée. De même le commun centre de gravité de ces deux corps & d'un troisiéme, sera en repos ou se mouvera uniformément en ligne droite ; à cause que la ligne qui joint le centre commun de gravité de ces deux corps, & le centre du troisiéme sera encore divisée par le commun centre de gravité de ces trois corps en raison donnée. Enfin le commun centre de gravité de ces trois corps & d'un quatriéme quelconque sera en repos ou sera mû uniformément en ligne droite; parce que la ligne qui joint le centre commun de gravité de ces trois corps, & le centre du quatriéme sera

divisée

divisée par le centre commun de gravité de ces quatre corps en raison donnée & ainsi à l'infini. Donc, dans un système de corps, dont les actions réciproques les uns sur les autres ne sont point troublées par aucune action ou empêchement externe, & dont par conséquent chacun se meut uniformément en ligne droite, le commun centre de gravité de tous ces corps sera en repos ou sera mû uniformément en ligne droite.

De plus, dans un système composé de deux corps qui agissent l'un sur l'autre, les distances des centres de chacun de ces corps à leur commun centre de gravité étant en raison réciproque de la masse de ces corps ; les mouvemens relatifs de ces corps, pour s'éloigner ou pour s'approcher de ce centre commun de gravité, seront égaux entr'eux. Donc, ni les changemens égaux qui se font dans le mouvement de ces corps en sens contraire, ni par conséquent leur action mutuelle l'un sur l'autre, ne changeront rien à l'état de leur centre commun de gravité qui ne sera ni accéléré ni retardé, & qui ne recevra enfin aucune altération dans son état de mouvement ou de repos.

Puisque dans un système de plusieurs corps, le centre de gravité de deux quelconques de ces corps qui agissent l'un sur l'autre, ne change point d'état par cette action ; & que le commun centre de gravité des autres, avec lesquels cette action n'a aucun rapport, n'en souffre aucune altération ; la distance de ces deux centres sera divisée par le centre commun de tous ces corps dans des parties réciproquement proportionnelles aux sommes totales des corps dont ils sont les centres ; & par conséquent ces deux centres conservant leur état de repos ou de mouvement, le centre commun de tous ces corps conservera aussi le sien ; car il est clair que le centre commun de tous ces corps ne changera point son état de repos ou de mouvement par les actions de deux quelconques de ces corps entr'eux.

Or, dans un tel système, toutes les actions des corps les uns sur les autres, ou sont exercées entre deux corps, ou sont composées d'actions entre deux corps ; & par conséquent elles ne produisent aucun changement dans l'état de repos ou de mouvement du centre commun de tous ces corps. C'est pourquoi comme ce centre est en repos, ou qu'il se meut uniformément en ligne droite, lorsque les corps n'agissent point les uns sur les autres ; il continuera de même, malgré l'action réciproque de ces corps, à être en repos, ou à se mouvoir uniformément en ligne droite, pourvû qu'il ne soit point tiré de son état par des forces étrangeres.

La loi d'un systême de plusieurs corps est donc la même que celle d'un corps seul, quant à la permanence dans l'état de repos ou de mouvement uniforme en ligne droite où ils se trouvent. Et le mouvement progressif d'un corps ou d'un systême de corps, doit toujours s'estimer par le mouvement de leur centre de gravité.

COROLLAIRE V.

Les mouvemens des corps enfermés dans un espace quelconque sont les mêmes entr'eux, soit que cet espace soit en repos, soit qu'il se meuve uniformément en ligne droite sans mouvement circulaire.

Car les différences des mouvemens qui tendent vers le même côté, & les sommes de ceux qui tendent vers des côtés opposés, sont les mêmes au commencement du mouvement dans l'un & l'autre cas (par l'hypothèse,) mais c'est de ces sommes ou de ces différences qu'on tire l'effort avec lequel les corps se choquent mutuellement : Donc par la seconde loi les effets du choc seront les mêmes dans ces deux cas ; & par conséquent les mouvemens de ces corps entr'eux, dans un de ces cas, demeureront égaux à leurs mouvemens entr'eux dans l'autre cas, ce que l'expérience confirme tous les jours. Car les mouvemens qui se font dans un vaisseau sont les mêmes entr'eux, soit que le vaisseau marche uniformément en ligne droite, soit qu'il soit en repos.

COROLLAIRE VI.

Si des corps se meuvent entr'eux d'une façon quelconque, & qu'ils soient poussés par des forces accélératrices égales, & qui agissent sur eux, suivant des lignes parallèles, ils continueront à se mouvoir entr'eux de la même maniere que si ces forces ne leur avoient pas été imprimées.

Car ces forces agissant également (par rapport à la quantité de matiére des corps à mouvoir) & suivant des lignes parallèles, elles feront mouvoir tous ces corps avec des vîtesses égales par la seconde loi. Ainsi elles ne changeront point les positions & les mouvemens de ces corps entr'eux.

SCHOLIE.

Les principes que j'ai expliqué jusqu'à présent sont reçus de tous les Mathématiciens, & confirmés par une infinité d'expériences. Les deux premieres loix du mouvement & les deux premiers Corollaires ont fait découvrir à *Galilée* que la descente des graves est en raison doublée du temps, & que les Projectiles décrivent une Parabole; ce qui est conforme à l'expérience, si on fait abstraction de la résistance de l'air qui retarde un peu tous ces mouvemens.

La gravité étant uniforme, elle agit également à chaque particule égale de temps, ainsi elle imprime au corps qui tombe des vîtesses & des forces égales : & dans le temps total elle lui imprime une force totale & une vîtesse totale proportionnelle au temps. Mais les espaces décrits dans des temps proportionnels, sont comme les vîtesses & les temps conjointement ; c'est-à-dire, en raison doublée des temps. Donc, lorsque les corps sont jettés en enhaut, la gravité leur imprime des forces & leur ôte des vîtesses proportionnelles au temps. Ainsi les temps que ces corps mettent à monter à la plus grande hauteur, sont comme les vîtesses que la gravité leur fait perdre, & ces hauteurs sont comme les temps multipliés par les vîtesses, ou en raison doublée des vîtesses. Le mouvement d'un corps jetté suivant une ligne droite quelconque, est donc composé du mouvement de projection & du mouvement que la gravité lui imprime. Ensorte que si le corps A, par le seul mouvement de projection peut décrire dans un temps donné la droite AB, & que par le seul mouvement qui le porte vers la terre, il puisse décrire la ligne AC dans le même temps : en achevant le Parallélogramme $ABCD$, ce corps, par un mouvement composé, sera à la fin de ce temps au lieu D; & la courbe AED qu'il décrira sera une Parabole que la droite AB touchera au point A, & dont l'ordonnée BD sera proportionnelle à AB^2.

C'est sur ces mêmes loix & sur leurs corollaires qu'est fondée la théorie des oscillations des Pendules, vérifiée tous les jours par l'expérience. Par ces mêmes loix le Chevalier *Christophe Wrenn*, *J. Wallis S. T. D.* & *Chrétien Hugens*, qui sont sans contredit les premiers Géométres des derniers, temps ont découvert, chacun de leur côté, les loix du choc & de la réfléxion des corps durs; ils communiquerent presqu'en même temps leurs découvertes à la Société Royale; ces découvertes s'accordent parfaitement sur ce qui concerne ces loix : *Wallis* fut le premier qui en fit part à la Société Royale; ensuite *Wrenn*, & enfin *Hugens*; mais ce fut *Wrenn* qui les confirma par des Expériences faites avec des Pendules devant la Société Royale : lesquelles le célébre *Mariotte* a rapportées depuis dans un Traité qu'il a composé exprès sur cette matiere.

Pour que cette théorie s'accorde parfaitement avec l'expérience; il faut faire attention, tant à la résistance de l'air, qu'à la force élastique des corps qui se choquent. Soient A & B des corps sphériques suspendus à des fils parallèles & égaux, AC, BD, attachés aux centres C & D, & soient décrits autour de ces points comme centre, & des intervalles AC, BD, les demi-cercles EAF, GBH séparés chacun en deux parties égales par les rayons AC, BD. Si on éleve le corps A jusqu'au point quelconque R de l'arc EAF, & qu'ayant ôté le corps B, on laisse tomber le corps A; & que ce corps, après une oscillation, revienne au point V, RV.

DE LA PHILOSOPHIE NATURELLE.

sera le retardement causé par la résistance de l'air. Si on prend alors ST égale à la quatriéme partie de RV, & placée en telle sorte que $RS = VT$, ST exprimera à peu près le retardement que le corps A éprouve en descendant de S vers A.

Qu'on remette présentement le corps B à sa place, & qu'on laisse tomber le corps A, du point S, sa vîtesse au point A où il doit se réfléchir, sera la même, sans erreur sensible, que s'il tomboit du point T dans le vuide. Cette vîtesse sera donc exprimée par la corde de l'arc TA; car c'est une proposition connue de tous les Géométres, que la vîtesse d'un corps suspendu par un fil est au point le plus bas de sa chute, comme la corde de l'arc qu'il a parcouru en tombant.

Supposons que le corps A parvienne après la réfléxion en s, & le corps B en k, qu'on ôte encore le corps B, & qu'on trouve le lieu v duquel laissant tomber le corps A, ils reviennent après une oscillation au lieu r, de plus que st soit la quatriéme partie de rv placée en telle sorte que $rs = tv$, tA exprimera la vîtesse que le corps A avoit en A l'instant d'après la réfléxion. Car t sera le lieu vrai & corrigé auquel le corps A devroit remonter, si l'on faisoit abstraction de la résistance de l'air. On corrigera par la même méthode le lieu k, auquel le corps B remonte; & on trouvera le lieu l auquel il auroit dû remonter dans le vuide, & par ce moyen on fera ces expériences aussi éxactement dans l'air que dans le vuide. Enfin pour avoir le mouvement du corps A, au lieu A, immédiatement avant la réfléxion, il faudra multiplier le corps A, si je puis m'exprimer ainsi, par la corde de l'arc TA, qui exprime sa vîtesse; ensuite il faut le multiplier par la corde de l'arc tA, pour avoir son mouvement au lieu A, immédiatement après la réfléxion. De même, il faudra multiplier le corps B, par la corde de l'arc Bl, pour avoir son mouvement immédiatement après la réfléxion.

Par la même méthode, lorsque les deux corps tomberont en même temps de deux hauteurs différentes, on trouvera le mouve-

Axiomes, ou Loix du Mouvement.

ment de l'un & de l'autre, tant avant qu'après la réfléxion ; & l'on pourra toujours, par ce moyen, comparer ces mouvemens entr'eux, & en conclure les effets de la réfléxion.

Suivant cette méthode, dans les expériences que j'ai fait avec des Pendules de 10 pieds de long aufquels j'avois fufpendu tantôt des corps égaux, tantôt des corps inégaux, & que j'avois fait fe choquer en tombant de très haut, comme de 8, 12 & 16 pieds, j'ai toujours trouvé, à des différences près, lefquelles étoient moindres que trois pouces dans les mefures, que lorfque les corps fe rencontroient directement, les changemens de mouvement vers les points oppofés étoient toujours égaux, & que par conféquent la réaction étoit toujours égale à l'action. Lorfque le corps A, par éxemple, ayant 9 parties de mouvement venoit à choquer le corps B en repos, & qu'après avoir perdu 7 parties de mouvement, il continuoit après la réfléxion à fe mouvoir avec deux parties, le corps B rejailliffoit avec ces 7 parties.

Si les deux corps alloient l'un vers l'autre, A avec 12 parties de mouvement & B avec 6, & qu'après le choc A s'en retournât avec 2 parties, B s'en retournoit avec 8, & il y avoit 14 parties de détruites de chaque côté. Car fi du mouvement de A on en ôte d'abord 12 parties, il ne lui refte rien : fi on ôte enfuite 2 autres parties, il en naît deux parties de mouvement en fens contraire : de même en ôtant 14 parties du mouvement du corps B, il en naît 8 parties vers le côté oppofé.

Lorfque les deux corps alloient vers le même côté, A plus vîte avec 14 parties de mouvement, & B plus lentement avec 5 parties, & qu'après la réfléxion le corps A continuoit de fe mouvoir avec 5 parties, le corps B continuoit alors à fe mouvoir avec 14 parties, enforte qu'il avoit acquis les neuf parties que le corps A avoit perdu ; il en étoit de même dans tous les autres cas. La quantité de mouvement n'étoit jamais changée par le choc, elle fe retrouvoit toujours ou dans la fomme des mouvemens confpirans ou dans la différence des mouvemens oppofés ; & j'ai attribué les erreurs d'un ou deux pouces que j'ai trouvé dans les mesures à la difficulté de prendre ces mesures avec assez d'exactitude; car il étoit difficile de faire tomber les Pendules dans le même instant, enforte que les corps se rencontrassent dans le lieu le plus bas *A B*; & de marquer éxactement les lieux *s* & *k* ausquels les corps remontoient après le choc ; & il pouvoit encore s'y mêler d'autres causes d'erreur, comme l'inégale densité des parties des corps suspendus, leur différente texture, &c.

Et afin qu'on ne m'objecte pas que la loi que j'ai voulu prouver par ces Expériences suppose les corps ou parfaitement durs, ou parfaitement élastiques, & que nous ne connoissons point de tels corps, j'ajouterai que ces Expériences réussissent aussi-bien sur les corps mols que sur les corps durs, & que par conséquent la vérité de ce principe ne dépend point de la dureté des corps; car si on veut l'appliquer aux cas où les corps ne sont pas parfaitement durs, il faudra seulement diminuer la réfléxion dans une certaine proportion relative à la quantité de la force élastique.

Dans la théorie de *Wrenn* & d'*Hugens*, les corps absolument durs, après s'être choqués, s'éloignent l'un de l'autre avec la même vîtesse qu'ils avoient dans le choc. On peut l'assurer avec encore plus de certitude des corps parfaitement élastiques. Dans les corps qui ne sont pas parfaitement élastiques, la vîtesse avec laquelle ils s'en retournent après le choc, doit être diminuée relativement à la force élastique; & parce que cette force (pourvû que les parties des corps ne soient point altérées par la collision, ou qu'elles ne souffrent point d'extension comme celle que cause le marteau) est constante & déterminée, ainsi que je l'ai remarqué; elle fait que les corps rejaillissent avec une vîtesse relative qui est à la vîtesse qu'ils avoient avant le choc dans une raison donnée.

Je fis aussi cette expérience avec des pelottes de laine très serrées. Je commençai par déterminer la quantité de la force élastique, en faisant tomber les Pendules & en mesurant la réfléxion :

& enſuite connoiſſant cette force, j'en conclus les réfléxions pour d'autres cas, & je trouvai que les expériences y répondoient. Les pelottes s'éloignoient toujours l'une de l'autre après le choc avec une vîteſſe relative, qui étoit à leur vîteſſe relative dans le choc, comme 5 à 9 environ. Les boules d'acier rejailliſſoient à peu près avec leur même vîteſſe : les boules de liége rejailliſſoient avec une vîteſſe un peu moindre ; & dans les boules de verre ces vîteſſes étoient à peu près comme 15 à 16. ainſi la troiſieme loi ſe trouve confirmée dans le choc & dans la réfléxion des corps par la théorie, & la théorie l'eſt par l'expérience. Je vais faire voir qu'elle l'eſt auſſi dans les attractions.

Imaginez entre les deux corps A & B un obſtacle quelconque qui les empêche de ſe joindre. Si un de ces corps comme A eſt plus attiré vers B, que B vers A, l'obſtacle ſera plus preſſé par le corps A que par le corps B ; ainſi il ne ſera point en équilibre. La plus forte preſſion prévaudra, & il arrivera que le ſyſtème, compoſé de ces deux corps & de l'obſtacle qui eſt entre deux, ſe mouvera en ligne droite vers B, & qu'il s'en ira à l'infini dans le vuide avec un mouvement continuellement accéléré, ce qui eſt abſurde & contraire à la premiere loi du mouvement ; car par cette premiere loi, ce ſyſtème doit perſévérer dans ſon état de repos ou de mouvement en ligne droite ; ainſi ces deux corps doivent preſſer également cet obſtacle, & être par conſéquent tirés également l'un vers l'autre.

J'en ai fait l'expérience ſur le fer & ſur l'aimant. Si on poſe l'aimant & le fer chacun ſéparément dans de petits vaiſſeaux ſur une eau dormante, & que ces petits vaiſſeaux ſe touchent, ni l'un ni l'autre ne ſera mû ; mais ils ſoutiendront par l'égalité de leur attraction les efforts mutuels qu'ils font l'un ſur l'autre, & étant en équilibre, ils reſteront en repos.

De même, la gravité entre la terre & ſes parties eſt mutuelle ; car ſuppoſé que la terre FI fût coupée par un plan EG en deux parties EGF, EGI : les poids mutuels de ces parties l'une ſur l'autre, l'autre, feront égaux; car si la plus grande partie EGI est coupée par un autre plan HK parallele au premier, en deux parties $EGHK$ & HIK, desquelles $HIK = EFG$: il est clair que la partie du milieu $EGHK$ ne sera portée par son propre poids ni vers l'une, ni vers l'autre de ces parties, mais qu'elle restera en équilibre entr'elles.

Quant à la partie HIK, elle pressera de tout son poids la partie du milieu vers l'autre partie EFG; donc la force avec laquelle la partie EGI, composée des parties HKI & $EGHK$, tend vers la troisiéme partie EFG, est égale au poids de la partie HIK, c'est-à-dire au poids de la troisiéme partie EFG. Ainsi le poids de deux parties EGI, EFG, l'une sur l'autre est égal, ce que je voulois prouver. Et si ces poids n'étoient pas égaux, toute la terre qui nage librement dans l'éther céderoit au plus grand de ces poids, & s'en iroit à l'infini.

De même que les corps qui se choquent se font équilibre, quand leurs vîtesses sont réciproquement comme leurs forces d'inertie (*ut vires insitæ* :) les puissances qui agissent dans la méchanique se contrebalancent & détruisent leurs efforts mutuels, quand leurs vîtesses dans la direction des forces sont réciproquement comme ces forces. Ainsi des poids attachés aux bras d'une balance font des efforts égaux pour la mouvoir, lorsque ces poids sont réciproquement comme les vîtesses qu'auroient les bras de la balance en haut & en bas, si elle venoit à osciller; c'est-à-dire, que ces poids sont en équilibre, lorsque les bras de la balance montent & descendent perpendiculairement, s'ils sont entr'eux réciproquement comme la distance du point de suspension au fléau de la balance; & si les bras de la balance montent & descendent obliquement, soit qu'ils soient soutenus par des plans obliques, ou que quelqu'autre obstacle les empêche de monter & de descendre perpendiculairement, les poids seront en équilibre, lorsqu'ils seront entr'eux réciproquement, comme l'ascension & la descension perpendiculaire des bras de la balance; parce que la force de la gravité est toujours dirigée perpendiculairement vers la terre.

De même, dans la poulie ou dans le moufle, si la force de la main qui tire la corde directement, est au poids qui monte directement ou obliquement, comme la vîtesse de son ascension perpendiculaire à la vîtesse de la main qui tire la corde, il y aura équilibre.

Dans les Horloges & les autres machines dont la construction dépend du jeu de plusieurs rouës, les forces contraires qui font des efforts pour les mouvoir & pour les retenir, se contrebalanceront mutuellement, si elles sont entr'elles réciproquement comme les vîtesses des parties des rouës ausquelles elles sont imprimées.

La force de la vis pour presser un corps est à la force de la main qui tourne la manivelle, comme la vîtesse circulaire de la manivelle dans la partie où la main la fait tourner, est à la vîtesse progressive de la vis vers le corps qu'elle presse.

Les forces avec lesquelles le coin presse les deux côtés du bois qu'il fend, sont à la force avec laquelle le marteau frappe le coin, comme le chemin que fait le coin dans la direction de la force que lui impriment les coups du marteau, est à la vîtesse avec laquelle les parties du bois cedent au coin selon les lignes perpendiculaires aux faces du coin. Il en est de même dans toutes les machines dont l'efficacité consiste en cela seulement, qu'en diminuant la vîtesse on augmente la force & réciproquement ; & c'est par-là qu'on résout ce Problême dans toutes les espèces de machines, *que le poids étant donné, la force nécessaire pour le mouvoir est donnée*, ou ce qui est la même chose, *que la résistance étant donnée, la force nécessaire pour la surmonter est donnée aussi*. Car lorsque les machines seront construites de façon que la vîtesse de la puissance soit à celle de la résistance en raison renversée des forces ; la puissance égalera la résistance : & si on augmente la vîtesse de la puissance, elle vaincra aussitôt la résistance.

Si la disparité des vîtesses est assez grande pour vaincre toute espéce de résiſtance, tant celle qu'oppoſe la peſanteur des corps qu'on veut élever, que celle qui vient de la cohéſion des corps qu'on veut ſéparer, & que celle qui eſt produite par le frottement des corps qui gliſſent les uns ſur les autres, la force reſtante produira une accélération de mouvement qui lui ſera proportionnelle, & qui ſera partagée entre les parties de la machine, & le corps réſiſtant; mais je ne me ſuis pas propoſé ici de donner un Traité de Méchanique, j'ai voulu montrer ſeulement combien la troiſiéme loi du mouvement eſt vraie, & combien ſon uſage eſt étendu; car ſi on eſtime l'action de l'agent par ſa force multipliée par ſa vîteſſe, & qu'on eſtime de même la réaction du corps réſiſtant par la vîteſſe de chacune de ſes parties multipliées par les forces qu'elles ont pour réſiſter en vertu de leur cohéſion, de leur attrition, de leur poids, & de leur accélération; l'action & la réaction ſe trouveront égales entr'elles, dans les effets de toutes les machines. Et toutes les fois qu'une action s'éxécute par le moyen d'une machine, & qu'elle parvient à être imprimée dans un corps réſiſtant, ſa derniere détermination eſt toujours contraire à la détermination de la réaction de ce corps.

DU MOUVEMENT

DU MOUVEMENT
DES CORPS.

LIVRE PREMIER.

SECTION PREMIERE.

De la méthode des premieres & dernieres raisons employée dans tout cet Ouvrage.

LEMME PREMIER.

Les quantités & les raisons des quantités qui tendent continuellement à devenir égales pendant un temps fini, & qui avant la fin de ce temps approchent tellement de l'égalité, que leur différence est plus petite qu'aucune différence donnée, deviennent à la fin égales.

S I on le nie, qu'on suppose qu'elles soient à la fin inégales, & que leur derniere différence soit D, puisqu'elles ne peuvent pas approcher plus près de l'égalité que de cette différence donnée D, leur différence ne sera donc pas plus petite que toute différence donnée, ce qui est contre l'hypothése.

LEMME II.

Si dans une figure quelconque A a c E, comprise entre les droites A a, A E, & la courbe a c E, on inscrit un nombre quelconque de Parallélogrammes A b, B c, C d, &c. compris sous les bases égales A B, B C, C D, &c. & sous les côtés B b, C c, D d, &c. parallèles au côté A a de la figure ; & qu'on achève les parallélogrammes a k b l, b L c m, c M d n, &c. qu'on diminue ensuite la largeur de ces parallélogrammes, & qu'on augmente leur nombre à l'infini : les dernieres raisons qu'auront entr'elles la figure inscrite A K b L c M d D, la circonscrite A a l b m c n d o E, & la curviligne A a b c d E, seront des raisons d'égalité.

Car la différence de la figure inscrite & de la figure circonscrite, est la somme des parallélogrammes K l, L m, M n, D o, c'est-à-dire (à cause de l'égalité de toutes les bases) que cette différence est égale au rectangle A B l a fait sur l'une des bases K b & sur la somme A a, de toutes les hauteurs ; mais ce rectangle, à cause que sa largeur diminue à l'infini, deviendra plus petit qu'aucun rectangle donné. Donc (par le Lemme premier) la figure inscrite, la figure circonscrite, & à plus forte raison la figure curviligne intermédiaire seront à la fin égales. *C. Q. F. D.*

LEMME III.

Les dernieres raisons de ces mêmes figures seront encore des raisons d'égalité, quoique les bases A B, B C, C D, &c. des parallélogrammes soient inégales, pourvû qu'elles diminuent toutes à l'infini.

Soit A F la plus large de ces bases, & soit achevé le parallélogramme F A a f. Ce parallélogramme sera plus grand que la différence de la figure inscrite & de la figure circonscrite ; mais sa largeur A F diminuant à l'infini, il sera plus petit qu'aucun rectangle donné. Donc &c. *C. Q. F. D.*

Cor. 1. D'où il suit que la derniere somme de tous les parallélogrammes qui s'évanouissent coïncidera dans toutes ses parties avec la figure curviligne.

DE LA PHILOSOPHIE NATURELLE.

Cor. 2. Et à plus forte raison la figure rectiligne, comprise sous les cordes des arcs évanouissans *a b*, *b c*, *c d*, &c. coïncidera à la fin avec la figure curviligne.

Cor. 3. Il en sera de même de la figure rectiligne circonscrite qui est comprise sous les tangentes de ces mêmes arcs.

Cor. 4. Et par conséquent ces dernieres figures (quant à leurs périmétres *a c E*) ne sont pas rectilignes, mais les limites curvilignes des figures rectilignes.

LEMME IV.

Si dans deux figures A a c E, P p r T, *on inscrit, comme ci-dessus, deux suites de parallélogrammes, dont le nombre soit le même, & que lorsque leurs largeurs diminuent à l'infini, les dernieres raisons des parallélogrammes de l'une des figures aux parallélogrammes de l'autre, chacun à chacun, soient les mêmes ; ces deux figures* A a c E, P p r T *seront entr'elles dans cette même raison.*

Car la proportion qu'un des parallélogrammes de la premiere figure a avec celui qui lui répond dans la seconde, est la même que celle de la somme de tous les parallélogrammes de la premiere figure, à la somme de tous les parallélogrammes de la seconde, & par conséquent la même que celle qui est entre les deux figures, en supposant toutefois, que, selon le Lemme 3. la raison de la premiere figure à la somme de tous les parallélogrammes qu'elle renferme, soit une raison d'égalité, aussi-bien que celle de la seconde figure à la somme de tous les Parallélogrammes qui y sont renfermés. *C. Q. F. D.*

Cor. D'où il suit, que si deux quantités d'un genre quelconque sont partagées dans un même nombre de parties quelconques, & que ces parties, lorsque leur nombre augmente & que leur grandeur diminue à l'infini, soient entr'elles en raison donnée, la premiere à la premiere, la seconde à la seconde, & ainsi de suite : les touts seront entr'eux dans cette même raison donnée ; car si on représente les parties de ces touts par les parallélogrammes des figures de ce Lemme, les sommes de ces parties seront comme les sommes des parallélogrammes ; & par conséquent, lorsque le nombre de ces parties & des Parallélogrammes augmente, & que leur grandeur diminue à l'infini, les touts seront dans la derniere raison d'un Parallélogramme à l'autre : c'est-à-dire, par l'hypothèse, dans la derniere raison d'une partie à l'autre.

LEMME V.

Tous les côtés homologues des figures semblables sont proportionnels, tant dans les figures curvilignes que dans les rectilignes, & leurs aires sont en raison doublées de ces côtés.

LEMME VI.

Si un arc de cercle quelconque ACB donné de position, est soutenu par la corde AB, & qu'au point A placé dans le milieu de sa courbure continue, il soit touché par une droite AD prolongée des deux côtés, & que les points A & B s'approchent l'un de l'autre jusqu'à ce qu'ils coïncident ; l'angle BAD, compris sous la tangente & la corde diminuera à l'infini, & s'évanouira à la fin.

Car si cet angle ne s'évanouissoit pas, l'arc ACB & la tangente AD contiendroient un angle rectiligne, & par conséquent la courbure au point A ne seroit point continue, ce qui est contre l'hypothèse.

LEMME VII.

Les mêmes choses étant posées, la dernière raison qu'ont entr'elles l'arc, la corde & la tangente, est la raison d'égalité.

Car pendant que le point B s'approche du point A, supposons que les lignes AB, AD soient prolongées jusqu'aux points éloignés b & d, & qu'on mène la ligne bd parallele à la sécante BD, & qu'on prenne de plus Acb toujours semblable à l'arc ACB. Lorsque les points A & B coïncideront, l'angle dAb s'évanouira par le Lemme précédent ; donc les droites Ab, Ad, qui restent toujours de grandeur finie, & l'arc intermédiaire Acb coïncideront & seront par conséquent égales. Donc les droites AB, AD, & l'arc intermédiaire ACB, qui leur sont toujours proportionnels,

DE LA PHILOSOPHIE NATURELLE.

nels, s'évanouiront, & auront pour derniere raison la raison d'égalité. *C. Q. F. D.*

Cor. 1. Ainsi, si par *B* on méne une droite *B F* parallele à la tangente *A D*, laquelle *B F* coupe toujours en *F* une ligne quelconque *A F* qui passe par *A*, la raison de cette droite *B F* à l'arc évanouissant *A C B*, sera à la fin la raison d'égalité, puisqu'achevant le parallélogramme *A F B D*, cette raison est la même que celle qu'à la droite *A D* avec le même arc *A C B*.

Cor. 2. Et si par *B* & par *A* on tire plusieurs droites *B E*, *B D*, *A F*, *A G*, qui coupent la tangente *A D* & sa parallele *B F*, la derniere raison de l'arc *A B* de la corde & de toutes les parties coupées *A D*, *A E*, *B F*, *B G* entr'elles sera la raison d'égalité.

Cor. 3. Et par conséquent toutes ces lignes pourront être prises l'une pour l'autre dans tous les cas où l'on se servira de la méthode des premieres & dernieres raisons.

LEMME VIII.

Si les droites données A R, B R, *l'arc* A C B, *la corde* A B, & *la tangente* A D, *forment trois triangles* R A B, R A C B, R A D, & *que les points* A & B *s'approchent l'un de l'autre: ces triangles, qui s'évanouiront, seront à la fin semblables, & leur derniere raison sera la raison d'égalité.*

Pendant que *B* s'approche de *A*, imaginons qu'on prolonge *A B*, *A D*, *A R*, en *b*, *d*, *r*, qu'on méne *r b d* parallele à *R D*, & qu'on prenne l'arc *A c b* toujours semblable à l'arc *A C B*, lorsque les points *A* & *B* coïncideront, l'angle *b A d* s'évanouira, & les trois triangles *r A b*, *r A c b*, *r A d*, qui restent toujours de grandeur finie coïncideront, & seront par conséquent égaux & semblables. Donc les triangles *R A B*, *R A C B*, *R A D*, qui leur sont toujours semblables & proportionnels, seront à la fin égaux & semblables entr'eux. *C. Q. F. D.*

Cor. Donc ces triangles pourront être pris l'un pour l'autre dans tous les cas où l'on employera la méthode des premieres & dernieres raisons.

Tome I.

LEMME IX.

Soient données de position la droite AE *& la courbe* ABC, *qui se coupent sous un angle donné* A, *& soient menées de cette droite sous un autre angle donné les ordonnées* BD, CE, *qui rencontrent la courbe en* B, *& en* C, *si on suppose ensuite que les points* B *&* C *s'approchent l'un & l'autre continuellement du point* A; *les aires des triangles* ABD, ACE, *seront à la fin entr'elles en raison doublée des côtés.*

Fig. 11.   Pendant que les points B & C s'approchent du point A, imaginons toujours que la ligne AD soit prolongée à des points très éloignés d & e, & en telle sorte que Ad & Ae soient toujours proportionnelles à AD & à AE, de plus que les ordonnées db, ec, tirées paralleles aux ordonnées DB, EC, rencontrent en b & c les lignes AB, AC prolongées ; enfin que Abc soit une courbe semblable à ABC & Ag, une droite qui touche les deux courbes en A, & coupe les ordonnées DB, EC, db, ec, en F, G, f, g. Cela posé, lorsque les points B & C coïncideront avec le point A, la longueur Ae restant la même, l'angle cAg s'évanouira, les aires curvilignes Abd, Ace coïncideront avec les aires rectilignes Afd, Age, & par conséquent elles seront (par le Lemme 5.) en raison doublée des côtés Ad, Ae ; mais les aires ABD, ACE sont toujours proportionnelles à ces aires, & les côtés AD, AE à ces côtés. Donc les aires ABD, ACE sont à la fin en raison doublée des côtés AD, AE.   C. Q. F. D.

LEMME X.

Les espaces qu'une force finie fait parcourir au corps qu'elle presse, soit que cette force soit déterminée & immuable, soit qu'elle augmente ou diminue continuellement ; sont dans le commencement du mouvement en raison doublée des temps.

Que les lignes AD, AE représentent les temps, & les ordonnées DB, EC les vîtesses produites ; les espaces décrits avec ces vîtesses seront comme les aires ABD, ACE qui auroient été

DE LA PHILOSOPHIE NATURELLE.

décrites par la *fluxion* de ces ordonnées, c'est-à-dire (par le Lemme 9.) que ces espaces seront dans le commencement du mouvement en raison doublée des temps AD, AE. C. Q. F. D.

Cor. 1. De-là on tire aisément, que lorsque des corps qui parcouroient dans des temps proportionnels des parties semblables de figures semblables, sont sollicités par de nouvelles forces quelconques égales & appliquées de la même manière, les déviations causées par ces forces, c'est-à-dire, les distances des points où les corps sont arrivés réellement aux points où ils seroient arrivés sans l'action de ces forces, sont entr'elles à peu près comme les quarrés des temps dans lesquels ces déviations ont été produites.

Cor. 2. Et les déviations causées par des forces proportionnelles & appliquées de même aux parties semblables de figures semblables, sont en raison composée des forces & des quarrés des temps.

Cor. 3. Il en est de même des espaces quelconques que les corps pressés par des forces diverses décrivent. Ces espaces sont encore dans le commencement du mouvement, comme les forces multipliées par les quarrés des temps.

Cor. 4. Donc, dans le commencement du mouvement, les forces sont comme les espaces décrits directement, & inversement comme les quarrés des temps.

Cor. 5. Et les quarrés des temps sont comme les espaces décrits directement, & inversement comme les forces.

SCHOLIE.

Lorsqu'on compare des quantités indéterminées de différent genre, & qu'on dit que l'une d'elles est en raison directe ou inverse d'une autre : on entend par-là que la premiere augmente ou diminue dans la même raison que la derniere, ou dans la raison inverse ; & lorsqu'on dit qu'une quantité est directement ou inversement, comme plusieurs de ces quantités, cela signifie qu'elle augmente ou diminue en raison composée des raisons dans lesquelles ces autres quantités augmentent ou

F ij

diminuent, ou dans la raison compoſée des raiſons renverſées de ces raiſons. Si on dit, par exemple, que A eſt directement comme B & comme C, & inverſement comme D : cela veut dire que A augmentera ou diminuera en même raiſon que $B \times C \times \frac{1}{D}$ ou que les quantités A & $\frac{BC}{D}$ ſont entr'elles en raiſon donnée.

LEMME XI.

Dans toutes les courbes qui ont une courbure finie au point de contact, la ſouſtendante évanouiſſante d'un angle de contact eſt à la fin en raiſon doublée de la ſouſtendante de l'arc qu'elle termine.

Cas 1. Soient AbB cet arc, AD ſa tangente, BD la ſouſtendante de l'angle de contact, laquelle eſt perpendiculaire à la tangente, & AB la ſouſtendante de l'arc. Soient enſuite AG & BG perpendiculaires à AD & à AB; & ſoit G la rencontre de ces perpendiculaires. Cela poſé, imaginons que les points D, B, G, deviennent les points d, b, g, & que le point I ſoit la derniere interſection des lignes AG, BG, lorſque les points B & D ſont arrivés en A; il eſt clair que la diſtance GI peut être moindre qu'aucune diſtance aſſignable; mais à cauſe qu'on peut faire paſſer des cercles par les points A, B, G, & par les points A, b, g, on a $AB^2 = AG \times BD$ & $Ab^2 = Ag \times bd$; donc AB^2 eſt à Ab^2 en raiſon compoſée des raiſons de AG à Ag & de BD à bd. Mais comme on peut ſuppoſer la diſtance GI plus petite qu'aucune longueur aſſignable, la différence entre la raiſon de AG à Ag & la raiſon d'égalité peut être moindre qu'aucune différence aſſignable; donc la différence de la raiſon de AB^2 à Ab^2 à la raiſon de BD à bd, peut être moindre que toute différence aſſignable. Donc (par le Lemme 1.) la derniere raiſon de AB^2 à Ab^2 ſera la même que la derniere raiſon de BD à bd. C. Q. F. D.

Cas 2. Suppoſé que BD ſoit incliné ſur AD, ſelon un angle quelconque donné, la derniere raiſon de BD à bd reſtera toujours la même, & ſera par conſéquent la même que la raiſon de AB^2 à Ab^2. C. Q. F. D.

DE LA PHILOSOPHIE NATURELLE.

Cas. 3. Quand même l'angle D ne feroit point donné, & que la droite BD convergeroit vers un point donné, ou qu'elle feroit tirée fuivant une loi quelconque; les angles D & d, formés felon la même loi, tendroient toujours à devenir égaux, & à la fin leur différence deviendroit moindre que toute différence donnée, c'eſt-à-dire, (par le Lemme 1.) qu'ils feroient égaux à la fin, & par conféquent les lignes BD, bd feroient entr'elles dans la même raifon qu'auparavant. C. Q. F. D.

Cor. 1. Comme les tangentes AD, Ad, les arcs AB, Ab, & leurs finus BC, bc deviennent à la fin égaux aux cordes AB, Ab, leurs quarrés font auſſi à la fin comme les fouſtendantes BD, bd.

Cor. 2. Et ces quarrés feront auſſi entr'eux à la fin comme les fléches des arcs, lefquelles coupent les cordes en deux parties égales, & convergent vers un point donné; car ces fléches font comme les fouſtendantes BD, bd.

Cor. 3. Donc, lorſqu'un corps avec une vîteſſe donnée décrit un arc, la fléche de cet arc eſt en raiſon doublée du temps pendant lequel il eſt décrit.

Cor. 4. Les triangles rectilignes ADB, Adb font à la fin en raiſon triplée des côtés AD, Ad, & en raiſon feſquiplée des côtés DB, db; puifqu'ils font en raiſon compoſée des côtés AD, DB, & Ad, db, de même les triangles ABC, Abc, font à la fin en raiſon triplée des côtés BC, bc. J'appelle raiſon feſquiplée la raiſon fouſdoublée de la raiſon triplée, parce qu'elle eſt compoſée de la raiſon ſimple & de la raiſon fouſdoublée.

Cor. 5. Comme DB, db deviennent à la fin paralleles, & en raiſon doublée de AD & de Ad, les dernieres aires curvilignes ADB, Adb feront (par la nature de la parabole,) les deux tiers des triangles rectilignes ABD, Abd; & les ſegmens AB, Ab, les tiers de ces mêmes triangles, & de-là ces aires & ces ſegmens feront en raiſon triplée, tant des tangentes AD, Ad, que des cordes & des arcs AB, Ab.

SCHOLIE.

Au reste, dans toutes ces démonstrations nous supposons que l'angle de contact n'est ni infiniment plus grand que les angles de contact contenus entre la tangente & la corde des cercles, ni infiniment plus petit que ces mêmes angles, c'est-à-dire que nous supposons que la courbure au point A n'est ni infiniment petite, ni infiniment grande, mais que le rayon osculateur AI, est d'une grandeur finie ; car si on prenoit DB proportionnelle à AD^3, aucun cercle ne pourroit passer par le point A entre la tangente AD & la courbe AB ; & en ce cas l'angle de contact seroit infiniment plus petit que les angles de contact circulaires ; & par le même raisonnement, si on fait successivement DB proportionnel à AD^4, AD^5, AD^6, AD^7, &c. on aura une série infinie d'angles de contact, dont chacun sera infiniment plus petit que celui qui le précéde, & si l'on fait successivement BD proportionnelle à $AD^2, AD^{\frac{3}{2}}, AD^{\frac{4}{3}}, AD^{\frac{5}{4}}, AD^{\frac{6}{5}}, AD^{\frac{7}{6}}$, &c. on aura une autre suite infinie d'angles de contact, dont le premier sera du même genre que les angles de contact circulaires ; le second sera infiniment plus grand ; le troisième infiniment plus grand que le second, & ainsi de suite. De plus, entre deux quelconque de ces angles on peut inférer une suite d'angles intermédiaire, laquelle sera infinie des deux côtés, & telle que chacun des angles qui la composeront sera infiniment plus grand, ou infiniment plus petit que celui qui le précéde. Entre les termes AD^2 & AD^3, par exemple, on peut inférer la série $AD^{\frac{13}{6}}, AD^{\frac{11}{5}}, AD^{\frac{9}{4}}, AD^{\frac{7}{3}}, AD^{\frac{5}{2}}, AD^{\frac{8}{3}}, AD^{\frac{11}{4}}, AD^{\frac{14}{5}}, AD^{\frac{17}{6}}$, &c. Enfin on pourra encore inférer entre deux angles quelconques de cette dernière série, une nouvelle série d'angles intermédiaires toujours infiniment plus grands les uns que les autres ; car la nature ne connoît point de bornes.

Ce qu'on a démontré des lignes courbes & des superficies qu'elles renferment, peut s'appliquer facilement aux surfaces courbes des folides & aux folides mêmes. J'ai commencé par ces Lemmes, pour éviter de déduire de longues démonſtrations *ad abſurdum*, ſelon la méthode des anciens Géométres.

J'aurois eu des démonſtrations plus courtes par la méthode des indiviſibles; mais parce que l'hypothéſe des indiviſibles me paroît trop dure à admettre, & que cette méthode eſt par conſéquent peu géométrique; j'ai mieux aimé employer celle des premieres & dernieres raiſons des quantités qui naiſſent & s'évanouiſſent; & j'ai commencé par faire voir, le plus briévement que j'ai pu, ce que deviennent les quantités, lorſqu'elles atteignent leurs limites. Je démontrerai par cette méthode tout ce qu'on démontre par celle des indiviſibles; mais en ayant prouvé le principe, je m'en ſerviraj avec plus de ſécurité.

Ainſi, lorſque dans la ſuite je conſidérerai des quantités comme compoſées de particules déterminées, & que je prendrai pour des lignes droites de petites portions de courbes; je ne déſignerai point par-là des quantités indiviſibles, mais des quantités diviſibles évanouiſſantes; de même, ce que je dirai des ſommes & des raiſons, doit toujours s'entendre non des particules déterminées, mais des limites des ſommes & des raiſons des particules évanouiſſantes; & pour ſentir la force de mes démonſtrations, il faudra toujours ſe rappeller la méthode que j'ai ſuivie dans les Lemmes précédens.

On peut dire, contre ce principe des premieres & dernieres raiſons, que les quantités qui s'évanouiſſent n'ont point de derniere proportion entr'elles; parce qu'avant de s'évanouir, la proportion qu'elles ont n'eſt pas la derniere, & que lorſqu'elles ſont évanouies, elles n'en ont plus aucune. Mais on pourroit ſoutenir par le même raiſonnement qu'un corps qui parvient d'un mouvement uniformément retardé à un certain lieu où ſon mouvement s'éteint, n'a point de derniere vîteſſe; Car, diroit-on, avant que ce corps ſoit parvenu à ce lieu, il n'a pas encore ſa derniere vîteſſe, & quand il l'a atteint, il n'en a aucune, puiſqu'alors ſon mouvement eſt éteint. Or, la réponſe à cet argument eſt facile;

on doit entendre par la derniere vîteſſe de ce corps celle avec laquelle il ſe meut, non pas avant d'avoir atteint le lieu où ſon mouvement ceſſe, non pas après qu'il a atteint ce lieu, mais celle qu'il a dans l'inſtant même qu'il atteint ce dernier lieu & avec laquelle ſon mouvement ceſſe. Il en eſt de même de la derniere raiſon des quantités évanouiſſantes, il faut entendre par cette raiſon celles qu'ont entr'elles des quantités qui diminuent, non pas avant de s'évanouir, ni après qu'elles ſont évanouies, mais celle qu'elles ont dans le moment même qu'elles s'évanouiſſent. De la même maniere, la premiere raiſon des quantités naiſſantes eſt celle que les quantités qui augmentent ont au moment qu'elles naiſſent, & la premiere ou derniere ſomme de ces quantités eſt celle qui répond au commencement ou à la fin de leur éxiſtence, c'eſt-à-dire, au moment qu'elles commencent à augmenter ou qu'elles ceſſent de diminuer.

Il y a une certaine borne que la vîteſſe d'un corps peut atteindre à la fin de ſon mouvement, & qu'elle ne ſçauroit paſſer ; c'eſt cette vîteſſe qui eſt la derniere vîteſſe du corps. Il en eſt de même des limites & des proportions de toutes les quantités qui commencent & ceſſent. Comme cette limite eſt certaine & définie, c'eſt un problème très géométrique que de la déterminer ; car on peut regarder comme géométriques tous les problèmes où il s'agit de déterminer avec préciſion quelque quantité.

On objectera peut-être que ſi les dernieres raiſons qu'ont entr'elles les quantités qui s'évanouiſſent ſont données, les dernieres grandeurs de ces quantités ſeront auſſi données ; & qu'ainſi toute quantité ſera compoſée d'indiviſibles, au contraire de ce qu'*Euclide* a démontré des incommenſurables dans le dixiéme Livre de ſes élémens. Mais cette objection porte ſur une ſuppoſition fauſſe ; car les dernieres raiſons qu'ont entr'elles les quantités qui s'évanouiſſent ne ſont pas en effet les raiſons des dernieres quantités, ou de quantités déterminées & indiviſibles, mais les limites dont les raiſons des quantités qui décroiſſent à l'infini approchent

ſans

DE LA PHILOSOPHIE NATURELLE.

fans ceffe, limites dont elles peuvent toujours approcher plus près que d'aucune différence donnée, qu'elles ne peuvent jamais paffer, & qu'elles ne fauroient atteindre, fi ce n'eft dans l'infini.

On comprendra ceci plus clairement dans les quantités infiniment grandes. Si deux quantités, dont la différence eft donnée, augmentent à l'infini, leur derniere raifon fera donnée, & fera certainement la raifon d'égalité; cependant les dernieres, ou les plus grandes quantités aufquelles répond cette raifon, ne feront point des quantités données. Donc, lorfque je me fervirai dans la fuite, pour être plus clair, des mots de *quantités évanouiffantes*, de *quantités dernieres*, de *quantités très petites*, il ne faut pas entendre par ces expreffions des quantités d'une grandeur déterminée, mais toujours des quantités qui diminuent à l'infini.

SECONDE SECTION.

De la recherche des forces centripetes.

PROPOSITION I. THÉOREME I.

Dans les mouvemens curvilignes des corps, les aires décrites * *autour d'un centre immobile, font dans un même plan immobile, & font proportionnelles au temps.*

Suppofé que le temps foit divifé en parties égales, & que dans la premiere partie de ce temps, le corps, par la force qui lui a été imprimée, décrive la ligne AB: fuivant la premiere loi du mouvement dans un fecond temps égal au premier, il décriroit, fi rien ne l'en empêchoit, la droite $BC = AB$; Donc en tirant au centre S, les rayons AS, BS, cS, les aires ASB, BSc feroient égales. Suppofé que lorfque ce corps eft arrivé en B, la force

Fig. 13.

---

* Les aires décrites par un corps autour d'un centre font les efpaces terminés par les rayons qui partent de ce centre, & par l'arc fur lequel s'appuient ces rayons.

centripete agisse sur lui par un seul coup, mais assez puissant pour l'obliger à se détourner de la droite Bc & à suivre la droite BC. Si on tire la ligne Cc parallele à BS, laquelle rencontre BC en C, à la fin de ce second temps, le corps (selon le 1. Corollaire des loix) sera en C dans le même plan que le triangle ASB.

En tirant ensuite la ligne SC, le triangle SBC sera égal au triangle SBc, à cause des paralleles SB, Cc, donc il sera aussi égal au triangle SAB.

De même, si la force centripete agit successivement sur le corps en C, D, E, &c. & qu'elle lui fasse décrire à chaque petite portion de temps les droites CD, DE, EF, &c. ces lignes seront toutes dans le même plan ; & le triangle SCD sera égal au triangle SBC, le triangle SDE au triangle SCD, & le triangle SEF au triangle SDE. Ce corps décrira donc en des temps égaux des aires égales dans un plan immobile : & en composant, les sommes des aires quelconques $SADS$, $SAFS$ seront entr'elles comme les temps employés à les décrire.

Qu'on imagine maintenant que le nombre des triangles augmente & que leur largeur diminue à l'infini; il est clair (par le Cor. 4. du Lemme 3.) que leur dernier périmétre ADF, sera une ligne courbe. Donc la force centripete, qui retire le corps à tout moment de la tangente de cette courbe, agit sans interruption, & les aires quelconques $SADS$, $SAFS$, qui étoient proportionnelles aux temps employés à les décrire, leur seront encore proportionnelles dans ce cas. C. Q. F. D.

Cor. 1. La vîtesse d'un corps attiré vers un centre immobile dans un espace non résistant, est réciproquement comme la perpendiculaire tirée de ce centre à la ligne qui touche la courbe au lieu où le corps se trouve ; car la vîtesse de ce corps aux lieux A, B, C, D, E, est proportionnelle aux bases AB, BC, CD, DE, EF des triangles égaux; & ces bases sont entr'elles en raison réciproque des perpendiculaires qui leur sont abaissées du centre.

DE LA PHILOSOPHIE NATURELLE.

Cor. 2. Si on fait un parallélogramme $ABCV$, sur les cordes AB, BC, de deux arcs successivement parcourus par le même corps en des temps égaux dans des espaces non résistans, & que la diagonale BV de ce parallélogramme ait la même position que celle qu'elle a à la fin, lorsque ces arcs diminuent l'infini, cette diagonale prolongée passera par le centre des forces.

Cor. 3. Si on fait les parallélogrammes $ABCV$, $DEFZ$, sur les cordes AB, BC & DE, EF des arcs décrits en temps égaux dans des espaces non résistans, les forces en B & en E seront entr'elles dans la derniere raison des diagonales BV, EZ, lorsque ces arcs diminueront à l'infini ; car les mouvemens du corps, suivant les lignes BC & EF, sont composés (par le Cor. 1. des loix) des mouvemens suivant les lignes Bc, BV & Ef, EZ : or, BV & EZ, qui sont égales à Cc, & à Ff, ont été parcourues par les impulsions de la force centripete en B & en E, selon ce qui a été démontré dans cette proposition ; donc elles sont proportionnelles à ces impulsions.

Cor. 4. Les forces par lesquelles les corps, qui se meuvent dans des espaces libres, sont détournés du mouvement rectiligne & contraints à décrire des courbes, sont entr'elles comme les fléches des arcs évanouissants parcourus en temps égaux, & ces fléches convergent vers le centre des forces, & coupent les cordes des arcs évanouissants en deux parties égales ; car ces fléches sont la moitié des diagonales dont on vient de parler dans le Cor. 3.

Cor. 5. Ainsi ces mêmes forces sont à la force de la gravité, comme les fléches des arcs décrits sont aux fléches verticales des arcs paraboliques que les projectiles décrivent dans le même temps.

Cor. 6. Tout ce qui a été démontré jusqu'ici sera encore vrai, par le Cor. 5. des loix, lorsque les plans dans lesquels les corps se meuvent, & les centres des forces placés dans ces plans, au lieu d'être en repos, se mouveront uniformément en ligne droite.

G ij

PROPOSITION II. THÉORÈME II.

La force centripete d'un corps qui se meut dans une ligne courbe décrite sur un plan, & qui parcourt autour d'un point immobile, ou mû uniformément en ligne droite, des aires proportionnelles au temps, tend nécessairement à ce point.

Cas 1. Tout corps qui se meut dans une courbe est détourné du mouvement rectiligne par une force qui agit sur lui, par la premiere loi; & cette force qui contraint le corps à se détourner de la ligne droite, & à décrire en temps égaux les petits triangles égaux SAB, SBC, SCD, &c. autour du point immobile S, agit au lieu B suivant une ligne parallele à cC, par la seconde loi, c'est-à-dire, suivant la ligne BS; & au lieu C suivant une ligne parallele à dD, c'est-à-dire suivant la ligne SC, &c. Elle agit donc toujours selon des lignes qui tendent à ce point immobile S.   C. Q. F. D.

Cas. 2. Et par le Corollaire 5. des loix, le mouvement du corps est le même, soit que la superficie dans laquelle s'éxécute ce mouvement soit en repos, soit qu'elle se meuve uniformément en ligne droite en emportant avec elle le centre, la courbe décrite, & le corps décrivant.

Cor. 1. Dans les espaces ou milieux non résistans, si les aires ne sont pas proportionnelles au temps, les forces centripetes ne tendent pas au concours des rayons; mais elles déclinent vers le côté vers lequel le corps se meut si la description des aires est accélérée; & elles déclinent vers le côté opposé si elle est retardée.

Cor. 2. Dans les milieux résistans, si la description des aires est accélérée, les directions des forces déclinent aussi vers le côté vers lequel le mouvement du corps est dirigé.

SCHOLIE.

Le corps peut être animé par une force centripete composée de plusieurs forces. Dans ce cas, le sens de la Proposition précé-

DE LA PHILOSOPHIE NATURELLE.

dente eft, que la force qui réfulte de toutes les autres tend au point *S*. De plus, fi quelqu'autre force agit continuellement felon une ligne perpendiculaire à la fuperficie décrite, le corps fe détournera du plan de fon mouvement; mais la quantité de la fuperficie décrite n'augmentera ni ne diminuera, ainfi on peut la négliger dans la compofition des forces.

PROPOSITION III. THÉOREME III.

Si un corps décrit autour d'un autre corps qui fe meut d'une façon quelconque des aires proportionnelles au temps, la force qui anime le premier eft compofée d'une force qui tend vers le fecond, & de toute la force accélératrice par laquelle ce fecond corps eft animé.

Soit le premier corps *L* & le fecond *T*: Si une force nouvelle égale & contraire à celle qui agit fur le corps *T*, agit fur ces deux corps, felon des lignes paralleles, le premier corps *L* continuera, par le Cor. 6. des loix, à décrire autour du corps *T* les mêmes aires qu'auparavant; mais la force qui agiffoit fur le corps *T* fera détruite par cette nouvelle force qu'on a fuppofé lui être égale & contraire. Donc, par la premiere loi, ce corps *T* abandonné à lui-même demeurera en repos, ou fe mouvera uniformément en ligne droite; & le corps *L*, qui eft animé alors par la différence de ces forces, c'eft-à-dire par la force reftante, continuera à décrire des aires proportionnelles au temps autour du corps *T*. Donc par le Théor. 2. la différence de ces forces tend vers le corps *T* comme à fon centre. *C. Q. F. D.*

Cor. 1. Il fuit de-là, que fi un corps *L* décrit autour d'un autre corps des aires proportionnelles au temps, & que de la force totale qui preffe le corps *L*, foit fimple, foit compofée de plufieurs forces, felon le Cor. 2. des loix, on fouftrait toute la force accélératrice qui agit fur l'autre corps; la force reftante par laquelle le corps *L* eft animé, tendra tout entiere vers l'autre corps *T* comme centre.

Cor. 2. Et fi ces aires ne s'éloignent pas beaucoup d'être proportionnelles au temps, la force reftante fera à peu près dirigée vers le corps T.

Cor. 3. Et réciproquement, fi la force reftante tend à peu près vers le corps T, les aires feront à peu près proportionnelles au temps.

Cor. 4. Si le corps L décrit autour du corps T des aires qui s'éloignent beaucoup de la proportionnalité des temps, & que ce corps T foit en repos, ou qu'il fe meuve uniformément en ligne droite, la force centripete qui tend vers ce corps eft nulle, ou bien elle eft mêlée & compofée avec d'autres forces très puiffantes ; & la force totale, compofée de toutes ces forces, s'il y en a plufieurs, fera dirigée vers un autre centre mobile ou immobile. Il en eft de même, lorfque le corps T fe meut d'un mouvement quelconque, pourvû que l'on prenne pour force centripete, celle qui refte après qu'on a fouftrait la force totale qui agit fur le corps T.

SCHOLIE.

Comme la defcription des aires égales en temps égaux marque que le corps qui décrit ces aires éprouve l'action d'une force qui agit fur lui, qui le retire du mouvement rectiligne, & qui le retient dans fon orbite ; pourquoi ne prendrions-nous pas dans la fuite cette defcription égale des aires pour l'indice d'un centre autour duquel fe fait tout mouvement circulaire dans des efpaces non réfiftans ?

PROPOSITION IV. THÉOREME IV.

Les corps qui parcourent uniformément différens cercles font animés par des forces centripetes qui tendent au centre de ces cercles, & qui font entr'elles comme les quarrés des arcs décrits en temps égal, divifés par les rayons de ces cercles.

Ces forces tendent au centre des cercles par la Propofition 2. & le Corollaire 2. de la Propofition 1. & elles font entr'elles, par

DE LA PHILOSOPHIE NATURELLE.

le Corollaire 4. de la Propofition 1. comme les finus verfes des arcs décrits dans de très petits temps égaux, c'eft-à-dire par le Lemme 7. comme les quarrés de ces mêmes arcs divifés par les diamétres de leurs cercles. Or, comme ces petits arcs font proportionnels aux arcs décrits dans des temps quelconques égaux, & que les diamétres font comme les rayons, les forces feront comme les quarrés des arcs quelconques décrits dans des temps égaux divifés par les rayons.   *C. Q. F. D.*

Cor. 1. Comme ces arcs font proportionnels aux vîteffes des corps, les forces centripetes feront en raifon compofée de la raifon doublée des vîteffes directement, & de la raifon fimple des rayons inverfement.

Cor. 2. Et comme les temps périodiques font en raifon compofée de la raifon directe des rayons, & de la raifon inverfe des vîteffes; les forces centripetes feront en raifon compofée de la raifon directe des rayons, & de la raifon doublée inverfe des temps périodiques.

Cor. 3. Donc, fi les temps périodiques font égaux, & que les vîteffes foient par conféquent comme les rayons; les forces centripetes feront auffi comme les rayons : & au contraire.

Cor. 4. Si les temps périodiques & les vîteffes font en raifon fousdoublée des rayons; les forces centripetes feront égales entre elles : & au contraire.

Cor. 5. Si les temps périodiques font comme les rayons, & que par conféquent les vîteffes foient égales, les forces centripetes feront en raifon renverfée des rayons : & au contraire.

Cor. 6. Si les temps périodiques font en raifon fefquiplée des rayons, & que par conféquent les vîteffes foient réciproquement en raifon fousdoublée des rayons; les forces centripetes feront réciproquement comme les quarrés des rayons : & au contraire.

Cor. 7. Et généralement, fi le temps périodique eft comme une puiffance quelconque R^n du rayon, & que par conféquent la vîtesse soit réciproquement comme la puissance R^{n-1} du rayon, la force centripete sera réciproquement comme la puissance R^{2n-1} du rayon : & au contraire.

Cor. 8. On peut trouver de la même maniere tout ce qui concerne les temps, les vîtesses & les forces avec lesquelles les corps décrivent des parties semblables de figures quelconques semblables, qui ont leurs centres posés de même dans ces figures; il ne faut pas pour ces cas d'autres démonstrations que les précédentes, pourvû qu'on substitue la description égale des aires au mouvement uniforme, & qu'on mette les distances des corps aux centres à la place des rayons.

Cor. 9. Il suit aussi de la même démonstration, que l'arc qu'un corps décrit pendant un temps quelconque en tournant uniformément dans un cercle en vertu d'une force centripete donnée, est moyen proportionnel entre le diametre de ce cercle & la ligne que le corps parcoureroit en tombant par la même force donnée & pendant le même temps.

SCHOLIE.

Le cas du Corollaire 6. est celui des corps célestes, (comme nos Compatriotes *Hook*, *Wren* & *Halley* l'ont chacun conclu des observations) c'est pourquoi j'expliquerai fort au long dans la suite de cet Ouvrage tout ce qui a rapport à la force centripete qui décroît en raison doublée des distances au centre.

De plus, par la Proposition précédente & par ses Corollaires, on peut trouver la proportion qui est entre la force centripete & une force quelconque connue, telle que la gravité ; car si le corps tourne dans un cercle concentrique à la terre par la force de la gravité, la gravité sera sa force centripete : or, connoissant d'un côté la descente des graves, & de l'autre le temps de la révolution, & l'arc décrit dans un temps quelconque, on aura par le Corollaire 9. de cette Proposition la proportion cherchée entre la gravité & la force centripete. C'est par des propositions semblables

DE LA PHILOSOPHIE NATURELLE.

bles que M. *Hugens*, dans son excellent Traité *de Horollogio oscillatorio*, a comparé la force de la gravité avec les forces centrifuges des corps qui circulent.

On pourroit encore démontrer cette proposition de cette maniere. Soit supposé un Polygone d'un nombre de côtés quelconques inscrit dans un cercle. Si le corps, en parcourant les côtés de ce Poligone avec une vîtesse donnée, est réfléchi par le cercle à chacun des angles de ce Poligone, la force avec laquelle ce corps frappe le cercle à chaque réfléxion sera comme sa vîtesse : donc la somme des forces en un temps donné sera comme cette vîtesse multipliée par le nombre des réfléxions, c'est-à-dire, (si le Poligone est donné d'espece) comme la ligne parcourue dans ce temps, laquelle doit être augmentée ou diminuée dans la raison qu'elle a elle-même au rayon de ce cercle; c'est-à-dire, comme le quarré de cette ligne divisé par le rayon : ainsi si les côtés du Poligone diminuant à l'infini, le Poligone vient à coïncider enfin avec le cercle, la somme des forces sera alors comme le quarré de l'arc parcouru dans un temps donné divisé par le rayon. C'est là la mesure de la force centrifuge avec laquelle le corps presse le cercle; & cette force est égale & contraire à la force par laquelle ce cercle repousse continuellement le corps vers le centre.

PROPOSITION V.   PROBLÉME I.

Trouver le point auquel tendent comme centre des forces qui font parcourir une courbe donnée, lors qu'on connoît la vîtesse du corps à chaque point de cette courbe.

Que les lignes PT, TQV, VR, qui se rencontrent aux points T & V, touchent la courbe donnée dans les points P, Q, R, que l'on mene ensuite par ces points & perpendiculairement aux tangentes les droites PA, QB, RC, réciproquement proportionnelles aux vîtesses dans les mêmes points; c'est-à-dire, de sorte que PA soit à QB comme la vîtesse au point Q est à la vîtesse au point P, & que QB soit à RC comme la vîtesse au point R à la vîtesse

Fig. 14.

au point Q. Cela fait, foient menées à angles droits par les extrémités A, B, C, de ces perpendiculaires les lignes A D, D B E, E C, qui fe rencontrent en D & en E : & en tirant les lignes T D, V E, elles fe rencontreront au centre cherché S.

Car les perpendiculaires tirées du centre S aux tangentes PT, QT font (par le Cor. 1. de la Prop. 1.) réciproquement comme les vîteffes du corps aux points P & Q ; donc par la conftruction elles feront comme les perpendiculaires A P, B Q directement, c'eft-à-dire, comme les perpendiculaires abaiffées du point D fur ces tangentes. D'où l'on tire facilement, que les points S, T, D font dans une même ligne droite. On prouvera par le même raifonnement que les points S, E, V font auffi dans une même ligne droite; donc le centre S fe trouvera dans l'interfection des lignes T D, V E.   C. Q. F. D.

PROPOSITION VI.   THÉORÉME V.

Si un corps décrit autour d'un centre immobile un orbe quelconque dans un espace non réfistant, & qu'on suppose que la fléche de l'arc naissant que ce corps parcourt dans un temps infiniment petit, & qui partage fa corde en deux parties égales, passe, étant prolongée par le centre des forces : la force centripete dans le milieu de l'arc sera en raison directe de cette fléche, & en raison doublée inverse du temps.

Par le Cor. 4. de la Prop. 1. la fléche dans un temps donné eft comme la force ; donc, en augmentant le temps en une raifon quelconque, la fléche (par les Cor. 2. & 3. du Lemme 11.) augmentera dans la raifon doublée du temps ; car l'arc augmente en même raifon que le temps, donc la fléche eft en raifon fimple de la force, & en raifon doublée du temps, & fouftrayant de part & d'autre la raifon doublée du temps, la force fera en raifon directe de la fléche, & en raifon doublée inverfe du temps.   C. Q. F. D.

On pourroit auffi démontrer facilement cette Propofition par le Cor. 4. du Lemme 10.

DE LA PHILOSOPHIE NATURELLE.

Cor. 1. Si le corps P en tournant autour du centre S décrit la courbe APQ, & que cette courbe soit touchée par la ligne ZPR en un point quelconque P, que d'un autre point quelconque Q de cette courbe, on tire QR parallèle à SP, & qu'on abaisse QT perpendiculaire sur SP: la force centripete sera réciproquement comme la quantité que devient $\frac{SP^2 \times QT^2}{QR}$ lorsque les points P & Q coïncident; car QR est égale à la fléche de l'arc double de QP, dont le milieu est P, & le double du triangle SQP ou $SP \times QT$ est proportionnel au temps dans lequel cet arc double est décrit; ainsi on peut l'écrire à la place de ce temps.

Fig. 15.

Cor. 2. On prouvera par le même raisonnement que la force centripete est réciproquement comme la quantité $\frac{SY^2 \times QP^2}{QR}$ pourvû que SY soit abaissée perpendiculairement du centre des forces sur la tangente PR de l'orbite; car les rectangles $SY \times QP$ & $SP \times QT$ sont égaux.

Cor. 3. Si l'orbe PQ est un cercle dont la droite PV, qui passe par le corps & par le centre des forces, soit une corde, ou que cet orbe PQ ait pour cercle osculateur le cercle dont la corde est PV, la force centripete sera réciproquement comme la quantité $SY^2 \times PV$; car dans cette supposition $PV = \frac{QP^2}{QR}$

Cor. 4. Les mêmes choses étant posées, la force centripete est dans la raison doublée directe de la vîtesse, & dans la raison inverse de la corde PV; car par le Cor. 1. de la Propos. 1. la vîtesse est réciproquement comme la perpendiculaire SY.

Cor. 5. Donc, si on a une figure curviligne quelconque APQ, & dans cette figure un point donné S, vers lequel la force centripete soit perpétuellement dirigée, on pourra trouver la loi de la force centripete, par laquelle un corps quelconque P sera retiré à tout moment du mouvement rectiligne & retenu dans le périmetre de cette figure, en cherchant la valeur du solide $\frac{SP^2 \times QT^2}{QR}$, ou celle du solide $SY^2 \times PV$, qui sont réciproquement proportionnels à cette force. Nous en donnerons des éxemples dans les Problémes suivans.

PROPOSITION VII.   PROBLÉME II.

Trouver la loi de la force centripete qui tend à un point donné, & qui fait décrire à un corps la circonférence d'un cercle.

Fig. 16.

Soient $VQPA$ la circonférence du cercle; S le point donné vers lequel la force fait tendre le corps comme à son centre; P un lieu quelconque où l'on suppose le corps arrivé; Q le lieu consécutif; PRZ la tangente du cercle au point P; & PV la corde qui passe par S. Soient de plus VA le diametre qui passe par V; AP la corde tirée de A à P; QT une perpendiculaire à PV, laquelle étant prolongée rencontre la tangente PR en Z; RL la parallele à PV qui passe par Q, & qui rencontre le cercle en L, & la tangente PZ en R.

Cela posé, à cause des triangles semblables ZQR, ZTP, VPA; on aura RP^2, c'est-à-dire, $QR \times RL : QT^2 :: AV^2 : PV^2$; donc $\frac{QR \times RL \times PV^2}{AV^2} = QT^2$; multipliant présentement cette équation par $\frac{SP^2}{QR}$, & écrivant PV au lieu de RL, ce qui est permis lorsque les points P & Q coïncident, on aura $\frac{SP^2 \times PV^3}{AV^2} = \frac{SP^2 \times QT^2}{QR}$ donc, par les Corol. 1. & 5. de la Prop. 6. la force centripete sera réciproquement comme $\frac{SP^2 \times PV^3}{AV^2}$ c'est-à-dire, à cause que AV^2 est donné, réciproquement comme le quarré de la distance ou hauteur SP multipliée par le cube de la corde PV. C.Q.F.T.

AUTRE SOLUTION.

Soit menée la perpendiculaire SY sur la tangente PR prolongée; à cause des triangles semblables SYP, VPA, on aura

$AV : PV :: SP : SY$. Donc $\frac{SP \times PV}{AV} = SY$, & $\frac{SP^2 \times PV^3}{AV^2}$ $= SY^2 \times PV$. Donc par les Cor. 3. & 5. de la Prop. 6. la force centripete est réciproquement comme $\frac{SP^2 \times PV^3}{AV^2}$, c'est-à-dire, à cause que AV est donnée, réciproquement comme $SP^2 \times PV^3$ C. Q. F. T.

Cor. 1. Donc, si le point donné S, auquel la force centripete tend sans cesse, se trouve dans la circonférence de ce cercle, comme en V; la force centripete sera réciproquement comme la cinquiéme puissance de la hauteur SP.

Cor. 2. La force par laquelle le corps P décrit le cercle $APTV$ autour du centre S des forces, est à la force par laquelle ce même corps P peut tourner dans le même tems périodique & dans le même cercle autour d'un autre centre quelconque de forces R, comme $SP \times RP^2$ à SG^3, SG étant une droite menée parallelement à RP, & terminée par la tangente PG.

Fig. 17.

Car par la construction, la premiere force est à la derniere comme $RP^2 \times PT^3$ à $SP^2 \times PV^3$ c'est-à-dire, comme $SP \times PR^2$ à $\frac{SP^3 \times PV^3}{PT^3}$, ou bien, à cause des triangles semblables PSG, TPV, comme $SP \times PR^2$ à SG^3.

Cor. 3. La force par laquelle le corps P circule dans un orbe quelconque autour d'un centre de forces S, est à la force, par laquelle ce même corps P peut circuler dans le même temps périodique & dans le même orbe autour d'un autre centre quelconque R de forces, comme $SP \times RP^2$ à SG^3, c'est-à-dire, comme la distance du corps au premier centre des forces S, multipliée par le quarré de la distance au second centre R, est au cube de la ligne SG tirée du premier centre S parallelement à la distance du second centre, & terminée par la tangente PG de l'orbite. Car les forces dans cet orbe sont les mêmes à un de ses points quelconques P, que dans le cercle qui a la même courbure.

PROPOSITION VIII. PROBLÉME III.

On demande la loi de la force centripete dans le cas où le corps décrivant un demi-cercle PQA tend continuellement vers un point S fi éloigné, que toutes les lignes PS, RS tirées à ce point peuvent être regardées comme parallèles.

Par le centre C de ce demi cercle, soit tiré le demi diametre CA coupé perpendiculairement en M & en N par les directions de la force centripete. Tirant CP, on aura, à cause des triangles semblables, CPM, PZT & RZQ, $CP^2 : PM^2 :: PR^2 : QT^2$ & par la nature du cercle $PR^2 = QR \times \overline{RN + QN} =$ (les points Q & P coïncidant) $QR \times 2 PM$. Donc $CP^2 : PM^2 :: QR \times 2PM : QT^2$ donc $\dfrac{QT^2}{QR} = \dfrac{2 PM^3}{CP^2}$ & $\dfrac{QT^2 \times SP^2}{QR} = \dfrac{2 PM^3 \times SP^2}{CP^2}$; donc, par les Corol. 1. & 5. de la Prop. 6. la force centripete est réciproquement comme $\dfrac{2 PM^3 \times SP^2}{CP^2}$, c'est-à-dire (en négligeant la raison déterminée de $\dfrac{2 SP^2}{CP^2}$) réciproquement comme PM^3. C. Q. F. T.

On tireroit facilement la même chose de la Proposition précédente.

SCHOLIE.

Par un raisonnement à peu près semblable, on trouveroit que si le corps décrivoit une ellipse, une hiperbole, ou une Parabole, en vertu d'une force centripete dirigée à un point très-éloigné, cette force centripete feroit encore réciproquement comme le cube de l'ordonnée qui tend à ce point.

PROPOSITION IX. PROBLÉME IV.

Supposé que le corps tourne dans une spirale PQS qui coupe tous les rayons SP, SQ, &c. sous un angle donné : on demande la loi de la force centripete qui tend au centre de cette spirale.

Soit supposé constant l'angle indéfiniment petit PSQ, la figure

DE LA PHILOSOPHIE NATURELLE.

$SPRQT$, ayant tous ses angles constans, sera donnée d'espece; donc $\frac{QT}{QR}$ sera donnée aussi ; donc $\frac{QT^2}{QR}$ sera comme SP, parceque, comme on vient de le dire, $SPRQT$ est donnée d'espece.

Supposons présentement que l'angle PSQ change selon une loi quelconque, la droite QR qui soustend l'angle de contact QPR changera, par le Lemme 11. en raison doublée de PR ou de QT. De-là il suit, que la raison de $\frac{QT^2}{QR}$ demeurera la même qu'auparavant, c'est-à-dire qu'elle sera encore comme SP. C'est pourquoi $\frac{QT^2 \times SP^2}{QR}$ sera comme SP^3; donc par les Corol. 1. & 5. de la Prop. 6. la force centripete sera réciproquement proportionnelle au cube de la distance SP.   C. Q. F. T.

AUTRE SOLUTION.

La perpendiculaire SY abaissée sur la tangente, & la corde PV du cercle osculateur étant en raison donnée avec SP, SP^3 est proportionnel à $SY^2 \times PV$, c'est-à-dire, par les Cor. 3. & 5. de la Prop. 6. réciproquement proportionnel à la force centripete.

LEMME XII.

Tous les parallélogrammes décrits autour des diametres quelconques conjugués d'une ellipse ou d'une hyperbole donnée sont égaux entr'eux.

Cette Proposition est claire par les Coniques.

PROPOSITION X.   PROBLÉME V.

Un corps circulant dans une ellipse : on demande la loi de la force centripete qui tend au centre de cette ellipse.

Soient CA, CB les demi axes de l'ellipse; GP, DK d'autres diametres conjugués; PF, QT des perpendiculaires à ces diametres; Qv une ordonnée au diametre GP; si on acheve le parallélogramme $QvPR$, on aura par les coniques $Pv \times vG : Qv^2 : :$

Fig. 20.

$PC^2 : CD^2$. Mais à cause des triangles semblables QvT, PCF, $Qv^2 : QT^2 :: PC^2 : PF^2$. Donc, en composant ces raisons, on aura $Pv \times vG : QT^2 :: PC^2 : CD^2$, & $PC^2 : PF^2$, ou $vG : \dfrac{QT^2}{Pv} :: PC^2 : \dfrac{CD^2 \times PF^2}{PC^2}$. Si on écrit présentement QR pour Pv, que l'on mette, à cause du Lemme 12. $BC \times CA$ à la place de $CD \times PF$, & que l'on suppose vG égale à $2PC$, ainsi qu'on le doit lorsque les points P & Q coïncident, on aura, en multipliant les extrêmes & les moyens, $\dfrac{QT^2 \times PC^2}{QR} = \dfrac{2 BC^2 \times CA^2}{PC}$. Donc, par le Cor. 5. de la Prop. 6. la force centripete sera réciproquement comme $\dfrac{2 BC^2 \times AC^2}{PC}$; c'est-à-dire, à cause que $2 CB^2 \times CA^2$ est donnée, réciproquement comme $\dfrac{1}{PC}$; ou, ce qui revient au même, directement comme la distance PC. *C. Q. F. T.*

AUTRE SOLUTION.

Sur la droite PG de l'autre côté du point T par rapport à P, soit pris le point u en sorte que $Tu = Tv$. Soit pris ensuite uV à vG, comme DC^2 à PC^2. Puisque les coniques donnent $Qv^2 : Pv \times vG :: DC^2 : PC^2$, on aura $Qv^2 = Pv \times uV$, & ajoûtant le rectangle $uP \times Pv$ de part & d'autre, il est clair que le quarré de la corde de l'arc PQ sera égal au rectangle $VP \times Pv$; donc le cercle qui touche la section conique en P & qui passe par le point Q passera aussi par le point V. Supposez à présent que les points P & Q se confondent, la raison de uV à vG, qui est la même que la raison de DC^2 à PC^2, deviendra la raison de PV à PG ou de PV à $2PC$; donc $PV = \dfrac{2 DC^2}{PC}$, donc, par le Cor. 3. de la Propos. 6. la force par laquelle le corps P fait sa révolution dans l'ellipse, sera réciproquement comme $\dfrac{2 DC^2}{PC} \times PF^2$, c'est-à-dire,

à

DE LA PHILOSOPHIE NATURELLE.

à cause que $2DC^2 \times PF^2$ est donné, que cette force sera directement comme PC. *C. Q. F. T.*

Cor. 1. La force est donc comme la distance du corps au centre de l'ellipse : & réciproquement, si la force est comme la distance, le corps décrira ou une ellipse dont le centre sera le même que le centre des forces, ou le cercle dans lequel l'ellipse peut se changer.

Cor. 2. Les temps périodiques des révolutions qui se font autour du même centre sont égaux dans toutes les ellipses ; car ces temps sont égaux dans les ellipses semblables (par les Cor. 3. & 8. de la Prop. 4.) ; mais dans les ellipses qui ont le grand axe commun, ils sont les uns aux autres directement comme les aires elliptiques totales, & inversement comme les particules de ces aires décrites en temps égal, c'est-à-dire directement comme les petits axes, & inversement comme les vîtesses des corps dans les sommets principaux, ou directement comme les petits axes, & inversement comme les ordonnées au même point de l'axe commun. Mais ces deux raisons directes & inverses qui composent la raison des temps sont alors égales ; donc les temps sont égaux.

SCHOLIE.

Si le centre de l'ellipse s'éloigne à l'infini, & qu'elle devienne une parabole, le corps se mouvera dans cette parabole ; & la force tendant alors à un centre infiniment distant, elle deviendra uniforme. C'est le cas traité par *Galilée*. Si (en changeant l'inclinaison du plan au cône coupé) la parabole se change en une hiperbole, le corps se mouvera dans le périmetre de cette hyperbole, la force centripete se changeant alors en force centrifuge ; & de même que dans le cercle ou l'ellipse, si les forces tendent au centre de la figure placé sur l'abscisse, en augmentant ou diminuant les ordonnées en une raison donnée quelconque, ou en changeant l'angle d'inclinaison des ordonnées sur l'abscisse, ces forces augmenteront ou diminueront toujours en raison des dif-

Tome I.   I

66   PRINCIPES MATHÉMATIQUES

tances au centre, pourvû que les temps périodiques demeurent égaux : ainsi dans toutes les courbes, si les ordonnées augmentent ou diminuent dans une raison donnée quelconque, ou que l'angle de ces ordonnées change d'une façon quelconque, le temps périodique & le centre des forces, qu'on suppose placé à volonté sur l'abscisse, demeurans les mêmes, les forces centripetes aux extrémités des ordonnées correspondantes seront entr'elles comme les distances au centre.

TROISIÉME SECTION.

Du mouvement des corps dans les Sections coniques excentriques.

PROPOSITION XI.   PROBLEME VI.

Un corps faisant sa révolution dans une ellipse ; on demande la loi de la force centripete, lorsqu'elle tend à un de ses foyers.

Soient S le foyer de l'ellipse, E la rencontre de SP avec le diametre DK, x celle de la même ligne SP avec l'ordonnée QV, $Qx PR$ le parallélogramme fait sur Px & Qx. On voit d'abord que EP est égale au demi grand axe AC ; car menant par l'autre foyer H la droite HI parallele à DK, il est clair que EI sera égale à SE à cause de l'égalité qui est entre CH & CS, & par conséquent PE sera égale à la moitié de la somme de PI & de PS, ou, ce qui revient au même, à AC, moitié de la somme de PS & de PH, puisqu'il suit de ce que HI est parallele à RP, & de ce que les angles HPZ & IPR sont égaux, que $HP = PI$. Abaissant ensuite QT perpendiculaire à SP, & nommant L le parametre du grand axe, c'est-à-dire $\frac{2BC^2}{AC}$; on verra que

$L \times QR : L \times Pv :: QR : Pv$, c'est-à-dire $:: PE$ ou $AC : PC$; mais $L \times Pv : Gv \times vP :: L : Gv$ & $Gv \times vP : Qv^2 :: PC^2 : CD^2$; de plus, $Qv^2 : Qx^2$ en raison d'égalité (Cor. 2. Lem. 7.)

DE LA PHILOSOPHIE NATURELLE.

lorsque les points P & Q coïncident, & Qx^2 ou $Qv^2 : QT^2 ::$ $EP^2 : PF^2$, c'est-à-dire $:: CA^2 : PF^2$ ou (Lem. 12.) $:: CD^2 :$ CB^2; donc, en composant toutes ces raisons on aura $L \times QR :$ $QT^2 ::. AC \times L \times PC^2 \times CD^2$ ou $:: 2 CB^2 \times PC^2 \times CD^2 :$ $PC \times Gv \times CD^2 \times CB^2$ ou $:: 2 PC : Gv$. Or, puisque $2 PC$ & Gv sont égales lorsque les points P & Q coïncident, les quantités $L \times QR$ & QT^2 qui leur sont proportionnelles seront donc égales aussi. Multipliant présentement ces quantités égales par $\frac{SP^2}{QR}$, on aura $L \times SP^2 = \frac{SP^2 \times QT^2}{QR}$. Donc par les Corol. 1. & 5. de la Prop. 6. la force centripete sera réciproquement comme $L \times SP^2$, c'est-à-dire en raison renversée de SP^2. C. Q. F. T.

AUTRE SOLUTION.

Comme la force qui tend au centre de l'ellipse, & par laquelle le corps P peut faire sa révolution dans cette courbe, est par le Cor. 1. de la Prop. 10. proportionnelle à la distance CP du corps au centre C de l'ellipse; en menant CE parallele à la tangente PR de l'ellipse, on verra par le Cor. 3. de la Prop. 7. que la force par laquelle ce même corps P feroit sa révolution autour d'un autre point quelconque S de l'ellipse, seroit comme $\frac{PE^3}{SP^2}$ en supposant que E soit la rencontre de CE & de la droite SP, tirée au point S. Donc, lorsque le point S sera le foyer, & que par conséquent PE sera constante, la force centripete sera comme $\frac{1}{SP^2}$. C. Q. F. T.

Dans ce Probléme, ainsi que dans le Probl. 5. on pourroit se contenter d'appliquer la conclusion trouvée pour le cas de l'ellipse à celui de la Parabole & de l'hyperbole; mais à cause de l'importance de ce Probléme, & de l'étendue de son usage dans les Propositions suivantes, j'ai cru qu'il ne seroit pas inutile de démontrer en particulier les cas de la parabole & de l'hyperbole.

PROPOSITION XII. PROBLÉME VII.

Supposé qu'un corps se meuve dans une hiperbole; on demande la loi de la force centripete qui tend au foyer de cette courbe.

Fig. 22.

Que CA, CB soient les demi axes de l'hyperbole; PG, KD d'autres diametres conjugués; PF une perpendiculaire au diametre KD; & Qv une ordonnée au diametre PG. Qu'on tire SP, qui coupe le diametre DK en E, & l'ordonnée Qv en x, & qu'on acheve le parallelogramme $QRPx$; il est clair que EP sera égale au demi axe transversal AC; car tirant par l'autre foyer H de l'hiperbole la ligne HI parallele à EC, CH étant égale à CS, EI sera égale à ES, & par conséquent EP sera la moitié de la différence des lignes PS & PI, c'est-à-dire, (à cause que IH, PR sont paralleles, & que les angles IPR, HPZ sont égaux) qu'elle sera égale à la moitié de la différence des lignes PS & PH, c'est-à-dire que $EP = AC$.

Cela posé, tirant QT perpendiculaire sur SP, & nommant L le parametre principal de l'hiperbole ou $\frac{2BC^2}{AC}$, on aura $L \times QR : L \times Pv :: QR : Pv$ ou $:: Px : Pv$, c'est-à-dire, à cause des triangles semblables Pxv, PEC, $:: PE : PC$, ou $:: AC : PC$. On aura aussi, $L \times Pv : Gv \times Pv :: L : Gv$; & par la nature des coniques $Gv \times vP : Qv^2 :: PC^2 : CD^2$. De plus Qx^2 QT^2, ou (ce qui revient au même, Cor. 2. Lem. 7. lorsque les points P & Q coïncident) $Qv^2 : QT^2 :: EP^2 : PF^2$, c'est-à-dire, $:: CA^2 : PF^2$, ou Lemme 12. $:: CD^2 : CB^2$, & en composant toutes ces raisons, on aura $L \times QR : QT^2 :: AC \times L \times PC^2 \times CD^2$ ou $2BC^2 \times PC^2 \times CD^2 : PC \times Gv \times CD^2 \times CB^2$, c'est-à-dire $:: 2PC : Gv$: mais lorsque les points P & Q coïncident, $2PC = Gv$. Donc les quantités $L \times QR$ & QT^2 qui leur sont proportionnelles seront aussi égales, & en multipliant ces quantités égales par $\frac{SP^2}{QR}$, on aura $\frac{SP^2 \times QT^2}{QR} = L \times SP^2$.

DE LA PHILOSOPHIE NATURELLE.

Donc, par les Cor. 1. & 5. de la Prop. 6. la force centripete fera réciproquement comme $L \times SP^2$, c'est-à-dire, en raison renversée du quarré de la distance SP.   C. Q. F. T.

AUTRE SOLUTION.

Si on cherche la force en prenant le centre C de l'hiperbole pour centre des forces, on la trouvera proportionnelle à la distance CP. Donc, par le Cor. 3. de la Prop. 7. la force qui tend au foyer S sera comme $\frac{PE^3}{SP^2}$; c'est-à-dire, à cause que PE est donnée, réciproquement comme SP^2.   C. Q. F. T.

On démontrera de la même maniere que si cette force centripete se change en une force centrifuge, le corps décrira l'hiperbole conjuguée.

LEMME XIII.

Le Parametre d'un diametre quelconque d'une parabole, est quadruple de la distance du sommet de ce diametre au foyer de la Figure.

Cela se démontre par les coniques.

LEMME XIV.

La perpendiculaire, tirée du foyer d'une parabole à sa tangente, est moyenne proportionnelle entre les distances du foyer au point de contact, & au sommet principal de la Figure.

Soient AP une parabole, S son foyer, A son sommet principal, P le point de contact, PO une ordonnée au diametre principal, PM une tangente qui rencontre le diametre principal en M, & SN la ligne perpendiculaire tirée du foyer sur la tangente. Ayant tiré AN, il suivra de l'égalité des lignes MS & SP, MN & NP, MA & AO, que les droites AN & OP sont paralleles, & par conséquent que le triangle SAN est rectangle en A, & semblable aux triangles égaux SNM, SNP; donc $PS : SN :: SN : SA$.   C. Q. F. D.

Cor. 1. Donc $PS^2 : SN^2 :: PS : SA$.

Cor. 2. A cause que SA est donnée, SN^2 sera proportionnelle à PS.

Cor. 3. Le concours d'une tangente quelconque PM & de la droite SN, tirée perpendiculairement du foyer sur cette tangente, tombera sur la droite AN qui touche la parabole à son sommet principal.

PROPOSITION XIII. PROBLÈME VIII.

Supposé qu'un corps décrive une parabole, on demande la loi de la force centripete qui tend au foyer de cette courbe.

La construction demeurant la même que dans le Lemme précédent, soient P le lieu de la parabole dans lequel on suppose d'abord le corps, & Q le lieu consécutif, de ce lieu Q tirez QR parallele à SP, & QT perpendiculaire sur cette ligne SP, que v soit la rencontre de PG avec la parallele Qv à la tangente, & x la rencontre de la même parallele Qv avec SP, parce que les triangles Pxv, SPM sont semblables, & que les côtés SM, SP de l'un de ces triangles sont égaux, les côtés Px ou QR, & Pv de l'autre triangle seront aussi égaux. Mais, par les coniques, le quarré de l'ordonnée Qv est égal au rectangle sous le parametre & le segment du diametre Pv, c'est-à-dire, par le Lemme 13. au rectangle $4PS \times Pv$ ou $4PS \times QR$; & par le Cor. 2. du Lemme 7. les points P & Q coïncidant, la raison de Qv à Qx devient la raison d'égalité. Donc, dans ce cas, $Qx^2 = 4PS \times QR$. De plus, à cause des triangles semblables QxT, SPN, $Qx^2 : QT^2 :: PS^2 : SN^2$; c'est-à-dire, Cor. 1. Lem. 14. $:: PS : SA$, ou $:: 4PS \times QR : 4SA \times QR$. Donc $QT^2 = 4SA \times QR$. Multipliant ensuite cette égalité par $\frac{SP^2}{QR}$, on aura $\frac{SP^2 \times QT^2}{QR} = SP^2 \times 4SA$, ce qui apprend, Cor. 1. & 5. de la Prop. 6. que la force centripete est réciproquement comme $SP^2 \times 4SA$, c'est-à-dire, à cause que $4SA$ est donnée que cette force est en raison renversée du quarré de la distance SP. C. Q. F. T.

DE LA PHILOSOPHIE NATURELLE.

Cor. 1. Des trois dernieres Propositions on tire, que si un corps quelconque attiré continuellement vers un centre par une force réciproquement proportionnelle au quarré des distances part d'un lieu *P*, suivant une droite quelconque *P R*, & avec une vîtesse quelconque, ce corps se mouvera dans une section conique qui aura pour l'un de ses foyers le centre des forces, & réciproquement; car le foyer, le point de contact, & la position de la tangente étant donnés, on peut décrire la section conique qui aura à ce point une courbure donnée : & deux orbites qui se touchent, & qui sont décrites avec la même vîtesse & la même force centripete ne sçauroient différer entr'elles.

Cor. 2. Si la vîtesse avec laquelle le corps part du lieu *P* est celle qui peut lui faire décrire la petite ligne *P R* dans un espace de temps fort court, & que la force centripete puisse faire parcourir à ce même corps dans le même temps l'espace *Q R* : le corps décrira une section conique, dont le parametre sera ce que devient la quantité $\frac{QT^2}{QR}$, lorsque les petites lignes *P R* & *Q R* diminuent à l'infini.

Fig. 25.

Dans ces Corollaires je rapporte le cercle à l'ellipse, & j'excepte le cas où le corps descend en ligne droite au centre.

PROPOSITION XIV. THÉORÈME VI.

Si plusieurs corps font leurs révolutions autour d'un centre commun, & que les forces centripetes soient réciproquement en raison doublée de leurs distances à ce centre, les parametres principaux de leurs orbes seront en raison doublée des aires qu'ils décrivent en temps égal.

Car, par le Cor. 2. de la Prop. 13. le parametre *L* est égal à ce que devient la quantité $\frac{QT^2}{QR}$ lorsque les points *P* & *Q* coïncident; mais la petite ligne *Q R* est dans un temps donné comme la force centripete qui la fait décrire, c'est-à-dire, par

Fig. 25.

l'hipothèse, en raison renversée de SP^2, Donc $\frac{QT^2}{QR}$ est proportionnelle à $QT^2 \times SP^2$, c'est-à-dire, que le paramètre L est en raison doublée de l'aire $QT \times SP$. *C. Q. F. D.*

Corol. Donc l'aire elliptique totale, & le rectangle formé par les axes, qui lui est proportionnel, est en raison composée de la raison sousdoublée du parametre, & de la raison du temps périodique; car l'aire totale est proportionnelle à l'aire $QT \times SP$ décrite dans un temps donné, & multipliée par le temps périodique.

PROPOSITION XV. THÉOREME VII.

Les mêmes choses étant posées, les temps périodiques dans les ellipses, sont en raison sesquiplée de leurs grands axes.

Puisque le petit axe est moyen proportionnel entre le grand axe & le parametre, le rectangle formé par les axes est donc en raison composée de la raison sousdoublée du paramétre & de la raison sesquiplée du grand axe; mais ce rectangle, par le Cor. de la Prop. 14. est en raison composée de la raison sousdoublée du parametre, & de la raison du temps périodique. Otant donc de part & d'autre la raison sousdoublée du parametre, il restera la raison sesquiplée du grand axe, qui sera la même que la raison du temps périodique. *C. Q. F. D.*

Corol. Les temps périodiques sont donc les mêmes dans les ellipses, & dans les cercles, dont les diametres sont égaux aux grands axes des ellipses.

PROPOSITION XVI. THÉORÉME VIII.

Les mêmes choses étant posées, si par les points où l'on suppose les corps dans chaque orbite on mene des tangentes, & qu'on abaisse du foyer commun des perpendiculaires sur les tangentes, les vîtesses de ces corps seront en raison composée de la raison inverse de ces perpendiculaires

perpendiculaires, & de la raison directe sousdoublée des parametres principaux.

Du foyer S à la tangente PR tirez la perpendiculaire SY, la vîtesse du corps P sera réciproquement en raison sousdoublée de la quantité $\frac{SY^2}{L}$; car cette vîtesse est comme le petit arc PQ décrit dans une particule de temps donnée, c'est-à-dire, par le Lemme 7. comme la tangente PR, ou ce qui revient au même, (à cause que $PR : QT :: SP : SY$) comme $\frac{SP \times QT}{SY}$, c'est-à-dire, comme SY réciproquement & $SP \times QT$ directement; or $SP \times QT$ est comme l'aire décrite en un temps donné, c'est-à-dire par la Prop. 14. en raison sousdoublée du parametre. *C. Q. F. D.*

Cor. 1. Les parametres principaux sont en raison composée de la raison doublée des perpendiculaires, & de la raison doublée des vîtesses.

Cor. 2. Les vîtesses des corps, dans les plus grandes & les moindres distances du foyer commun, sont en raison composée de la raison inverse des distances, & de la raison directe sousdoublée des parametres principaux; car alors les perpendiculaires sont les distances elles-mêmes.

Cor. 3. Donc la vîtesse, dans une section conique à la plus grande ou à la plus petite distance du foyer, est à la vîtesse dans un cercle à la même distance du centre, en raison sousdoublée du parametre au double de cette distance.

Cor. 4. Les vîtesses des corps qui font leurs révolutions dans des ellipses sont les mêmes dans leurs moyennes distances du foyer commun, que celles des corps qui circulent dans des cercles aux mêmes distances; c'est-à-dire, par le Cor. 6. de la Prop. 4. que ces vîtesses sont en raison inverse sousdoublée des distances. Car les perpendiculaires sont moitié des petits axes, & les petits axes sont comme les moyennes proportionnelles entre les moyennes distances & les parametres. Composant donc la raison inverse des perpendiculaires avec la raison sousdoublée directe des parametres, il en viendra la raison sousdoublée inverse des distances.

Cor. 5. Dans la même figure, ou même dans diverses figures, pourvû que les parametres principaux soient égaux, la vîtesse du corps est réciproquement comme la perpendiculaire tirée du foyer à la tangente.

Cor. 6. Dans la parabole, la vîtesse est réciproquement en raison sousdoublée de la distance du corps au foyer; dans l'ellipse elle varie plus que dans cette raison, & moins dans l'hyperbole. Pour démontrer ces trois vérités, il suffit de remarquer (Cor. 2. Lem. 14.) que la perpendiculaire abbaissée du foyer sur la tangente de la parabole est en raison sousdoublée de la distance; que dans l'ellipse cette perpendiculaire est dans une plus grande raison, & que dans l'hiperbole elle est dans une moindre raison.

Cor. 7. Dans la parabole, la vîtesse, à une distance quelconque du foyer, est à la vîtesse dans un cercle à la même distance du centre en raison sousdoublée de deux à un. Dans l'ellipse elle est dans une moindre raison, & dans une plus grande dans l'hiperbole; car, par le Cor. 2. de cette Proposition, la vîtesse au sommet de la parabole est dans cette proportion, &, par les Corol. 6. de cette Proposition & de la Proposition 4. cette proportion se conserve à toutes les distances. D'où il suit qu'à chaque point de la parabole, la vîtesse est égale à la vîtesse du corps qui feroit sa révolution dans un cercle à la moitié de la distance du centre; que dans l'ellipse elle est moindre, & plus grande dans l'hiperbole.

Cor. 8. La vîtesse d'un corps qui circule dans une section conique quelconque est à la vîtesse d'un corps qui fait sa révolution dans un cercle à la distance de la moitié du parametre principal, comme cette distance est à la perpendiculaire abaissée du foyer de la section sur la tangente. La démonstration en est évidente par le Cor. 5.

DE LA PHILOSOPHIE NATURELLE.

Cor. 9. Donc, puisque (*Cor.* 6. Prop. 4.) la vîtesse d'un corps qui tourne dans ce cercle seroit à la vîtesse d'un corps qui tourne dans un autre cercle quelconque en raison sousdoublée inverse des distances, la vîtesse d'un corps qui tourne dans une section conique sera à la vîtesse de celui qui tourne dans un cercle à la même distance, comme la moyenne proportionnelle entre cette distance commune & la moitié du parametre principal de la section conique est à la perpendiculaire abaissée du foyer commun sur la tangente de cette section conique.

PROPOSITION XVII. PROBLÉME IX.

Supposant que la force centripete soit réciproquement proportionnelle au quarré de la distance au centre, & que la quantité absolue de cette force soit connue, on demande la courbe qu'un corps décrit en partant d'un lieu donné, avec une vîtesse donnée, suivant une ligne droite donnée.

Que la force centripete qui tend au point S soit celle qui fait circuler le corps p dans une orbite donnée pq, & que la vîtesse de ce corps au point p soit connue. Que le corps P parte du lieu P, suivant la ligne PR avec une vîtesse donnée, & qu'en vertu de cette vîtesse & de la force centripete, il décrive la section conique PQ. Que la droite PR touche cette courbe en P, & que pr touche pareillement l'orbite pq en p; si l'on imagine des perpendiculaires tirées du point S à ces tangentes; il est clair, par le Cor. 1. de la Prop. 16. que le principal parametre de la section conique cherchée sera au principal parametre de l'orbite donnée, en raison composée de la raison doublée des perpendiculaires, & de la raison doublée des vîtesses, ainsi il sera donné. Soit L le parametre de la section conique cherchée, le foyer S de cette même section étant aussi donné, en faisant l'angle RPH égal au complément à deux droits de l'angle RPS, on aura la position de la ligne PH, qui passe par l'autre foyer; car tirant SK perpendiculaire à PH,

Fig. 27. & 28.

& supposant que BC soit le demi axe conjugué, on aura, $SP^2 - 2KP \times PH + PH^2 = SH^2 = 4CH^2 = 4BH^2 - 4BC^2 = \overline{SP+PH}^2 - L \times \overline{SP+PH} = SP^2 + 2SP \times PH + PH^2 - L \times \overline{SP+PH}$, & ajoûtant de part & d'autre $2KP \times PH - SP^2 - PH^2 + L \times \overline{SP+PH}$, il viendra $L \times \overline{SP+PH} = 2SP \times PH + 2KP \times PH$ ou $SP+PH : PH :: 2SP + 2KP : L$. d'où PH est donnée tant de longueur que de position.

Si la vîtesse du corps au point P est telle que le parametre L soit moindre que $2SP + 2KP$, la ligne PH tombera du même côté de la tangente PR que la ligne PS; ainsi la courbe sera une ellipse, & comme ses foyers S & H seront donnés, son grand axe $SP+PH$ sera aussi donné.

Si la vîtesse du corps est telle, que le parametre L soit égal à $2SP + 2KP$, la ligne PH sera infinie, & par conséquent la courbe sera une parabole dont l'axe SH parallele à la ligne PK sera donné.

Si le corps part du lieu P avec une vîtesse encore plus grande, il faudra prendre la ligne PH de l'autre côté de la tangente; ainsi la tangente passant entre les foyers, la courbe sera une hiperbole dont l'axe principal sera égal à la différence des lignes SP & PH, & sera par conséquent donné.

Dans tous ces cas, si l'on suppose que le corps P se meuve dans la section conique ainsi trouvée, il est clair, par les Prop. 11. 12. & 13. que la force centripete sera réciproquement comme le quarré de la distance du corps au centre S des forces; ainsi la ligne PQ représentera éxactement celle que le corps décrira par une telle force en partant du lieu donné P, avec une vîtesse donnée, & suivant une ligne droite PR donnée de position. C. Q. F. F.

Cor. 1. De-là, le sommet principal D, le parametre L, & le foyer S étant donnés, on aura dans toute section conique l'autre foyer H, en prenant DH à DS, comme le parametre à la différence entre le parametre & $4DS$; car la proportion $SP+PH :$

$PH :: 2SP + 2PK : L$ devient dans le cas de ce Corollaire, $DS + DH : DH :: 4DS : L$, & en divifant on aura $DS : DH :: 4DS - L : L$.

Cor. 2. Ainfi, fi la vîteffe du corps dans le fommet principal D eft donnée, on trouvera facilement l'orbite, en déterminant d'abord fon parametre par cette condition (Cor. 3. de la prop. 16.) qu'il foit au double de la diftance DS en raifon doublée de cette vîteffe donnée à la vîteffe du corps qui tourne dans un cercle à la diftance DS, & en prenant enfuite DH à DS, comme le parametre eft à la différence entre le parametre & $4DS$.

Cor. 3. De-là, fi le corps fe meut dans une feƈtion conique quelconque, & qu'il foit dérangé de fon orbite par une impulfion quelconque ; on pourra connoître la nouvelle orbite dans laquelle il circulera enfuite, en compofant le mouvement que ce corps a déja avec le mouvement que cette impulfion feule lui auroit imprimé; car par ce moyen on aura le mouvement du corps lorfqu'il part du lieu donné dans lequel il a reçu l'impulfion fuivant une ligne droite donnée de pofition.

Cor. 4. Et fi ce corps eft continuellement troublé dans fa révolution par quelque force qui lui foit imprimée extérieurement, on connoîtra à peu près la courbe qu'il décrira, en prenant les changemens que cette force produit dans plufieurs points quelconques, & en eftimant par l'ordre de la férie les changemens continuels dans les lieux intermédiaires.

SCHOLIE.

Si le corps P par une force centripete qui tend à un point quelconque donné R, fe meut dans le périmetre d'une feƈtion conique quelconque donnée, dont le centre foit C; & qu'on cherche la loi de la force centripete : on n'aura qu'à mener CG parallele au rayon RP, & qui rencontre la tangente PG en G, & cette force fera, par le Cor. 1. & la Scholie de la Prop. 10. & par le Cor. 3. de la Prop. 7. comme $\frac{CG^3}{RP^2}$.

QUATRIÈME SECTION.

De la détermination des orbes elliptiques, paraboliques & hiperboliques, lorsque l'un des foyers est donné.

LEMME XV.

Si des foyers S & H d'une hiperbole ou d'une ellipse quelconque, on tire à un troisième point quelconque V deux lignes droites S V, H V, l'une desquelles H V soit égale à l'axe principal de la figure, c'est-à-dire, à l'axe dans lequel les foyers se trouvent, & qu'on élève sur le milieu de l'autre ligne S V la perpendiculaire T R, cette perpendiculaire touchera en quelque point la section conique; & réciproquement, si elle la touche, la ligne H V sera égale à l'axe principal de la Figure.

Soient, le point R la rencontre de la perpendiculaire TR avec la ligne HV prolongée, s'il est nécessaire, & SR la droite tirée de S à ce point R; les lignes TS, TV étant égales, les lignes SR & VR le seront aussi, ainsi que les angles TRS, TRV; donc, le point R sera à la section conique, & la perpendiculaire TR sera tangente de cette section au point R. L'inverse se démontreroit de même. C. Q. F. D.

PROPOSITION XVIII. PROBLÈME X.

Le foyer, & les axes principaux étant donnés, décrire les trajectoires elliptiques & hiperboliques qui passent par des points donnés, & qui touchent des droites données de position.

Soit S le foyer commun de ces trajectoires, AB une ligne égale à l'axe principal d'une quelconque de ces trajectoires, P un point par lequel cette courbe doit passer, & TR une ligne

DE LA PHILOSOPHIE NATURELLE.

qu'elle doit toucher : foit de plus le cercle HG décrit du centre P & de l'intervalle $AB - SP$, fi l'orbite eft une ellipfe, ou $AB + SP$, fi c'eft une hiperbole : abaiffant enfuite fur la tangente TR la perpendiculaire ST prolongée en V, en forte que $TV = ST$, du centre V & de l'intervalle AB décrivez le cercle FH.

Par cette méthode, foit qu'on ait les deux points P & p, ou les deux tangentes TR & tr, ou le point P & la tangente TR, on décrira toujours deux cercles. Soit H leur interfection commune, décrivant alors une trajectoire qui ait pour axe principal l'axe donné, & les points S & H pour foyers, le Problème fera réfolu. Car cette trajectoire paffera par le point P, à caufe que $PH + SP$ dans l'ellipfe, & $PH - SP$ dans l'hiperbole, feront égales à l'axe. De plus, par le Lemme précédent, la ligne TR touchera cette trajectoire. On prouvera par le même raifonnement ou qu'elle paffera par les deux points P & p, ou qu'elle aura pour tangentes les lignes TR, tr. C. Q. F. F.

Fig. 31.

PROPOSITION XIX. PROBLÈME II.

Autour d'un foyer donné décrire une trajectoire parabolique, qui paffe par des points donnés, & qui touche des lignes droites données de pofition.

S étant le foyer, P un point de la trajectoire à décrire, & TR une tangente de cette trajectoire ; du centre P, & de l'intervalle PS foit décrit le cercle FG, & foit abaiffé de S fur la tangente TR la perpendiculaire ST qu'on prolongera en V, enforte que $TV = ST$. On décrira un autre cercle fg de la même maniere fi on a une autre point donné p ; ou bien on trouvera un autre point v fi on a une autre tangente tr; cela fait on ménera la droite IF qui touche les deux cercles FG, fg, fi les deux points P & p font donnés, ou qui paffe par les deux points V & v, fi les deux tangentes TR & tr font données, ou enfin qui touche le cercle FG, & paffe par le point V, fi on a le point P, & la tangente TR.

Fig. 32.

Abaissant ensuite sur FI la perpendiculaire SI, coupée en deux parties égales au point K, & décrivant sur l'axe SK une parabole dont le sommet principal soit K, le Problême sera résolu. Car cette parabole, à cause que SK, IK sont égales, ainsi que SP & FP, passera par le point P, &, par le Lemme 14. Cor. 3. elle aura TR pour tangente, à cause que ST & TV sont égales, & que l'angle STR est droit. *C. Q. F. F.*

PROPOSITION XX. PROBLÊME XII.

Décrire une trajectoire quelconque donnée d'espece, autour d'un foyer donné, laquelle passe par des points donnés, & touche des lignes droites données de position.

Cas 1. Soit proposé d'abord de décrire la trajectoire ABC qui passe par deux points B & C, & qui ait pour foyer le point donné S.

Comme cette trajectoire est donnée d'espece, la raison de l'axe principal à la distance des foyers sera donnée. Prenez KB à BS, & LC à SC dans cette raison ; décrivez deux cercles des centres B & C, & des intervalles BK & CL ; sur la droite KL qui touche ces cercles en K & en L, abaissez la perpendiculaire SG, & coupez cette ligne SG en A & en a, en sorte que GA soit à AS, & Ga à aS, comme KB à BS ; & des sommets A, a, & sur l'axe Aa décrivez ensuite une trajectoire, le Problême sera résolu.

Car soit H l'autre foyer de la Figure décrite, puisqu'on a, GA : AS :: Ga : aS, on aura, en divisant, $Ga - GA$ ou Aa : $aS - AS$ ou SH dans la même raison, & par conséquent dans la raison qui est entre l'axe principal de la Figure cherchée & la distance de ses foyers. La Figure décrite est donc de la même espece que la Figure à décrire. Et comme KB est à BS & LC à CS dans la même raison, cette courbe passera par les points B & C, comme il est clair par les coniques.

Cas 2. Soit proposé maintenant de décrire autour du foyer S donné, une trajectoire qui soit touchée quelque part par les deux lignes TR & tr.

Abaissez

Abaissez du foyer sur ces tangentes les perpendiculaires ST, St, & prolongez ces perpendiculaires en V, & en v, en sorte que TV & tv soient égales à TS & à tS. Coupez la ligne Vv en deux parties égales au point O, élevez ensuite la perpendiculaire indéfinie OH, & coupez en K & en k la droite VS prolongée indéfiniment, en sorte que VK soit à KS & Vk à kS, comme l'axe principal de la trajectoire à décrire est à la distance des foyers. Enfin sur le diametre Kk décrivez un cercle qui coupe la ligne OH en H; & tracez une trajectoire dont les foyers soient S & H, & l'axe principal une ligne égale à VH; & le Problême sera résolu.

Car coupant kK en deux parties égales au point X, & tirant les lignes HX, HS, HV, Hv : puisque $VK:KS::Vk:kS$, & par conséquent $::VK+Vk:KS+kS$ & $::Vk-VK:kS-KS$, c'est-à-dire $::2VX:2KX$, & $::2KX:2SX$, ou ce qui revient au même $::VX:HX$ & $::HX:SX$; les triangles VXH, HXS sont semblables : ce qui donne $VH:HS::VX:XH$, c'est-à-dire $::VK:KS$. De-là il suit que l'axe principal VH de la trajectoire décrite est à la distance SH de ses foyers, dans la même raison que celle qui est entre l'axe principal de la trajectoire à décrire & la distance de ses foyers, & que par conséquent la trajectoire est de l'espece demandée. De plus, comme VH & vH sont égales à l'axe principal, & que les lignes VS, vS sont coupées en deux parties égales par les perpendiculaires TR, tr, il est clair, par le Lemme 15. que la trajectoire décrite aura encore la propriété demandée d'être touchée par les droites TR, tr. C. Q. F. F.

Fig. 34.

Cas 3. Le foyer S étant donné, on demande une trajectoire qui touche la droite TR en un point donné R.

Fig. 35.

Sur la droite TR abaissez la perpendiculaire ST, & prolongez la en V, en sorte que $TV = ST$. Tirez ensuite VR & coupez en k & en K la droite VS prolongée indéfiniment en sorte que VK soit à SK & Vk à Sk comme l'axe principal de l'ellipse à décrire eft à la diftance des foyers; ayant décrit enfuite fur le diametre Kk un cercle qui coupe en H la droite VR prolongée, tracez une trajectoire dont les foyers foient S & H, & qui ait pour axe principal une ligne égale à VH, & le Problême fera réfolu.

Car il eft clair, par ce qui a été démontré dans le fecond cas, que $VH : SH :: VK : SK$, & par conféquent comme l'axe principal de la trajectoire à décrire eft à la diftance entre fes foyers, la trajectoire décrite fera donc de même efpece que la trajectoire à décrire. De plus, il eft clair par les coniques, que cette trajectoire fera touchée au point R par la droite TR qui coupe l'angle VRS en deux parties égales. C. Q. F. F.

Fig. 36. & 37. *Cas* 4. Soit enfin propofé de décrire autour du foyer S la trajectoire APB qui foit touchée par la droite TR, & qui paffe par un point quelconque P donné hors de la tangente, & qui foit femblable à la Figure apb décrite des foyers s, h, & fur l'axe principal ab.

Abaiffez fur la tangente TR la perpendiculaire ST, & prolongez-la en V, en forte que $TV = ST$. Faites les angles hsq, shq refpectivement égaux aux angles VSP, SPV, du centre q & d'un intervalle qui foit à ab, comme SP à VS, décrivez un cercle qui coupe la figure apb en p, joignez les points s & p & tirez SH qui foit à sh, comme SP à sp, & qui faffe l'angle PSH égal à l'angle psh, & l'angle VSH égal à l'angle psq. Enfuite, des foyers H & S fur l'axe principal AB égal à la diftance VH, décrivez la fection conique, & le Problême fera réfolu.

Car fi on tire sv qui foit à sp, comme sh à sq, & qui faffe l'angle vsp égal à l'angle hsq, & l'angle vsh égal à l'angle psq, les triangles svh, spq feront femblables, & par conféquent on aura $vh : pq :: sh : sq$, c'eft-à-dire, à caufe des triangles femblables $VSP : hsq :: SV : SP$ ou $ab : pq$. Donc $vh = ab$. De plus, à caufe des triangles femblables VSH, vsh $VH : SH :: vh : sh$, c'eft-à-dire, que l'axe de la fection conique

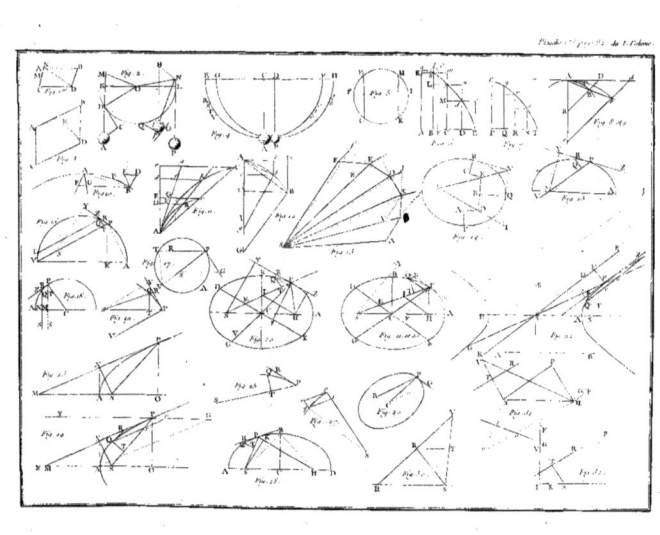

DE LA PHILOSOPHIE NATURELLE.

décrite est à l'intervalle de ses foyers comme l'axe ab à l'intertervalle sh des foyers; & par conséquent la figure décrite est semblable à la figure aph. De plus, cette figure passe par le point P, parce que le triangle PSH, est semblable au triangle psh; & elle est touchée par la droite TR, à cause que son axe est égal à VH, & que VS est coupée en deux parties égales par TR.   C. Q. F. F.

Fig. 36. & 37.

LEMME XVI.

Trouver un point, duquel tirant des lignes droites à trois points donnés, les différences de ces trois droites soient nulles ou données.

Cas 1. Soient A, B, C, les points donnés, & Z, le quatriéme point qu'il faut trouver; la différence des lignes AZ, BZ étant donnée, le point Z sera à une hiperbole qui aura pour foyers les points A & B, & pour axe principal la différence donnée. Soit MN cet axe, prenant $PM : MA :: MN : AB$, élevant ensuite PR perpendiculaire sur AB, & abaissant ZR perpendiculaire sur PR; on aura, par la nature de l'hiperbole, $ZR : AZ :: MN : AB$. Par le même raisonnement on trouvera que le point Z sera à une autre hiperbole dont les foyers seront les points A & C, & l'axe principal la différence entre AZ & CZ, & on trouvera aussi la droite QS perpendiculaire sur AC, à laquelle QS, si on méne la perpendiculaire ZS d'un point quelconque Z de cette hiperbole, ZS sera à AZ comme la différence entre AZ & CZ est à AC. Cela posé, il est aisé de remarquer que les raisons de ZR & de ZS à AZ sont données; & que par conséquent celle que ZR & ZS ont entr'elles est donnée aussi. Donc, si les droites RP, SQ prolongées se rencontrent en T, & qu'on tire TZ & TA, la figure $TRZS$ sera donnée d'espece, & la droite TZ dans laquelle est placé le point cherché Z sera donnée de position. De plus, la droite TA sera donnée aussi ainsi que l'angle ATZ; & parce que les raisons de AZ & de TZ

Fig. 38.

à *ZS* sont données, celle de *AZ* & de *TZ* entr'elles sera donnée aussi, & par conséquent le triangle entier *ATZ*, dont le sommet est le point cherché *Z*, sera enfin donné.   *C. Q. F. T.*

Cas 2. Si deux de ces trois lignes, comme *AZ* & *BC*, sont égales, tirez la droite *TZ* en sorte qu'elle partage la droite *AB* en deux parties égales, & cherchez ensuite le triangle *ATZ* comme ci-dessus.

Cas 3. Si ces trois lignes sont égales, le point *Z* sera placé dans le centre du cercle qui passe par les points *A*, *B*, *C*.   *C. Q. F. T.*

Ce Probléme se résoud aussi par le livre des Touchantes d'*Apollonius*, restitué par *Viet*.

PROPOSITION XXI. PROBLÉME XIII.

Décrire une trajectoire autour d'un foyer donné, laquelle passe par des points donnés, & touche des droites données de position.

Que le foyer *S*, le point *P*, & la tangente *TR* soient donnés, & qu'il s'agisse de trouver l'autre foyer *H*.

Abaissez sur la tangente la perpendiculaire *ST*, & prolongez-la en *Y*, en sorte que $TY = ST : YH$, sera alors égale à l'axe principal. Tirez ensuite *SP*, *HP*, & *SP* sera la différence entre *HP* & l'axe principal. De la même maniere, si on a plusieurs tangentes *TR*, ou plusieurs points *P*, on trouvera toujours autant de lignes *YH*, ou *PH*, tirées de ces points *Y* ou *P*, au foyer *H*, lesquelles seront égales aux axes, ou en différeront de longueurs données *SP*, & ces lignes seront par conséquent égales entre elles, ou bien elles auront des différences données; & de-là il suit qu'on aura par le Lemme précédent l'autre foyer *H*. Ayant donc les foyers & la longueur de l'axe (qui sera *YH*, ou bien la droite égale à $PH \pm SP$, c'est-à-dire, $PH + PS$, si la trajectoire est une ellipse, & $PH - SP$, si c'est une hiperbole) on aura la trajectoire.   *C. Q. F. F.*

DE LA PHILOSOPHIE NATURELLE.

SCHOLIE.

Lorsque la trajectoire est une hiperbole, je ne prends pour trajectoire qu'une des hyperboles opposées ; car le corps, en persévérant dans son mouvement, ne peut jamais passer dans l'autre hyperbole.

Le cas où trois points sont donnés se résout plus facilement de cette maniere : Soient B, C, D les points donnés. Tirez les lignes BC, CD, & prolongez-les en E, & en F, en sorte que $EB:EC::SB:SC$, & que $FC:FD::SC:SD$. Ayant mené EF, & l'ayant prolongée, abaissez-lui les perpendiculaires SG, BH, ensuite sur GS prolongée infiniment prenez $GA:AS$ & $Ga:aS::HB:BS$; A sera le sommet, & Aa l'axe principal de la trajectoire, laquelle, selon que GA sera plus grand, égal, ou plus petit que AS, sera une ellipse, une parabole, ou une hiperbole. Dans le premier cas, le point a tombera du même côté que le point A, par rapport à la ligne GF; dans le second cas il s'éloignera à l'infini; & dans le troisième il tombera du côté opposé au point A, par rapport à la ligne GF. Car si on abaisse sur GF les perpendiculaires CI, DK, on aura, $IC:HB::EC:EB$, c'est-à-dire, $::SC:SB$, & réciproquement $IC:SC::HB:SB$ ou $::GA:SA$, & par un semblable raisonnement KD sera à SD dans la même raison. Donc, les points B, C, D sont à la section conique, dans laquelle toutes les droites tirées du foyer S à la courbe sont aux perpendiculaires abaissées des mêmes points de la courbe sur GF, dans cette raison donnée.

Fig. 40.

Fig. 40.

Le célébre Géometre *la Hire* a donné une solution à-peu-près semblable de ce Problême au huitième Livre de ses Coniques, Prop. 25.

CINQUIÉME SECTION.

De la détermination des Orbites lors qu'aucun des foyers n'est donné.

LEMME XVII.

Si d'un point quelconque P *d'une Section conique donnée, on mène les quatre droites* PQ, PR, PS, PT, *qui fassent chacune un angle donné avec chacun des quatre côtés indéfiniment prolongés* AB, CD, AC, DB *d'un trapeze quelconque* ABCD *inscrit dans la section conique, le rectangle des droites* PQ × PR *tirées à deux côtés opposés, sera en raison donnée au rectangle des droites* PS × PT *tirées aux deux autres côtés opposés.*

Fig. 41.

Cas 1. Supposons premierement que les lignes tirées aux côtés opposés soient paralleles à l'un ou à l'autre des côtés restans, que PQ & PR, par exemple, soient paralleles au côté AC, & PS & PT au côté AB; de plus, que deux de ces côtés opposés comme AC & BD soient paralleles l'un à l'autre. Dans ce cas, la droite qui coupe ces côtés paralleles en deux parties égales, sera un des diametres de la section conique, & coupera aussi la ligne RQ en deux parties égales. Soit O la rencontre de ce diametre & de RQ, PO sera une ordonnée à ce même diametre, & OK prise égale à OP, & placée sur son prolongement sera l'ordonnée opposée. Les points A, B, P & K étant donc à la section conique, il est clair (Prop. 17. 19. 21. 23. du Liv. III. des coniques d'*Apollonius*) à cause que PK coupe AB sous un angle donné, que le rectangle PQ × QK sera en raison donnée au rectangle $AQ \times QB$. Mais $QK = PR$, puisque ces lignes sont les différences des lignes égales OK, OP & OQ, OR; donc les rectangles $PQ \times QK$, & $PQ \times PR$ sont aussi égaux; & par

Fig. 41.

DE LA PHILOSOPHIE NATURELLE.

conséquent le rectangle $PQ \times PR$ est au rectangle $AQ \times QB$, c'est-à-dire au rectangle $PS \times PT$, en raison donnée. C. Q. F. D.

Cas 2. Suppofons à préfent que les côtés oppofés AC, BD du trapeze ne foient point paralleles, tirez Bd parallele à AC & qui rencontre la droite ST en t, & la fection conique en d; tirez de plus Cd qui coupe la ligne PQ en r, & DM parallele à PQ & qui coupe Cd en M & AB en N, à caufe des triangles femblables BTt, DBN, on aura Bt, ou $PQ : Tt :: DN : NB$; & ainfi $Rr : AQ$ ou $PS :: DM : AN$. Multipliant alors les antécédens par les antécédens, & les conféquens par les conféquens, le rectangle $ND \times DM$ fera au rectangle $AN \times NB$, comme le rectangle $PQ \times Rr$ est au rectangle $PS \times Tt$; mais par le cas 1. le rectangle $PQ \times Pr$ fera au rectangle $PS \times Pt$ dans la même raifon. Donc cette raifon fera auffi celle du rectangle $PQ \times PR$ au rectangle $PS \times PT$. C. Q. F. D.

Cas 3. Suppofons enfin que les quatre lignes PQ, PR, PS, PT ne foient pas paralleles aux côtés AC, AB, mais qu'elles leur foient inclinées d'une façon quelconque.

Ayant tiré Pq, Pr paralleles à AC; Ps, Pt paralleles à AB; les angles des triangles PQq, PRr, PSs, PTt feront donnés, ainfi que les rapports de PQ à Pq, de PR à Pr, de PS à Ps, & de PT à Pt. Donc les raifons compofées de $PQ \times PR$ à $Pq \times Pr$ & de $PS \times PT$ à $Ps \times Pt$ feront données. Mais, par ce qui a été démontré ci-deffus, la raifon de $Pq \times Pr$ à $Ps \times Pt$ eft donnée. Donc la raifon de $PQ \times PR$ à $PS \times PT$ l'eft auffi. C.Q.F.D.

LEMME XVIII.

Les mêmes chofes étant pofées, fi les points P font tels que les rectangles des droites $PQ \times PR$, *menées à deux côtés oppofés du trapeze, foient en raifon donnée aux rectangles des lignes* $PS \times PT$, *menées aux deux autres côtés; ces points P feront à une fection conique circonfcrite au trapeze.*

Si par quelqu'un du nombre infini des points P, par le point p, par éxemple, & par les quatre points A, B, C, D, on imagine une section conique, je dis que cette section conique passera par tout autre point P trouvé de la même maniere. Si on le nie, qu'on suppose donc que AP coupe cette courbe en quelque point autre que P, comme en b. Tirant de ces points p & b, aux côtés du trapeze, & sous les angles donnés les droites pq, pr, ps, pt, & bk, bn, bf, bd; on aura, par le Lemme 17, $pq \times pr : ps \times pt :: bk \times bn : bf \times bd$. Mais $PQ \times PR$ est à $PS \times PT$ dans la même raison, par l'hipothese. Donc, à cause que les trapezes $bkAf$, $PQAS$ font semblables, on aura $PQ : PS :: bk : bf$, & par conséquent, en divisant les termes de la premiere proportion par les termes correspondans de celle-ci, on aura $bn : bd :: PR : PT$. Donc les trapezes équiangles $Dnbd$, $DRPT$ sont semblables; d'où l'on tire que leurs diagonales Db, DP coïncident, & qu'ainsi le point b tombe dans l'intersection des droites AP, DP, c'est-à-dire, qu'il coïncide avec le point P, ou, ce qui revient au même, que le point P, quelque part qu'on le prenne, sera à la section conique ainsi déterminée. C. Q. F. D.

Cor. De-là, si les trois droites PQ, PR, PS sont menées du même point P sous des angles donnés à autant d'autres droites AB, CD, AC données de position, & que le rectangle, sous deux de ces lignes $PQ \times PR$, soit au quarré de la troisiéme PS en raison donnée : le point P, d'où ces lignes seront tirées, sera à la section conique que les lignes AB, CD touchent en A & en C; & réciproquement.

Car si la ligne BD coïncide avec la ligne AC, la position des trois lignes AB, CD, AC demeurant la même, & qu'ensuite la ligne PT coïncide aussi avec la ligne PS : le rectangle $PS \times PT$ deviendra le quarré de PS, & les droites AB, CD qui coupoient la courbe dans les points A & B, C & D, ne pourront plus la couper dans ces points lorsqu'ils se confondent, mais alors elles la toucheront.

SCHOLIE.

SCHOLIE.

On a pris dans ce Lemme le mot de *section conique* dans un sens étendu, en sorte qu'il renferme la section rectiligne qui passe par le sommet du cône, & la circulaire parallele à sa baze. Car si le point p tombe sur la droite qui joint les points A & D, ou C & B, la section conique se changera en deux lignes droites, dont l'une est celle sur laquelle le point p tombe, & l'autre la ligne droite qui joint les deux autres des quatre points donnés. Si deux angles opposés du trapeze sont égaux, pris ensemble, à deux droits, que les quatre lignes PQ, PR, PS, PT soient menées à ses côtés ou perpendiculairement ou sous des angles égaux quelconques, & que le rectangle, sous deux de ces lignes $PQ \times PR$, soit égal au rectangle sous les deux autres $PS \times PT$, la section conique sera un cercle. Ce sera la même chose, si les quatre lignes sont menées sous des angles quelconques, & que le rectangle de deux de ces lignes $PQ \times PR$ soit au rectangle des deux autres $PS \times PT$, comme le rectangle des sinus des angles S & T, sous lesquels les deux dernieres lignes PS, PT ont été menées, est au rectangle des sinus des angles Q & R sous lesquels on a mené les deux premieres PQ, PR.

Dans les autres cas, le lieu du point P sera quelqu'une des trois figures qu'on appelle ordinairement *sections coniques*.

On peut à la place du trapeze $ABCD$ employer un quadrilatere, dont les deux côtés opposés se coupent mutuellement comme des diagonales. Il se peut aussi que des quatre points A, B, C, D un ou même deux soient placés à une distance infinie : alors les côtés de la figure qui convergeoient précédemment vers ces points deviendront paralleles, & la section conique passera par les autres points, & s'étendra à l'infini du même côté que ces lignes devenues paralleles.

LEMME XIX.

Les quatre lignes AB, CD, AC, BD *étant données de position, trouver un point* P *tel qu'en tirant à ces quatre lignes les droites* PQ, PR, PS, PT *qui fassent avec elles des angles respectivement égaux à quatre angles donnés, le rectangle* PQ × QR *de deux de ces quatre lignes, soit au rectangle* PS × PT *des deux autres en raison donnée.*

Ayant tiré une ligne quelconque *A H* par un des quatre points *A*, *B*, *C*, *D*, dans lesquels se rencontrent les lignes *A B*, *C D*, *A C*, *B D*, soit proposé de trouver sur cette ligne un point *P* qui ait la propriété demandée.

Pour y parvenir, supposant que *H* & *I* soient les points où cette ligne *A H* rencontre les lignes *B D* & *C D*, on remarquera que puisque tous les angles de la figure sont donnés, les raisons de *P Q* à *P A* & de *P A* à *P S* seront données, & que par conséquent la raison de *P Q* à *P S* le sera aussi. Otant donc cette raison de la raison donnée *P Q* × *P R* à *P S* × *P T*, on aura la raison de *P R* à *P T*, & en ajoutant les raisons données de *P I* à *P R*, & de *P T* à *P H*, on aura la raison de *P I* à *P H*, & par conséquent le point *P*. C. Q. F. T.

Cor. 1. On tire de-là la maniere de mener une tangente à un point quelconque *D* du lieu des points *P* ; car la corde *P D* devient tangente lorsque les points *P* & *D* coïncident, c'est-à-dire lorsque *A H* passe par le point *D*. Dans ce cas, la derniere raison des évanouissantes *I P* & *P H* se trouvera comme ci-dessus. Menant donc *C F* parallele à *A D*, qui rencontre *B D* en *F*, & qui soit coupée en *E* dans cette derniere raison, *D E* sera tangente, à cause que *C F* & l'évanouissante *I H* sont paralleles & coupées de même en *E* & en *P*.

Cor. 2. De-là suit encore la maniere d'avoir le lieu de tous les points *P*. Par l'un des points *A*, *B*, *C*, *D*, comme *A*, menez la tangente *A E*, & par un autre point quelconque *B*, menez *B F*

DE LA PHILOSOPHIE NATURELLE.

parallele à cette tangente, & trouvez par le Lemme 19. le point F où cette droite rencontre le lieu.

Coupez ensuite BF en deux parties égales au point G, la droite indéfinie AG sera la position d'un diametre auquel BG & FG seront ordonnées. La longueur AH de ce diametre se trouvera en déterminant le point H où AG rencontre le lieu ; & son parametre sera à AH comme BG^2 à $AG \times GH$. Si AG ne rencontre point le lieu, la ligne AH étant infinie, le lieu sera une parabole, & le parametre du diametre AG sera $\frac{BG^2}{AG}$; mais si elle le rencontre quelque part, le lieu sera une hyperbole, lorsque les points A & H sont placés du même côté par rapport à G ; & il sera un ellipse, lorsque le point G sera placé entre A & H, à moins que l'angle AGB ne fût droit ; & que de plus BG^2 ne fut égal au rectangle $AG \times GH$; car dans ce cas le lieu seroit un cercle.

Fig. 46.

De cette façon le Probléme des quatre lignes commencé par Euclide, & continué par *Apollonius* se trouve résolu dans ce Corollaire, non par le calcul, mais par une composition Géométrique telle que celle par laquelle les anciens l'ont cherché.

LEMME XX.

Si un parallélogramme quelconque $ASPQ$ *a ses deux angles opposés* A & P *placés dans une section conique ; & que les côtés* AQ, AS *d'un de ses angles étant prolongés rencontrent la même section conique en* B & C ; *en tirant des points de concours* B & C *à un cinquiéme point quelconque* D *de la section conique les deux lignes* BD, CD *qui rencontrent en* T & *en* R *les deux autres côtés* PS, PQ *du parallélogramme prolongés indéfiniment : les parties* PR & PT *seront toujours entr'elles en raison donnée, & réciproquement, si ces parties sont entr'elles en raison donnée, le point* D *sera à la section conique qui passe par les quatre points* A, B, C, P.

Fig. 47.

Cas 1. Soient tirés BP, CP, & du point D les droites DG, DE, dont la premiere DG soit parallele à AB, & rencontre PB,

PQ, CA en H, I, G; & dont la seconde DE soit parallele à AC, & rencontre PC, PS, AB, en F, K, E, à cause que $PQ : IQ$ (ou DE) :: $PB : BH$ :: $PT : DH$, & que $PR : DF$ :: $RC : DC$ :: IG (ou PS) : DG; on aura les deux proportions $PQ : PT$ :: $DE : DH$ & $PR : PS$ :: $DF : DS$, qui donneront étant composées $PQ \times PR : PS \times PT$ :: $DE \times DF : DG \times DH$; mais par le Lemme 17. $DE \times DF : DG \times DH$ en raison donnée, de plus, PQ & PS sont données; donc la raison de PR à PT est donnée.

Cas 2. Si PR & PT sont supposées entr'elles en raison donnée, en reprenant le même raisonnement, on trouvera que le rectangle $DE \times DF$ est au rectangle $DG \times DH$ en raison donnée, & qu'ainsi, par le Lemme 18. le point D est à la section conique qui passe par les points A, B, C, P. C.Q.F.D.

Cor. 1. Donc, si on tire BC qui coupe PQ en r, & que sur PT on prenne Pt à pr, dans la même raison que PT à PR, Bt sera tangente de la section conique au point B; car supposez que le point D coïncide avec le point B, la corde BD s'évanouissant, BT deviendra tangente, & CD & BT coïncideront avec CB & Bt.

Cor. 2. Et réciproquement, si Bt est tangente, & que BD, CD se rencontrent en un point quelconque D de la section conique, on en concluera que $PR : PT$ :: $pr : Pt$, & de même Bt étant toujours tangente, si $PR : PT$ :: $Pr : Pt$, il s'ensuivra que les droites BD & CD se rencontreront dans un point quelconque D de la section conique.

Cor. 3. Une section conique ne peut couper une autre section conique en plus de quatre points; car supposant que cela pût être, imaginez que deux sections coniques eussent les cinq points A, B, C, P, O communs, & qu'elles fussent coupées l'une & l'autre par la ligne BD dans les points D, d; la droite Cd coupant la droite PQ en q, on auroit $PR : PT$ :: $Pq : PT$, ce qui donneroit $PR = Pq$, contre l'hipothese.

DE LA PHILOSOPHIE NATURELLE.

LEMME XXI.

Si aux deux points donnés ou pôles B, C *sont fixés les sommets de deux angles donnés* MBD, MCD, & *que l'on fasse parcourir la droite donnée* MN, *au concours* M *des côtés* BM & CM *de ces angles les deux autres côtés* BD & CD *des mêmes angles décriront par leur intersection une section conique. Et réciproquement, si les droites* BD, CD *décrivent par leur concours* D *une section conique qui passe par les points donnés* A, B, C, & *que les angles* DBM, DCM *soient pris respectivement égaux aux angles donnés* ABC, ACB, *la rencontre des côtés* BM, CM *se fera toujours dans une ligne droite donnée de position.*

Supposant que N soit un point donné de la droite MN, par lequel on fasse passer les côtés BM, CM des angles mobiles, & que D soit le point dans lequel se rencontre les autres côtés des mêmes angles; soient tirées CN, BN, CP, BP, soient tirées ensuite du point P les droites PT, PR, qui rencontrent BD, CD en T & en R, & qui fassent l'angle BPT égal à l'angle donné BNM, & l'angle CPR égal à l'angle donné CNM, comme (par l'hipothese) les angles MBD, NBP sont égaux, ainsi que les angles MCD, NCP; en ôtant les angles communs NBD, NCD, il restera les angles égaux NBM & PBT, NCM & TCR. De-là il suit que les triangles NBM, PBT sont semblables, ainsi que les triangles NCM, PCR. C'est pourquoi PT : NM :: PB : NB, & PR : NM :: PC : NC. Or les points B, C, N, P sont immobiles, donc PT & PR sont en raison donnée avec NM, ou, ce qui revient au même, elles sont en raison donnée l'une à l'autre; donc, par le Lemme 20. le point D, concours perpétuel des droites mobiles BT & CR, sera à la section conique qui passe par les points B, C, P.   C. Q. F. D.

Et réciproquement, si le point mobile D est à une section conique qui passe par les points donnés B, C, A; que les angles DBM, DCM soient respectivement égaux aux angles donnés ABC,

ACB; & que faisant coïncider successivement le point D avec les deux points donnés p, P de la section conique, on détermine les points n & N avec lesquels le point coïncide successivement par cette opération, la droite nN sera le lieu de tous les points M. Car supposez que le point M soit à quelque courbe ; dans ce cas le lieu des points D déterminé par cette courbe, seroit une section conique qui passeroit par les cinq points B, C, A, p, P ; mais, par ce qui a été démontré, le lieu des points D, lorsque les points M sont dans une ligne droite, est encore une section conique qui passe par les mêmes points B, C, A, p, P. On auroit donc, par la supposition que le point M est dans une courbe, deux sections coniques qui passeroient par les cinq mêmes points, ce qui est impossible par le Cor. 3. du Lemme 20. donc cette supposition est absurde.

PROPOSITION XXII. PROBLÊME XIV.

Faire passer une trajectoire par cinq points donnés.

Soient donnés les cinq points A, B, C, P, D. D'un de ces points A soient menées les droites AB, AC à deux autres quelconques B & C, qu'on prend pour poles, & soient menées par le quatrième point P deux lignes TPS, PRQ paralleles aux deux lignes AB, AC. Soient tirées ensuite des deux poles B C, au cinquième point D deux lignes indéfinies, dont l'une BDT rencontre TPS en T, & l'autre CRD rencontre PRQ en R. Cela fait, en tirant d'un point quelconque t de la droite indéfinie SPT la droite trp parallele à TR; la rencontre d des lignes Crd, & Bt sera à la trajectoire cherchée; car ce point d (par le Lemme 20.) sera à la section conique qui passe par les quatre points A, B, C, P; de plus, les lignes Rr, Tt s'évanouissants, le point D coïncide avec le point d. Donc la section conique passe par les cinq points A, B, C, P, D. C. Q. F. D.

AUTRE SOLUTION.

Joignez par des lignes droites trois quelconques A, B, C, des points

DE LA PHILOSOPHIE NATURELLE.

donnés; prenant enfuite les deux points B & C pour pôles, appliqués fucceffivement aux points D & P, les côtés BA & CA des angles ABC, ACB, & marquez les points M & N dans lefquels les autres côtés de ces angles fe rencontrent dans ces deux pofitions. Cela fait, tirez la droite indéfinie MN, & faites parcourir cette ligne à l'interfection continuelle m des côtés BL, CL des angles ABC, ACB; & vous aurez alors par l'interfection continuelle d des autres côtés de ces mêmes angles la trajectoire cherchée $PADdB$.

Car, le point d (par le Lemme 21.) fera à la fection conique qui paffe par les points B, C; & lorfque le point m coïncidera avec les points L, M, N, le point d, par la conftruction, coïncidera avec les points A, D, P. Ainfi il décrira la fection conique qui paffe par les cinq points A, B, C, P, D. C. Q. F. F.

Cor. 1. On peut mener très-aifément par ce moyen une droite qui touche la trajectoire cherchée, dans un point quelconque donné B. Car en faifant coïncider le point d avec le point B, la droite Bd fera la tangente cherchée.

Cor. 2. De-là on aura le centre, le diametre, & le parametre de la trajectoire, comme dans le Cor. 2. du Lemme 19.

SCHOLIE.

La conftruction précédente deviendra un peu plus fimple en tirant BP, & prenant fur cette ligne prolongée, s'il eft befoin, $Bp : BP :: PR : PT$; & en tirant par p une ligne infinie pe parallele à SPT; car il ne faudra que prendre fur cette ligne la partie pe égale à l'intervalle quelconque Pr, & tirer les lignes Crd, Bed, pour avoir par leur rencontre un point quelconque de la trajectoire. On verra aifément la raifon de cette conftruction en remarquant, que puifque les raifons de Pr à Pt, de PR à PT, de pB à PB, & de pe à Pt, font égales, il faut donc que pe & Pr foient égales entr'elles.

Lorfqu'on ne voudra pas employer la conftruction méchanique

de la seconde solution, celle-ci sera d'une grande commodité dans la pratique.

PROPOSITION XXIII. PROBLÊME XV.

Décrire une trajectoire qui passe par quatre points donnés & qui ait pour tangente une droite donnée de position.

Cas 1. Que la tangente HB, le point de contact B, & trois autres points C, D, P soient donnés. Joignez les points B & C par la ligne BC, tirez PS parallele à BH & PQ parallele à BC; achevez le parallélogramme $BSPQ$; tirez ensuite BD qui coupe SP en T, & CD qui coupe PQ en R. Enfin, ayant mené une droite quelconque tr parallele à TR, prenez sur PQ & sur PS les abscisses Pr, Pt respectivement proportionnelles aux lignes PR, PT; & le point d, concours des lignes Cr, Bt, sera toujours, par le Lemme 20. à la trajectoire qu'il falloit décrire. C. Q. F. F.

AUTRE SOLUTION.

Faisant tourner l'angle CBH autour du pole B, ainsi que le rayon rectiligne quelconque DC, prolongé des deux côtés, autour du pole C, soient marqués les points M & N, dans lesquels le côté BC de l'angle coupe ce rayon, lorsque l'autre côté BH concourt avec ce même rayon dans les points P & D. Faisant ensuite mouvoir le rayon CD & le côté BC de l'angle CBH, de maniere, que leur concours soit toujours dans la droite indéfinie MN, on aura alors par la rencontre continuelle de l'autre côté BH de l'angle CBH, avec le même rayon CD, la trajectoire cherchée.

Car, si dans les constructions du problême précédent, le point A se confond avec le point B, les lignes AC & CB coïncideront, & la ligne AB, dans sa derniere position, deviendra la tangente BH; ce qui changera ces constructions dans celles qu'on vient de décrire. Le concours du côté BH & du rayon, décrira donc la section conique qui passe par les points C, D, P, & qui touche la droite BH au point B. C. Q. F. F.

Cas 2.

DE LA PHILOSOPHIE NATURELLE.

Cas 2. Soient donnés quatre points B, C, D, P placés hors de la tangente HI.

Tirez les lignes BD, CP, qui concourent en G, & qui rencontrent la tangente en H & en I. Coupez ensuite cette tangente en A, en sorte que HA soit à IA, comme le rectangle de la moyenne proportionnelle entre CG & GP, & de la moyenne proportionnelle entre BH & HD est au rectangle de la moyenne proportionnelle entre DG & GB, & de la moyenne proportionnelle entre PI & IC ; & le point A sera le point de contact. Car si la ligne HX, parallele à la droite PI, coupe la trajectoire dans les points quelconques X & Y, il faudra, par les coniques, que la position du point A soit telle que AH^2 soit à AI^2, en raison composée de la raison du rectangle $XH \times HY$ au rectangle $BH \times HD$, ou du rectangle $CG \times GP$ au rectangle $DG \times GB$, & de la raison du rectangle $BH \times HD$ au rectangle $PI \times IC$. Ayant donc trouvé le point de contact A, on décrira la trajectoire comme dans le premier cas. *C. Q. F. F.*

Fig. 55.

Il est à remarquer qu'on peut prendre le point A entre les points H & I, ou sur le prolongement de HI, ce qui donne deux solutions du Problême.

PROPOSITION XXIV. PROBLÊME XVI.

Décrire une trajectoire qui passe par trois points donnés, & qui soit touchée par deux lignes droites données de position.

Par deux quelconques B & D des trois points donnés B, C, D, tirez la droite indéfinie BD qui rencontre les tangentes données HI, KL dans les points H & K, ensuite par le point D, & par le troisième point donné C, tirez la droite indéfinie CD, qui rencontre les mêmes tangentes aux points I & L. De plus, coupez ces lignes en R & en S, de sorte que HR soit à KR comme la moyenne proportionnelle entre BH & HD est à la moyenne proportionnelle entre BK & KD ; & que IS soit à LS comme la moyenne proportionnelle entre CI & ID est à

Fig. 56.

Tome I. N

la moyenne proportionnelle entre CL & LD. Cela fait, soit que vous ayez pris les points R & S entre les points K & H, I & L, ou sur les prolongemens de KH & de IL, ainsi que cela est permis, vous aurez, par les rencontres de la ligne RS avec les tangentes HI & KL, les points d'attouchement A & P.

Car si on suppose que A & P soient les points d'attouchement placés quelque part dans les tangentes, & que par un point quelconque I, des points H, I, K, L, placé sur l'une ou l'autre tangente HI, on tire la droite IY parallele à l'autre tangente KL, & qui rencontre la courbe en X & en Y, & qu'on prenne IZ moyenne proportionnelle entre IX & IY: on aura, par les coniques, le rectangle $XI \times IY$ ou IZ^2 à LP^2, comme le rectangle $CI \times ID$ au rectangle $CL \times LD$, c'est-à-dire, par la construction, comme SI^2 à SL^2: d'où l'on tirera que $IZ : LP :: SI : SL$, & que par conséquent les points S, P, Z sont en ligne droite. De plus, les tangentes concourant au point G, on aura encore par les coniques le rectangle $XI \times IY$ ou $IZ^2 : IA^2 :: GP^2 : GA^2$, qui donne $IZ : IA :: GP : GA$. Donc, les points P, Z & A sont en ligne droite, & par conséquent les points S, P & A, y sont aussi. On prouvera par le même raisonnement que les points R, P & A, sont en ligne droite. Donc les points d'attouchement A & P sont dans la droite RS.

Ayant ainsi les points d'attouchement A & P, on décrira la trajectoire comme dans le premier cas du Probléme précédent.   C. Q. F. F.

Dans cette Proposition, & dans le second Cas de la Proposition précédente les constructions sont les mêmes, soit que la droite XY coupe la trajectoire en X & en Y, soit qu'elle ne la coupe point; puisque les opérations qu'on a faites ne dépendent point de cette section. Or ayant démontré les constructions pour le cas où XY rencontre la trajectoire, il sera aisé d'en tirer la démonstration pour le cas où elle ne la rencontre pas; je ne m'y arrêterai donc pas de crainte d'être trop long.

LEMME XXII.

Changer les figures en d'autres figures du même genre.

Étant proposé de transformer la figure quelconque HGI, soient menées à volonté deux droites parallèles AO, BL qui coupent en A & en B une troisième droite quelconque AB donnée de position ; soit de plus menée la parallèle GD à OA par un point quelconque G de la figure donnée. Tirant ensuite du point O donné dans AO, au point D, la droite OD qui rencontre BL en d, & élevant sur ce point d la droite dg, qui fasse avec la droite BL un angle quelconque donné, & qui ait à Od la même raison que DG à OD ; g sera le point qui dans la figure nouvelle hgi répond au point G, de la même manière chaque point de la première figure donnera autant de points de la figure nouvelle ; & si on imagine que le point G parcourre d'un mouvement continu tous les points de la première figure, le point g parcourrera de même, par un mouvement continu, tous les points de la nouvelle figure.

Fig. 57.

Afin d'être plus clair, nous appellerons DG première ordonnée, & dg nouvelle ordonnée ; AD première abscisse, & ad abscisse nouvelle ; O pôle, OD rayon coupant, OA premier rayon ordonné, & la droite Oa, qui achève le parallélogramme $OABa$, nouveau rayon ordonné.

Cela posé, si le point G est à une ligne droite donnée de position, le point g sera aussi à une ligne droite donnée de position. Si le point G est à une section conique, le point g sera aussi à une section conique. Je mets ici le cercle au nombre des sections coniques. De plus, si le point G est à une ligne du troisième ordre, le point g sera de même à une ligne du troisième ordre ; il en sera de même des courbes des ordres plus élevés, c'est-à-dire, que les deux lignes auxquelles seront les points G & g seront toujours du même degré.

Car Od étant à OD, dg à DG, & AB à AD, comme ad

N ij

à OA, on aura $AD = \dfrac{OA \times AB}{ad}$, & $DG = \dfrac{OA \times dg}{ad}$.

Donc, si le point G est à une ligne droite, dans l'équation quelconque, qui exprime la relation entre l'abscisse AD & l'ordonnée DG, les indéterminées DG & AD n'ayant qu'une dimension, en écrivant dans cette équation $\dfrac{OA \times AB}{ad}$ pour AD & $\dfrac{OA \times dg}{ad}$ pour DG, on aura une équation nouvelle, dans laquelle la nouvelle abscisse ad & la nouvelle ordonnée dg n'auront aussi qu'une dimension, & cette équation exprimera par conséquent une ligne droite. Si AD & DG, ou seulement l'une des deux, avoit deux dimensions dans la premiere équation, ad & dg en auroient aussi deux dans la seconde ; & il en seroit de même si elles avoient trois dimensions, ou des dimensions plus hautes. Ainsi les indéterminées ad, dg dans la seconde équation, & AD, DG dans la premiere, auront toujours le même nombre de dimensions, & par conséquent les lignes auxquelles sont les points G & g sont du même degré.

De plus, si une ligne droite touche la ligne courbe dans la premiere figure ; la droite qui lui répondra dans la nouvelle figure touchera la courbe de la même maniere ; & au contraire. Car si deux points d'une courbe quelconque s'approchent l'un de l'autre, & qu'ils se confondent dans la premiere figure, les mêmes points correspondans dans la figure nouvelle s'approcheront & se confondront aussi ; donc, les droites qui joignent ces points deviendront en même temps tangentes des courbes dans l'une & l'autre figure.

Les démonstrations de ces Propositions pourroient être présentées d'une maniere plus conforme aux démonstrations géométriques ordinaires ; mais je préfere la briéveté.

Si c'est une figure rectiligne qu'il faut transformer, il suffira de joindre par des lignes, dans la nouvelle figure, les points correspondans à ceux qui sont les intersections des lignes dont la premiere figure est composée. Si la figure à transformer est curviligne, il faut transporter dans la nouvelle figure les points, les tangentes, & les autres droites par lesquelles on peut décrire la courbe.

Ce Lemme sert à résoudre des Problémes très difficiles, en transformant les figures proposées en de plus simples. Car on peut transformer les lignes convergentes en des lignes paralleles, en prenant pour premier rayon ordonné une ligne droite quelconque qui passe par le point de concours des lignes convergentes ; parce que, dans ce cas, le point de concours dans la nouvelle figure s'éloignera à l'infini, & ensuite lorsqu'on a résolu le Problême dans la nouvelle figure, on n'aura plus qu'à repasser, par des opérations inverses, de la nouvelle figure à la premiere, & le Problême sera résolu.

Ce Lemme est encore fort utile dans la solution des Problémes solides ; car toutes les fois qu'on a deux sections coniques, de l'intersection desquelles dépend la solution du Problême, on pourra transformer l'une ou l'autre, soit hiperbole ou parabole, en une ellipse ; & ensuite l'ellipse se change aisément en un cercle. De la même maniere, dans les Problémes plans, la ligne droite & la section conique se changeront en une droite & un cercle.

PROPOSITION XXV. PROBLÉME XVII.

Décrire une trajectoire, qui passe par deux points donnés, & qui touche trois lignes droites données de position.

Par le concours de deux de ces tangentes, & par le concours de la troisiéme avec la ligne droite qui passe par les deux points donnés, tirez une droite indéfinie, & la prenant pour le premier rayon ordonné, changez la figure en une figure nouvelle, par le Lemme précédent. Dans cette nouvelle figure les deux tangentes qui concourroient seront paralleles entr'elles, & la troisiéme sera parallele à la droite qui passe par les deux points donnés. Que hi & kl représentent ces deux tangentes parallèles, ik la troisième tangente, hl la droite qui lui est parallele, & qui passe par les points a & b, par lesquels la section conique doit passer dans cette nouvelle figure, & que $hikl$ soit le parallélogramme formé par ces quatre lignes. Cela posé, soient coupées les droites hi, ik, kl, en c, d, e, ensorte que hc soit à $\sqrt{ah \times hb}$, ic à id, & ke à kd, comme $hi + kl$ à $ik + \sqrt{ah \times hb}, + \sqrt{al \times lb}$, & les points c, d, e seront les points d'attouchement.

Car on voit, par les coniques, que $hc^2 : ah \times hb :: ic^2 : id^2 :: ke^2 : kd^2 :: el^2 : al \times lb$, ou ce qui revient au même que $hc : \sqrt{ah \times hb} :: ic : id :: ke : kd :: el : \sqrt{al \times lb}$, c'est-à-dire, (en ajoutant les antécédens ainsi que les conséquens) :: $hi + kl : ki + \sqrt{ah \times hb} + \sqrt{al \times bl}$, ce qui donne la construction qu'on vient d'énoncer.

Ayant donc les points d'attouchement c, d, e, dans la nouvelle figure, par des opérations inverses, on trouvera leurs points correspondans dans la première figure, & par le Problême 14. on décrira la trajectoire. C. Q. F. F.

Au reste, de la même manière que les points a & b seront entre les points h & l, ou bien sur le prolongement de la ligne qui joint ces points, les points c, d, e doivent être pris entre les points h, i, k, l, ou bien sur les prolongemens des lignes qui joignent ces points. Lorsque l'un des points a & b sera entre les points h & l, & l'autre sur le prolongement de la ligne qui les joint, le Problême sera impossible.

PROPOSITION XXVI. PROBLÊME XVIII.

Décrire une trajectoire qui passe par un point donné, & qui touche quatre droites données de position.

De l'intersection de deux de ces tangentes quelconques on tirera à l'intersection des deux autres une droite indéfinie, & la prenant pour le premier rayon ordonné, on transformera la figure par le Lemme 22. en une figure nouvelle. Par ce moyen chaque paire de tangentes qui concouroit dans le premier rayon ordonné deviendra une paire de tangentes parallèles.

Soient *i k h l* le parallélogramme formé par les quatre nouvelles tangentes, & *p* le point qui répond dans la nouvelle figure au point donné dans la première ; en tirant de ce point *p* au centre O du parallélogramme la droite *p O q* double de *p O*, *q* sera un autre point de la section conique. On n'aura donc plus, en se servant du Lemme 22. qu'à retrouver par une opération inverse le point qui répond à ce point *q* dans la première figure, & le Problème sera réduit au précedent. *C. Q. F. F.*

LEMME XXIII.

Si deux lignes AC, BD, *données de position, sont terminées par les points donnés* A, B, *& qu'elles ayent entr'elles une raison donnée ; que de plus la droite* CD, *qui joint les points indéterminés* C, D, *soit coupée en* K *dans une raison donnée : le point* K *sera à une droite donnée de position.*

E étant la rencontre des lignes *AC*, *BD*, soit pris sur *BE* l'intervalle *BG* qui soit à *AE*, comme *BD* à *AC*, soit prise ensuite *FD* qui soit toujours égale à la droite donnée *EG* ; on aura par la construction *EC* : *GD*, (ou *EF*) :: *AC* : *BD*, & par conséquent en raison donnée ; ainsi le triangle *EFC* est donné d'espece. Soit coupée maintenant *CF* en *L*, en sorte que *CL* : *CF* :: *CK* : *CD* ; il est clair, à cause que cette raison est donnée, que le triangle *EFL* sera aussi donné d'espece ; donc le point *L* sera à la droite *EL* donnée de position. Tirant alors *LK*, il est clair que les triangles *CLK*, *CDF* seront semblables, & qu'à cause que *FD* est donnée, ainsi que la raison de *LK* à *FD*, la droite *LK* sera aussi donnée. Donc en prenant *EH* = *LK*, & en menant *HK*, cette droite sera donnée de position, & sera celle qui passe par tous les points *K*. *C. Q. F. D.*

Corol. A cause que la figure *EFLC* est donnée d'espece, les trois droites $EF, EL \& EC$, ou $GD, HK \& EC$ auront des raisons données entr'elles.

LEMME XXIV.

Si trois droites touchent une section conique quelconque, & que deux de ces droites soient parallèles & données de position ; celui des demi diametres de cette section conique qui sera le demi diametre parallele à ces deux lignes, sera moyen proportionnel entre les segmens de ces lignes compris entre les points d'attouchement, & la troisième tangente.

Fig. 61. Soient AF, BG les deux paralleles qui touchent la section conique ADB en A & en B; EF la troisième droite qui touche la même courbe en I, & qui rencontre les deux premieres tangentes en F & en G; soit de plus CD le demi diametre de la figure parallele aux tangentes : il s'agit de démontrer que les lignes AF, CD, BG sont en proportion continue.

Pour le faire voir, soit prolongé le diametre MCD jusqu'à ce qu'il rencontre en H la tangente FG, & soit tiré le diametre conjugué ACB. En formant le parallélogramme $IKLC$; on aura, par la nature des sections coniques, $EC : CA :: CA : CL :: EC - CA : CA - CL$, ou $:: EA : AL$, & par conséquent $EA : EA + AL$ (ou EL) $:: EC : EC + CA$ (ou EB); donc, à cause que les triangles EAF, ELI, ECH, EBG sont semblables, $AF : LI :: CH : BG$. Mais, par la nature des coniques, LI ou $CK : CD :: CD : CH$; donc $AF : CD :: CD : BG$. C. Q. F. D.

Cor. I. De-là, si deux tangentes FG, PQ se coupent en O, & rencontrent les tangentes paralleles AF, BG en $F \& G, P \& Q$; on aura $AF : BQ :: AP : BG$, & par conséquent $:: FP : GQ$; c'est-à-dire $:: FO : OG$.

Cor. 2. Ainsi deux droites PG, FQ menées par les points $P \& G$, $F \& Q$ auront leur commune intersection dans la droite ACB, qui passe par le centre de la figure, & par les points d'attouchement $A \& B$.

LEMME

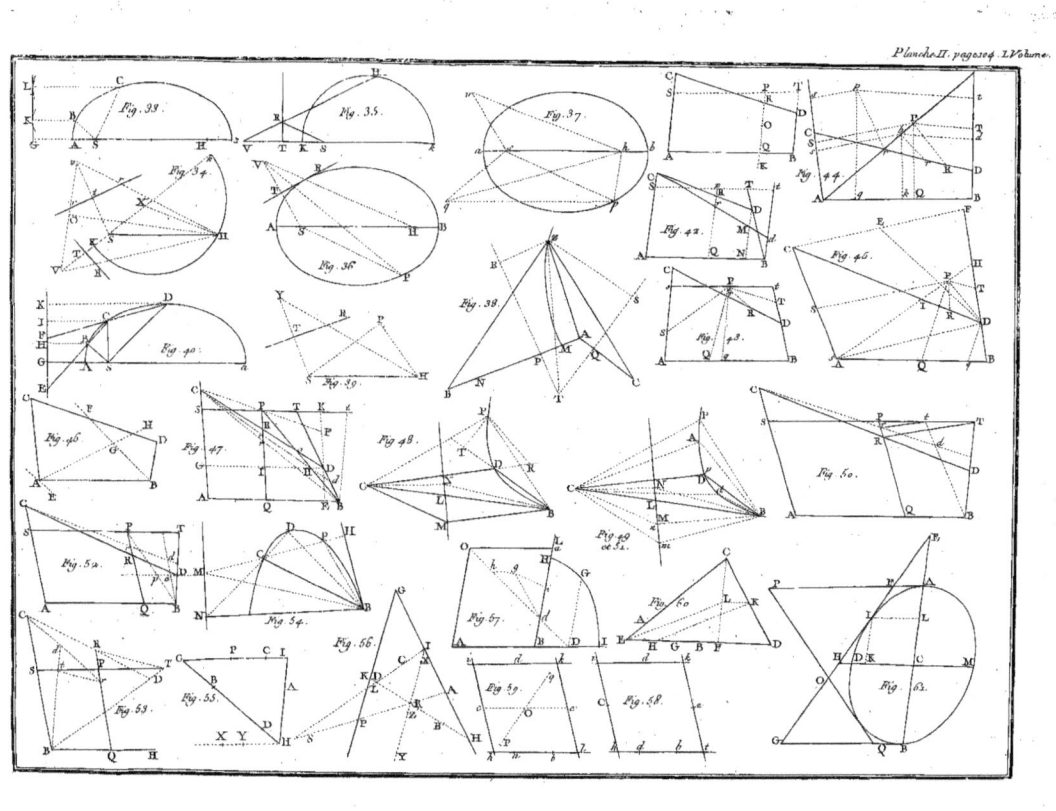

LEMME XXV.

Si les quatre côtés d'un parallélogramme prolongés indéfiniment touchent une section conique quelconque, & qu'ils soient coupés par une cinquième tangente quelconque, en prenant sur deux côtés quelconques opposés de ce parallélogramme les segmens terminés à deux angles opposés, chacun de ces segmens sera au côté duquel il aura été retranché par la cinquième tangente, comme la partie de l'autre côté du parallélogramme, comprise entre le point d'attouchement & le troisième côté, est à l'autre segment.

ML, IK, KL, MI étant les quatre côtés d'un parallélogramme $MLIK$ qui touchent la section conique en A, B, C, D; & FQ une cinquième tangente qui coupe ces côtés en F, Q, H, E: si on prend les segmens ME, KQ des côtés MI, KI, on aura $ME : MI :: BK : KQ$, & si on prend les segmens KH, MF des côtés ML, KL, on aura $KH : KL :: AM : MF$.

Fig. 62.

Car par le Corollaire premier du Lemme précédent, on aura $ME : MI :: AM$ ou $BK : BQ$; d'où l'on tire $ME : MI :: BK : KQ$.   C. Q. F. D.

Par le même Corollaire on aura $KH : HL :: BK$ ou $AM : AF$, qui donne $KH : KL :: AM : MF$.   C. Q. F. D.

Cor. 1. De-là, si le parallélogramme $IKLM$ décrit autour de la section conique est donné, le rectangle $KQ \times ME$ sera donné, ainsi que le rectangle $KH \times MF$, qui lui est égal, à cause que les triangles MFE, KQH sont semblables.

Cor. 2. Si on mene une sixième tangente eq qui rencontre les tangentes KI, MI, en q & en e; le rectangle $KQ \times ME$ étant égal au rectangle $Kq \times Me$, on aura $KQ : Me :: Kq : ME$, & par conséquent $:: Qq : Ee$.

Cor. 3. D'où, si on tire Eq & eQ; qu'on les coupe en deux parties égales, & qu'on tire une droite par les points de bisection, cette droite passera par le centre de la section conique. Car puisque $Qq : Ee :: KQ : Me$, il faut, par le Lemme 23, que la droite qui passe par le milieu de Eq & de eQ, passe aussi par le milieu de MK. Or, le milieu de MK est le centre de la section conique.

PROPOSITION XXVII. PROBLÉME XIX.

Décrire une trajectoire qui soit touchée par cinq lignes droites données de position.

Les tangentes ABG, BCF, GCD, FDE, EA étant données de position, coupez en deux parties égales aux points M & N les diagonales AF, BE de la figure quadrilatere $ABFE$ formée par quatre quelconques de ces tangentes, & par le Cor. 3. du Lem. 25. la droite MN menée par les points de bisection passera par le centre de la trajectoire. Coupez ensuite en deux parties égales dans les points P & Q les diagonales BD, GF de la figure quadrilatere $BGDF$, formée par quatre autres des cinq mêmes tangentes; & la droite PQ tirée par les points de bisection passera encore par le centre de la trajectoire; ainsi la rencontre O de MN & de PQ donnera la position de ce centre. Tirez ensuite KL parallele à une tangente quelconque BC, & à une telle distance de cette tangente, que le centre O soit placé au milieu de l'intervalle qui sépare ces paralleles, KL sera par ce moyen une nouvelle tangente de la trajectoire qu'il faut décrire. Que L & K soient les points où cette nouvelle tangente coupe deux quelconques GCD, FDE, des premieres, en menant des droites CK, FL par les points C & K, F & L où les tangentes paralleles CF, KL rencontrent les tangentes non paralleles CL, FK, on aura par la rencontre R de ces droites, & par le centre O la position de la ligne RO qui coupe les deux tangentes CF, KL dans les points où ces deux tangentes touchent la section conique cherchée, ainsi qu'il est aisé de s'en assurer par le Cor. 2. du Lemme 24. Trouvant ensuite les autres points de contact par la même méthode, il sera aisé de décrire la trajectoire par le Probl. 14.

DE LA PHILOSOPHIE NATURELLE.

SCHOLIE.

Les Problêmes, dans lesquels les centres ou les asymptotes des trajectoires sont donnés, sont contenus dans les précédens; car, par le moyen des points de ces trajectoires qui seront donnés, de leurs tangentes, & du centre, on aura autant d'autres points, & d'autres tangentes prises de l'autre côté du centre & à égale distance. A l'égard des asymptotes on peut les regarder comme des tangentes, & leurs extrémités (si l'on peut s'exprimer ainsi) comme des points de contact. Imaginez donc que le point d'attouchement d'une tangente s'éloigne à l'infini; cette tangente deviendra asymptote, & les constructions des Problêmes précédens se changeront dans les constructions des Problêmes où l'asymptote est donnée.

Lorsque la trajectoire est décrite, on peut trouver ses axes & ses foyers par la méthode suivante. Dans la construction & la figure du Lemme 21. faites que les côtés BP, CP des angles mobiles PBN, PCN, par le concours desquels la trajectoire a été décrite, deviennent parallèles entr'eux, & qu'en conservant cette position, ils tournent dans cette figure autour de leurs poles B & C. Pendant ce mouvement les seconds côtés CN, BN de ces angles décriront par leur concours K ou k le cercle $BGKC$. Du centre O de ce cercle tirez la ligne OH qui rencontre le cercle en K & en L, & qui soit perpendiculaire sur la régle MN, sur laquelle ces seconds côtés CN, BN se sont rencontrés en décrivant la trajectoire: lorsque ces seconds côtés arrivés en CK, BK se couperont en K dans le point le plus proche de cette régle, les premiers côtés CP, BP seront alors parallèles au grand axe, & perpendiculaires au petit; ce seroit le contraire, si ces mêmes côtés concouroient au point le plus éloigné L. Donc, si le centre de la trajectoire est donné, on aura par ce moyen la longueur des axes, & la position des foyers s'en tirera tout de suite.

Les quarrés des axes sont entr'eux comme KH à LH; ce qui donne un moyen facile de décrire par quatre points quelconques une trajectoire donnée d'espece. Car si on prend deux de ces points donnés pour les poles B & C, le troisiéme donnera les angles mobiles, PCK, PBK; & ces angles étant donnés, on connoîtra aussi-tôt le cercle $BGKC$. Or, la trajectoire étant donnée d'espece, la raison de OH à OK sera donnée, & par conséquent OH le sera aussi. Décrivant donc du centre O, & de l'intervalle OH un autre cercle, la droite qui touchera ce cercle, & qui passera par le concours des seconds côtés CK, BK, lorsque les premiers CP, PB concourent au quatriéme point donné, sera la régle MN par le moyen de laquelle on peut décrire facilement la trajectoire. Par la même méthode on pourra aussi inscrire un trapeze donné d'espece dans une section conique donnée quelconque toutes les fois que le cas sera possible.

Il y a encore d'autres Lemmes par lesquels on peut décrire des trajectoires données d'espece lorsqu'on a des points donnés, & des tangentes données. Tel est par exemple celui-ci. Si d'un point donné on méne à volonté une ligne droite, qui coupe une section conique donnée en deux points, & que l'intervale de ces intersections soit partagé en deux parties égales, le point de bisection sera à une autre section conique de la même espece que la premiere, & les axes de ces deux courbes seront paralleles entr'eux; mais je passe à des choses plus utiles.

LEMME XXVI.

Placer les trois côtés d'un triangle donné de grandeur & d'espece, ensorte que ses trois angles soient respectivement appliqués sur trois lignes données de position, mais qui ne sont pas toutes paralleles entr'elles.

Les trois lignes indéfinies AB, AC, BC, étant données de position, il s'agit de placer le triangle DEF de façon que son angle D soit placé sur la ligne AB, l'angle E sur la ligne AC, & l'angle F sur la ligne BC.

On commencera par décrire sur DE, DF, & EF les trois segmens de cercles DRE, DGF, EMF capables d'angles qui soient

DE LA PHILOSOPHIE NATURELLE.

respectivement égaux aux angles BAC, ABC, ACB, en observant, pour la position de ces segmens sur les lignes DE, DF, EF, que les lettres $DRED$ ayent entr'elles le même ordre que les lettres $BACB$, les lettres $DGFD$ le même ordre que les lettres $ABCA$, & les lettres $EMFE$ le même ordre que les lettres $ACBA$.

Ayant ensuite achevé les cercles de ces segmens & marqué la rencontre G des deux premiers, dont les centres sont P & Q, on tirera GP & PQ, & l'on prendra Ga à AB, comme GP à PQ. Cela fait, du centre G & de l'intervalle Ga on décrira un cercle qui coupera le premier cercle DGE en a. Tirant alors aD & aE, ces deux droites couperont, l'une le second cercle DFG en b, l'autre le troisième cercle EMF en c: & l'on aura par ce moyen la figure $ABCdef$ égale & semblable à la figure demandée $abcDEF$.

Fig. 66. & 67.

Pour le démontrer soit tiré Fc, & soit d'abord supposé que n soit le point où cette ligne rencontre aD, soient tirées ensuite aG, bG, QG, QD, PD. L'angle EaD étant égal par construction à l'angle CAB, & l'angle acF à l'angle ACB, le triangle anc sera équiangle au triangle ABC. Donc l'angle anc ou FnD, sera égal à l'angle ABC, & par conséquent à l'angle FbD; donc, le point n coïncidera avec le point b; de plus, l'angle GPQ, qui est la moitié de l'angle au centre GPD, est égal à l'angle à la circonférence GaD; & l'angle GQP, qui est la moitié de l'angle au centre GQD, est égal au complément à deux droits de l'angle à la circonférence GbD; donc, il est égal à l'angle Gba. De-là il suit que les triangles GPQ, Gab sont semblables, & que par conséquent $Ga : ab :: GP : PQ$; c'est-à-dire, par la construction, $:: Ga : AB$. Donc $ab = AB$; donc les triangles abc, ABC, que nous venons de prouver semblables, sont aussi égaux. Or, comme les angles D, E, F du triangle DEF sont appliqués respectivement sur les côtés ab, ac, bc du triangle abc, on n'a plus qu'à achever la figure $ABCdef$, de façon qu'elle soit égale & semblable à la figure *abc*D*EF*, & le Problême sera résolu. *C. Q. F. F.*

Cor. On peut par cette méthode tirer une droite dont les parties données de longueur soient placées entre trois droites données de position. Car imaginant que le point *D* s'approche du côté *EF*, & que les côtés *DE*, *DF* deviennent le prolongement l'un de l'autre, le triangle *DEF* se changera en une droite, dont la partie donnée *DE* doit être placée entre les lignes données de position *AB*, *AC* & la partie donnée *DF* entre les lignes *AB*, *BC* données aussi de position; appliquant donc la construction précédente à ce cas, on résoudra le Problême.

PROPOSITION XXVIII. PROBLÊME XX.

Décrire une trajectoire donnée d'espèce & de grandeur, dont les parties données soient placées entre trois lignes droites données de position.

Qu'on ait à décrire une trajectoire semblable & égale à la courbe *DEF*, & coupée par trois lignes droites *AB*, *AC*, *BC* données de position, en des parties égales & semblables aux parties données *DF*, *FE* de cette courbe.

Tirez les droites *DE*, *EF*, *DF*, & placez par le Lemme 26 les angles *D*, *E*, *F* de ce triangle *DEF* sur ces lignes données de position, ensuite décrivez autour de ce triangle une trajectoire semblable & égale à la courbe *DEF*. *C. Q. F. F.*

LEMME XXVII.

Décrire un trapèze donné d'espèce, dont les angles soient appliqués respectivement sur quatre lignes droites données de position, en supposant que ces quatre lignes ne soient ni toutes parallèles, ni convergentes à un seul point.

Que les quatre droites *ABC*, *AD*, *BD*, *CE* soient données de position, la première coupant la seconde en *A*, la troisième en *B*, & la quatrième en *C*; & qu'on se propose de décrire le trapèze *fghi* semblable au trapèze *FGHI* & placé en telle sorte que les quatre angles *f*, *g*, *h*, *i*, égaux respectivement aux angles *F*, *G*,

DE LA PHILOSOPHIE NATURELLE.

H, I, soient appliqués respectivement sur les quatre lignes ABC, AD, BD, CE.

On commencera par tirer FH & par décrire sur FG, FH, FI les trois segmens de cercle FSG, FTH, FVI; dont le premier FSG soit capable d'un angle égal à l'angle BAD, le second FTH d'un angle égal à l'angle CBD, & le troisiéme FVI d'un angle égal à l'angle ACE, en observant pour la position de ces segmens sur les lignes FG, FH, FI, que l'ordre des lettres $FSGF$ soit le même que celui des lettres $BADB$, que l'ordre des lettres $FTHF$ soit celui des lettres $CBDC$, & que l'ordre des lettres $FVIF$ soit celui des $ACEA$.

Ayant ensuite achevé les cercles de ces segmens, & tiré la ligne indéfinie PQ, qui joint les centres P & Q des deux premiers cercles FSG, FTH, on prendra sur cette ligne la droite QR qui soit à PQ, comme BC à AB, en observant pour la position de cette ligne QR, que l'ordre des lettres P, Q, R soit le même que celui des lettres A, B, C; cela fait, du centre R & de l'intervalle RF, on décrira un quatriéme cercle FNc qui coupera le troisiéme FVI en c, & l'on tirera Fc qui coupera le premier cercle en a, & le second en b. Menant alors les droites aG, bH, cI, on n'aura plus qu'à construire la figure $ABCfghi$ semblable à la figure $abcFGHI$, & le trapéze $fghi$ sera celui qu'il falloit construire.

Car supposant que les deux premiers cercles FSG, FTH se coupent en K, soient tirées PK, QK, RK, aK, bK, cK, & soit prolongée QP en L, les angles à la circonférence FaK, FbK, FcK étant moitié des angles FPK, FQK, FRK au centre, seront égaux aux angles LPK, LQK, LRK. Donc la figure $PQRK$ est équiangle, & semblable à la figure $abcK$, ce qui donne $ab:bc::PQ:QR$, c'est-à-dire, $::AB:BC$. De plus, les angles fAg, fBh, fCi, sont égaux, par construction, aux angles FaG, FbH, FcI. Donc la figure $ABCfghi$ est semblable à la figure $abcFGHI$. Donc le trapéze $fghi$ sera semblable au

Fig. 70. & 71.

trapeze $FGHI$, & aura ses angles f, g, h, i respectivement appuyées sur les droites ABC, AD, BD, CE. C. Q. F. F.

Cor. On peut mener par ce moyen une ligne droite, dont les parties soient placées suivant un ordre donné entre quatre droites données de position, & qui ayent entr'elles une proportion donnée. Car augmentant les angles FGH, GHI jusqu'à ce que les droites FG, GH, HI deviennent le prolongement l'une de l'autre, la construction précédente donnera la droite $fghi$, dont les parties fg, gh, hi, placées entre les quatre droites données de position AB & AD, AD & BD, BD, & CE, seront entr'elles comme les lignes, FG, GH, HI, & garderont le même ordre entr'elles. La même question peut se résoudre un peu plus vîte de la maniere suivante.

Soient prolongées les droites AB & BD en K & en L, ensorte que $BK:AB::HI:GH$; & $DL:BD::GI:FG$; soit tiré ensuite KL, qui rencontre la droite CE en i, & soit prolongé iL en M, ensorte que $LM:iL::GH:HI$. Cela fait, tirant la ligne MQ parallele à LB, & qui rencontre la droite AD en g, la ligne tirée de g à i rencontrera les lignes AB, BD en f & en h, & sera la ligne demandée.

Car en tirant AP parallele à BD & qui rencontre iL en P, on aura gM à Lh (gi à hi, Mi à Li, GI à HI, AK à BK,) & AP à BL dans la même raison. Coupant alors DL en R ensorte que DL soit à RL dans cette même raison, & marquant les points Q & S, où la droite Mg coupe les droites AB & AD, on aura, à cause des proportionnelles gS à gM, AS à AP, & DS à DL, les proportions $gS:Lh::AS:BL::DS:RL$; & $BL-RL:Lh-BL::AS-DS:gS-AS$, c'est-à-dire, $BR:Bh::AD:Ag$, & par conséquent $::BD:gQ$, & réciproquement $BR:BD::Bh:gQ$, ou $::fh:fg$. Mais par la construction, la ligne BL a été coupée en D & en R dans la même raison que la ligne FI en G & en H: Donc $BR:BD::FH:FG$. donc $fh:fg::FH:FG$. Or, comme on a aussi $gi:hi::Mi:Li$, c'est-à-dire

DE LA PHILOSOPHIE NATURELLE.

$GI : HI$, il est clair que la ligne fi est coupée en g & h de la même maniere que FI l'est en G & H.   C. Q. F. F.

Dans la construction de ce Corollaire, après qu'on a mené LK qui coupe CE en i, si on prolonge iE en V, ensorte qu'on ait $EV : Ei :: FH : HI$, & qu'on tire Vf parallele à BD, on aura également la solution du Problême. On l'auroit encore de même, si du centre i, & de l'intervalle IH on décrivoit un cercle qui coupât BD en X, & qu'on prolongeât iX en Y, en sorte que $iY = IF$, & qu'on tirât ensuite Yf parallele à BD.

Wren & *Wallis* ont donné autrefois d'autres solutions de ce Problême.

PROPOSITION XXIX. PROBLÊME XXI.

Décrire une trajectoire donnée d'espece, qui soit coupée par quatre droites données de position, en des parties données d'espece, d'ordre & de proportion.

Qu'on se propose de décrire une trajectoire semblable à la courbe $FGHI$, & dont les parties semblables & proportionnelles aux parties FG, GH, HI de cette courbe soient placées entre les droites AB & AD, AD & BD, BD & CE données de position, la premiere entre les deux premieres; la seconde entre les deux secondes, & la troisiéme entre les deux troisiémes. Ayant tiré les droites FG, GH, HI, FI, soit décrit par le Lemme 27. le trapeze $fghi$, semblable au trapeze $FGHI$, & dont les angles f, g, h, i soient appliqués suivant l'ordre prescrit sur les droites AB, AD, BD, CE. Cela fait, on n'aura plus qu'à décrire autour de ce trapeze une trajectoire semblable à la courbe $FGHI$, & le Problême sera résolu.

SCHOLIE.

Ce Problême peut encore se construire en cette sorte. Ayant tiré FG, GH, HI, FI, prolongez GF en V, tirez FH & IG & faites les angles CAK, DAL égaux aux angles FGH, VFH. Supposant ensuite que les lignes AK, AL rencontrent la ligne

BD en K & en L, tirez KM & LN, dont la premiere KM faſſe l'angle AKM égal à l'angle GHI, & ſoit à AK, comme HI à GH; & la ſeconde LN faſſe l'angle ALN égal à l'angle FHI, & ſoit à AL comme HI à FH. Mais en plaçant ces lignes AK, KM, AL, LN ayez cette attention que leur ſituation ſoit telle à l'égard des lignes AD, AK, AL, que l'ordre des lettres $CAKMC, ALKA, DALND$ ſoit le même que celui des lettres $FGHIF$.

Fig. 76. & 77.   Cela fait, tirez la ligne MN qui rencontre CE en i; faites l'angle iEP égal à l'angle IGF, & prenez PE à Ei comme FG à GI. Tirez de plus par le point P la ligne PQF, qui faſſe avec la ligne ADE, l'angle PQE égal à l'angle FIG; & obſervez, pour la poſition de ces lignes PE & PQ par rapport aux droites CE, PE, que l'ordre des lettres $PEiP, PEQP$ ſoit le même que celui des lettres $FGHIF$. Marquant alors le point f où PQ rencontre la ligne droite AB, on n'aura qu'à décrire ſur if, comme baſe, la figure $ifgh$ ſemblable à $IFGH$, & en lui circonſcrivant la trajectoire donnée d'eſpece, le Problême ſera réſolu.

Après avoir appris à trouver les orbes, il reſte à déterminer les mouvemens des corps dans ces orbes.

SIXIÉME SECTION.

De la détermination des mouvemens dans des Orbes donnés.

PROPOSITION XXX. PROBLÉME XXII.

Trouver pour un temps donné le lieu d'un corps qui ſe meut dans une Trajectoire Parabolique donnée.

Fig. 78.   Soient S le foyer de la parabole, A ſon ſommet, P le lieu cherché où le corps eſt arrivé en venant de A, ou bien celui d'où il faut qu'il parte pour arriver en A dans le temps donné. Soit de plus $4AS \times M$ la surface de l'aire parabolique donnée par ce temps.

Fig. 78.

Ayant divisé la ligne AS en deux parties égales au point G & élevé perpendiculairement à AS la droite GH égale à $3M$, on aura le lieu cherché P par l'intersection de la parabole & du cercle dont le centre est H, & le rayon HS. Car abaissant PO perpendiculaire sur l'axe, & tirant PH, on aura $AG^2 + GH^2 = (HP^2 = \overline{AO-AG}^2 + \overline{PO-GH}^2) = AO^2 + PO^2 - 2GA \times AO - 2GH \times PO + AG^2 + GH^2$. D'où l'on tire $2GH \times PO$ $(= AO^2 + PO^2 - 2GA \times AO) = AO^2 + \frac{3}{4}PO^2$. Ecrivant ensuite $AO \times \frac{PO^2}{4AS}$ au lieu de AO^2, divisant tous les termes par $3PO$ & les multipliant par $2AS$, on aura $\frac{4}{3}GH \times AS (= \frac{1}{6}AO \times PO + \frac{1}{2}AS \times PO = \frac{AO + 3AS}{6} \times PO = \frac{4AO - 3SO}{6} \times PO =$ l'aire $APO - SPO) =$ l'aire APS. Mais à cause que $GH = 3M$, on a $\frac{4}{3}GH \times AS = 4AS \times M$. Donc l'aire APS a pour surface la quantité donnée $4AS \times M$.

Cor. 1. De-là on tire que GH est à AS, comme le temps pendant lequel le corps décrit l'arc AP est au temps pendant lequel il décrit l'arc compris entre le sommet A & la perpendiculaire élevée du foyer S sur l'axe.

Cor. 2. Si on imagine que le cercle ASP suive continuellement le corps P, la vîtesse du point H sera à la vîtesse du corps au sommet A, comme 3 à 8. Donc la ligne GH, & la ligne droite que le corps peut décrire dans le temps qu'il se meut de A vers P, avec la vîtesse qu'il avoit au sommet A, sont entr'elles dans la même raison.

Cor. 3. Et réciproquement; on peut trouver le temps que le corps a employé à décrire un arc quelconque AP, en tirant AP & en élevant au milieu de cette ligne une perpendiculaire qui rencontre la droite GH en H.

LEMME XXVIII.

Les parties quelconques de toute figure ovale, déterminées par les coordonnées ou par d'autres droites tirées à volonté, ne peuvent jamais être trouvées par aucune équation d'un nombre fini de termes & de dimensions.

Soit donné dans l'ovale un point quelconque autour duquel, comme pole, tourne perpétuellement une ligne droite d'un mouvement uniforme, & soit imaginé en même temps sur cette ligne un point mobile allant toujours depuis le pole avec une vîtesse qui soit comme le quarré de la partie de cette ligne renfermée dans l'ovale, ce point décrira alors une spirale composée d'une infinité de Spires. Or si la portion d'aire ovale, coupée par cette droite, peut être trouvée par une équation d'un nombre fini de termes, on aura aussi, par la même équation, le rayon de la spirale qui est proportionnel à cette aire. Ainsi on pourra trouver par une équation finie tous les points d'une spirale, & par conséquent on pourra trouver aussi l'intersection d'une droite quelconque donnée de position, & d'une spirale par une équation finie ; mais toute droite prolongée infiniment coupe une spirale en une infinité de points, & toute équation qui donne l'intersection quelconque de deux lignes doit donner toutes leurs intersections par autant de racines, & doit avoir par conséquent autant de dimensions qu'il y a d'intersections. Car on sçait que deux cercles se coupant en deux points, on ne peut avoir une de leurs intersections que par une équation du second degré qui donne en même temps l'autre point; & que deux sections coniques pouvant se couper en quatre points, on ne sçauroit avoir une de ces intersections que par une équation du quatriéme degré, qui donne en même temps les trois autres, puisque si on cherche chacune des intersections à part, le calcul fondé sur les mêmes conditions sera le même, & donnera toujours un même résultat qui renfermera toutes les intersections, & les donnera

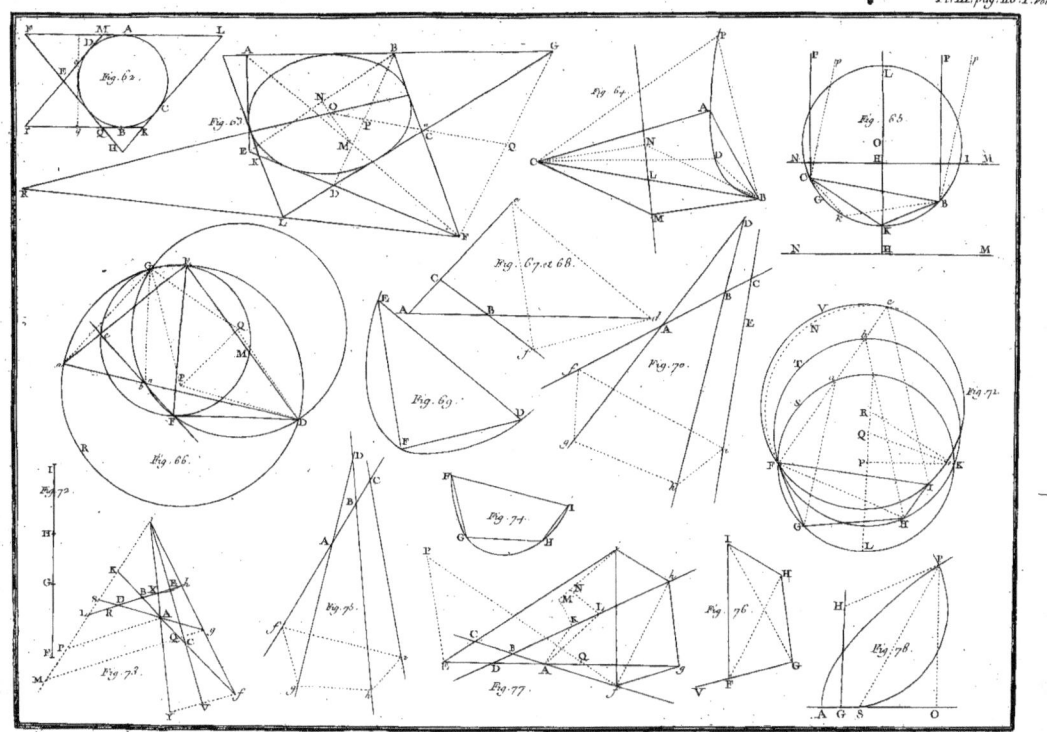

Pl. III. pag. 116. 1. Vol.

indifféremment. De même, les sections coniques & les courbes du troisiéme degré pouvant se couper en six points, leurs intersections se trouvent toutes à la fois par des équations de six dimensions, & les intersections de deux courbes du troisiéme degré pouvant être au nombre de neuf, elles se trouvent toutes en même temps par des équations de neuf dimensions. Si cela n'arrivoit pas nécessairement, on pourroit réduire tous les Problémes solides aux Problémes plans, & les sursolides aux Problémes solides. Je parle ici des courbes dont le degré est irréductible. Car si l'équation qui exprime une courbe, peut être réduite à un degré inférieur, la courbe ne sera pas unique, mais elle sera composée de deux ou plusieurs courbes dont on peut trouver les intersections séparément par différents calculs. Les deux intersections des droites & des coniques se trouvent aussi toujours par des équations de deux dimensions, les trois intersections des droites & des courbes irréductibles du troisiéme degré, par des équations de trois dimensions, & les quatre intersections des droites & des courbes irréductibles du quatriéme degré, par des équations de quatre dimensions, & ainsi à l'infini.

Or, la spirale étant une courbe simple & qu'on ne peut décomposer en plusieurs courbes, le nombre infini de ses intersections avec une ligne droite ne sera exprimé que par une équation d'un nombre infini de dimensions & de racines, qui donnera toutes ces intersections à la fois, puisque c'est la même loi & le même calcul pour toutes. Car si du pole on abaisse une perpendiculaire sur la droite coupante, & que cette perpendiculaire se meuve avec la droite coupante autour du pole, les intersections de la spirale passeront mutuellement entr'elles, celle qui étoit la premiere ou la plus proche, sera après une révolution la seconde, après deux révolutions elle sera la troisiéme, & ainsi de suite; & cependant l'équation ne changera point, à moins que la grandeur des quantités qui déterminent la position de la coupante ne change : or, comme ces quantités après chaque révolution retournent à leurs premieres grandeurs, l'équation reviendra à sa premiere forme ; ainsi une seule & même équation donnera toutes les intersections, & elle aura par conséquent un nombre infini de racines qui les donneront toutes. On ne peut donc trouver d'une maniere générale une intersection quelconque d'une droite & d'une spirale par une équation finie, & par conséquent il n'y a point d'ovale dont l'aire coupée par des droites à volonté puisse être exprimée par une telle équation.

En prenant le rayon de la spirale proportionnel au périmetre de l'ovale coupée, il sera aisé de prouver par le même raisonnement qu'on ne peut exprimer la longueur de ce périmetre d'une façon générale par aucune équation finie. Au reste, je parle ici des ovales qui ne sont pas touchées par des figures conjuguées qui s'étendent à l'infini.

Cor. De-là on voit que l'aire elliptique décrite autour du foyer ne peut pas être exprimée dans un temps donné par une équation finie, & que par conséquent elle ne peut être déterminée par la description des courbes géométriquement rationnelles. J'appelle courbes géométriquement rationnelles, celles dont la relation entre les abscisses & les ordonnées peut être déterminée par des équations en termes finis. Les autres courbes, telles que les spirales, les quadratices, les trochoïdes, &c. je les nomme des courbes géométriquement irrationelles. Je vais montrer à couper l'aire elliptique proportionnellement au temps par une courbe de cette espece.

PROPOSITION XXXI. PROBLÉME XXIII.

Trouver pour un temps donné le lieu d'un corps qui se meut dans une trajectoire elliptique donnée.

Que *A* soit le sommet de l'ellipse *A P B*, *S* son foyer, *O* son centre, & qu'il s'agisse de trouver le lieu *P* du corps. Prolongez *O A* en *G*, en sorte que *O G* : *O A* :: *O A* : *O S* ; élevez la perpendiculaire *G H*, & du centre *O* & de l'intervalle *O G* décrivez

DE LA PHILOSOPHIE NATURELLE. 119

le cercle GEF; cela fait, prenant GEF pour cercle roulant, A pour point décrivant, & GH pour base, tracez la trochoïde ALI, & prenez GK qui soit à la circonférence $GEFG$ dans la même raison que le temps pendant lequel le corps décrit l'arc AP, en partant du point A, est au temps d'une révolution dans l'ellipse. Elevez ensuite la perpendiculaire KL qui rencontre la trochoïde en L, & vous aurez, en menant LP parallele à KG, le lieu cherché P.

Pour le démontrer, soit décrit sur le diametre AB le demi cercle AQB, & soient tirées du point Q, où la droite PL rencontre ce demi cercle, les droites QS, QO aux points O & S; soit de plus prolongé OQ jusqu'à ce qu'elle rencontre l'arc EFG en F, & abaissez sur cette droite OQ la perpendiculaire SR; il est clair, à cause que l'aire APS est proportionnelle à l'aire AQS, c'est-à-dire à la différence entre le secteur OQA & le triangle OQS, ou à la différence des rectangles $\frac{1}{2}OQ \times AQ$, & $\frac{1}{2}OQ \times SR$, ou (ce qui revient au même $\frac{1}{2}OQ$ étant donné) à la différence entre l'arc AQ & la droite SR, ou bien encore (à cause que les raisons de SR au sinus de l'arc AQ, de OS à OA, de OA à OG, de AQ à GF, & par conséquent de $AQ - SR$ à $GF -$ le sinus de l'arc AQ, sont égales & données) à la droite GK différence entre GF & le sinus de l'arc AQ. C. Q. F. D.

SCHOLIE.

Au reste, comme la description de cette courbe est difficile, il vaut mieux employer une solution approchée. On commencera par trouver un angle B qui soit à l'angle de 57. 29578 degrés que sous-tend un arc égal au rayon, comme la distance SH des foyers est au diametre AB de l'ellipse; & une longueur quelconque L qui soit au rayon dans la même raison inverse; ce qui étant trouvé, le Problême se construira ensuite par l'analyse suivante.

Ayant trouvé par une méthode ou par une estime quelconque,

un lieu P voisin du vrai lieu cherché p, & ayant tiré l'ordonnée PR à l'axe de l'ellipse, la proportion des diametres de l'ellipse donnera l'ordonnée RQ du cercle circonscrit AQB, laquelle est le sinus de l'angle AOQ pour le rayon AO, & coupe l'ellipse au point P. Il suffit de trouver cet angle en nombres approchés par un calcul grossier. Il faut connoître aussi l'angle proportionnel au temps, c'est-à-dire, l'angle qui est à quatre droits, comme le temps pendant lequel le corps décrit l'arc Ap est au temps d'une révolution dans l'ellipse. N étant cet angle, on prendra l'angle D à l'angle B, comme le sinus de l'angle AOQ est au rayon, & l'angle E à l'angle $N-AOQ+D$, comme la longueur L est à cette même longueur L diminuée du cosinus de l'angle AOQ, lorsque cet angle est moindre qu'un droit, & augmentée de ce même cosinus lorsqu'il est plus grand. On prendra ensuite l'angle F à l'angle B, comme le sinus de l'angle $AOQ+E$ au rayon, & l'angle G à l'angle $N-AOQ-E+F$, comme la longueur L est à cette même longueur L, diminuée du cosinus de l'angle $AOQ+E$ lorsque cet angle est moindre qu'un droit, & augmentée de ce même cosinus lorsqu'il est plus grand. On continuera de même à prendre l'angle H à l'angle B, comme le sinus de l'angle $AOQ+E+G$ au rayon; & l'angle I à l'angle $N-AOQ-E-G+H$, comme la longueur L est à cette même longueur L diminuée du cosinus de l'angle $AOQ+E+G$ lorsque cet angle est moindre qu'un droit, & augmentée de ce même cosinus lorsqu'il est plus grand, & l'opération pourra être continuée à l'infini. Enfin prenant l'angle AOq égal à l'angle $AOQ+E+G+I+$, &c. le cosinus Or de cet angle, & l'ordonnée Pn qui est au sinus qr comme le petit axe de l'ellipse est au grand, donneront le lieu corrigé p.

Lorsque l'angle $N-AOQ+D$ est négatif, le signe $+$ de E doit par tout se changer en $-$ & son signe $-$ en $+$. Il en est de même des signes de G & de I, lorsque les angles $N-AOQ-E+F$, & $N-AOQ-E-G+H$ deviennent négatifs.

DE LA PHILOSOPHIE NATURELLE.

Il est à remarquer que la suite infinie $AOQ + E + G + I +$ &c. converge si vîte, qu'il n'est presque jamais besoin d'aller au-delà du second terme E; le calcul que je viens de donner est fondé sur ce Théoréme, que l'aire APS est comme la différence entre l'arc AQ & la droite tirée du foyer S perpendiculairement sur le rayon OQ.

On résout le même Probléme pour l'hyperbole par un calcul à peu près semblable. O étant son centre, A son sommet, S son foyer, & OK son asymptote: on commencera par connoître la quantité de l'aire à retrancher proportionnelle au temps, & par tirer la droite SP qu'on estime pouvoir retrancher l'aire APS approchante de l'aire demandée. On tirera ensuite OP, & des points A & P on ménera les paralleles AI, PK à l'autre asymptote. Cela fait, par la table des Logarithmes, on aura l'aire $AIKP$, ainsi que l'aire OPA qui lui est égale, laquelle étant retranchée du triangle OPS laissera l'aire APS. Divisant par la ligne SN, tirée perpendiculairement du foyer S sur la tangente TP, la double différence $2APS - 2A$ ou $2A - 2APS$ de l'aire A à retrancher & de l'aire APS retranchée, on aura la longueur de la corde PQ. Plaçant ensuite cette corde PQ entre A & P si l'aire retranchée APS est plus grande que l'aire A qu'il faut retrancher, ou du côté opposé si elle est plus petite, le point Q sera un lieu plus approché du vrai, & en répétant la même opération on en approchera de plus en plus à l'infini.

Ainsi par ces calculs on résout le Probléme analytiquement & généralement; mais la méthode particuliere qui suit est plus propre aux usages astronomiques.

AO, OB, OD étant les demi axes de l'ellipse, L son parametre & D la différence entre la moitié OD du petit axe, & la moitié $\frac{1}{2}L$ du parametre; cherchez l'angle Y, dont le sinus soit au rayon, comme le rectangle, sous cette différence D & la moitié $AO + OD$ de la somme des axes, est au quarré du grand axe AB; cherchez aussi l'angle Z dont le sinus soit au

Tome I. Q

Fig. 81.

Fig. 82.

rayon, comme le double rectangle, sous la distance SH des foyers, & cette différence D, est au triple quarré de la moitié AO du grand axe. Ces angles étant une fois trouvés, vous aurez ainsi le lieu cherché.

Prenez l'angle T proportionnel au temps pendant lequel l'arc BP est décrit, ou, pour parler comme les Astronomes, égal au mouvement moyen. Prenez de plus l'angle V, premiere équation du mouvement moyen, à l'angle Y, premiere plus grande équation, comme le sinus du double de l'angle T est au rayon; & l'angle X, seconde équation, à l'angle Z, seconde plus grande équation, comme le cube du sinus de l'angle T au cube du rayon. Cela fait, prenez l'angle BHP du mouvement moyen corrigé, égal, ou à la somme $T+X+V$ des angles T, V, X, si l'angle T est plus petit qu'un droit, ou à la différence $T+X-V$, si cet angle est plus grand qu'un droit, & moindre que deux droits. Enfin tirez SP au point P où HP rencontre l'ellipse, & l'aire BSP sera à très peu de chose près proportionnelle au temps.

Cette construction est assez courte, parce qu'en se contentant des deux ou trois premiers chifres, lorsqu'on détermine les petits angles V & X, qu'on peut, si on veut, ne prendre qu'en secondes, on a une solution du Probléme aussi éxacte qu'il est nécessaire pour la théorie des planetes; car dans l'orbe de Mars même, dont la plus grande équation du centre est de dix degrés, l'erreur passeroit à peine une seconde.

Au reste, connoissant l'angle BHP du mouvement moyen corrigé: l'angle BSP du mouvement vrai, & la distance SP sont aisés à trouver par une méthode très connue.

Jusqu'ici j'ai éxaminé le mouvement des corps dans des lignes courbes; mais il se peut faire que le mobile monte ou descende dans une ligne droite. Je vais donc expliquer ce qui a rapport à cette sorte de mouvement.

SEPTIÈME SECTION.

De l'ascension & de la descension rectiligne des corps.

PROPOSITION XXXII. PROBLÉME XXIV.

Supposant que la force centripete soit réciproquement proportionnelle au quarré de la distance au centre, trouver les espaces rectilignes que le corps parcourt en tombant dans des temps donnés.

Cas 1. Si le corps ne tombe pas perpendiculairement, il décrira (par le Cor. 1. de la Prop. 13.) quelque section conique dont le foyer sera dans le centre des forces. Soit $ARPB$ cette section conique, & S son foyer. Supposant d'abord que cette courbe soit une ellipse, on décrira sur son grand axe AB un demi cercle ADB, & l'on tirera par le lieu du corps tombant la ligne DPC perpendiculaire à l'axe; on tirera ensuite DS, PS, & l'on aura l'aire ASD proportionnelle au temps.

L'axe AB restant le même, & la largeur de l'ellipse diminuant continuellement, l'aire ASD demeurera toujours proportionnelle au temps; & si l'on suppose que cette largeur diminue à l'infini, l'orbe APB coïncidant avec l'axe AB, & le foyer S avec l'extrémité B de l'axe, le corps descendra dans la droite AC, & l'aire ABD sera alors proportionnelle au temps. L'espace AC que le corps décrit dans le temps donné en tombant perpendiculairement du lieu A sera donc donné aussi-tôt que l'on prendra l'aire ABD proportionnelle au temps, & qu'on tirera du point D la ligne DC perpendiculaire sur la droite AB. C. Q. F. T.

Cas 2. Supposant présentement que la figure RPB soit une hyperbole, soit décrit sur son diametre principal AB une hyperbole équilatere BED: l'aire $SDEB$ sera proportionnelle au temps pendant lequel le corps P décrira l'arc PfB, parce que l'aire $SPfB$ est proportionnelle à ce temps; & que les aires

CSP, $CBfP$, $SPfB$ sont aux aires CSD, $CBED$, $SDEB$, respectivement, dans la raison donnée de CP à CD.

Si on diminue ensuite à l'infini le paramètre de l'hyperbole RPB, son premier axe restant le même, l'arc PB coïncidera avec la droite CB, le foyer S avec le sommet B, & la droite SD avec la droite BD; ainsi l'aire $BDEB$ sera proportionnelle au temps de la chute rectiligne CB.

Cas 3. Par le même raisonnement, si la figure RPB est une parabole, & que du même sommet principal B on décrive une autre parabole BED, qui demeurera toujours donnée pendant que la première parabole, dans le périmètre de laquelle le corps P se meut, vient à coïncider avec la ligne CB, par la diminution infinie de son paramètre, le segment parabolique $BDEB$ sera proportionnel au temps de la chute rectiligne CB. C. Q. F. T.

PROPOSITION XXXIII. THÉORÈME IX.

Les choses trouvées ci-devant étant posées, la vitesse du corps qui tombe est, dans un lieu quelconque C, à la vitesse du corps qui décrit un cercle au tour du centre B, à la distance BC, dans la raison sousdoublée de AC, (distance du corps au sommet ultérieur A du cercle ou de l'hyperbole équilatère,) au demi diamètre principal $\frac{1}{2} AB$ de la figure.

Soient O le milieu du diamètre AB de l'une & de l'autre figure RPB, DEB; PT la tangente de la figure RPB en P; T la rencontre de cette tangente avec le diamètre commun AB prolongé, s'il est nécessaire; SY la perpendiculaire à cette tangente; BQ la perpendiculaire à AB; L le paramètre de la figure RPB. Il est certain, par le Corol. 7. de la Propos. 16. que la vitesse du corps, qui se meut dans la ligne RPB autour du centre S, est dans un lieu quelconque P, à la vitesse du corps qui décrit un cercle autour du même centre & à la distance SP, en raison sousdoublée du rectangle $\frac{1}{2} L \times SP$ à SY^2. Or par les coniques $AC \times CB : CP^2 :: 2AO : L$; donc

$\frac{AO \times 2CP^2}{AC \times CB} = L$. Donc ces vîteſſes ſont entr'elles en raiſon ſous-doublée de $\frac{CP^2 \times AO \times SP}{AC \times CB}$ à SY^2. De plus, on a encore par les coniques $CO : BO :: BO : TO$, & par conſéquent $:: CB : BT$; d'où on tire $BO \mp CO : BO :: CT : BT$, c'eſt-à-dire, $AC : AO :: CP : BQ$; & par conſéquent $\frac{CP^2 \times AO \times SP}{AC \times CB} = \frac{BQ^2 \times AC \times SP}{AO \times BC}$. Suppoſant préſentement que la largeur CP de la figure RPB diminue à l'infini, enſorte que le point P coïncide avec le point C, le point S avec le point B, la ligne SP avec la ligne BC, & la ligne SY avec la ligne BQ, la vîteſſe du corps qui deſcend dans la droite CB, ſera à la vîteſſe du corps qui décrit un cercle autour du centre B & à la diſtance CB dans la raiſon ſousdoublée de $\frac{BQ^2 \times AC \times SP}{AO \times BC}$ à SY^2, c'eſt-à-dire, (à cauſe qu'en ce cas $SP = BC$ & $BQ^2 = SY^2$,) que ces vîteſſes ſeront alors entr'elles dans la raiſon ſousdoublée de AC à AO ou $\frac{1}{2}AB$. C. Q. F. D.

Cor. 1. Les points B & S coïncidant, on aura $TC : TS :: AC : AO$.

Cor. 2. Si la vîteſſe d'un corps qui décrit un cercle autour du centre des forces étoit imprimée à ce corps ſuivant le rayon, & dans la direction oppoſée au centre, il parcoureroit en remontant un eſpace égal au diametre.

PROPOSITION XXXIV. THÉORÉME X.

Si la figure BED *eſt une parabole, la vîteſſe du corps qui tombe eſt égale dans un lieu quelconque* C, *à la vîteſſe avec laquelle ce corps peut décrire uniformément un cercle autour du centre* B *& à la moitié de ſa diſtance* BC.

La vîteſſe du corps qui décrit la parabole RPB autour du centre S, eſt dans un lieu P, par le Corol. 7. de la Prop. 16,

126 PRINCIPES MATHÉMATIQUES

Du MOUVEMENT DES CORPS.

Fig. 88.

égale à la vîtesse du corps qui décrit uniformément un cercle autour du même centre S & à la distance $\frac{1}{2} SP$. Supposant donc que la largeur CP de la parabole diminue à l'infini, ensorte que l'arc parabolique PfB coïncide avec la droite CB, la proposition sera prouvée, puisque le centre S se confondra avec le sommet B, & la distance SP avec la distance BC. C. Q. F. D.

PROPOSITION XXXV. THÉORÈME XI.

Les mêmes choses étant posées, l'aire de la figure DES *décrite autour du centre* S *est égale à l'aire qu'un corps peut décrire, en tournant uniformément pendant le même temps dans un cercle dont le centre est le même point* S, *& le rayon la moitié du paramètre de la figure* DES.

Fig. 89. & 90.

Supposant que le corps ait parcouru la petite ligne Cc en tombant pendant un très-petit espace de temps, & que dans le même temps un autre corps K, en tournant uniformément dans le cercle OKk, ait décrit l'arc Kk autour du centre S; on élevera les perpendiculaires CD, cd qui rencontrent la figure DES en D & en d, on tirera SD, Sd, SK, Sk, l'on menera Dd qui rencontre l'axe AS en T, & l'on abaissera la perpendiculaire SY sur cette ligne.

Cas 1. Si la figure DES est une hyperbole équilatere, ou un cercle, & que son diametre transversal AS soit coupé en deux parties égales au point O, SO sera la moitié du paramètre. Or comme $TC : TD :: Cc : Dd$, & $TD : TS :: CD : SY$, on aura $TC : TS :: CD \times Cc : SY \times Dd$; mais $TC : TS :: AC : AO$, par le Corol. 1. de la Prop. 33. Si on prend les dernieres raisons de ces lignes lorsque les points D & d coïncident : donc $AC : AO$ ou $SK :: CD \times Cc : SY \times Dd$. De plus, par la Prop. 33. la vîtesse en C du corps qui descend est à la vîtesse du corps qui décrit un cercle autour du centre S & à la distance SC en raison sousdoublée de AC à AO ou SK, & cette vîtesse, par le Corol. 6. de la Prop. 4. est à la vîtesse du corps qui décrit le

DE LA PHILOSOPHIE NATURELLE. 127

cercle OKk en raison sousdoublée de SK à SC; ou, ce qui en est une suite évidente; la vîtesse en C est à la vîtesse dans le cercle OKk, c'est-à-dire, la petite ligne Cc est à l'arc Kk dans la raison sousdoublée de AC à SC, ou dans la raison simple de AC à CD. Donc, comme il suit delà que $CD \times Cc = AC \times Kk$, la proportion précédente $AC : SK :: CD \times Cc : SY \times Dd$ se changera en $AC : SK :: AC \times Kk : SY \times Dd$, d'où l'on tirera $SK \times Kk = SY \times Dd$, c'est-à-dire que l'aire KSk est égale à l'aire SDd. De même, à chaque particule de temps, il y aura deux petites portions d'aires KSk & SDd, qui, en diminuant de grandeur, & en augmentant de nombre à l'infini, auront entr'elles à la fin la raison d'égalité; donc, par le Corol. du Lemme 4. les aires entiéres décrites dans le même temps seront toujours égales. *C. Q. F. D.*

Fig. 89. & 90.

Cas 2. Si la figure DES est une parabole, on trouvera, comme ci-dessus $CD \times Cc : SY \times Dd :: TC : TS$, c'est-à-dire :: 1 : 1 ; donc $\frac{1}{4} CD \times Cc = \frac{1}{2} SY \times Dd$; mais, par la Prop. 34. la vîtesse du corps qui tombe est égale dans le lieu C à la vîtesse avec laquelle le cercle dont le rayon est $\frac{1}{2} SC$ peut être décrit uniformément, & par le Corol. 6. de la Prop. 4. cette vîtesse est à la vîtesse avec laquelle le cercle dont le rayon est SK peut être décrit, dans la raison sousdoublée de SK à $\frac{1}{2} SC$; donc la petite ligne Cc est à l'arc Kk dans la même raison, ou, ce qui revient au même, dans la raison de SK à $\frac{1}{2} CD$: or, delà il suit, que $\frac{1}{2} SK \times Kk = \frac{1}{4} CD \times Cc$, & par conséquent $= \frac{1}{2} SY \times Dd$, c'est-à-dire, que l'aire KSk est égale à l'aire SDd, comme ci-dessus. *C. Q. F. D.*

Fig. 91.

PROPOSITION XXXVI. PROBLÉME XXV.

Déterminer le temps de la chute d'un corps qui tombe d'un lieu donné A.

Fig. 92.

Sur le diametre AS, distance du corps au centre dans le commencement de la chute, décrivez le demi cercle ADS, ainſi que le demi cercle *O K H*, qui lui eſt égal, & qui eſt décrit autour du centre *S*. D'un lieu quelconque *C* du corps, élevez l'ordonnée *CD*, tirez *S D*, & faites le ſecteur *O S K* égal à l'aire *A S D*. Il eſt clair, par la Prop. 35. que le corps en tombant par *A C*, employera le même temps qu'il faudroit à un autre corps pour décrire l'arc *O K*, en tournant uniformément autour du centre *S*. C. Q. F. F.

PROPOSITION XXXVII. PROBLÊME XXVI.

Déterminer le temps de l'aſcenſion ou de la deſcenſion d'un corps jetté d'un lieu donné, ſoit en en haut, ou en en bas.

Que le corps parte du lieu donné *G*, ſuivant la ligne *G S* avec une vîteſſe quelconque. Prenez *A G* à $\frac{1}{3}$ *A S* en raiſon doublée de cette vîteſſe à la vîteſſe uniforme avec laquelle le corps peut circuler dans un cercle autour du centre *S*, & à la diſtance donnée *S G*. Si cette raiſon eſt celle de 2 à 1, le point *A* ſera infiniment diſtant, & alors ce ſera une parabole qu'il faudra décrire, ſon ſommet étant *S*, ſon axe *S G*, & ſon paramètre une ligne quelconque; ce qui eſt clair par la Prop. 34.

Si cette raiſon eſt moindre ou plus grande que celle de 2 à 1, ce ſera ou un cercle, ou une hyperbole équilatere qu'il faudra décrire ſur le diametre *S A*, comme il eſt évident par la Prop. 33. Dans chacun de ces cas décrivez le cercle *Hk K* du cercle *S*, & d'une intervalle égal à la moitié du paramètre. Elevez les perpendiculaires *G I*, *C D*, au lieu *G*, & à un autre lieu quelconque *C*, de l'eſpace parcouru en montant ou en deſcendant, leſquelles perpendiculaires rencontrant la ſection conique ou le cercle en *I* & en *D*. Tirant enſuite les lignes *S I*, *S D*, & faiſant les ſecteurs *H S K*, *H S k* égaux aux ſegmens *S E I S*, *S E D S*, il eſt clair, par la Prop. 35. que le corps *G* parcourera l'eſpace *G C* dans le même temps qu'il faudroit au corps *K*, pour décrire l'arc *K k*. C. Q. F. F.

DE LA PHILOSOPHIE NATURELLE.

PROPOSITION XXXVIII. THÉOREME XII.

La force centripete étant proportionnelle à la hauteur ou à la distance des lieux au centre, les temps, les vîtesses & les espaces décrits par les corps tombans sont respectivement proportionnels aux arcs, aux sinus droits & aux sinus verses de ces arcs.

Suppofant que le corps tombe d'un lieu quelconque A, fuivant une droite AS, foit décrit du centre S des forces, & de l'intervalle AS le quart du cercle AE, & foit CD le finus droit d'un arc quelconque AD, le corps A décrira l'efpace AC en tombant pendant le temps AD, & aura en C la vîteffe CD.

Fig. 96.

C'eft ce qu'il eft aifé de démontrer par la Prop. 10. de la même maniere qu'on a démontré la Prop. 32. par la Prop. 11.

Cor. 1. Delà, le temps, dans lequel un corps tombant du lieu A parvient au centre S, eft égal au temps dans lequel un autre corps décrit l'arc de cercle ADE.

Cor. 2. Les temps dans lefquels les corps tombent de lieux quelconques jufqu'au centre font donc tous égaux les uns aux autres. Car par le Corol. 3. de la Prop. 4. tous les temps périodiques des corps qui tournent font égaux.

PROPOSITION XXXIX. PROBLÉME XXVII.

La quadrature des courbes étant suppofée, & le corps montant ou defcendant dans une ligne droite qui paffe par le centre vers lequel il est pouffé, fuivant une loi quelconque, on demande la vîteffe de ce corps en un point quelconque de cette droite, ainfi que le temps employé à y arriver : & réciproquement.

Que le corps E tombe d'un lieu quelconque A fuivant la droite $ADEC$, & que BFG foit la courbe dont toutes les ordonnées AB, DF, EG, &c. foient proportionnelles aux forces en A, D, E vers le centre C, la vîteffe en un point quelconque E fera comme la racine quarrée de l'aire $ABEG$. C. Q. F. T.

Fig. 97.

Que la courbe VLM, dont l'afymptote eft ABT, foit celle

Tome I. R

dont toutes les ordonnées EM soient réciproquement proportionnelles aux aires $ABGE$, l'aire $ABTVME$ représentera le temps pendant lequel le corps parcourera en tombant la ligne AE.   C. Q. F. T.

Pour démontrer la premiere de ces deux assertions, soit prise sur la droite AE une très petite ligne DE donnée de longueur, & soit DLF le lieu de la ligne EMG, lorsque le corps étoit en D; si la force centripete est supposée celle qui convient pour que la vîtesse du corps descendant soit proportionnelle à la racine quarrée de l'aire $ABGE$, cette aire sera en raison doublée de la vîtesse, c'est-à-dire, que si au lieu des vîtesses en D & en E, on écrit V & $V+I$, l'aire $ABFD$ sera comme V^2, & l'aire $ABGE$ comme $V^2 + 2VI + I^2$, d'où il résultera que l'aire $DFGE$ sera comme $2VI + I^2$, & par conséquent $\frac{DFGE}{DE}$ sera comme $\frac{2VI + I^2}{DE}$, c'est-à-dire, en prenant les premieres raisons des quantités naissantes, que la longueur DF sera comme la quantité $\frac{2VI}{DE}$, ou comme sa moitié $\frac{I \times V}{DE}$.

Maintenant, le temps, pendant lequel le corps en tombant parcourt la petite ligne DE, est comme cette petite ligne directement, & la vîtesse V inversement; de plus, la force est comme l'incrément I de la vîtesse directement, & comme le temps inversement; donc si on prend les premieres raisons des quantités naissantes, cette force sera comme $\frac{I \times V}{DE}$, c'est-à-dire comme la longueur DF. Donc la force proportionnelle à DF ou à EG fera descendre le corps avec une vîtesse qui sera comme la racine de l'aire $ABGE$.   C. Q. F. D.

La seconde assertion est facile à démontrer présentement; car puisque le temps, employé à parcourir une petite ligne DE d'une longueur quelconque donnée, est inversement comme la

DE LA PHILOSOPHIE NATURELLE.

vîteſſe, & par conſéquent inverſement comme la ligne droite qui ſeroit la racine de l'aire $ABFD$, & que DL, & par conſéquent l'aire naiſſante $DLME$ eſt comme la même droite inverſement : le temps ſera comme l'aire $DLME$: & la ſomme de tous les temps, comme la ſomme de toutes ces aires, c'eſt-à-dire, par le Corol. du Lemme 4. que le temps total employé à parcourir la ligne AE ſera comme l'aire totale $ATVME$. C. Q. F. D.

Fig. 97.

Cor. 1. Si P eſt le lieu duquel le corps doit tomber, afin qu'étant preſſé par une force centripete donnée & uniforme, telle qu'on ſuppoſe ordinairement la gravité, il acquiere au lieu D une vîteſſe égale à celle qu'un autre corps pouſſé par une force quelconque a acquiſe au même lieu D, on aura le lieu A, d'où cet autre corps a commencé de tomber en prenant ſur la perpendiculaire DF une ligne DR, qui ſoit à DF comme la force uniforme eſt à la force variable en D, & en coupant l'aire $ABFD$ égale au rectangle $PDRQ$. Car puiſque l'aire $ABFD$ eſt à l'aire $DFGE$ comme V^2 à $2VI$, ou comme $\frac{1}{2}V$ à I, c'eſt-à-dire, comme la moitié de la vîteſſe totale produite par la force variable eſt à l'incrément de cette vîteſſe, & que de même l'aire $PQRD$ eſt à l'aire $DRSE$, comme la moitié de la vîteſſe totale produite par la force uniforme eſt à l'incrément de cette vîteſſe; que de plus ces incrémens, à cauſe de l'égalité des temps naiſſans, ſont comme les forces génératrices, c'eſt-à-dire, comme les ordonnées DF, DR, ou, ce qui revient au même, comme les aires naiſſantes $DFGE$, $DRSE$; il s'enſuit que les aires totales $ABFD$, $PQRD$ ſeront l'une à l'autre comme les moitiés des vîteſſes totales, & que par conſéquent elles ſeront égales, ainſi que ces vîteſſes.

Cor. 2. Ainſi, ſi d'un lieu quelconque D, on jette un corps en en haut ou en en bas avec une vîteſſe donnée, & que la loi de la force centripete ſoit connue, on trouvera ſa vîteſſe dans un autre lieu quelconque e en élevant l'ordonnée eg, & prenant cette vîteſſe à la vîteſſe dans le lieu D, comme la racine du

R ij

rectangle $PQRD$ augmenté de l'aire curviligne $DFge$, si le lieu e est plus bas que le lieu D, ou diminué de cette aire, s'il est plus haut, à la racine du rectangle $PQRD$.

Cor. 3. On connoîtra aussi le temps en élevant l'ordonnée em réciproquement proportionnelle à la racine quarrée de $PQRD \pm DFge$, & prenant le temps pendant lequel le corps décrit la ligne De, au temps que l'autre corps poussé par une force uniforme a employé à tomber de P en D, comme l'aire curviligne $DLme$ est au rectangle $2PD \times DL$. Car le temps pendant lequel le corps, poussé par une force uniforme, a décrit la ligne PD est au temps pendant lequel ce même corps a décrit la ligne PE en raison sousdoublée de PD à PE, c'est-à-dire, (lorsque la petite ligne DE est naissante,) en raison de PD à $PD + \frac{1}{2}DE$ ou de $2PD$ à $2PD + DE$; d'où il suit que ce temps par PD est au temps par DE, comme $2PD$ à DE, ou, ce qui revient au même, comme le rectangle $2PD \times DL$ est à l'aire $DLME$, mais le temps par DE, soit que cette droite ait été parcourue en vertu de la force constante ou de la force variable, est au temps par De, parcourue en vertu de la force variable, comme l'aire $DLME$ est à l'aire $DLme$. Donc le temps par PD est au temps par De, comme $2PD \times DL$ à l'aire $DLme$.

HUITIÉME SECTION.

De la détermination des orbes que décrivent des corps sollicités par des forces centripetes quelconques.

PROPOSITION XL. THÉORÊME XIII.

Si deux corps, dont l'un est sollicité par une force centripete quelconque, tandis que l'autre monte ou descend dans une ligne droite par la même force, ont la même vitesse à une même distance quelconque du centre, ces corps auront la même vitesse à toutes les autres distances.

Supposant qu'un corps tombe le long de la ligne AC vers le centre C, & qu'un autre corps se meuve dans la courbe $VIKk$

en partant du lieu V. Soient décrits du centre C, & d'intervalles quelconques CD, CE différens très peu l'un de l'autre, les cercles concentriques DI, EK qui rencontrent la droite AC en D & E, & la courbe VIK en I & K. Soit de plus abbaissée du point N où la droite IC rencontre KE la perpendiculaire NT sur IK. Soit enfin imaginé que les vîtesses aux points D & I sont égales, comme aux distances égales CD, CI, les forces centripetes seront égales. Représentons ces forces par les petites lignes égales DE, IN; si une de ces forces IN est décomposée, par le Corol. 1. des loix, en deux autres NT & IT, la force NT agissant selon la ligne NT perpendiculaire à la direction ITK du corps, elle ne changera rien à la vîtesse du corps dans cette direction, & sera toute employée à le retirer de la ligne droite; mais l'autre force IT agissant suivant la direction même du corps, elle sera toute employée à accélérer son mouvement, & dans un très petit temps donné elle produira une accélération qui sera proportionnelle à elle-même. Donc les accélérations que les corps reçoivent en D & en I, dans des temps égaux, (si on prend les premieres raisons des lignes naissantes DE, IN, IK, IT, NT) seront comme les lignes DE, IT: & dans des temps inégaux, elles seront comme ces lignes & les temps conjointement; mais les temps dans lesquels DE & IK sont parcourues, sont, à cause de l'égalité des vîtesses, comme ces lignes DE & IK, donc les accélérations des corps, suivant les lignes DE & IK, sont en raison composée de DE à IT, & de DE à IK; c'est-à-dire, comme DE^2 à $IT \times IK$, ou, ce qui revient au même, en raison d'égalité, à cause que $IT \times IK = IN^2 = DE^2$. Si donc les accélérations des corps dans leur passage de D & I à E & K sont égales, les vîtesses des corps en E & en K seront aussi égales, ainsi que dans tous les autres points suivans, pris à même distance du centre. C. Q. F. D.

Fig. 98.

Et par le même raisonnement, les corps qui ont des vîtesses égales à égale distance du centre, sont également retardés en montant à des hauteurs égales. C. Q. F. D.

Cor. 1. Si un corps suspendu par un fil oscille, ou qu'il soit forcé de se mouvoir dans une ligne courbe par quelque obstacle parfaitement poli, & qu'un autre corps monte ou descende suivant une ligne droite, il est clair qu'il suffira que leurs vîtesses soient égales à une même hauteur quelconque, pour être égales à toutes les autres hauteurs égales. Car le fil, ou l'obstacle parfaitement poli, fait le même effet sur le corps que la force transversale NT, donc il ne le retarde ni ne l'accélére; mais il le force seulement de s'écarter de la ligne droite.

Cor. 2. Ainsi, si la quantité P représente la plus grande distance du centre à laquelle le corps puisse monter, ou en oscillant, ou en décrivant une trajectoire, en étant jetté en en haut d'un point quelconque de la trajectoire avec la vîtesse qu'il a dans ce point; que de plus, A exprime la distance du corps au centre dans un autre point quelconque de la ligne parcourue, & que la force centripete soit toujours comme une puissance quelconque de A telle que A^{n-1}, la vîtesse du corps à cette hauteur quelconque A sera comme $\sqrt{P^n - A^n}$, & elle sera par conséquent donnée. La démonstration en est claire par la Prop. 39.

PROPOSITION XLI. PROBLÉME XXVIII.

La force centripete étant donnée, & la quadrature des courbes étant supposée, on demande les trajectoires des corps, & les temps de leurs mouvemens dans ces trajectoires.

C étant le centre des forces, & $VIKk$ la trajectoire cherchée dans laquelle on suppose que le corps va de V vers K, soit décrit du centre C, & d'un intervalle quelconque CV, le cercle VR, soient décrits ensuite du même centre & d'intervalles quelconques très peu différens l'un de l'autre les cercles ID, KE qui coupent la trajectoire en I & en K, & la droite CV en D & en E. Soient de plus tirés les rayons CNI, CK qui prolongés rencontrent le cercle VR en X & en Y. Cela fait, si A est le lieu d'où un autre corps auroit dû tomber pour avoir en D la même vîtesse

DE LA PHILOSOPHIE NATURELLE.

que celui qui décrit la trajectoire a en I, & que l'on conserve la construction de la Prop. 39. il est clair que la petite ligne IK, décrite dans un très petit intervalle de temps & proportionnelle à la vîtesse, sera comme la racine quarrée de l'aire $ABFD$. De plus, le triangle ICK proportionnel au temps sera donné, & par conséquent KN sera réciproquement comme la hauteur IC, c'est-à-dire, (Q représentant une quantité donnée, & A la hauteur IC) comme $\frac{Q}{A}$: appellons Z cette quantité $\frac{Q}{A}$, & supposons que la quantité Q soit telle, que l'on ait en quelque cas, $\sqrt{ABFD} : Z :: IK : KN$, on aura dans tous les autres cas, $\sqrt{ABFD} : Z :: IK : KN$ qui donne $ABFD : Z^2 :: IK^2 : KN^2$, & par conséquent $ABFD - Z^2 : Z^2 :: IN^2 : NK^2$. d'où l'on tire $\sqrt{ABFD - Z^2} : Z$ ou $\frac{Q}{A} :: IN : KN$, ou $A \times KN = \frac{Q \times IN}{\sqrt{ABFD - Z^2}}$. Or, puisque $YX \times XC : A \times KN :: CX^2 : A^2$ on aura $XY \times XC = \frac{Q \times IN \times CX^2}{A^2 \sqrt{ABFD - Z^2}}$.

Si on prend donc sur DF, les droites Db, Dc respectivement égales à $\frac{Q}{2\sqrt{ABFD - Z^2}}$, & à $\frac{Q \times CX^2}{2 A^2 \sqrt{ABFD - Z^2}}$; que l'on décrive les courbes ab, ac, qui passent par tous les points b & c; & que l'on mene Va perpendiculaire sur CA, qui coupe les aires curvilignes $VDba$, $VDca$, & qu'on tire les ordonnées Ez, Ex, il est évident, que puisque le rectangle $Db \times IN$ ou $DbzE$ est égal à la moitié du rectangle $A \times KN$ ou au triangle ICK; & que le rectangle $Dc \times IN$ ou $DcxE$ est égal à la moitié du rectangle $YX \times XC$ ou au triangle XCY; c'est-à-dire, puisque les particules naissantes $DbzE$, ICK des aires $VDba$, VIC sont toujours égales, & que les particules naissantes $DcxE$, XCY des aires $VDca$, VCX sont aussi toujours égales, l'aire produite $VDba$ sera égale à l'aire produite

Fig. 99.

VIC; c'est-à-dire, proportionnelle au temps, & l'aire produite $VDca$ sera égale au secteur produit VCX.

Ayant donc le temps écoulé depuis le départ du lieu V, on aura l'aire $VDba$ qui lui est proportionnelle, & par conséquent la hauteur CD ou CI; & ayant par ce moyen l'aire $VDca$, le secteur VCX qui lui est égal donnera l'angle VCI. Or, dès que l'on connoît l'angle VCI & la hauteur CI, on a le lieu I dans lequel le corps se trouve à la fin de ce temps. *C. Q. F. T.*

Cor. 1. On peut trouver par-là très aisément les plus grandes & les moindres distances au centre; c'est-à-dire, les apsides des trajectoires. Car ces apsides sont aux points sur lesquels la droite IC, menée par le centre, tombe perpendiculairement dans la trajectoire VIK, ce qui arrive lorsque les droites IK, NK sont égales, & par conséquent lorsque l'aire $ABFD = Z^2$.

Cor. 2. Quant à l'angle KIN, sous lequel la trajectoire coupe en un lieu quelconque le rayon IC, il peut se trouver facilement par le moyen de la hauteur IC, en prenant son sinus au rayon comme KN est à IK, c'est-à-dire, comme Z est à la racine quarrée de l'aire $ABFD$.

Cor. 3. VRS étant une section conique quelconque, ayant C pour centre & V pour sommet, si d'un de ses points R pris à volonté on tire la tangente TR & le rayon CR, que l'on fasse l'angle VCP proportionnel au secteur VCR, & le rayon $CP = CT$, la courbe VPQ, que l'on aura par ce moyen, sera celle qu'un corps parti de V perpendiculairement à VC, & avec une vîtesse convenable, décriroit dans l'hypothèse d'une pesanteur réciproquement proportionnelle au cube de la distance au centre C.

Si la section conique VRS est une hyperbole, le corps parti de V ira en descendant, & arrivera au centre. Si au contraire elle est une ellipse, le corps ira en montant jusqu'à l'infini.

Lorsqu'on aura une des trajectoires VPQ décrites dans cette hypothèse de pesanteur, on aura celle qu'on voudra des autres trajectoires en augmentant ou diminuant l'angle VCP dans une raison

raison constante, aisée à déterminer par la vîtesse connue au point V; mais il faut pour cela que dans la trajectoire donnée, le corps descende en partant de V, s'il doit descendre dans la seconde en partant du même point, & au contraire.

Si on suppose que la force tendante en C, & toujours en raison réciproque du cube de la distance, soit centrifuge au lieu d'être centripete, quelque soit la vîtesse du corps en partant de V, il s'éloignera toujours de plus en plus du centre, & l'orbite qu'il décrira se construira encore en prenant les angles VCP proportionnels aux secteurs elliptiques, & faisant $CP = CT$. Tout cela suit de la proposition précédente.

Fig. 100. & 101.

PROPOSITION XLII. PROBLÉME XXIX.

La loi de la force centripete étant donnée, on demande le mouvement d'un corps qui part d'un lieu donné avec une vîtesse donnée, & suivant une ligne droite donnée.

Tout étant supposé comme dans les trois Propositions précédentes; que le corps parte du lieu I en allant vers K suivant la petite ligne IK avec la même vîtesse qu'un autre corps peut acquerir au lieu D, en tombant du lieu P par une force centripete uniforme, & que cette force uniforme soit à la force variable qui agit en I sur le premier corps comme DR est à DF; il est clair que le rectangle $PDRQ$ étant donné, ainsi que la loi de la force centripete qui agit dans la trajectoire cherchée, la courbe BFg sera donnée par la construction du Probléme 27 & son Corol. 1. De plus, par l'angle donné CIK on a la proportion des quantités naissantes IK, KN; ce qui, par la construction du Probléme 28, donne la quantité Q, & par conséquent les courbes abv, acw: donc, pour un temps quelconque $Dbve$, on aura la hauteur Ce ou son égale Ck, l'aire $Dcwe$, le secteur XCy qui lui est égal, & l'angle ICk; c'est-à-dire, qu'on aura le lieu k dans lequel le corps sera alors. C. Q. F. T.

Fig. 102.

Après avoir traité jusqu'ici du mouvement des corps dans des orbes immobiles, nous allons éxaminer leurs mouvemens dans des orbes qui tournent autour du centre des forces.

NEUVIÉME SECTION.

Du mouvement des corps dans des orbes mobiles, & du mouvement des apsides.

PROPOSITION XLIII. PROBLÉME XXX.

On demande quelle est la force qui pourroit faire décrire à un corps une trajectoire mobile autour du centre de cette force, en supposant que cette trajectoire mobile soit parcourue dans le même temps, & suivant les mêmes loix que si elle étoit immobile.

Fig. 103.

Suppofant que le corps P faffe fa révolution dans l'orbe VPK donné de pofition en avançant de V vers K, foient tirées du centre C les lignes Cp égales à CP, & qui faffent les angles VCp proportionnels aux angles VCP; l'aire que la ligne Cp décrit fera à l'aire VCP que la ligne CP décrit en même temps, comme la vîteffe de la ligne décrivante Cp à la vîteffe de la ligne décrivante CP; c'eft-à-dire, comme l'angle VCp à l'angle VCP, & par conféquent en raifon donnée. Cette aire fera donc proportionnelle au temps.

Par ce qui précéde, il eft clair que l'aire proportionnelle au temps, décrite par la ligne Cp dans un plan immobile, indique que le corps p eft preffé par quelque force centripete. Il n'eft donc plus queftion que de trouver quelle eft cette loi de force centripete, & l'on aura réfolu le Probléme.

Pour y parvenir, il n'y a qu'à trouver la courbe des points que le corps p décrit dans l'efpace abfolu, & chercher par le Cor. 5. de la Propofition 6. la force centripete dans cette courbe. C. Q. F. F.

DE LA PHILOSOPHIE NATURELLE.

PROPOSITION XLIV. THÉORÈME XIV.

La différence des forces par lesquelles deux corps peuvent avoir le même mouvement, l'un dans une orbite en repos, & l'autre dans la même orbite révolvante, est en raison triplée inverse de leur commune hauteur.

Que les parties up, pk de l'orbite révolvante soient égales aux parties VP, PK de l'orbite en repos, l'intervalle PK étant supposé très petit. De plus, que kr abbaissée perpendiculairement sur Cp soit prolongée jusqu'en m ; ensorte que mr soit à kr comme l'angle VCp à l'angle VCP.

Fig. 104.

Puisque les hauteurs PC & pC, KC & kC des corps révolvans sont toujours égales, il est clair que les incrémens ou les décrémens des lignes PC & pC seront toujours égaux. Ainsi, si les mouvemens de chacun de ces corps dans les lieux P & p sont décomposés (par le Cor. 2. des loix) en deux mouvemens, dont les uns soient dirigés vers le centre, ou suivant les lignes PC, pC, & les autres soient transversaux aux premiers ; c'est-à-dire, dirigés suivant des lignes perpendiculaires à ces lignes PC, pC; les mouvemens vers le centre seront égaux, & le mouvement transversal du corps p sera au mouvement transversal de l'autre corps P comme le mouvement angulaire de la ligne pC au mouvement angulaire de la ligne PC ; c'est-à-dire, comme l'angle VCp à l'angle VCP. Donc, dans le même temps dans lequel le corps P parvient par ces deux mouvemens au point K, le corps p étant mû d'un mouvement égal vers le centre sera porté également de p vers C, & sera par conséquent au bout de ce temps quelque part dans la ligne mkr ; & par son mouvement transversal il sera arrivé à une distance de la ligne pC, qui sera à la distance de la ligne PC à laquelle l'autre corps P sera arrivé comme le mouvement transversal du corps p au mouvement transversal de l'autre corps P. Ainsi comme la ligne kr est égale à la distance de la ligne PC à laquelle le corps P

est arrivé, si mr est à kr comme l'angle VCp à l'angle VCP; c'est-à-dire, comme le mouvement transversal du corps p au mouvement transversal de l'autre corps P, il est clair que le corps p au bout de ce temps sera en m.

C'est-là ce qui arrivera quand les corps p & P se mouveront également dans les lignes pC & PC, & que par conséquent ils seront poussés dans ces directions par des forces égales.

Mais comme il arrive que le corps p se trouve au bout de ce temps au point n déterminé en prenant $Cn = Ck$, & en telle sorte que l'angle pCn soit à l'angle pCk comme l'angle VCp à l'angle VCP. Il faut donc qu'il soit poussé par une force plus grande que celle qui pousse le corps P, si l'angle nCp est plus grand que l'angle KCp; c'est-à-dire, si l'orbite upk se meut en conséquence ou en antécédence, avec une vîtesse plus grande que le double de celle avec laquelle la ligne CP se meut en conséquence; & qu'il soit poussé au contraire par une force moindre, si l'orbite se meut plus lentement en antécédence. De plus, la différence des forces des corps P & p sera comme l'intervalle mn.

Que du centre C & de l'intervalle Cn ou Ck on décrive un cercle qui coupe les lignes mr, mn prolongées en s & en t, le rectangle $mn \times mt$ sera égal au rectangle $mk \times ms$, donc $mn = \frac{mk \times ms}{mt}$. Or comme les espaces pCk, pCn sont donnés de grandeur dans un temps donné, la première raison des lignes kr & mr, de leur différence mk, & de leur somme ms dans leur naissance sera la raison simple inverse de pC. Donc, celle du rectangle $mk \times ms$ sera la doublée de cette raison; mais mt est directement comme $\frac{1}{2}mt$; c'est-à-dire, comme la hauteur pC. Donc $\frac{mk \times ms}{mt}$, c'est-à-dire, la petite ligne naissante mn, & la différence des forces, qui lui est proportionnelle, sont réciproquement comme le cube de la hauteur pC.   C. Q. F. D.

Cor. 1. Il suit delà que la différence des forces dans les lieux

DE LA PHILOSOPHIE NATURELLE. 141

P & p, ou K & k est à la force par laquelle le corps peut faire sa révolution par un mouvement circulaire de R vers K, dans le même temps dans lequel le corps P décrit dans un orbe immobile l'arc PK, comme la petite ligne naissante mn est au sinus verse de l'arc naissant RK; c'est-à-dire, comme $\frac{mk \times ms}{mt}$ est à $\frac{rk^2}{2kC}$, ou comme $mk \times ms$ est à rk^2; c'est-à-dire, si on prend les quantités données F & G dans la même raison entre elles que l'angle VCP & l'angle VCp ont entre eux, comme $GG-FF$ à FF. Donc si du centre C, & d'un intervalle quelconque CP ou Cp, on décrit un secteur circulaire égal à l'aire totale VPC que le corps P décrit autour du centre en faisant sa révolution dans un orbe immobile pendant un temps quelconque : la différence des forces par lesquelles le corps P & le corps p font leurs révolutions, le premier dans un orbe immobile, & le dernier dans un orbe mobile, sera à la force centripete, par laquelle un corps pourroit décrire uniformément ce secteur autour du centre dans le même temps dans lequel l'aire VPC seroit décrite uniformément, comme $GG-FF$ à FF. Car ce secteur & l'aire pCk sont l'un à l'autre, comme les temps pendant lesquels ils sont décrits.

Cor. 2. Si l'orbe VPK est une ellipse dont le foyer soit C & l'apside la plus haute V; que l'ellipse upk lui soit semblable & égale, en sorte qu'on ait toujours $pC = PC$, que l'angle VCp soit à l'angle VCP dans la raison donnée de G à F; & qu'enfin, au lieu de la hauteur PC ou pC, on écrive A & $2R$ pour le parametre de l'ellipse, la force par laquelle le corps pourra faire sa révolution dans une ellipse mobile sera comme $\frac{FF}{AA} + \frac{RGG - RFF}{A^3}$, & réciproquement. Car supposé que la force par laquelle le corps fait sa révolution dans une ellipse immobile, soit exprimée par la quantité $\frac{FF}{AA}$, la force en V sera $\frac{FF}{CV^2}$; mais la force, par laquelle le corps peut faire sa révolution dans un cercle à la distance CV avec la même vîtesse que le corps qui décrit une ellipse a au point V, est à la force par laquelle le corps révolvant dans une ellipse est pressé à son apside V comme la moitié du paramètre de l'ellipse au demi diamètre CV du cercle ; donc sa valeur est $\frac{RFF}{CV^3}$. De plus, la force qui est à celle-là comme $GG-FF$ à FF a pour valeur $\frac{RGG-RFF}{CV^3}$: & cette force (par le Corol. 1.) est la différence au point V des forces par lesquelles, le corps P dans une ellipse immobile VPK, & le corps p dans une ellipse mobile upk, font leur révolution. Donc, comme on vient de voir que cette différence à une hauteur quelconque A est à ce qu'elle devient à la hauteur CV, comme $\frac{1}{A^3}$ à $\frac{1}{CV^3}$, il s'ensuit que cette même différence à la hauteur quelconque A sera $\frac{RGG-RFF}{A^3}$, & par conséquent, si on ajoute à la force $\frac{FF}{AA}$, par laquelle le corps peut faire sa révolution dans une ellipse immobile VPK, l'excès $\frac{RGG-RFF}{A^3}$, on aura la force totale $\frac{FF}{AA}+\frac{RGG-RFF}{A^3}$ par laquelle le corps peut faire sa révolution dans une ellipse mobile upk dans le même temps.

Cor. 3. On conclura de la même manière que si l'orbe VPK est une ellipse dont le centre soit le centre C des forces, $2R$ le paramètre principal, $2T$ le paramètre transversal ou le grand axe, la force dans cette ellipse, supposée immobile, sera à la force dans la même ellipse, supposée mobile, comme $\frac{FFA}{T^3}$ à $\frac{FFA}{T^3}+\frac{RGG-RFF}{A^3}$.

Cor. 4. Et généralement, si T exprime la plus grande hauteur

DE LA PHILOSOPHIE NATURELLE. 143

CV du corps, R le rayon de la courbure de l'orbe VPK en V, c'est-à-dire le rayon du cercle osculateur dans ce point, $\frac{VFF}{T^2}$ ce qu'est en V la force centripete par laquelle le corps peut faire sa révolution dans une trajectoire quelconque immobile VPK, & X ce qu'elle est dans un autre lieu quelconque P, A la hauteur CP, & que le rapport de G à F exprime toujours la raison donnée de l'angle VCp à l'angle VCP; la force centripete, par laquelle le même corps pourra achever les mêmes mouvemens dans le même temps dans la même trajectoire upk muë circulairement, sera comme la somme des forces $X + \frac{VRGG - VRFF}{A^3}$.

Fig. 104.

Cor. 5. Le mouvement d'un corps dans une orbite quelconque immobile étant donné, on peut augmenter ou diminuer son mouvement angulaire autour du centre des forces en raison donnée, & trouver les nouveaux orbes immobiles que ce mouvement produit, & les forces des corps qui y circulent.

Cor. 6. VP étant une droite indéfinie perpendiculaire à VC, si on mene les droites CP, & qu'on les transporte ensuite en Cp, en faisant l'angle VCp à l'angle VCP en raison donnée, la force par laquelle le corps peut tourner dans la courbe Vpk, qui est le lieu de tous les points p, sera réciproquement comme le cube de la hauteur Cp. Car le corps P, par sa seule force d'inertie, peut s'avancer uniformément dans la droite VP, & en ajoutant la force qui tend vers le centre C, laquelle est réciproquement proportionnelle au cube de la hauteur CP ou Cp, le mouvement rectiligne de ce corps deviendra (par ce qui a été ci-devant démontré) le mouvement curviligne Vpk.

Fig. 105.

Il est à remarquer que cette courbe Vpk est la même que la courbe VPQ trouvée dans le Cor. 3. de la Prop. 41. où l'on a vu en effet que la force centripete étoit en raison renversée du cube de la distance.

PROPOSITION XLV. PROBLÊME XXXI.

On demande le mouvement des apsides dans des orbes qui approchent beaucoup des orbes circulaires.

On résout ce Problême arithmétiquement en faisant ensorte que l'orbite que décrit dans un plan immobile le corps qui circule dans une ellipse mobile (comme dans le Cor. 2. ou 3. de la Proposition précédente) approche de la forme de l'orbite dont on cherche les apsides, & en cherchant les apsides de l'orbite décrite ainsi dans ce plan immobile. Or, pour parvenir à donner aux orbites la même forme, il faut faire ensorte que les forces centripetes qui les font décrire, étant comparées entr'elles, soient proportionnelles à des hauteurs égales.

Soit le point V la plus haute apside, écrivant T au lieu de la plus grande hauteur CV; A à la place d'une autre hauteur quelconque CP ou cp, & X pour la différence $CV - CP$ de ces hauteurs, la force par laquelle le corps est mû dans une ellipse révolvante (comme dans le Cor. 2.) autour de son foyer C, laquelle force étoit (dans le Cor. 2.) proportionnelle à $\frac{FF}{AA} + \frac{RGG - RFF}{A^3}$;

c'est-à-dire $\frac{FFA + RGG - RFF}{A^3}$ deviendra, en mettant $T - X$ au lieu de A, proportionnelle à $\frac{RGG - RFF + TFF - FFX}{A^3}$.

Il faudra réduire de même toute autre force centripete quelconque à une fraction dont le dénominateur soit A^3, & dont les numérateurs soient déterminés par la comparaison des termes de même espéce. Ceci s'éclaircira par des exemples.

Exemple 1. Supposons que la force centripete soit uniforme, & que par conséquent elle soit proportionnelle à $\frac{A^3}{A^3}$ ou bien (en écrivant au numérateur $T - X$ au lieu de A) proportionnelle à $\frac{T^3 - 3TTX + 3TXX - X^3}{A^3}$; & en comparant les termes correspondans

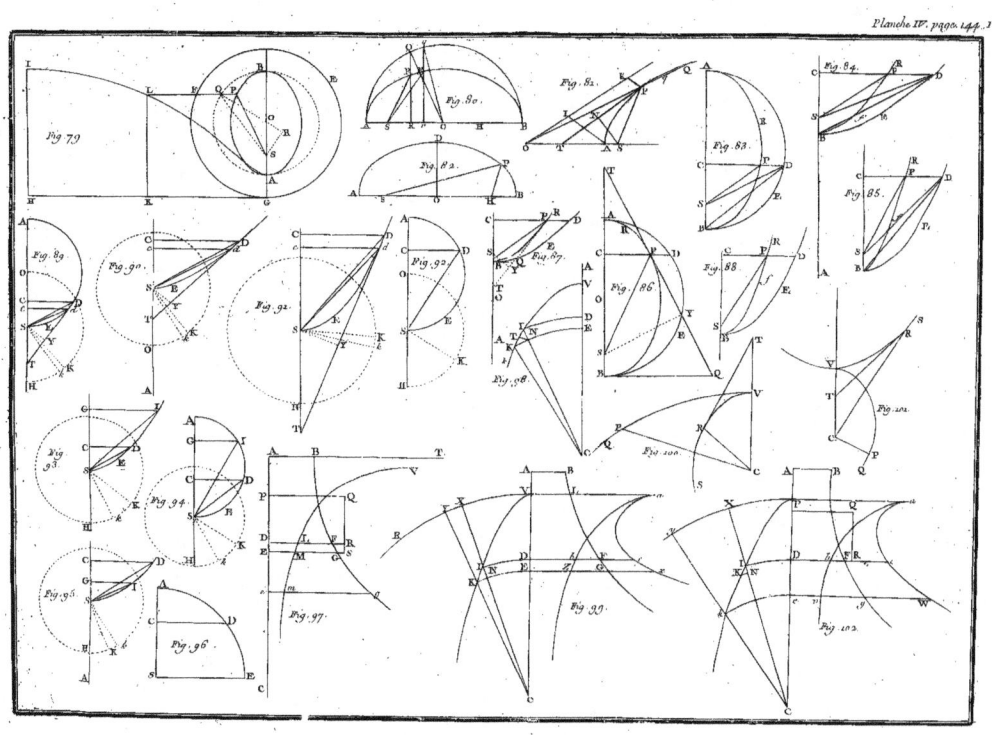

DE LA PHILOSOPHIE NATURELLE. 145

respondans des numérateurs, c'est-à-dire les donnés avec les donnés, & les non donnés avec les non donnés, on aura $RGG - RFF + TFF : T^3 :: - FFX : - 3TTX + 3TXX - X^3$ ou $:: - FF : - 3TT + 3TX - X^2$, qui (dans le cas où l'orbe approchera tellement du cercle qu'elle se confondra avec lui, ce qui rend T égal à R & fait évanouir X) deviendra $RGG : T^3 :: - FF : - 3T^2$, qui donne $GG : TT :: F^2 : 3T^2$, & réciproquement, $GG : FF :: T^2 : 3T^2$, c'est-à-dire $:: 1 : 3$; donc G sera à F, c'est-à-dire l'angle VCp à l'angle VCP, comme 1 à $\sqrt{3}$. Donc, lorsque le corps dans une ellipse immobile fera en descendant de la plus haute apside à la plus basse l'angle VCP de 180 degrés, si on peut s'exprimer ainsi, un autre corps dans une ellipse mobile, & par conséquent dans l'orbite immobile dont nous traitons ici, fera en descendant de l'apside la plus haute à la plus basse l'angle VCp de $\frac{180°}{\sqrt{3}}$; ce qui est fondé sur la similitude de l'orbe que le corps décrit par une force centripete uniforme, & de celui que le corps décrit dans un plan immobile en faisant ses révolutions dans une ellipse révolvante, similitude qui n'a lieu cependant que lorsque les orbes sont supposées fort approchantes des circulaires.

Le résultat de cet exemple est donc qu'un corps, qui se meut avec une force centripete uniforme dans une orbite qui approche fort du cercle, fera toujours entre la plus haute apside & la plus basse un angle au centre de $\frac{180°}{\sqrt{3}}$ ou de $103°$. $55'$ $23''$. Il fera le même angle en allant de l'apside la plus haute à la plus basse; & en retournant ensuite de la plus basse à la plus haute, & ainsi de suite à l'infini.

Exemple 2. Supposons que la force centripete soit comme une puissance quelconque de la hauteur A, telle que A^{n-3} ou $\frac{A^n}{A^3}$: $n-3$ & n représentant des exposans quelconques entiers ou rompus, rationels ou irrationels, positifs ou négatifs, le numérateur A^n ou

$\overline{T-X}^n$ étant changé en une suite infinie par notre méthode des séries convergentes deviendra $T^n - n X T^{n-1} + \frac{nn-n}{2} X^2 T^{n-2}$ &c. dont les termes, étant comparés avec les termes de l'autre numérateur $RGG - RFF + TFF - FFX$, donnent $RGG - RFF + TFF : T^n :: -FF : -nT^{n-1} + \frac{nn-n}{2} XT^{n-2}$ &c. qui devient, dans la supposition que les orbes approchent infiniment d'être circulaires, $RGG : T^n :: -FF : -nT^{n-1}$, ou $G^2 : T^{n-1} :: F^2 : nT^{n-1}$ ou $G^2 : F^2 :: T^{n-1} : nT^{n-1}$, c'est-à-dire $:: 1 : n$; ainsi G est à F, ou, ce qui revient au même, l'angle VCp est à l'angle VCP comme 1 à $\sqrt{n}$. C'est pourquoi l'angle VCP, que le corps fait dans l'ellipse en descendant de l'apside la plus haute à la plus basse, étant de $180°$, l'angle VCp, que le corps fait en descendant de l'apside la plus haute à la plus basse dans une orbe presque circulaire décrite par une force centripete proportionnelle à la puissance A^{n-3}, sera de $\frac{180°}{\sqrt{n}}$; & par la répétition de cet angle, le corps remontera de l'apside la plus basse à la plus haute, & ainsi de suite à l'infini.

Ainsi, si la force centripete est comme la distance au centre, c'est-à-dire, comme A ou $\frac{A^4}{A^3}$, on aura $n = 4$ & $\sqrt{n} = 2$; donc, l'angle entre l'apside la plus haute & la plus basse sera de $\frac{180°}{2}$ ou de $90°$; c'est-à-dire, que le corps, après avoir fait le quart d'une révolution, parviendra à l'apside la plus basse, & qu'après en avoir fait un autre quart, il parviendra à la plus haute, & ainsi de suite à l'infini, ce qui est évident par la Prop. 10. Car le corps étant pressé par cette loi de force centripete fera sa révolution dans une ellipse immobile dont le centre sera dans le centre des forces.

Si la force centripete est réciproquement comme la distance, c'est-à-dire directement comme $\frac{1}{A}$ ou comme $\frac{A^2}{A^3}$, on aura $n = 2$, & par conséquent l'angle entre l'apside la plus haute & la plus

DE LA PHILOSOPHIE NATURELLE.

basse sera de $\frac{180°}{\sqrt{2}}$ ou de $127° \ 16'. \ 45''$. Ainsi lorsqu'un corps fera sa révolution en vertu d'une telle force, il ira, par la répétition continuelle de ce même angle, alternativement de l'apside la plus haute à la plus basse, & de la plus basse à la plus haute à l'infini.

Si la force centripete est réciproquement comme la racine quarrée de la onzieme puissance de la hauteur, c'est-à-dire réciproquement comme $A^{\frac{11}{4}}$, & par conséquent en raison directe de $A^{\frac{1}{4}}$ ou de $\frac{A^{\frac{1}{4}}}{A^3}$, on aura $n = \frac{1}{4}$ & $\frac{180°}{\sqrt{n}} = 360°$ & par conséquent le corps employera une révolution entiere à aller de l'apside la plus haute à l'apside la plus basse : il mettra de même une seconde révolution à aller de cette plus basse à la plus haute, & ainsi de suite à l'infini.

Exemple 3. Prenant m & n pour les exposans quelconques des puissances de la hauteur, & b, c pour des nombres donnés à volonté, supposons que la force centripete soit comme $\frac{b A^m + C A^n}{A^3}$; c'est-à-dire, comme $\frac{b \times \overline{T-X}^m + C \times \overline{T-X}^n}{A^3}$, ou (par notre même méthode des séries convergentes) comme $b T^m + c T^n - mb X T^{m-1}$

$$\frac{-ncXT^{n-1} + \frac{mm-m}{2} b XXT^{m-2} + \frac{nn-n}{2} cXXT^{n-2}}{A^3}, \&c.$$

& en comparant les termes des numérateurs on aura, $R G G - R F F + T F F : b T^m + c T^n :: - F^2 : - mb T^{m-1} - nc T^{n-1} + \frac{mm-m}{2} b X T^{m-1} + \frac{nn-n}{2} c X T^{n-2}$, &c. qui devient, dans la supposition que les orbites approchent infiniment d'être circulaires, $G^2 : b T^{m-1} + c T^{n-1} :: F^2 : mb T^{m-1} + nc T^{n-1}$, ou $G^2 : F^2 :: b T^{m-1} + c T^{n-1} : mb T^{m-1} + nc T^{n-1}$, ou (en exprimant arithmétiquement par l'unité la plus grande hauteur CV ou T) $G^2 : F^2 :: b + c : mb + nc$, d'où on tire G à F ; c'est-à-dire, l'angle VCp à l'angle VCP, comme 1 à $\sqrt{\frac{mb+nc}{b+c}}$. L'angle VCP,

T ij

entre l'apside la plus haute & la plus basse dans une ellipse immobile, étant donc de 180°, l'angle VCp entre les mêmes apsides dans l'orbe que le corps décrit par une force centripete proportionnelle à la quantité $\frac{bA^m + cA^n}{A^3}$ sera de $180° \sqrt{\frac{b+c}{mb+nc}}$. Par le même raisonnement, si la force centripete est comme $\frac{bA^m - cA^n}{A^3}$, on trouvera l'angle entre les apsides de $180° \sqrt{\frac{b-c}{mb-nc}}$, & on résoudra de même le Problême dans les cas plus difficiles.

La quantité à laquelle la force centripete est proportionnelle doit toujours se changer en des séries convergentes dont le dénominateur soit A^3, ensuite il faut prendre la partie constante du numérateur qui vient de cette opération, dans la même raison à son autre partie qui est variable, que la partie donnée $RGG - RFF + TFF$ du numérateur $RGG - RFF + TFF - FFX$ est à la partie variable $-FFX$ du même numérateur. Négligeant alors dans la proportion les quantités qui peuvent l'être par la nature des orbes, & écrivant l'unité au lieu de T, on trouvera la proportion de G à F.

Cor. 1. Si la force centripete est comme quelque puissance de la hauteur, on peut trouver cette puissance par le mouvement des apsides, & réciproquement. Supposons, par exemple, que tout le mouvement angulaire par lequel le corps retourne à la même apside soit au mouvement angulaire d'une révolution, ou de 360° comme un nombre quelconque m, à un autre nombre n, & qu'on nomme la hauteur A: la force sera comme la puissance $\frac{nn}{mm} - 3$ de la hauteur A; ce qui est clair par le second exemple.

D'où l'on voit que cette force, en s'éloignant du centre, ne peut pas décroître dans une plus grande raison que la raison triplée de la hauteur. Un corps qui seroit poussé par une telle force, & qui commenceroit à descendre en partant de la plus haute

DE LA PHILOSOPHIE NATURELLE. 149
apside n'auroit point de plus basse apside ; mais descendroit sans cesse jusqu'au centre en décrivant la courbe dont nous avons parlé dans le Cor. 3. de la Prop. 41. & si sa direction, en quittant l'apside, tendoit à le faire monter, il monteroit à l'infini sans avoir de plus haute apside. Décrivant alors la courbe dont on a parlé dans le même Corollaire & dans le Corol. 6. de la Prop. 44. lorsque la force en s'éloignant du centre décroît dans une plus grande raison que la raison triplée de la hauteur, le corps en partant de l'apside, s'il commence à descendre ou à monter, descendra jusqu'au centre, ou montera à l'infini; mais si la force, en s'éloignant du centre, décroît dans une raison moindre que la raison triplée de la hauteur, ou croît dans une raison quelconque de la hauteur, le corps ne descendra jamais jusqu'au centre; mais il ira alternativement de l'apside la plus haute à la plus basse : & réciproquement, si le corps monte & descend alternativement d'une apside à l'autre sans toucher jamais le centre, la force, en s'éloignant du centre, augmentera, ou bien elle décroîtra dans une raison moindre que la raison triplée de la hauteur : & plus le corps retournera vite d'une apside à l'autre, plus la raison des forces s'éloignera de cette raison triplée; ensorte que si le corps en 8 ou 4 ou 2 ou $1\frac{1}{2}$ révolutions, part de la plus haute apside, & y retourne par une ascension & une descension alternative; c'est-à-dire, si $m : n :: 8$ ou 4 ou 2 ou $1\frac{1}{2} : 1$, & que par conséquent $\frac{nn}{mm} - 3$ ait pour valeur $\frac{1}{64} - 3$ ou $\frac{1}{16} - 3$ ou $\frac{1}{4} - 3$ ou $\frac{4}{9} - 3$: la force sera comme $A^{\frac{1}{64} - 3}$ ou $A^{\frac{1}{16} - 3}$ ou $A^{\frac{1}{4} - 3}$ ou $A^{\frac{4}{9} - 3}$; c'est-à-dire, réciproquement, comme $A^{3 - \frac{1}{64}}$ ou $A^{3 - \frac{1}{16}}$ ou $A^{3 - \frac{1}{4}}$ ou $A^{3 - \frac{4}{9}}$.

Si le corps à chaque révolution retournoit à la même apside immobile, on auroit $m : n :: 1 : 1$, donc $A^{\frac{nn}{mm} - 3} = A^{-2}$ ou $\frac{1}{AA}$; & par conséquent les forces décroîtroient en raison doublée de la hauteur, comme il a été démontré précédemment. Si le corps dans les trois quarts, ou les deux tiers, ou le tiers, ou le quart d'une révolution retourne à la même apside, on aura $m:n :: \frac{1}{2}$ ou $\frac{2}{3}$ ou $\frac{1}{3}$ ou $\frac{1}{4} : 1$, donc $A^{\frac{nn}{mm}-3} = A^{\frac{16}{9}-3}$ ou $A^{\frac{9}{4}-3}$ ou A^{9-3} ou A^{16-3}; & par conséquent la force sera réciproquement comme $A^{\frac{11}{9}}$ ou $A^{\frac{3}{4}}$, ou directement comme A^6 ou A^{13}. Enfin si le corps a fait une révolution entière, & trois degrés de plus lorsqu'il revient à la plus haute apside d'où il étoit parti, & que par conséquent cette apside fasse à chaque révolution du corps trois degrés dans le même sens que ce corps, on aura, $m:n :: 363^\circ : 360^\circ$ ou $:: 121 : 120$ qui donne $A^{\frac{nn}{mm}-3} = A^{\frac{29523}{14641}}$, & par conséquent la force centripete sera réciproquement comme $A^{\frac{29523}{14641}}$, ou réciproquement comme $A^{2\frac{4}{243}}$ à peu près. La force centripete décroît donc dans une raison un peu plus grande que la raison doublée, mais qui approche $59\frac{1}{4}$ fois plus près de cette raison que de la triplée.

Cor. 2 Ainsi, si le corps, par une force centripete qui soit réciproquement comme le quarré de la hauteur, fait sa révolution dans une ellipse qui ait son foyer dans le centre des forces, & qu'à cette force centripete on ôte ou on ajoute une force nouvelle quelconque; on peut connoître (par l'éxemple 3) le mouvement des apsides causé par cette force nouvelle : & réciproquement.

Si, par éxemple, de la force $\frac{1}{AA}$ par laquelle le corps fait sa révolution dans une ellipse, on ôte une nouvelle force exprimée par cA, la force restante sera alors comme $\frac{A-cA^4}{A^3}$, ce qui donnera (éxemple 3) $b = 1$, $m = 1$, & $n = 4$; & dans cette supposition l'angle de la révolution entre les apsides sera de $180^\circ \sqrt{\frac{1-c}{1-4c}}$.

Supposé que cette nouvelle force soit de 357.45 parties, moindre que la premiére par laquelle le corps fait fa révolution dans une ellipfe; c'eft-à-dire, que $c = \frac{100}{35745}$ lorfque A ou $T = 1$, fa quantité $180 \sqrt{\frac{1-c}{1-4c}}$ deviendra alors $180 \sqrt{\frac{35645}{35345}}$, ou 180.7623; c'eft-à-dire, $180^{\circ} \, 45' \, 44''$. Donc, dans cette hypothéfe, le corps parviendra de l'apfide la plus haute à la plus baffe par un mouvement angulaire de $180^{\circ} \, 45' \, 44''$ & par la répétition de ce mouvement il continuera à aller d'une apfide à l'autre, l'apfide la plus haute ayant pendant chaque révolution un mouvement angulaire de $1^{\circ} \, 31' \, 28''$ en conféquence, ce qui eft à peu près la moitié du mouvement de l'apfide de la lune.

Nous avons traité jufqu'à préfent des mouvemens des corps dans des orbites dont les plans paffent par le centre des forces: nous allons à préfent éxaminer leurs mouvemens dans des plans excentriques. Nous nous conformerons en cela aux Auteurs qui ont traité du mouvement des graves; ces auteurs ayant coutume de confidérer l'afcenfion & la defcenfion des poids, par des plans quelconques donnés, tant obliques que perpendiculaires. Nous fuppoferons que les plans fur lefquels font les corps pouffés par des forces quelconques foient parfaitement polis; & même au lieu des plans fur lefquels les corps s'appuyent, & qu'ils preffent, nous fuppoferons ici d'autres plans qui leur foient paralleles, & dans lefquels les centres des corps fe meuvent & décrivent les orbites par leur mouvement. Nous irons plus loin, nous déterminerons par la même loi les mouvemens des corps dans les fuperficies courbes.

DIXIÉME SECTION.

Du mouvement des corps dans des superficies données, & des oscillations des corps suspendus par des fils.

PROPOSITION XLVI. PROBLÉME XXXII.

Une loi quelconque de forces centripetes étant donnée, on demande, en supposant la quadrature des courbes, le mouvement d'un corps qui part d'un lieu donné, avec une vîtesse donnée, & suivant une droite donnée sur un plan quelconque qui ne passe pas par le centre des forces.

Fig. 106. Soit S le centre des forces, SC la plus petite distance de ce centre au plan donné, P un corps partant du lieu P suivant une droite PZ, Q le même corps qui se meut sur le plan donné dans la trajectoire cherchée PQR. Cela posé, si on tire CQ, QS, que sur QS on prenne SV proportionnelle à la force centripete qui tire le corps vers le centre S, & qu'on mene VT parallele à CQ & qui rencontre SC en T: la force SV se décomposera (Corol. 2. des loix) dans les forces ST, TV; desquelles ST, tirant le corps suivant une ligne perpendiculaire au plan, ne change rien à son mouvement dans ce plan. Mais l'autre force TV agissant parallelement au plan, tire le corps directement vers le point C donné dans le plan, & l'oblige par conséquent à se mouvoir dans ce plan de la même maniere que si la force ST n'éxistoit pas, & que le corps tournât autour du centre C dans une espace libre par la seule force TV. Or la force centripete TV, par laquelle le corps Q tourne autour du centre donné C dans un espace libre, étant donnée, il est clair que la trajectoire PQR que le corps décrit, le lieu Q dans lequel il se trouve dans un temps quelconque donné, & sa vîtesse

dans

DE LA PHILOSOPHIE NATURELLE. 153
dans ce lieu Q sont aussi donnés; par la Prop. 42. & réciproquement. C. Q. F. T.

PROPOSITION XLVII. THÉORÉME XV.

La force centripete étant supposée proportionnelle à la distance au centre, tous les corps qui font leurs révolutions dans des plans quelconques décriront des ellipses, & les temps de leurs révolutions seront égaux ; & les corps qui décriront des lignes droites dans cette hypothèse oscilleront alors, & employeront toujours le même temps dans ces oscillations quelles qu'elles soient.

Car, les choses restant comme dans la Prop. précédente, la force SV par laquelle le corps Q est tiré vers le centre S en faisant sa révolution dans le plan quelconque PQR, est comme la distance SQ; & par conséquent à cause des proportionnelles SV & SQ, TV & CQ, la force TV, par laquelle le corps est tiré vers le point C donné dans le plan de l'orbe, est comme la distance CQ. Les forces qui tirent vers le point C les corps qui sont dans le plan PQR sont donc, eu égard aux distances, égales aux forces par lesquelles les corps sont tirés de toutes parts vers le centre S; & par conséquent ces corps employeront les mêmes temps à décrire les mêmes figures, soit dans le plan quelconque PQR autour du point C, ou dans des espaces libres autour du centre S; donc, par le Cor. 2. de la Prop. 10. & par le Cor. 2. de la Prop. 38, ils décriront des ellipses dans ce plan autour du centre C, ou bien ils acheveront leurs périodes d'allée & de retour dans des lignes droites menées dans ce plan par le centre C, & cela dans des temps qui seront toujours égaux. C. Q. F. D.

Fig. 106.

SCHOLIE.

La descension & l'ascension des corps dans des superficies courbes se peuvent traiter de la même maniere que les mouvemens dont on vient de parler. Imaginez qu'une ligne courbe décrite dans un plan tourne autour d'une ligne droite de ce plan, & que par ce moyen elle forme une surface courbe : si un corps vient à se mouvoir de maniere que son centre soit toujours dans cette surface, & qu'en y oscillant, il se trouve toujours dans un même plan, passant par l'axe de rotation, la courbe qu'il décrit alors sera égale à celle dont la révolution a produit la surface ; & ainsi il suffira d'examiner les mouvemens qui peuvent être exécutés dans cette courbe.

PROPOSITION XLVIII. THÉORÉME XVI.

Si on fait rouler un cercle sur la convéxité d'une sphere dans le plan d'un grand cercle de cette sphere, l'arc de la cycloïde ou épicycloïde, décrit pendant ce mouvement, & compris entre le point de contact du cercle roulant dans sa premiere position, & le point où est arrivé ce point de contact après un temps quelconque, a pour mesure une ligne qui est au double du sinus verse de la moitié de l'arc du cercle roulant dont tous les points ont été appliqués sur la circonférence du grand cercle pendant le roulement, comme la somme des diamétres de la sphere & du cercle est au demi diamétre de la sphere.

PROPOSITION XLIX. THÉORÉME XVII.

Si on fait rouler un cercle dans la concavité d'une sphere dans le plan d'un grand cercle de cette sphere, l'arc de cycloïde ou d'épicycloïde, décrit pendant ce mouvement, & compris entre le point de contact du cercle roulant dans sa premiere position, & le point où ce point de contact est arrivé après un temps quelconque, a pour mesure une ligne qui est au double du sinus verse de la moitié de l'arc du cercle roulant dont tous les points ont été appliqués sur la circonférence du grand cercle pendant le roulement, comme la différence des diamétres de la sphere & du cercle au demi diamétre de la sphere.

Soit ABL la sphere, C son centre, BPV le cercle roulant, E le centre de ce cercle, B le point de contact, & P le point auquel le point du contact est arrivé après l'application successive

DE LA PHILOSOPHIE NATURELLE.

de tous les points de l'arc BP sur l'arc de grand cercle AP, il s'agit de prouver que l'arc de cycloïde AP, décrit pendant ce mouvement, a pour mesure une ligne qui est au double du sinus verse de l'arc $\frac{1}{2} BP$ comme $2 CE$ à CB.

Du point V, où CE rencontre le cercle roulant, tirez au point P la droite VP & menez la tangente VH. Tirez ensuite de P les droites BP, PE, CP & la tangente PH. Abaissez de V sur CP la perpendiculaire VF, & du point G où cette perpendiculaire rencontre PH, ainsi que du point H concours des tangentes PH, VH, menez GI & HK perpendiculaires à VP. Enfin du centre C & d'un intervalle quelconque Co, décrivez l'arc nom, & du centre V & de l'intervalle Vo, décrivez l'arc oq qui coupe en q la ligne VP prolongée. Cela fait, il est aisé de remarquer que comme le cercle, en avançant, tourne toujours autour du point de contact B, la droite BP est perpendiculaire à la cycloïde AP, & par conséquent que la droite VP touche cette courbe au point P; le rayon du cercle nom, étant augmenté ou diminué peu-à-peu, égalera enfin la ligne CP; & parce que la figure évanouissante $Pnomq$ & la figure $PFGVI$ sont semblables, la derniere raison des petites lignes évanouissantes Pm, Pn, Po, Pq, c'est-à-dire, la raison des changemens momentanés de la courbe AP, de la droite CP, de l'arc circulaire BP, & de la droite VP, sera la même que celle des lignes PV, PF, PG, PI respectivement. Mais comme VF est perpendiculaire sur CF, & VH sur CV, & que par conséquent les angles HVG, VCF sont égaux; que de plus l'angle VHG (à cause des angles droits V & P du quadrilatere $HVEP$) est égal à l'angle CEP, les triangles VGH, CEP seront semblables; ce qui donnera $GH:HV$ ou HP & $KI:KP$ $::EP:CE$; d'où l'on tire $CB:EC::PI:PK$, & par conséquent $CB:CE::PI:PV$, $::Pq:Pm$. Donc le décrément de la ligne VP, c'est-à-dire, l'incrément de la ligne $BV-VP$ est à l'incrément de la ligne courbe AP dans la raison donnée de CB à $2CE$, d'où il fuit, par le Cor. du Lemme 4. que les longueurs entieres $BV - VP$ & AP font dans la même raifon. Maintenant il eft clair qu'en prenant BV pour rayon, VP eft le cofinus de l'angle BVP ou $\frac{1}{2} BEP$, & $BV - VP$ le finus verfe du même angle : donc dans le cercle dont le rayon eft $\frac{1}{2} BV$, $BV - VP$ fera le double du finus verfe de l'arc $\frac{1}{2} BP$, donc AP eft au double du finus verfe de l'arc $\frac{1}{2} BP$, comme $2CE$ à CB. C. Q. F. D.

Nous nommerons la ligne AP confidérée dans la premiere Propofition, *cycloïde extérieure*, & celle qui eft confidérée dans la derniere, nous la nommerons *cycloïde intérieure*.

Cor. 1. Si on décrit une cycloïde entiere ASL, & qu'on la coupe en deux parties égales en S, l'arc PS fera à VP (double du finus de l'angle VBP pour le rayon EB) comme $2CE$ à CB, & par conféquent en raifon donnée.

Cor. 2. Et le demi périmetre de la cycloïde AS fera égal à la ligne droite qui eft au diametre BV du cercle, comme $2CE$ à CB.

PROPOSITION L. PROBLÉME XXXIII.

Faire qu'un corps fufpendu par un fil ofcille dans une cycloïde donnée.

Etant donnée la cycloïde intérieure QRS coupée en deux moitiés au point R, & rencontrant par fes deux extrémités Q & S la fuperficie du globe QVS au dedans duquel elle a été décrite, foit tirée de R au centre C de ce globe la droite CR qui coupe en deux parties égales l'arc QS en O, & qui foit prolongée en A; enforte que $CA : CO :: CO : CR$. Du centre C & de l'intervalle CA foit décrit enfuite un globe extérieur DAF, & par le moyen de ce globe & du cercle dont le diametre eft AO, foient tracées deux demi cycloïdes AQ, AS, lefquelles touchent le globe intérieur en Q & en S, & rencontrent le globe extérieur en A. Cela fait, fi de ce point A, on fufpend le corps T par un fil APT dont la longueur foit égale à AR, & que l'on faffe ofciller ce corps entre les demi cycloï-

DE LA PHILOSOPHIE NATURELLE. 157

des AQ, AS; enforte que toutes les fois que le pendule s'éloignera de la perpendiculaire AR, la partie fupérieure AP de ce fil foit appliquée à la demi cycloïde APS, tandis que le refte PT de ce fil demeure étendu en ligne droite, la ligne décrite par le corps T, pendant ces ofcillations, fera la cycloïde donnée QRS.   C. Q. F. F.

Car tirant du centre C au point V, où le fil rencontre le cercle QOS, le rayon CV, & élevant des extrémités P & T de la partie droite PT du fil les perpendiculaires PB, TW, qui rencontrent la droite CV en B & en W, il eft clair, par la conftruction & la formation des figures femblables AS, SR, que ces perpendiculaires PB, TW couperont fur CV les intervalles VB, VW égaux aux diamétres OA, OR des cercles roulans de ces deux cycloïdes. Donc TP eft à VP (double du finus de l'angle VBP pour le rayon $\frac{1}{2} BV$) comme BW à BV, ou comme $AO + OR$ à AO; c'eft-à-dire, (à caufe que CA eft proportionnelle à CO, CO à CR, & AO à OR) comme $CA + CO$ à CA, ou bien encore, en coupant BV en deux parties égales au point E, comme $2CE$ à CB. De-là il fuit, par le Corol. 1. de la Prop. 49. que la partie droite PT du fil eft toujours égale à l'arc PS de la cycloïde, & que tout le fil APT eft égal à l'arc APS moitié de la cycloïde, c'eft-à-dire (Cor. 2. de la Prop. 49.) à la longueur AR, & réciproquement, fi on fuppofe que le fil demeure toujours égal à AR, le point T fe mouvera dans la cycloïde donnée QRS.   C. Q. F. D.

Cor. Le fil AR eft égal à la demi-cycloïde AS, & par conféquent il a au demi-diamétre AC du globe extérieur la même raifon que la demi-cycloïde SR, qui eft femblable à la premiere AS, au demi-diamétre CO du globe intérieur.

PROPOSITION LI. THÉORÈME XVIII.

Si on suppose que le corps T, *oscillant comme on vient de l'expliquer dans la cycloïde* Q R S, *soit animé par une force centripete tendante au centre* C, *& agissant proportionnellement à la distance au centre, & qu'il n'éprouve l'action d'aucune autre force, les oscillations de ce corps, quelqu'inégales qu'elles soient, seront de même durée.*

Puisque la force centripete qui pousse le corps *T* vers *C* est comme la droite *C T*, il est clair, par le Cor. 1. des loix du mouvement, qu'en abaissant *C X* perpendiculaire sur la tangente *T X* de la cycloïde, cette force *T C* se résoudra dans les deux forces *C X*, *T X*, desquelles *C X* agissant suivant la direction *P T* ne fait d'autre effet que de tendre le fil *P T*, & est entiérement détruite par la résistance de ce fil; mais l'autre force *T X*, poussant le corps transversalement, c'est-à-dire vers *X*, accélere directement son mouvement dans la cycloïde ; & il est clair que l'accélération de ce corps, étant proportionnelle à cette force accélératrice, est à chaque moment comme la longueur *T X*; c'est-à-dire, à cause que *C V*, *W V* sont données, & que *T X*, *T W* leur sont proportionnelles, comme la longueur *T W*, ou, ce qui revient au même, par le Cor. 1. de la Prop. 49. comme la longueur de l'arc *T R* de la cycloïde.

Deux pendules *A P T*, *A p t* étant donc inégalement écartés de la perpendiculaire *A R*, & abandonnés à eux-mêmes en même temps, auront toujours des accélérations qui seront comme les arcs *T R*, *t R* à décrire. Or les parties décrites dans le commencement du mouvement sont comme les accélérations, c'est-à-dire, comme les arcs entiers, & par conséquent les parties qui restent à décrire & les accélérations suivantes qui sont proportionnelles à ces parties sont aussi comme les arcs entiers, & ainsi de suite. Donc les accélérations, & par conséquent les vîtesses produites, les parties décrites par ces vîtesses, & les parties à décrire seront toujours comme les arcs entiers; mais si les parties à décrire gardent toujours entr'elles la même raison, elles s'évanouiront en même temps; c'est-à-dire, que les deux corps oscillans arriveront en même temps à la perpendiculaire *A R*. Et réciproquement, les ascensions des pendules perpendiculaires faites d'un mouvement rétrograde le long des mêmes arcs cycloïdaux, & à compter du lieu le plus bas *R* seront retardés à chacun des lieux par les mêmes forces qui accéléroient leurs descensions, ensorte que les vîtesses des ascensions & des descensions faites par les mêmes arcs seront égales, & que les temps de ces descensions & de ces ascensions seront aussi égaux. Or comme les deux parties *R S* & *R Q* de la cycloïde qui sont placées des deux côtés de la perpendiculaire sont semblables & égales, les deux pendules auront donc leurs oscillations entieres isochrones, ainsi que leurs demi-oscillations.   *C. Q. F. D.*

Cor. La force par laquelle le corps *T* est accéléré ou retardé dans un lieu quelconque *T* d'une cycloïde est à tout le poids de ce même corps dans le lieu le plus élevé *S* ou *Q*, comme l'arc *T R* de la cycloïde à l'arc *S R* ou *Q R* de la même courbe.

PROPOSITION LII. PROBLÉME XXXIV.

Trouver les vitesses des pendules dans chaque point des arcs qu'ils décrivent, & les temps qu'ils employent tant à parcourir ces arcs entiers que leurs parties quelconques.

D'un centre quelconque *G* & de l'intervalle *G H* égal à l'arc *R S* de la cycloïde, décrivez le demi cercle *H K M* coupé en deux parties égales par le demi diametre *G K*. Imaginez ensuite que pendant que le corps *T* part de *S* pour aller vers *R*, un corps *L* parte de *H* pour aller vers *G* en éprouvant l'action d'une force proportionnelle à la distance à ce centre, & égale en *H* à la force que le corps *T* a en *S* vers le centre *C*.

Comme les forces qui sollicitent ces corps sont égales dans le commencement, & qu'elles sont toujours proportionnelles aux espaces TR & LG à décrire, elles feront par conféquent égales dans les lieux T & L en fuppofant $TR = LG$; ainfi il eft clair que ces corps décriront les efpaces égaux ST, HL dans le commencement. Donc ces corps continuant à être follicités également dans la fuite, ils continueront auffi à décrire des efpaces égaux. C'eft pourquoi, par la Prop. 38. le temps dans lequel le corps décrit l'arc ST fera au temps d'une ofcillation, comme l'arc HI, qui exprime le temps que le corps H employe à arriver en L, eft à la demie circonférence HKM qui repréfente le temps que ce corps H employe à arriver en M. Et la raifon de $\sqrt{SR^2 - TR^2}$ à SR exprimera celle de la vîteffe du pendule en T à fa vîteffe en R, à caufe que cette raifon eft la même que celle de la vîteffe du corps H au lieu L à fa vîteffe au lieu G, & que ces dernieres vîteffes font comme les incréments des lignes HL, HG, pendant des fluxions de temps égales, ou, ce qui revient au même, pendant les fluxions égales des arcs HI, HK.

De plus, à caufe que dans des ofcillations par des arcs moindres que la cycloïde entiere, les arcs décrits en temps égaux font proportionnels aux arcs entiers de ces ofcillations, il eft clair que, quelles que foient ces ofcillations, on aura toujours pour un temps donné les vîteffes & les arcs décrits. Ce qu'il falloit premièrement trouver.

Suppofez à préfent que des corps fufpendus à des fils ofcillent dans des cycloïdes différentes, décrites dans l'intérieur de globes différens dont les forces abfolues foient différentes : fi on appelle V la force abfolue d'un globe quelconque QOS, la force accélératrice, qui agit fur le pendule dans la circonférence de ce globe au lieu d'où le pendule commence à tomber, fera comme la diftance au centre du globe, & comme la force abfolue conjointement, c'eft-à-dire, comme $CO \times V$. Donc la petite ligne décrite HY dans un inftant donné, qui doit être proportionnelle à cette force, fera auffi comme $CO \times V$.

Mais

DE LA PHILOSOPHIE NATURELLE. 161

Mais en élevant la perpendiculaire ZY qui rencontre la circonférence en Z, l'arc naissant HZ qui est proportionnel à $\sqrt{GH \times HY}$ représente cet instant donné, donc cet arc naissant est comme $\sqrt{GH \times CO \times V}$, & par conséquent le temps d'une oscillation entiere dans la cycloïde QRS (lequel temps est directement comme la demie circonférence HKM qui représente cette oscillation entiére & inversement, comme l'arc HZ qui représente de même l'instant donné) devient comme GH directement & $\sqrt{GH \times CO \times V}$ inversement, c'est-à-dire, à cause des égales GH & SR, comme $\sqrt{\dfrac{SR}{CO \times V}}$, ou, par le Cor. de la Proposition 50. comme $\sqrt{\dfrac{AR}{AC \times V}}$. Donc, dans toutes les cycloïdes & dans tous les globes, les oscillations produites par des forces absolues quelconques sont en raison composée de la raison sous-doublée directe de la longueur du fil, & des raisons sous-doublées inverses de la distance entre le point de suspension & le centre du globe, & de la force absolue du globe. C. Q. F. T.

Cor. 1. On peut par ce moyen comparer le temps qu'un corps met à osciller avec celui qu'il mettroit à faire une révolution autour du même centre de forces, ou à descendre en ligne droite vers ce centre. Car si on fait le diamètre du cercle qui décrit la cycloïde dans le globe égal au demi diamètre de ce globe, la cycloïde deviendra une ligne droite qui passera par le centre du globe, ensorte que l'oscillation se changera alors en un mouvement d'ascension & de descension dans cette droite : & par le second cas de cette proposition, le temps de cette descension & de cette ascension perpendiculaire, ainsi que le temps qui lui est égal, dans lequel le corps, en tournant uniformément autour du centre du globe à une distance quelconque, décrit une moitié de sa révolution, est au temps d'une oscillation dans la cycloïde QRS comme 1 à $\sqrt{\dfrac{AR}{AC}}$.

Cor. 2. On tire aussi de-là ce que *Wren* & *Hughens* ont trouvé sur la cycloïde ordinaire. Car si le diamétre du globe est augmenté à l'infini, sa superficie se changera en un plan, la force centripete deviendra uniforme & dirigée suivant des lignes perpendiculaires à ce plan, & notre cycloïde ne sera plus que la cycloïde ordinaire. Dans ce cas, la longueur de l'arc de cycloïde, compris entre ce plan & le point décrivant, deviendra égale au quadruple du sinus verse de la moitié de l'arc du cercle roulant compris entre ce même plan & le point décrivant, comme *Wren* l'a trouvé : & le pendule suspendu entre deux cycloïdes oscillera dans une cycloïde semblable & égale en employant toujours le même temps, quelques inégales que soient ces oscillations, ainsi que l'a démontré *Hughens*. Enfin le temps de ces oscillations sera celui qu'*Hughens* a déterminé.

On peut appliquer les propositions qu'on vient de démontrer au système actuel de la terre, car les cloux des roues qui roulent sur la surface de la terre décrivent des épicycloïdes extérieures ; & les pendules qui seroient suspendus au dedans de la terre dans des cavernes entre deux arcs d'épicycloïdes intérieures feroient des oscillations isochrones. Car, comme on le verra au troisiéme livre, la gravité qui agit au dessus de la terre en raison renversée du quarré des distances agit au dedans en raison de la simple distance au centre.

PROPOSITION LIII. PROBLÉME XXXV.

En supposant la quadrature des courbes, trouver les forces par lesquelles les corps feront toujours des oscillations isochrones dans des courbes données.

Le corps T oscillant dans une ligne courbe quelconque $STRQ$, dont l'axe AR passe par le centre C des forces ; soit tirée TX qui touche cette courbe dans le lieu quelconque T, & soit pris sur cette tangente TX l'intervalle TY égal à l'arc TR, ce qui ne demande autre chose que la quadrature des courbes. Soit élevée ensuite sur la tangente la perpendiculaire YZ, laquelle ren-

DE LA PHILOSOPHIE NATURELLE.

contrant en Z la droite CT donnera TZ pour exprimer la force centripete cherchée. *C. Q. F. T.*

Car si la force TZ par laquelle le corps est tiré de T vers C est décomposée dans les forces TY, YZ, la partie YZ tirant le corps dans la direction du fil PT ne change rien à son mouvement; mais l'autre force TY accélérera ou retardera directement son mouvement dans la courbe $STRQ$. Ainsi, puisque cette force est comme l'arc TR à décrire, les accélérations ou retardations du corps dans deux oscillations de différente étendue seront toujours, dans les parties à décrire supposées proportionnelles, comme ces parties, & il arrivera par conséquent que ces parties seront décrites en même temps. Or les corps qui décrivent dans des temps égaux des parties toujours proportionnelles aux tous, décrivent aussi les tous en temps égal. *C. Q. F. D.*

Cor. 1. Donc si un corps T qui pend à un fil rectiligne AT attaché au centre A décrit l'arc circulaire $STRQ$, & que dans le même temps il soit poussé en en bas suivant des lignes parallèles par quelque force qui soit à la force uniforme de la gravité, comme l'arc TR à son sinus TN; les temps de chacune des oscillations seront égaux. Car à cause des parallèles TZ, AR, les triangles ATN, ZTY seront semblables; & par conséquent on aura $TZ:AT::TY:TN$, c'est-à-dire, que si la force uniforme de la gravité est exprimée par la ligne donnée AT, la force TZ par laquelle les oscillations deviennent isochrones sera à la force de la gravité AT comme l'arc TR égal à TY est à son sinus TN.

Cor. 2. Et par conséquent dans les horloges, si les forces imprimées au pendule par la machine pour conserver le mouvement peuvent être tellement combinées avec la force de la gravité, que la force totale qui pousse le corps en en bas soit toujours comme la ligne qu'on a en divisant le rectangle sous l'arc TR & le rayon AR par le sinus TN, toutes les oscillations seront isochrones.

PROPOSITION LIV. PROBLÉME XXXVI.

En supposant la quadrature des courbes, trouver les temps dans lesquels les corps montent & descendent dans des courbes quelconques par une force centripete quelconque, ces courbes étant décrites dans un plan qui passe par le centre des forces.

Fig. 115.

Le corps tombant d'un lieu quelconque S le long de la courbe quelconque $STtR$ donnée dans un plan qui passe par le centre C des forces, soit tirée CS que l'on suppose divisée dans un nombre innombrable de parties égales telles que Dd. Du centre C & des intervalles CD, Cd soient décrits les cercles DT, dt qui rencontrent la courbe $STtR$ en T & en t, la Prop. 39. apprendra à trouver la vîtesse en un point quelconque T en employant la loi de la force centripete donnée & la distance du centre C au point S d'où la chute a commencé. Mais le temps dans lequel le corps décrit la petite ligne Tt est en raison directe de la longueur de cette petite ligne, c'est-à-dire, de la sécante de l'angle tTC, & en raison inverse de la vîtesse. Donc si on éleve au point D & perpendiculairement à CS l'appliquée DN proportionnelle à ce temps, l'aire $DNnd$, c'est-à-dire $DN \times Dd$, à cause de la donnée Dd, sera aussi proportionnelle à ce même temps, & par conséquent la courbe PNn, lieu des points N, donnera par son aire $SQPND$ (comprise entre l'asymptote SQ perpendiculaire à CS, l'axe SD, l'appliquée DN, & l'arc infini NP) le temps que le corps S a employé à aller de S en T. C. Q. F. T.

PROPOSITION LV. THÉORÉME XIX.

Si pendant qu'un corps qui tend vers un centre de forces se meut librement sur une surface courbe quelconque dont l'axe passe par ce centre, on imagine sur un plan perpendiculaire à cet axe une courbe qui soit la projection octogonale de la premiere, & qui soit parcourue

DE LA PHILOSOPHIE NATURELLE. 165

par un point qui réponde continuellement au corps mû sur la surface, ce point décrira des aires proportionnelles aux temps.

Soit BKL la superficie courbe; T le corps qui fait sa révolution dans cette superficie; STR la trajectoire qu'il y décrit; S le commencement de cette trajectoire; OMK l'axe de la superficie courbe; TN la droite tirée perpendiculairement du lieu T sur l'axe; OP égale à TN sa projection sur le plan APO perpendiculaire à l'axe KO; AP la projection de la trajectoire décrite dans ce même plan par le point P répondant au corps T; A le commencement de cette projection répondant au point S; TC la droite menée du corps au centre; TG la partie de cette droite proportionnelle à la force centripete qui pousse le corps vers le centre C; TM la ligne droite perpendiculaire à la superficie courbe; TI la partie de cette ligne proportionnelle à la force par laquelle le corps presse cette superficie, & en est réciproquement pressé vers M; PTF la droite parallele à l'axe & qui passe par le lieu T; GF, HI les droites abaissées perpendiculairement des points G & I sur cette parallele $PHTF$. Cela posé, je dis que l'aire AOP décrite par le point P autour de O depuis le commencement du mouvement est proportionnelle au temps.

Car la force TG (par le Cor. 2. des loix) se décomposera dans les forces TF, FG; & la force TI dans les forces TH, HI: mais les forces TF, TH agissant dans la direction PF perpendiculaire au plan AOP ne changent le mouvement du corps T que dans le sens perpendiculaire à ce plan. Ainsi donc la partie de son mouvement qui se fait dans le sens du plan, c'est-à-dire, le mouvement du point P par lequel la projection AP de la trajectoire est décrite, demeure le même qu'il seroit, si les forces FT, TH étoient supprimées, & que les seules forces FG, HI agissent sur le corps, c'est-à-dire, le même qu'il seroit, si le corps décrivoit la courbe AP dans le plan AOP, par une force centripete qui tendit au centre O, & qui fut égale à la

Fig. 117.

Fig. 117.

somme des forces FG, HI; mais une telle force par la Prop. 1. feroit décrire au corps l'aire AOP proportionnelle au temps. Donc, &c. C. Q. F. D.

Fig. 116.

Cor. Par le même raisonnement, si un corps quelconque étoit sollicité par des forces qui tendissent vers deux ou plusieurs centres situés dans une même ligne droite donnée CO & qu'il décrivît dans un espace libre une courbe quelconque ST, l'aire AOP seroit toujours proportionnelle au temps.

PROPOSITION LVI. PROBLÉME XXXVII.

Supposant la quadrature des courbes, & connoissant la loi de la force qui tend vers un centre donné dans l'axe d'une surface courbe quelconque, on demande la trajectoire décrite sur cette surface par un corps poussé suivant une vitesse & une direction quelconque.

Fig. 117.

Les mêmes choses que dans la Proposition précédente & que le corps T parte du lieu donné S suivant une direction & avec une vitesse donnée; que T soit le lieu où ce corps est arrivé après un temps quelconque; Tt le petit arc parcouru pendant un instant donné, Pp sa projection sur le plan BDO, c'est-à-dire, une petite partie de la projection APp de la trajectoire sur ce plan; la petite ellipse pQ la projection du cercle décrit sur la surface courbe du centre O & du rayon Tt; Op le rayon tiré du centre O au point p.

Il est clair que la vîtesse du corps T au point quelconque T sera donnée par la hauteur TC, ou, ce qui revient au même, par le rayon OP de la projection de la trajectoire, & que la grandeur des axes de la petite ellipse pQ ne dépendra non plus que de la même ligne. Donc à cause que le secteur POp est proportionnel au temps, on connoîtra le point p intersection de cette ellipse & de Op, c'est-à-dire, que la position de Pp, ou, ce qui revient au même, le sinus de l'angle pPO ne dépendra encore que de OP. Or la relation connue entre Op & le sinus de pPO donnera facilement la projection AP en employant la

DE LA PHILOSOPHIE NATURELLE.

conftruction des courbes de la Prop. 41. & la projection AP étant connue donne tout de fuite la trajectoire demandée.

ONZIÉME SECTION.

Du mouvement des corps qui s'attirent mutuellement par des forces centripetes.

J'ai traité jufqu'ici des mouvemens des corps attirés vers un centre immobile, tel qu'il n'en éxifte peut-être aucun dans la nature ; car les attractions ont coutume de fe faire vers des corps, & les actions des corps qui attirent & qui font attirés font toujours mutuelles & égales par la troifiéme loi. Si on ne confidére, par exemple, que deux corps, ni le corps attiré, ni le corps attirant ne feront en repos ; mais ils feront l'un & l'autre, par leur attraction mutuelle, (felon le Corol. 4. des Loix) leur révolution autour de leur centre commun de gravité ; s'il y a plufieurs corps qui foient tous attirés vers un feul qu'ils attirent auffi, ou bien qui s'attirent tous mutuellement, ils doivent fe mouvoir entr'eux de forte que leur centre commun de gravité foit en repos, ou qu'il fe meuve uniformément en ligne droite.

Je vais expliquer les mouvemens produits par ces forces que je nomme *attractions*, quoique peut-être je deuffe plutôt les appeller *impulfions*, pour parler le langage des Phyficiens ; mais je laiffe à part les difputes qu'on peut élever fur cette dénomination, & je me fers des expreffions les plus commodes pour les Mathématiciens.

PROPOSITION LVII. THÉORÉME XX.

Deux corps qui s'attirent mutuellement décrivent autour de leur centre commun de gravité, & autour l'un de l'autre, des figures femblables.

Les diftances des corps au centre commun de gravité font réciproquement proportionnelles à ces corps ; ainfi elles font en raison donnée l'une à l'autre, aussi bien qu'à la distance totale qui est entre les deux corps. De plus, ces distances sont transportées autour de leur terme commun d'un mouvement angulaire égal, parce que ces corps étant toujours posés en ligne droite l'un par rapport à l'autre, ne changent point leur inclinaison mutuelle, mais les droites, qui sont entr'elles en raison donnée, & qui sont transportées d'un mouvement angulaire égal autour de leurs extrémités, décrivent autour de ces mêmes extrémités des figures entièrement semblables dans des plans qui sont en repos avec ces termes, ou qui se meuvent d'un mouvement quelconque qui n'est point angulaire. Donc, &c. *C. Q. F. D.*

PROPOSITION LVIII. THÉORÉME XXI.

Etant donnée, la loi des forces avec lesquelles deux corps s'attirent mutuellement, on peut, en supposant que l'un de ces corps soit fixe, donner telle impulsion à l'autre qu'il décrive autour de lui une courbe égale & semblable à celles que ces deux corps décrivent l'un autour de l'autre lorsqu'ils sont tous deux mobiles autour de leur centre commun de gravité.

Fig. 118. & 119. Que les corps S & P fassent leur révolution autour d'un centre commun de gravité C, l'un allant de S vers T, l'autre de P vers Q. Que d'un point donné s, on tire sp, sq toujours égales & parallèles à SP & à QT; la courbe pqv, que le point p décrit en tournant autour d'un point immobile s, sera semblable & égale aux courbes que les corps S & P décrivent mutuellement autour l'un de l'autre ; & par conséquent, par le Théorème 20. elle sera semblable aux courbes ST & PQV, que ces mêmes corps décrivent autour de leur centre commun de gravité C.

Fig. 118. & 119. *Cas* 1. Ce commun centre de gravité C, par le Cor. 4. des loix, est en repos, ou se meut en ligne droite uniformément. Supposons premièrement qu'il soit en repos, & qu'il y ait en s & en p deux corps, desquels celui qui est immobile soit en s, & celui qui est mobile en p, & que ces corps soient égaux & semblables

aux

DE LA PHILOSOPHIE NATURELLE.

aux corps S & P. De plus, que les droites PR & pr touchent les courbes PQ & pq en P & p, & que les lignes CQ & sq soient prolongées en R & en r, à cause que les figures $CPRQ$, $sprq$ sont semblables, on aura $RQ:rq::CP:sp$, & par conséquent ces lignes seront en raison donnée. Ainsi, si la force par laquelle le corps P est attiré vers le corps S, & par conséquent vers le centre intermédiaire C, étoit à la force par laquelle le corps p est attiré vers le centre s, dans cette même raison donnée ; ces corps en temps égaux seroient retirés des tangentes PR, pr vers les arcs PQ, pq par des intervalles RQ, rq proportionnels à ces arcs, & par conséquent la force qui agit sur le corps p le feroit circuler dans une courbe pqu, qui seroit semblable à la courbe PQV, que la premiere force fait parcourir au corps P, & leurs révolutions s'acheveroient dans les mêmes temps.

Mais comme ces forces ne sont pas l'une à l'autre dans la raison de CP à sp ; qu'au contraire elles sont égales à cause que les corps S & s, P & p sont semblables & égaux, & que les distances SP, sp sont égales, ces corps dans des temps égaux seront également retirés de leurs tangentes. Donc, afin que le dernier corps p soit retiré d'un intervalle plus grand rq, il faut un temps plus long, lequel sera en raison sousdoublée de ces intervalles, à cause que les espaces au commencement du mouvement sont par le Lemme 10. en raison doublée des temps. Or, pour faire en sorte que le temps par l'arc pq soit au temps par l'arc PQ, comme sp à CP, il ne faut autre chose que prendre la vîtesse du corps p à la vîtesse du corps P, dan la même raison de sp à CP, puisque les espaces pq, PQ sont entr'eux dans la raison simple de sp à CP. Supposant donc de telles vîtesses aux corps, ils seront toujours attirés par des forces égales, & décriront autour des centres en repos C & s les figures semblables PQV, pqv, desquelles la derniere pqv sera égale & semblable à la figure que le corps P décrit autour du corps mobile S.   C. Q. F. D.

Tome I.

Cas 2. Suppofons à préfent que le commun centre de gravité fe meuve uniformément en ligne droite avec l'efpace dans lequel les corps fe meuvent entr'eux, tous les mouvemens s'éxécuteront dans cet efpace comme auparavant, par le fixiéme Coroll. des Loix. Ainfi ces corps décriront mutuellement autour l'un de l'autre les mêmes figures qu'auparavant, lefquelles feront égales & femblables à la figure *p q v*. C. Q. F. D.

Cor. 1. Ainfi deux corps qui s'attirent mutuellement par des forces proportionnelles à leur diftance décriront, par la Prop. 10. autour de leur centre commun de gravité, & autour l'un de l'autre, des ellipfes concentriques; & réciproquement, fi de telles figures font décrites, les forces feront proportionnelles aux diftances.

Cor. 2. Deux corps qui s'attirent avec des forces réciproquement proportionnelles au quarré de leur diftance décriront, par les Prop. 11. 12. & 13. autour de leur commun centre de gravité, & autour l'un de l'autre, des Sections coniques dont le foyer fera dans le centre autour duquel ces figures font décrites ; & réciproquement fi de telles figures font décrites, les forces centripetes feront réciproquement proportionnelles au quarré de la diftance.

Cor. 3. Deux corps quelconques qui tournent autour d'un centre commun de gravité décriront autour de ce centre, & autour d'eux-mêmes des aires proportionnelles au temps.

PROPOSITION LIX. THÉORÉME XXII.

Le temps périodique de deux corps S & P, *qui font leur révolution autour de leur commun centre de gravité* C, *eft au temps périodique de l'un ou l'autre de ces corps* P, *qui tourne autour d'un autre centre immobile* S, *& qui y décrit une figure égale & femblable à celle que ces corps décrivent mutuellement l'un autour de l'autre, en raifon fous-doublée de l'autre corps* S, *à la fomme* S + P *de ces corps.*

Par la démonftration de la Propofition précédente, les temps pendant lefquels les arcs quelconques femblables *P Q* & *p q* font

DE LA PHILOSOPHIE NATURELLE. 171
décrits font en raison fousdoublée des distances CP & SP ou sp, c'est-à-dire en raison fousdoublée du corps S à la somme $S + P$ de ces corps. Et par conséquent les sommes des temps employés à parcourir tous les arcs semblables PQ & pq, c'est-à-dire, les temps totaux des révolutions des corps S & P, sont dans cette même raison fousdoublée. C. Q. F. D.

PROPOSITION LX. THÉORÉME XXIII.

Si deux corps S & P, qui s'attirent mutuellement par des forces réciproquement proportionnelles au quarré de leur distance, font leurs révolutions autour d'un centre de gravité commun ; le grand axe de l'ellipse que l'un ou l'autre de ces corps P décrira par ce mouvement autour de l'autre corps S sera à l'axe principal de l'ellipse, que le même corps P peut décrire dans le même temps périodique autour de l'autre corps S, supposé en repos, comme la somme des deux corps $S + P$, à la premiere des deux moyennes proportionnelles entre cette somme & l'autre Corps S.

Car si les ellipses décrites étoient égales entr'elles, les temps périodiques (par le Théoréme précédent) seroient en raison fousdoublée du corps S à la somme $S + P$ de ces corps. Diminuant donc dans cette raison le temps périodique de la derniere ellipse, les temps périodiques deviendront égaux, & l'axe principal de l'ellipse, par la Prop. 15. diminuera dans la raison dont celle-là est sesquiplée, c'est-à-dire dans la raison dont la raison de S à $S + P$ est triplée ; ainsi il sera à l'axe principal de l'autre ellipse, comme la premiere des deux moyennes proportionnelles entre $S + P$, & S est à $S + P$. Et réciproquement, l'axe principal de l'ellipse décrite autour du corps mobile sera à l'axe principal de l'ellipse décrite autour du corps immobile, comme $S + P$ à la premiere des deux moyennes proportionnelles entre $S + P$ & S.   C. Q. F. D.

PROPOSITION LXI. THÉORÉME XXIV.

Si deux corps s'attirent mutuellement suivant une loi donnée à volonté, & se meuvent d'une façon quelconque sans éprouver aucune autre action, ils se mouveront comme s'ils ne s'attiroient pas mutuellement, & qu'ils fussent attirés l'un & l'autre avec les mêmes forces par un troisiéme corps placé dans leur centre commun de gravité : & la loi des forces attirantes sera la même, tant à l'égard de la distance de ces corps à ce centre commun, qu'à l'égard de la distance qui est entre ces corps.

Car les forces, par lesquelles ces corps s'attirent mutuellement, tendant à ces corps, tendent à leur commun centre de gravité qui est placé entr'eux ; ainsi elles sont les mêmes que si elles émanoient d'un corps intermédiaire. *C. Q. F. D.*

Et comme la raison de la distance de l'un ou l'autre de ces corps du commun centre de gravité à la distance qui sépare ces corps est donnée, la raison d'une puissance quelconque de la distance de l'un à la même puissance de la distance de l'autre sera aussi donnée, aussi bien que la raison d'une quantité quelconque, composée comme on voudra d'une de ces distances & de constantes quelconques, à une autre quantité, composée de la même maniére de l'autre distance & d'autant de constantes qui auroient aux premieres la raison donnée de ces distances. Ainsi, si la force par laquelle un corps est attiré par un autre est directement ou inversement comme la distance de ces corps entr'eux, ou comme une puissance quelconque de cette distance, ou enfin comme une quantité quelconque composée d'une façon quelconque de cette distance & de constantes, la même force, par laquelle le même corps sera attiré vers le commun centre de gravité, sera de même directement ou inversement comme la distance du corps attiré à ce commun centre de gravité, ou bien comme la même puissance de cette distance, ou enfin comme la quantité composée de même de cette distance, & de quantités analogues données. C'eſt-à-dire que la loi de la force attirante ſera la même, eu égard à la diſtance de l'un & de l'autre corps. *C. Q. F. D.*

PROPOSITION LXII. PROBLÉME XXXVIII.

Déterminer le mouvement de deux corps qui s'attirent mutuellement en raiſon renverſée du quarré de leur diſtance, & qui partent de lieux donnés.

Par le théoréme précédent, ces corps ſe mouveront de même que s'ils étoient attirés par un troiſiéme corps placé dans leur centre commun de gravité; & ce centre ſera en repos dans le commencement du mouvement, par l'hypotheſe; donc, par le Cor. 4. des loix, il ſera toujours en repos. Ainſi, en déterminant par la Prop. 17. les mouvemens des corps comme s'ils étoient ſollicités par des forces tendantes à ce centre, on aura leur mouvement dans la ſuppoſition qu'ils s'attirent mutuellement. *C. Q. F. T.*

PROPOSITION LXIII. PROBLÉME XXXIX.

Déterminer le mouvement de deux corps qui s'attirent mutuellement en raiſon renverſée du quarre de leur diſtance, & qui partent de lieux donnés, ſuivant des droites données, & avec des vîteſſes données.

Les mouvemens de ces corps, quand ils commencent à ſe mouvoir, étant donnés, le mouvement uniforme de leur commun centre de gravité eſt donné, ainſi que le mouvement de l'eſpace qui ſe meut uniformément en ligne droite avec ce centre, & le mouvement initial de ces corps par rapport à cet eſpace. Or les mouvemens, qui s'éxécuteront enſuite dans cet eſpace, s'y éxécuteront de la même maniére (Théor. 24. & Cor. 5. des loix) que ſi cet eſpace & ce commun centre de gravité étoient en repos, & que ces corps ne s'attiraſſent point mutuellement, mais qu'ils fuſſent attirés par un troiſiéme placé dans leur centre commun de gravité. Il faut donc déterminer, par le Probléme 9. & par le 26. le mouvement de l'un de ces corps dans cet espace mobile, en supposant qu'il parte d'un lieu donné, suivant une droite donnée, avec une vîtesse donnée, & qu'il soit sollicité par une force centripete tendante à ce centre, & on aura en même temps le mouvement de l'autre corps autour du même centre. Il faut ensuite composer ce mouvement avec le mouvement progressif & uniforme du système entier composé de l'espace & des corps qui y circulent, lequel a été trouvé ci-dessus, & on aura le mouvement absolu de ces corps dans l'espace immobile. *C. Q. F. T.*

PROPOSITION LXIV. PROBLÉME XL.

On demande le mouvement de plusieurs corps qui s'attirent tous mutuellement en raison directe de la distance.

Supposons premierement deux corps T & L ayant un centre de gravité commun D. Ces corps décriront (Cor. 1. du Th. 21.), autour de D comme centre, des ellipses, desquelles on connoîtra la grandeur par le Probléme 5.

Fig. 120. Qu'un troisiéme corps attire les deux premiers T & L avec des forces accélératrices ST, SL, & qu'il soit attiré à son tour par ces deux premiers, la force ST se décomposera, par le Cor. 2. des loix, dans les forces SD, TD, & la force SL dans les forces SD, DL. Or les forces DT, DL qui sont comme leur somme TL, & par conséquent comme les forces accélératrices par lesquelles les corps T & L s'attirent mutuellement, étant ajoutées aux forces des corps T & L, la premiere à la premiere, & la derniere à la derniere, composeront des forces proportionnelles aux distances DT & DL, comme auparavant, mais plus grandes que les premieres forces; donc, par le Cor. 1. de la Prop. 10. & par les Coroll. 1. & 8. de la Prop. 4. elles feront décrire à ces corps des ellipses comme auparavant, mais avec un mouvement plus prompt.

Les autres forces accélératrices SD & SD, par leurs actions motrices $SD \times T$ & $SD \times L$, lesquelles sont comme les corps, tirant ces corps également & suivant les lignes TI, LK parallèles à DS, ne changent rien à leurs situations respectives, mais elles font qu'ils approchent également de la ligne IK tirée par le milieu du corps S, & perpendiculaire à la ligne DS. Et ce mouvement vers la ligne IK pourra être nul en donnant au système des corps T & L d'une part, & au corps S de l'autre, des vîtesses convenables pour les faire tourner autour du centre commun de gravité C : dans ce cas, le corps S décrira une ellipse autour de ce même point C, parce que la somme des forces motrices $SD \times T$ & $SD \times L$, lesquelles sont proportionnelles à la distance CS, tend vers le centre C. De plus, le point D, à cause des proportionnelles CS, CD, décrira une ellipse semblable à celle qui est décrite par le corps S. Donc les corps T & L attirés également, comme on l'a dit, par les forces motrices $SD \times T$ & $SD \times L$, le premier par la première, & le dernier par la dernière, suivant les lignes parallèles TI & LK, continueront (Cor. 5. & 6. des loix) à décrire leurs ellipses au tour du centre mobile D comme auparavant. *C. Q. F. T.*

Qu'on ajoute ensuite un quatriéme corps V, & on concluera par le même raisonnement que ce corps & le point C décriront des ellipses autour du commun centre de gravité B de tout le système, les mouvemens des premiers corps T, L & S autour des centres C & D subsistants toujours sans autre différence que d'être accélérés. Il en seroit de même, quelque fût le nombre des corps. *C. Q. F. T.*

C'est encore la même chose lorsque les corps T & L s'attirent mutuellement avec des forces accélératrices dont les intensités sont différentes de celles avec lesquelles ils attirent les autres corps relativement à leurs distances.

Et en général, il suit de ce qu'on vient de dire que toutes les fois que les attractions mutuelles accélératrices d'un nombre quelconque de corps seront entr'elles comme les distances multipliées par les corps attirants, tous ces corps décriront dans des

Fig. 120.

temps périodiques égaux des ellipses diverses autour de leur commun centre de gravité B, & dans un plan immobile. *C.Q.F.T.*

PROPOSITION LXV. THÉORÉME XXV.

Plusieurs corps dont les forces décroissent en raison doublée des distances à leurs centres peuvent décrire les uns autour des autres des courbes approchantes de l'ellipse, & décrire autour des foyers de ces courbes des aires à peu près proportionnelles au temps.

On a donné dans la Proposition précédente le cas où les mouvemens s'éxécutent dans des ellipses rigoureuses. Plus la loi des forces s'éloigne de la loi qu'on y a employée, & plus les corps troubleront leurs mouvemens mutuels; & il ne put arriver que les corps qui s'attirent mutuellement, selon la loi supposée ici, décrivent éxactement des ellipses, à moins qu'ils ne conservent une certaine proportion dans leurs distances respectives.

Cas 1. Imaginons plusieurs petits corps qui font leur révolution autour d'un plus grand, à différentes distances de ce plus grand, & qui tendent tous les uns vers les autres avec des forces absolues proportionnelles à ces mêmes corps. Si ces corps révolvans sont assez petits pour que le corps autour duquel ils tournent ne s'écarte jamais sensiblement du centre de gravité, il est clair, par le Cor. 4. des loix, que ce corps approchera extrêmement d'être en repos ou de se mouvoir uniformément en ligne droite. De plus, ces petits corps tourneront autour de lui dans des ellipses, & décriront des aires proportionnelles au temps, abstraction faite des erreurs qui peuvent être causées, ou par le petit écart que fait le grand corps du centre commun de gravité, ou par les actions mutuelles de ces petits corps les uns sur les autres. Or on peut augmenter la petitesse des corps révolvans à un tel point, que cet écart & ces actions mutuelles soient moindres que toute quantité donnée; c'est-à-dire, jusqu'à ce que les orbites deviennent elliptiques, & que les aires soient proportionnelles au temps sans erreur sensible. *C. Q. F. M.*

Cas 2

Cas 2. Suppofons qu'un fyftême tel que celui dont on vient de parler, compofé de petits corps qui font leurs révolutions autour d'un plus grand, ou qu'un fyftême compofé fimplement de deux corps qui tournent l'un autour de l'autre, avance uniformément en ligne droite, & qu'en même temps ces corps foient follicités par la force d'un autre corps beaucoup plus grand, & placé à une grande diftance : comme les forces accélératrices égales, par lefquelles ces corps font follicités à fe mouvoir fuivant des lignes paralleles, ne changent point la fituation refpective de ces corps, mais qu'elles font feulement que le fyftême entier, dont les parties confervent leurs mouvemens entr'elles, eft tranfporté en même temps : il eft clair, que les attractions vers le grand corps ne doivent caufer d'autres altérations dans les attractions mutuelles de ces corps, que celles qui peuvent réfulter de l'inégalité des attractions accélératrices, ou de l'inclinaifon qu'ont entr'elles les lignes fuivant lefquelles agiffent ces attractions. Suppofé donc que toutes les attractions accélératrices vers le grand corps foient entr'elles réciproquement comme les quarrés des diftances ; en augmentant la diftance du grand corps jufqu'à ce que les différences des longueurs des droites menées de ce grand corps aux petits, & que leurs inclinaifons réciproques foient moindres que toute quantité donnée, les mouvemens des parties de ce fyftême entr'elles n'éprouveront point d'irrégularité qui ne foit plus petite que tout ce qu'on les voudroit fuppofer. Et comme à caufe de la petite diftance de ces parties entr'elles, tout le fyftême entier fera attiré de la même maniere que s'il confiftoit en un feul corps, ce fyftême éprouvera auffi le même mouvement par cette attraction, que fi elle s'exerçoit fur un feul corps ; c'eft-à-dire, que fon centre de gravité décrira autour du grand corps une Section conique, & que les aires qu'il décrira autour de ce grand corps feront proportionnelles au temps, fans erreurs fenfibles. *C. Q. F. D.*

Tome I. Z

On pourroit par le même raisonnement aller à des cas plus composés à l'infini.

Cor. 1. Dans le second cas, plus le grand corps approche du système de deux ou de plusieurs corps, & plus les mouvemens des parties de ce système entr'elles seront troublés; parce qu'alors l'inclinaison mutuelle des lignes tirées du grand corps à ces autres corps est plus grande, ainsi que l'inégalité de la proportion.

Cor. 2. Ces mouvemens seront très-fortement troublés, si les attractions accélératrices des parties de ce système vers le plus grand corps ne sont plus entr'elles réciproquement comme le quarré des distances à ce grand corps; sur-tout si l'inégalité de la proportion de cette attraction est plus grande que l'inégalité de la proportion des distances au grand corps. Car si la force accélératrice ne trouble point ces mouvemens entr'eux, lorsqu'elle agit également, & par des lignes parallèles, elle doit nécessairement les troubler, lorsqu'elle agit inégalement, & cela plus ou moins, selon que cette inégalité est plus ou moins grande. Car l'excès des plus grandes impulsions, éxercées sur quelques-uns de ces corps & non éxercées sur les autres, doit nécessairement changer leur position entr'eux; & ce dérangement, ajoûté à celui qui naît de l'inégalité des lignes & de leur inclinaison, rendra le dérangement total plus sensible.

Cor. 3. Ainsi, si les parties de ce système se meuvent dans des ellipses ou dans des cercles sans aucune altération sensible, il est clair qu'elles ne sont sollicitées que très-foiblement par des forces accélératrices tendantes à d'autres corps, ou que ces forces agissent à peu près également sur elles, & suivant des lignes qui sont presque parallèles.

DE LA PHILOSOPHIE NATURELLE. 179

PROPOSITION LXVI. THÉORÉME XXVI.

Si trois corps dont les forces décroissent en raison doublée des distances s'attirent mutuellement, & que les attractions accélératrices de deux quelconques vers le troisiéme, soient entr'elles en raison renversée du quarré des distances, les plus petits tournant autour du plus grand; je dis que le corps le plus intérieur des deux petits décrira autour de ce grand corps des aires qui approcheront plus d'être proportionnelles au temps, & que la figure qu'il décrira approchera plus d'être une ellipse dont le foyer sera le centre des forces, si le grand corps est agité par les attractions des petits corps, que s'il étoit en repos, & qu'il n'éprouvât aucune attraction de leur part, ou qu'il fût beaucoup plus ou beaucoup moins agité en vertu d'une attraction beaucoup plus ou beaucoup moins forte.

Cette Proposition suit assez naturellement du Cor. 2. de la Proposition précédente; mais je vais encore la prouver par des argumens plus précis, & plus pressans.

Cas 1. Que les plus petits corps P & S tournent dans le même plan, autour du plus grand T; P décrivant l'orbite intérieur PAB, & S l'extérieure ESE. Que SK soit la moyenne distance des corps P & S, & que cette ligne SK exprime l'attraction de P vers S à la moyenne distance. En prenant SL à SK en raison doublée de SK à SP, SL sera l'attraction accélératrice de P vers S, à une distance quelconque SP, & cette force SL se décomposera dans les deux forces SM, LM, en menant LM parallele à la ligne qui joint P & T.

Cela posé, il est clair que le corps P sera sollicité par trois forces : la premiere tend à T & vient de l'attraction mutuelle des corps T & P; & l'effet de cette force, si elle étoit seule, seroit de faire décrire au corps P autour du corps T (soit que ce corps fût immobile, soit qu'il fût animé de la même attraction) des aires proportionnelles au temps, & une ellipse dont le foyer seroit T. Ce qui paroît clairement par la Prop. 11. & par les Cor. 2. & 3. du Théor. 21.

La seconde force qui agit sur P est l'attraction LM, laquelle tendant de P à T s'ajouteroit à la première, & produiroit toujours des aires proportionnelles au temps (Cor. 3. Théor. 21.); mais n'étant pas réciproquement proportionnelle au quarré des distances, la somme des deux forces ne se trouveroit pas non plus dans cette raison, & s'en écarteroit d'autant plus que ces deux forces auroient une plus grande proportion l'une à l'autre. Or, comme par la Prop. 11. & par le Cor. 2. du Théor. 21. la force nécessaire pour faire décrire une ellipse autour du foyer T doit tendre vers ce foyer, & être réciproquement proportionnelle au quarré de la distance PT, l'orbe PAB s'écartera de la forme elliptique, & cela d'autant plus qu'il y aura une plus grande proportion entre les deux forces qui composent celle de P vers T, toutes choses étant supposées d'ailleurs égales.

La troisième force qui agit sur P est la force SM, laquelle tirant le corps P selon une ligne parallèle à ST composera avec les forces précédentes une force qui ne sera plus dirigée de P vers T, & qui s'éloignera d'autant plus de cette détermination, que la proportion de cette troisième force aux premieres sera plus grande, toutes choses égales: par cette force le corps P ne décrira plus des aires proportionnelles au temps autour du corps T, & les aires s'éloigneront d'autant plus de cette proportionnalité, que le rapport de la troisième force aux deux premières sera plus grand. L'altération que souffrira par cette troisième force l'orbe PAB dans la forme elliptique que donne la première, sera augmentée par deux causes, parce que cette force n'est pas dirigée de P vers T, & parce qu'elle n'est pas réciproquement proportionnelle au quarré de la distance PT.

Ceci étant bien entendu, il est clair, que les aires approcheront d'autant plus d'être proportionnelles au temps, que la troisième force sera moindre, les autres forces restant les mêmes, & que l'orbite PAB approchera d'autant plus de la forme elliptique, que la seconde & la troisième force, mais principalement la troisiéme, seront moindres, la premiere demeurant la même.

Si l'attraction accélératrice du corps T vers S est représentée par la ligne SN; & que les attractions accélératrices SN, SM soient égales, elles ne changeront rien à la position des corps P & T entr'eux, parce qu'elles les tireront également, & selon des lignes paralleles; ainsi les mouvemens de ces corps seront les mêmes qu'ils seroient sans ces attractions (Cor. 6. des Loix), & par la même raison, si l'attraction SN étoit moindre que l'attraction SM, elle en détruiroit une partie égale à SN, & ce seroit la partie restante MN qui dérangeroit la forme elliptique de l'orbe, & la proportionnalité des aires & des temps. Si l'attraction SN étoit plus forte que l'attraction SM, l'altération dans la proportionnalité des aires & dans l'orbite seroit causée de même par leur seule différence MN. Par l'attraction SN, la troisiéme force SM est donc toujours réduite à l'attraction MN, la premiere & la seconde attraction restant entiérement les mêmes; & par conséquent les aires & les temps approcheront le plus de la proportionnalité, & l'orbite PAB de la forme elliptique dont on a parlé, lorsque l'attraction MN sera ou nulle ou la plus petite qu'il est possible, ce qui arrivera lorsque les attractions accélératrices des corps P & T vers le corps S approcheront, autant qu'il est possible, de l'égalité; c'est-à-dire, lorsque l'attraction SN ne sera pas nulle, ni moindre que la plus petite de toutes les attractions SM, mais qu'elle sera à peu près moyenne entre la plus grande & la plus petite de toutes les attractions SM, ou, ce qui revient au même, lorsqu'elle n'est ni beaucoup plus forte, ni beaucoup plus foible que l'attraction SK. C. Q. F. D.

Cas 2. Que les petits corps P & S tournent autour du plus grand T dans des plans différens, la force LM, qui agit suivant la ligne PT placée dans le plan de l'orbite PAB, aura le même effet qu'auparavant, & elle ne retirera point le corps P du plan de son orbite; mais l'autre force MN qui agit suivant une ligne parallele à ST (& est par conséquent inclinée au plan de l'orbite PAB quand le corps S se trouve hors de la ligne des nœuds) causera, outre l'altération en longitude dont on vient de parler, une altération au mouvement en latitude; cette altération pour une position quelconque des corps P & T, sera comme la force MN qui l'a causée; ainsi elle sera la plus petite quand MN sera la plus petite, c'est-à-dire, comme je l'ai déja fait voir, lorsque l'attraction SN ne sera ni beaucoup plus forte, ni beaucoup plus foible que l'attraction SK. C. Q. F. D.

Cor. 1. On tire facilement de-là, que si plusieurs petits corps P, S, R, &c. font leurs révolutions autour d'un plus grand T, le mouvement du plus intérieur P sera le moins troublé qu'il est possible par les attractions des corps extérieurs, lorsque le plus grand corps T sera attiré & agité pareillement par les autres, en raison de leurs forces accélératrices, & qu'il les attirera réciproquement.

Cor. 2. Dans un système composé de trois corps T, P, S, si les attractions accélératrices de deux quelconques sur le troisième sont réciproquement entr'elles comme le quarré des distances, les aires que le corps P décrira autour du corps T seront plus accélérées auprès de la conjonction A & de l'opposition B, qu'auprès des quadratures C & D. Car toute force qui agit sur le corps P, sans agir sur le corps T, & qui n'est point dirigée vers PT, accélère ou retarde la description de l'aire selon qu'elle est dirigée en conséquence ou en antécédence; telle est la force NM. Dans le passage du corps P de C en A, elle tire en conséquence; ensuite depuis A jusqu'en D, elle tire en antécédence; puis de D en B, elle tire en conséquence, & enfin en antécédence de B en C.

Cor. 3. Et par le même raisonnement, il est clair que le corps P, toutes choses d'ailleurs égales, se meut plus vîte dans la conjonction & dans l'opposition, que dans les quadratures.

Cor. 4. L'orbe du corps P, toutes choses d'ailleurs égales, est plus courbe dans les quadratures que dans la conjonction & l'opposition; car les corps qui ont le plus de vîtesse s'écartent le moins

DE LA PHILOSOPHIE NATURELLE. 183

du cours rectiligne. D'ailleurs la force KL ou MN, dans la conjonction & dans l'opposition, est contraire à la force par laquelle le corps T tire le corps P; & par conséquent elle diminue cette force, & le corps P doit moins se détourner du cours rectiligne lorsqu'il est moins tiré vers T.

Cor. 5. De-là le corps P, le reste étant égal, s'écartera plus du corps T dans les quadratures que dans l'opposition & la conjonction. Toutes ces choses supposent qu'il n'y ait pas de mouvement d'excentricité; car si l'orbite du corps P est excentrique, son excentricité (comme on le verra dans le Cor. 9. de cette Prop.) deviendra la plus grande, lorsque les apsides seront dans les syzygies; & delà il peut arriver que le corps P arrivant au sommet de l'apside la plus haute, soit plus loin du corps T dans les syzygies que dans les quadratures.

Cor. 6. Parce que la force centripete du corps central T, laquelle retient le corps P dans son orbite, est augmentée dans les quadratures par l'addition de la force LM, qu'elle est diminuée dans les syzygies par la soustraction de la force KL, & qu'à cause de la grandeur de la force KL, la diminution est plus grande que l'augmentation; que d'ailleurs cette force centripete vers T, par le Cor. 2. de la Prop. 4. est en raison composée de la raison simple & directe de PT, & de la raison renversée du quarré du temps périodique : il est clair, que cette raison composée sera diminuée par l'action de la force KL, & par conséquent que le temps périodique (si le rayon PT de l'orbe reste le même) sera augmenté dans la raison sousdoublée de celle suivant laquelle cette force centripete sera diminuée; de plus, par le Cor. 6. de la Prop. 4. si le rayon augmente ou diminue, le temps périodique sera plus augmenté ou moins diminué que suivant la proportion sesquiplée de ce rayon.

Si la force du corps central venoit à diminuer, le corps P étant de moins en moins attiré s'éloigneroit davantage du centre T; & au contraire, si cette force du corps central augmentoit, le corps *P* s'approcheroit plus du centre. Donc, si l'action du corps éloigné *S*, par laquelle cette force est diminuée, augmente & diminue tour à tour, le rayon *T P* augmentera & diminuera aussi successivement ; & le temps périodique augmentera & diminuera dans la raison composée de la raison sesquiplée du rayon & de la raison sousdoublée de la proportion suivant laquelle cette force centripete du corps central *T* augmente & diminue par l'incrément ou le décrément de l'action du corps éloigné *S*.

Fig. 221.

Cor. 7. De tout ce que nous venons de dire, il suit que l'axe de l'ellipse décrite par le corps *P*, ou la ligne des apsides, avance & rétrograde tour à tour d'un mouvement angulaire, de façon cependant que le mouvement en avant est le plus fort, & qu'à la fin de chaque révolution de *P*, la ligne des apsides s'est mue en conséquence.

Car la force qui pousse le corps *P* vers *T* dans les quadratures, où la force *M N* s'évanouit, est composée de la force *L M* & de la force centripete par laquelle le corps *T* attire le corps *P*. La premiere force *L M*, si on augmente la distance *P T*, augmentera à peu près dans la même raison que cette distance, & la derniere force décroîtra dans cette raison doublée. Donc la somme de ces forces décroîtra dans une moindre raison que la raison doublée de la distance *P T*, & par conséquent (Cor. 1. de la Prop. 45.) elle fera rétrograder la plus haute apside.

Mais dans la conjonction & dans l'opposition, la force par laquelle le corps *P* est porté vers le corps *T* est la différence entre la force par laquelle le corps *T* attire le corps *P*, & la force *K L*, & cette différence, à cause que la force *K L* augmente à peu près dans la raison de la distance *P T*, décroît dans une plus grande raison que la raison doublée de la distance *P T* ; ainsi par le Cor. 1. de la Prop. 45. elle fera avancer la plus haute apside. Dans les lieux placés entre les syzygies & les quadratures, le mouvement de la plus haute apside dépend de ces deux causes, ensorte que selon l'excès de l'efficacité de l'une ou de l'autre, la

plus

haute apside avancera ou rétrogradera. Ainsi comme la force KL dans les syzygies est presque double de la force LM dans les quadratures, l'effet résultant de ces deux forces dans toute la révolution sera dans le même sens que la force KL ; c'est-à-dire, que la plus haute apside sera portée en conséquence.

Les vérités établies dans ce Corollaire & dans le précédent se comprendront plus aisément en supposant que le système des deux corps T & P soit environné de toutes parts de plusieurs corps S, S, S, &c. placés dans l'orbe ESE ; car par l'action de ces corps, celle du corps T sera diminuée dans tous les lieux, & par conséquent elle décroîtra dans une raison plus que doublée de la distance.

Cor. 8. Comme le progrès ou la rétrogradation des apsides dans le passage du corps de l'apside la plus basse à la plus haute, dépend du décrément de la force centripete dans une plus grande ou une moindre raison que la raison doublée de la distance PT, & de son incrément semblable dans le retour du corps à l'apside la plus basse ; & que par conséquent ce progrès ou cette rétrogradation est dans son *maximum*. lorsque la proportion de la force dans l'apside la plus haute à la force dans l'apside la plus basse s'éloigne le plus de la raison doublée inverse des distances ; il est clair que les apsides étant dans leurs syzygies avanceront le plus vîte par la soustraction de la force KL ou $NM-LM$, & que dans leurs quadratures elles rétrograderont le plus lentement par l'addition de la force LM. Or à cause de la longueur du temps pendant lequel la vîtesse de ce progrès & le retardement de cette rétrogradation sont continués, cette inégalité devient extrêmement grande.

Cor. 9. Si un corps, par une force réciproquement proportionnelle au quarré de la distance au centre, se meut autour de ce centre dans une ellipse, & qu'ensuite dans sa descente de l'apside la plus haute à la plus basse, cette force par l'addition perpétuelle d'une nouvelle force soit augmentée dans une raison plus grande que la doublée inverse de la distance, il est clair que ce corps, étant pouffé fans ceffe vers le centre par l'addition perpétuelle de cette nouvelle force, s'approchera davantage de ce centre, que s'il n'y étoit porté que par la feule force en raifon doublée inverfe de la diftance ; ainfi il décrira autour de ce centre un orbe qui fera intérieur à l'orbe elliptique qu'il décrivoit ; & dans l'apfide la plus baffe il s'approchera plus du centre qu'auparavant : donc fon orbe, par l'addition de cette nouvelle force, deviendra plus excentrique. Si enfuite, lorfque le corps va de l'apfide la plus baffe à la plus haute, la force décroiffoit par les mêmes degrés par lefquels elle avoit augmenté auparavant, le corps retourneroit à la premiere diftance ; & par conféquent, fi la force décroiffoit dans une plus grande raifon, le corps étant moins attiré monteroit à une plus grande hauteur, & l'excentricité de fon orbe augmenteroit encore davantage. Ainfi, fi la raifon de l'incrément & du décrément de la force centripete augmente à chaque révolution, l'excentricité augmentera toujours; & au contraire, elle diminuera toujours, fi cette même raifon décroît.

Dans le fyftéme des corps T, P, S, lorfque les apfides de l'orbe PAB font dans les quadratures, cette raifon de l'incrément & du décrément eft la plus petite, & elle devient la plus grande lorfque les apfides font dans les fyzygies. Si les apfides font dans les quadratures, la raifon près des apfides eft moindre que la raifon doublée des diftances, & elle eft au contraire plus grande près des fyzygies : & c'eft de cette plus grande raifon que naît le mouvement direct de l'apfide la plus haute, comme on l'a déja dit ; mais fi l'on confidere la raifon de tout l'incrément ou de tout le décrément dans le progrés entre les apfides, elle eft moindre que la raifon doublée des diftances. La force dans l'apfide la plus baffe eft à la force dans l'apfide la plus haute, dans une moindre raifon que la raifon doublée de la diftance de la plus haute apfide au foyer de l'ellipfe, à la diftance de l'apfide la plus baffe à ce même foyer ; & au contraire, lorfque les apfides font dans les fyzygies, la force dans l'apfide la plus baffe eft à la force dans l'apfide la plus haute, dans une plus grande raifon que la raifon doublée des diftances; car les forces LM dans les quadratures étant ajoûtées aux forces du corps T compofent des forces qui font dans une moindre raifon, & les forces KL dans les fyzygies étant ôtées des forces du corps T font que les forces reftantes font dans une plus grande raifon.

La raifon de tout l'incrément & de tout le décrément dans le paffage entre les apfides eft donc la moindre dans les quadratures, & la plus grande dans les fyzygies; & par conféquent dans le paffage des apfides des quadratures aux fyzygies, elle augmentera perpétuellement, & elle augmentera l'excentricité de l'ellipfe; mais dans le paffage des fyzygies aux quadratures, elle diminuera continuellement, & l'excentricité diminuera auffi.

Cor. 10. Pour chercher la loi des dérangemens en latitude, fuppofons que le plan de l'orbite EST refte immobile; il eft clair que la partie ML des forces MN, ML, en quoi confifte la caufe totale des dérangemens, agiffant toujours dans le plan de l'orbite PAB, ne trouble jamais le mouvement en latitude; & que la force MN qui agit auffi dans le plan de cette même orbite, lorfque les nœuds font dans les fyzygies, ne dérange point alors ces mouvemens, au lieu qu'elle les dérange beaucoup lorfqu'ils font dans les quadratures; car alors en retirant continuellement le corps P du plan de fon orbite elle diminue l'inclinaifon du plan dans le paffage du corps des quadratures aux fyzygies, & elle l'augmente au contraire dans fon paffage des fyzygies aux quadratures. D'où il arrive que le corps étant dans les fyzygies, l'inclinaifon du plan eft la plus petite, & qu'elle retourne à fa premiere grandeur à peu près, lorfque le corps arrive au nœud le plus voifin. Mais lorfque les nœuds feront dans les octans après les quadratures, c'eft-à-dire entre C & A, D & B, on comprendra, par ce qu'on vient de dire, que dans le paffage du corps P de l'un ou l'autre nœud au quatre-vingt-dixième degré fuivant, l'inclinaifon du plan diminuera perpétuellement; & qu'enfuite dans le paffage par les quarante-cinq degrés prochains jusqu'à la quadrature prochaine, l'inclinaison augmentera, & qu'elle diminuera ensuite de nouveau dans le passage du corps par les quarante-cinq autres degrés jusqu'au nœud prochain. Ainsi cette inclinaison diminuera plus qu'elle n'augmentera, & par conséquent elle est toujours moindre dans le nœud qui suit, que dans celui qui précéde ; & par le même raisonnement, l'inclinaison augmentera plus qu'elle ne diminuera, lorsque les nœuds seront dans les autres octans *A* & *D*, *B* & *C*. Elle sera donc la plus grande, lorsque les nœuds seront dans les syzygies. Dans leur passage des syzygies aux quadratures, elle diminuera à chaque fois que le corps parviendra aux nœuds ; & elle deviendra la plus petite, lorsque les nœuds seront dans les quadratures, & le corps dans les syzygies ; & elle croîtra ensuite par les mêmes degrés par lesquels elle avoit diminué auparavant ; & lorsque les nœuds arriveront aux syzygies prochaines, elle reviendra à sa premiere grandeur.

Cor. 11. Comme le corps *P*, lorsque les nœuds sont dans les quadratures, est continuellement retiré du plan de son orbite du côté de *S* dans son passage du nœud *C* par la conjonction *A* au nœud *D* ; & du côté opposé dans son passage du nœud *D* par l'opposition *B* au nœud *C* : il est clair que dans son mouvement depuis le nœud *C*, le corps s'éloignera perpétuellement du premier plan *CD* de son orbite, jusqu'à ce qu'il soit parvenu au nœud prochain, qui sera très-éloigné de ce plan *CD*, & qui, au lieu d'être placé en *D* dans l'autre intersection de ce plan avec le plan *EST*, sera placé du côté de *S*, c'est-à-dire en antécédence, & par le même raisonnement, les nœuds continueront à s'éloigner dans le passage du corps de ce nœud au nœud qui suit.

Les nœuds étant dans les quadratures rétrograderont donc toujours ; dans les syzygies, où rien ne trouble le mouvement en latitude, ils seront en repos ; & dans les lieux intermédiaires où ils participeront de l'une & l'autre condition, ils rétrograderont plus lentement. Ainsi étant toujours stationaires ou rétrogrades,

DE LA PHILOSOPHIE NATURELLE. 189

ils feront portés en antécédence à chaque révolution.

Cor. 12. Tous les dérangemens dont on a parlé dans ces Corollaires font un peu plus grands dans la conjonction des corps *P* & *S*, que dans leur oppofition, parce que les forces *N M* & *M L* qui les caufent font plus grandes.

Cor. 13. Comme on n'a point fait entrer la grandeur du Corps *S* dans la démonftration des Corollaires précédens, tout ce qu'on vient de dire aura lieu, lorfque la grandeur de ce corps fera telle que le fyftême des deux corps *T* & *P* tournera autour de lui. Et comme le corps *S* étant plus grand, fa force centripete qui caufe les dérangemens du corps *P* eft plus grande ; tous ces dérangemens feront plus grands à des diftances égales dans ce cas, que dans celui, où le corps *S* tourne autour du fyftême des corps *P* & *T*.

Cor. 14. Comme les forces *M N*, *M L*, lorfque le corps *S* eft fort éloigné, font à peu près en raifon compofée de la force *S K*, & de la raifon de *P T* à *S T*, c'eft-à-dire, fi la diftance *P T* & la force abfolue du corps *S* font données, en raifon renverfée de ST^3, & que ces forces *M N*, *M L* font les caufes des dérangemens & de tous les effets dont on a parlé dans les Corollaires précédens : il eft clair que tous ces effets feront à peu près en raifon compofée de la raifon directe de la force abfolue du corps *S* & de la raifon triplée inverfe de la diftance *S T*, lorfqu'on fuppofe que le fyftême des corps *P* & *T* refte le même, tandis qu'on fait varier la diftance *S T*, & la force abfolue du corps *S*. Ainfi, fi le fyftême des corps *T* & *P* tourne autour d'un corps très-éloigné *S*, les forces *M N*, *M L*, & leurs effets feront (*Cor.* 2. & 6. de la Prop. 4.) réciproquement en raifon doublée du temps périodique, & par-conféquent, fi la grandeur du corps *S* eft proportionnelle à fa force abfolue, ces forces *M N*, *M L*, & leurs effets feront directement comme le cube du diametre apparent du corps éloigné *S* vû du lieu *T*, & au contraire. Car ces raifons font les mêmes que la raison composée dont on a parlé ci-dessus.

Cor. 15. Si la forme des orbes ESE, BAP, leur inclinaison & leurs proportions entre elles restent les mêmes pendant que leur grandeur change ; & si les forces des corps S & T sont constantes ou varient dans une raison donnée quelconque ; comme alors ces forces (c'est-à-dire, la force du corps T, par laquelle le corps P décrit l'orbite PAB ; & la force du corps S qui fait écarter le corps P de cette orbite) agissent toujours de la même manière & dans la même proportion, il est nécessaire que tous les effets soient semblables & proportionnels, & que les temps de ces effets soient aussi proportionnels ; c'est-à-dire, que toutes les altérations linéaires soient comme les diamétres des orbites, que les angulaires soient les mêmes qu'auparavant, & que les temps des dérangemens linéaires semblables ou des angulaires égaux soient comme les temps périodiques des orbites.

Cor. 16. Ainsi, si la forme des orbites, & leur inclinaison mutuelle restant les mêmes, la grandeur des corps, leurs forces, & leurs distances changent d'une manière quelconque & qu'on connoisse les dérangemens & les temps des dérangemens dans un cas quelconque, on en pourra conclure à peu près les dérangemens, & les temps des dérangemens pour tout autre cas. Mais on y parviendra d'une manière plus prompte par la méthode suivante.

Les forces LM, MN sont comme le rayon TP, tout le reste demeurant le même, & leurs effets périodiques, c'est-à-dire, les dérangemens linéaires de P (*Cor.* 2. du Lemme 10.) sont comme ces forces, & le quarré du temps périodique de P conjointement. De-là, les erreurs angulaires du corps P, vû du centre T, (c'est-à-dire, tant le mouvement de ses nœuds & de ses apsides, que tous les dérangemens apparens en latitude & en longitude) sont dans une révolution quelconque du corps P, comme le quarré du temps d'une révolution à peu près.

DE LA PHILOSOPHIE NATURELLE. 191

Compofant donc cette raifon avec celle du Cor. 14. on trouvera que dans un fyftême quelconque de corps P, S, T, dans lequel P tourne autour de T dont il eft proche, & T autour de S qui eft éloigné, les dérangemens angulaires du corps P tels qu'ils paroiffent du centre T feront à chaque révolution de ce corps P comme le quarré du temps périodique P directement, & le quarré du temps périodique de T inverfement. Et ainfi le mouvement moyen des apfides fera en raifon donnée au mouvement moyen des nœuds, & l'un & l'autre mouvement fera comme le quarré du temps périodique du corps P directement, & le quarré du temps périodique du corps T inverfement. En augmentant ou diminuant l'excentricité & l'inclinaifon de l'orbite PAB, les mouvemens des apfides & des nœuds ne changeront pas fenfiblement, à moins que les changemens de l'excentricité & de l'inclinaifon ne fuffent fort grands.

Cor. 17. Comme la ligne LM eft tantôt plus grande, & tantôt plus petite que le rayon PT, exprimant la force moyenne LM par PT, elle fera ainfi à la force moyenne SK ou SN qu'on peut exprimer par la ligne ST, comme PT eft à ST. Mais la force moyenne SN ou ST, par laquelle le corps T eft retenu dans fon orbite autour de S, eft à la force par laquelle le corps P eft retenu dans fon orbite autour de T, en raifon compofée de la raifon du rayon ST au rayon PT, & de la raifon doublée du temps périodique du corps P autour du corps T au temps périodique du corps T autour du corps S : donc, la force moyenne LM eft à la force par laquelle le corps P eft retenu dans fon orbite autour de T (ou à celle avec laquelle le même corps P pourroit tourner dans le même temps périodique autour d'un point quelconque immobile T à la diftance PT) dans cette même raifon doublée des temps périodiques. Donc, les temps périodiques étant donnés, ainfi que la diftance PT, la force moyenne LM fera donnée ; & cette force LM étant donnée, la force MN le fera auſſi à peu près par la proportion des lignes PT, MN.

Cor. 18. Imaginons pluſieurs corps fluides qui ſe meuvent autour d'un même corps T, à des diſtances égales & par les mêmes loix par leſquelles le corps P tourne autour du corps T; ſuppoſons enſuite que de tous ces corps fluides contigus, il ſe forme un anneau fluide circulaire & concentrique au corps T; chaque partie de cet anneau ſuivant dans tous ſes mouvemens la loi du corps P, ces parties approcheront plus près du corps T, & elles ſe mouveront plus vîte dans leurs conjonctions & leurs oppoſitions avec le corps S que dans leurs quadratures; & les nœuds de cet anneau, ou ſes interſections avec le plan de l'orbite du corps S ou T ſeront en repos dans les ſyzygies; mais hors des ſyzygies ils ſe mouveront en antécédence, & leur mouvement ſera plus prompt dans les quadratures, & plus lent dans les autres lieux. L'inclinaiſon de l'anneau variera auſſi, & ſon axe oſcillera à chaque révolution, & après une révolution entière il retournera à ſon premier état, à la différence près que produit la préceſſion des nœuds.

Cor. 19. Suppoſons à préſent que le globe T formé de matière ſolide s'étende juſqu'à cet anneau, qu'il contienne de l'eau dans un canal creuſé autour de lui, & qu'il tourne autour de ſon axe uniformément d'un mouvement commun périodique. Le mouvement de cette eau étant accéléré & retardé tour à tour, comme dans le cas expoſé au corollaire précédent, ſera plus prompt dans les ſyzygies & plus lent dans les quadratures, que celui de la ſuperficie de ce globe, & ainſi il y aura dans ce canal un flux & un reflux tel que celui de la mer.

Cette eau en tournant autour du centre du globe, lequel centre eſt en repos, n'acquéreroit aucun mouvement de flux & de reflux ſi l'attraction du corps S n'avoit pas lieu; car il arrive la même choſe à un globe qui ſe meut uniformément en ligne droite, & qui tourne en même-temps autour de ſon centre (*Cor.* 5.

des loix) qu'à un globe qui feroit détourné uniformement du mouvement rectiligne (Cor. 6. des loix). Qu'on imagine de plus l'attraction du corps S, & alors l'inégalité de cette attraction troublera le mouvement de l'eau, puifque les parties de l'eau les plus voifines feront plus attirées, & les plus éloignées le feront moins. La force LM attirera l'eau en en bas dans les quadratures, & la fera defcendre jufqu'aux fyzygies ; au contraire, la force KL l'attirera en en haut dans les fyzygies, l'empêchera de defcendre davantage & la fera monter jufqu'aux quadratures, à la retardation près qui eft produite dans le flux & le reflux de l'eau, par le frottement du fonds.

Cor. 20. Si l'on fuppofe à préfent que l'anneau devienne folide, & que le globe foit diminué, le mouvement de flux & de reflux ceffera ; mais le mouvement ofcillatoire de l'inclinaifon, & la préceffion des nœuds fubfifteront.

Si on fuppofe enfuite que le globe ait le même axe que l'anneau, qu'il acheve fes révolutions dans le même temps, qu'il le touche, & lui foit attaché par fa fuperficie intérieure ; le globe participant du mouvement de l'anneau, ils ofcilleront enfemble, & les nœuds rétrograderont. Car le globe (comme on le dira bientôt) eft également fufceptible de recevoir toutes fortes d'impreffions.

Le plus grand angle d'inclinaifon de l'anneau qui entoure le globe eft dans le lieu où les nœuds font dans les fyzygies.

Donc, dans le progrès des nœuds vers les quadratures, l'anneau eft contraint de diminuer fon inclinaifon, & par cet effort il imprime un mouvement à tout le globe ; le globe retient le mouvement imprimé jufqu'à ce que l'anneau le lui ôte par un effort contraire, & qu'il lui en imprime un nouveau dans un fens oppofé : ainfi par cette raifon, le plus grand mouvement de l'inclinaifon décroiffante fe fait dans les quadratures des nœuds, & le plus petit angle d'inclinaifon fe fait dans les octans après les quadratures ; le plus grand mouvement de réclinaifon eft dans les fyzygies, & le plus grand angle dans les octans prochains. Il en eſt de même d'un globe qui n'a point d'anneau, & qui eſt un peu plus élevé, ou un peu plus denſe vers l'équateur que vers les Pôles ; car cette protubérance de matiére dans les régions de l'équateur lui tient lieu d'anneau, & quoiqu'en augmentant d'une façon quelconque la force centripete de ce globe, toutes ſes parties ſoient ſuppoſées tendre en en bas, de même que les parties gravitantes de la terre, cependant les phénomènes dont on a parlé dans ce Corollaire & dans le précédent, en feront à peine altérés, il y aura ſeulement cette différence, que les lieux des plus grandes & des moindres hauteurs de l'eau ne feront pas les mêmes, car l'eau reſtera dans ſon orbite, & y ſera retenue, non par ſa force centrifuge, mais par les parois du lit dans lequel elle coule. De plus, la force LM l'attire plus fortement en en bas dans les quadratures, & la force KL ou $NM - LM$ l'attire plus fortement en en haut dans les ſyzygies. Et ces forces réunies ceſſent d'attirer l'eau en en bas, & commencent à l'attirer en en haut dans les octans avant les ſyzigies, & elles ceſſent de l'attirer en en haut, & commencent à l'attirer en en bas dans les octans après les ſyzygies ; & par conſéquent la plus grande élévation de l'eau peut arriver à peu près dans les octans après les ſyzygies, & la plus petite vers les octans après les quadratures ; à moins que le mouvement d'aſcenſion & de deſcenſion, imprimé à l'eau par ces forces, ne ſe conſerve un peu plus long temps par la force d'inertie de l'eau, ou ne ſe perde un peu plûtôt par les frottemens de l'eau contre le lit qui la contient.

Cor. 21. Par la même raiſon que la matière redondante placée à l'équateur fait rétrograder les nœuds, & les fait rétrograder d'autant plus qu'elle eſt en plus grande quantité, il s'enſuit, que ſi on la diminue, la rétrogradation diminuera auſſi ; que ſi on la détruit entiérement, il n'y aura plus de rétrogradation ; & enfin, que ſi on enlevoit du globe plus que cette matière redondante,

DE LA PHILOSOPHIE NATURELLE. 195
qu'on le rendît allongé vers les pôles, ou plus rare vers l'équateur, les nœuds feroient mûs en conféquence.

Cor. 22. Et réciproquement, par le mouvement des nœuds, on pourra connoître la forme du globe. S'il conferve toujours les mêmes pôles, & que le mouvement des nœuds fe faffe en antécédence, la matiére du globe fera protubérante vers l'équateur; & fi ce mouvement fe fait en conféquence, elle fera abaiffée dans fes régions.

Fig. 121.

Suppofez qu'un globe parfaitement fphérique, & d'une matiére homogene, ait premiérement été en repos dans l'efpace libre, & qu'enfuite il ait été pouffé par une impulfion quelconque oblique à fa fuperficie, laquelle impulfion lui ait imprimé un mouvement en partie circulaire, & en partie en ligne droite; comme la forme de ce globe eft la même par rapport à tous les axes qui paffent par fon centre, & qu'il n'a pas plus de tendance pour tourner autour de l'un de ces axes qu'autour d'un autre; il eft clair, que par fa propre force il ne changera jamais ni fon axe, ni l'inclinaifon de cet axe. Suppofez enfuite que ce globe reçoive une nouvelle impulfion quelconque oblique dans le même endroit de fa fuperficie dans laquelle il a reçu la premiére; comme cette nouvelle impulfion, foit qu'elle foit imprimée plûtôt ou plus tard, a toujours les mêmes effets; il eft clair, que ces deux impulfions fucceffives produiront le même mouvement que fi elles avoient été imprimées en même-temps, c'eft-à-dire, que l'effet fera le même que fi le globe avoit été pouffé par une force fimple compofée de l'une & de l'autre, (Corol. 2. des Loix.) & que par conféquent cet effet fera un mouvement fimple autour d'un axe donné d'inclinaifon : il en eft de même d'une feconde impulfion imprimée dans un autre lieu quelconque de l'équateur du premier mouvement, ainfi que de la premiére impulfion imprimée dans un lieu quelconque de l'équateur du mouvement que la feconde auroit produit fans la premiére; & enfin que de deux impulfions imprimées dans des lieux

Bb ij

quelconques ; les impulsions produiront le même mouvement circulaire que si elles avoient été imprimées à la fois dans le lieu de l'intersection des équateurs des mouvemens qu'elles auroient produit séparément.

Un globe homogene & parfaitement sphérique ne retient donc pas l'impression distincte de plusieurs mouvemens différens, mais de tous ces mouvemens divers il naît un mouvement unique, & le globe tend toujours, autant qu'il est en lui, à tourner d'un mouvement simple & uniforme autour d'un seul axe incliné d'une maniére invariable, & la force centripete ne peut changer ni l'inclinaison de l'axe, ni la vîtesse de la rotation. Car si on suppose le globe divisé en deux hémisphéres par un plan quelconque qui passe par son centre & par le centre vers lequel la force est dirigée, cette force pressera également l'un & l'autre hémisphere, & par conséquent ce globe, quant au mouvement de rotation, n'inclinera vers aucun côté. Supposez à présent qu'on lui ajoute quelque part entre le pôle & l'équateur une matiére nouvelle accumulée en forme de montagne, cette matiére, par l'effort continuel qu'elle fera pour s'éloigner du centre de son mouvement, troublera le mouvement du globe, & fera que ses pôles changeront à tout moment de position, & qu'ils décriront perpétuellement des cercles autour d'eux mêmes & du point qui leur est opposé. Et on ne pourra empêcher l'énormité de cette vagation des pôles, qu'en plaçant cette montagne dans l'un ou l'autre pôle, auquel cas (Cor. 21.) les nœuds de l'équateur avanceront ; ou dans l'équateur, & alors (Cor. 21.) les nœuds rétrograderont ; ou enfin en ajoûtant de l'autre côté de l'axe une matiére nouvelle qui cause une libration à cette protubérance, & par ce moyen les nœuds avanceront ou rétrograderont, selon que cette protubérance & cette nouvelle matiére seront plus proches des pôles ou de l'équateur.

DE LA PHILOSOPHIE NATURELLE. 197
PROPOSITION LXVII. THÉORÉME XXVII.

Le corps extérieur S décrit des aires plus proportionnelles au temps & un orbe plus approchant de la forme elliptique autour du centre de gravité O des corps intérieurs P & T ; qu'autour du corps le plus intérieur T.

Fig. 122.

Car les attractions qui portent le corps S vers les corps P & T composent son attraction absolue, laquelle est dirigée avec plus de force vers le centre commun de gravité O de ces corps, que vers le plus grand corps T ; ainsi elle approche plus d'être réciproquement proportionnelle au quarré de la distance $S O$, qu'au quarré de la distance $S T$.

PROPOSITION LXVIII. THÉORÉME XXVIII.

Les mêmes loix d'attraction étant posées, le corps extérieur S décrira autour de O, commun centre de gravité des corps intérieurs P & T, des aires qui approcheront plus d'être proportionnelles au temps, & une orbite plus approchante de l'ellipse qui auroit ce même centre dans son foyer, si le corps le plus intérieur & le plus grand est attiré par ces corps de même qu'il les attire, que s'il n'étoit point attiré & qu'il fût en repos, ou qu'il fût plus ou moins agité en vertu d'une attraction plus ou moins forte.

Fig. 122.

Cette Proposition pourroit se démontrer à peu près de la même maniére que la Proposition 66. mais il faudroit un raisonnement trop long que j'ometttrai, il suffira de la traiter de la maniére suivante.

Par la démonstration de la Proposition précédente, il est aisé de voir que le centre vers lequel le corps S est attiré par les forces réunies qui agissent sur lui, est près du centre commun de gravité des deux corps P & T. Si ce centre coïncidoit avec le centre commun de gravité de ces deux corps, & que le centre commun de gravité des trois corps fût en repos ; le corps S d'une part, & le commun centre de gravité des deux autres corps de l'autre, décriroient autour de ce commun centre de gravité en repos des ellipses éxactes, ce qui est clair par le Corollaire 2. de la Proposition 58. & par ce qui a été démontré dans les Propositions 64. & 65.

Fig. 122.

Ce mouvement elliptique est un peu troublé à cause de la distance du centre de ces deux corps au centre vers lequel le troisiéme corps S est attiré. Si de plus le centre commun de ces trois corps se meut, cette perturbation sera encore plus grande, & par conséquent elle sera la moindre, lorsque le centre commun de gravité de ces trois corps sera en repos ; c'est-à-dire, lorsque le corps le plus grand & le plus intérieur T sera attiré selon la même loi que les autres ; & elle deviendra toujours de plus grande en plus grande, lorsque le commun centre de gravité de ces trois corps, commencera à se mouvoir par la diminution du mouvement du corps T, & que ce centre sera de plus en plus agité.

Cor. Il est aisé de tirer de là, que si plusieurs petits corps font leurs révolutions autour d'un plus grand, leurs orbites approcheront plus d'être des ellipses, & les aires qu'ils décriront seront plus égales, si tous ces corps s'attirent & s'agittent mutuellement par des forces accélératrices qui soient directement comme leurs forces absolues, & inversement comme les quarrés de leurs distances, & que le foyer d'une orbite quelconque soit placé dans le centre commun de gravité des corps intérieurs, (c'est-à-dire, le foyer de la premiére orbite intérieure, dans le centre de gravité du grand corps qui est le plus intérieur de tous ; le foyer de la seconde orbite, dans le centre commun de gravité des deux corps les plus intérieurs, & celui de la troisiéme orbite, dans le centre commun de gravité des trois corps les plus intérieurs ; & ainsi de suite,) que si le corps intérieur étoit en repos, & qu'il fût le foyer commun de toutes ces orbites.

PROPOSITION LXIX. THÉORÊME XXIX.

Dans un syſtême de pluſieurs corps A, B, C, D, *&c. Si un corps* A *attire tous les autres* B, C, D, *&c. par des forces accélératrices qui ſoient réciproquement comme les quarrés des diſtances au corps attirant ; & qu'un autre* B *attire auſſi tous les autres* A, C, D, *&c. par des forces qui ſoient réciproquement comme les quarrés des diſtances au corps attirant : les forces abſolues des corps attirans* A *&* B *l'un ſur l'autre ſeront dans la même raiſon que ces corps.*

Car à des diſtances égales les attractions accélératrices de tous les corps B, C, D, vers le corps A ſont égales entr'elles, par l'hypotheſe, & de même, les attractions accélératrices de tous ces corps vers B ſont égales entr'elles à égales diſtances. Donc la force attractive abſolue du corps A eſt à la force attractive abſolue du corps B, comme l'attraction accélératrice de tous les corps vers A eſt à l'attraction accélératrice de tous les corps vers B à des diſtances égales ; & l'attraction accélératrice du corps B vers A eſt dans la même raiſon à l'attraction accélératrice du corps A vers B. Mais l'attraction accélératrice du corps B vers A eſt à l'attraction accélératrice du corps A vers B, comme la maſſe du corps A à la maſſe du corps B ; parce que les forces motrices, qui, par les définitions 2, 7 & 8, ſont comme les forces accélératrices & les corps attirés conjointement, ſont ici égales entr'elles, par la troiſiéme loi du mouvement. Donc la force attractive abſolue du corps A eſt à la force attractive abſolue du corps B, comme la maſſe du corps A eſt à la maſſe du corps B.

Cor. 1. Donc ſi des corps A, B, C, D, &c. de ce ſyſtême, chacun, étant conſidéré à part, attire tous les autres par des forces accélératrices qui ſoient réciproquement comme les quarrés des diſtances au corps attirant ; les forces abſolues de tous ces corps feront entr'elles comme ces corps eux-mêmes.

Cor. 2. Et par le même raiſonnement on prouvera, que ſi chaque corps *A*, *B*, *C*, *D*, &c. de ce fyftême, étant confidéré à part, attire tous les autres par des forces accélératrices, qui foient directement ou réciproquement en raifon d'une puiffance quelconque des diftances au corps attirant, ou qu'elles dépendent d'une loi quelconque des diftances à l'un des corps attirans; les forces abfolues de tous ces corps, feront comme ces corps.

Cor. 3. Dans un fyftême de corps dont les forces décroiffent en raifon doublée des diftances, s'il arrive que les plus petits tournent autour du plus grand dans des ellipfes éxactes à très-peu de chofes près, que leur foyer commun foit à peu près dans le centre de ce plus grand corps, & que ces petits corps décrivent autour du plus grand des aires prefque proportionnelles au temps ; les forces abfolues de ces corps feront entr'elles éxactement ou à peu près comme ces corps ; & au contraire. Ce qui eft clair par le Corol. de la Prop. 68. & le Corol. 1. de cette Propofition.

SCHOLIE.

De ces Propofitions on doit paffer tout de fuite à l'analogie qui eft entre les forces centripetes, & les corps centraux vers lefquels ces forces font dirigées. Car il eft vraifemblable que les forces qui font dirigées vers des corps dépendent de leur nature & de leur quantité, ainfi qu'il arrive dans l'aiman. Dans tous les cas de cette efpéce, on trouvera les attractions des corps, en affignant des forces à chacune de leurs parties, & en fommant toutes ces forces.

Je me fers ici du mot d'*attraction* pour exprimer d'une maniére générale l'effort que font les corps pour s'approcher les uns des autres, foit que cet effort foit l'effet de l'action des corps, qui fe cherchent mutuellement, ou qui s'agitent l'un l'autre par des émanations, foit qu'il foit produit par l'action de l'Ether, de l'air, ou de tel autre milieu qu'on voudra, corporel ou incorporel, qui pouffe l'un vers l'autre d'une maniére quelconque les corps qui y nâgent.

J'emploie

DE LA PHILOSOPHIE NATURELLE. 101

J'emploie le mot d'*impulsion* dans le même sens général, ne recherchant point dans ce Traité l'espéce de ces forces ni leurs qualités physiques, mais leurs quantités & leurs proportions mathématiques, comme je l'ai déja dit dans les définitions. C'est par les Mathématiques qu'on doit chercher les quantités de ces forces & leurs proportions qui suivent des conditions quelconques que l'on a posées : ensuite lorsqu'on descend à la Physique, on doit comparer ces proportions avec les Phénoménes ; afin de connoître quelles sont les loix des forces qui appartiennent à chaque genre de corps attirans, c'est alors qu'on peut éxaminer avec plus de certitude ces forces, leurs causes, & leurs explications physiques. Voyons maintenant quelles sont les forces avec lesquelles des corps sphériques, formés de parties qui attirent de la maniére qu'on vient de dire, doivent agir l'un sur l'autre, & quels sont les mouvemens qui en doivent résulter.

DOUZIÉME SECTION.

Des forces attractives des corps sphériques.

PROPOSITION LXX. THÉORÉME XXX.

Un corpuscule placé dans l'intérieur d'une surface sphérique dont toutes les parties attirent en raison renversée du quarré des distances, n'éprouve aucune attraction de cette superficie.

Soient $HIKL$ la surface sphérique, & P le corpuscule placé au dedans. En menant par P deux droites quelconques IPL, HPK, qui coupent dans un des cercles de cette sphere deux arcs infiniment petits HI, KL, il est clair (Corol. 3. Lem. VII.) que ces arcs seront proportionnels aux droites PH, PL, &

Fig. 123.

Tome I. C c.

que les petites parties de la furface de la fphere, qui feroient terminées de tous les côtés par des lignes telles que HK & IL menées par P, feroient comme les quarrés des mêmes droites PH, PL. Or delà il fuit que les attractions de ces petites parties de la furface fphérique fur le corpufcule P font égales. Car ces attractions doivent être en raifon directe de ces particules, & en raifon inverfe du quarré des diftances, & ces deux raifons compofées enfemble en font une d'égalité.

Par le même raifonnement on verroit, que les attractions de toutes les parties de la fphere fur le même corpufcule P font toujours égales aux attractions des parties oppofées, & que par conféquent elles fe détruifent réciproquement; c'eft-à-dire, que ce corpufcule ne fouffre aucune attraction de la furface fphérique.   **C. Q. F. D.**

PROPOSITION LXXI. THÉORÉME XXXI.

La même loi d'attraction étant pofée, un corpufcule, placé au dehors de la furface fphérique, eft attiré par cette furface en raifon renverfée du quarré de la diftance de ce corpufcule au centre.

Soient $AHKB$, $ahkb$ deux fuperficies fphériques égales; S, s leurs centres; P, p deux corpufcules placés hors de ces fpheres, chacun à une diftance quelconque du centre. Soient de plus $PASB$, $pasb$ des droites tirées des corpufcules aux centres S & s; PHK & PIL, phk & pil d'autres droites tirées par les mêmes corpufcules en telle forte que les arcs HK & IL, hk & il foient refpectivement égaux; SFD & SE, sfd & se les perpendiculaires abaiffées des centres S & s fur les cordes HK & IL, hk & il; IR & IQ, ir & iq les perpendiculaires abaiffées de I fur PK & fur PB, & de i fur pk & fur pb. Enfin foit fuppofé que les angles DPE, dpe s'évanouiffent, ce qui, à caufe de l'égalité de DS & de ds, de ES & de es, permet de regarder les lignes PE & PF, pe & pf, DF & df comme égales.

Cela posé, on aura $PI : PF :: RI : DF$ & $pf : pi ::$ df ou $DF : ri$, ce qui donnera $PI \times pf : PF \times pi :: RI :$ ri ou (Cor. 3. Lem. VII.) $:: IH : ih$. De plus, $PI : PS ::$ $IQ : SE$ & $ps : pi ::$ se ou $SE : iq$ & par conséquent, $PI \times ps : PS \times pi :: IQ : iq$. Delà on tire $PI^2 \times pf \times ps :$ $pi^2 \times PF \times PS :: IQ \times HI : ih \times iq$. C'est-à-dire, que la petite surface sphérique produite par la révolution de HI autour de PS est à la petite surface sphérique produite par la révolution de hi autour de ps, comme $PI^2 \times pf \times ps$ à $pi^2 \times PF \times PS$. Mais les forces avec lesquelles ces petites surfaces tirent vers elles les corpuscules P & p sont (par hypothese) comme ces surfaces directement, & comme les quarrés des distances PI & pi inversement, donc ces forces sont comme $pf \times ps$ à $PF \times PS$.

En décomposant présentement ces forces, par le Corol. 2. des loix, pour avoir les parties qui en résultent dans le sens des diamétres PS, ps il est clair, que les forces résultantes dans cette direction seront aux forces totales comme PS à PF & comme ps à pf. Donc la force suivant PS de la petite surface produite par HI sera à la force suivant ps de la petite surface produite par hi, comme $pf \times ps \times \frac{PF}{PS}$ à $PF \times PS \times \frac{pf}{ps}$, c'est-à-dire, en raison renversée des quarrés des distances PS, ps. Or on trouveroit la même chose pour toutes les autres petites surfaces dont les deux superficies sphériques sont composées. Donc les attractions entiéres de ces deux superficies sur les corpuscules P & p sont entr'elles en raison renversée des quarrés des distances de ces corpuscules aux centres. C. Q. F. D.

PROPOSITION LXXII. THÉORÉME XXXII.

Si toutes les parties d'une sphere homogene attirent en raison renversée du quarré des distances ; & qu'on suppose donnés, tant la densité de cette sphere, que le rapport du rayon de cette sphere à la distance du corpuscule qu'elle attire, l'attraction éxercée sur ce corpuscule sera proportionnelle au rayon de la sphere.

Qu'on se représente deux spheres & deux corpuscules placés à des distances de leurs centres respectivement proportionnelles aux rayons de ces spheres. Qu'on imagine ensuite ces deux spheres composées d'une infinité de particules respectivement semblables & semblablement posées par rapport aux corpuscules. Il est clair, que les attractions que chacun de ces corpuscules souffrira de la part de toutes les particules de la sphere attirante, seront en raison composée de toutes ces particules directement, & de tous les quarrés de leur distance inversement. Mais toutes ces particules étant semblables & semblablement placées, elles seront comme les cubes des rayons, & les quarrés des distances des corpuscules à chaque particule sont comme les quarrés de ces mêmes rayons; donc toutes les attractions de ces particules seront seulement comme les rayons; donc les attractions de ces deux spheres seront dans cette même raison.
C. Q. F. D.

Cor. 1. Si deux corpuscules, se mouvant autour de deux spheres de même matiére attractive, décrivent chacun un orbite circulaire, & que les rayons de ces orbites soient proportionnels aux rayons des spheres attirantes, les temps périodiques seront égaux.

Cor. 2. Et réciproquement, si les temps périodiques sont égaux, les distances des corpuscules seront proportionnelles aux rayons des spheres. Ces deux Corollaires sont évidens par le Corol. 3. de la Prop. 4.

Cor. 3. Deux solides quelconques semblables & homogenes, étant composés de parties qui attirent en raison renversée des quarrés des distances, éxercent sur deux corpuscules, placés semblablement par rapport à eux, des forces qui sont dans la raison directe de leurs dimensions semblables.

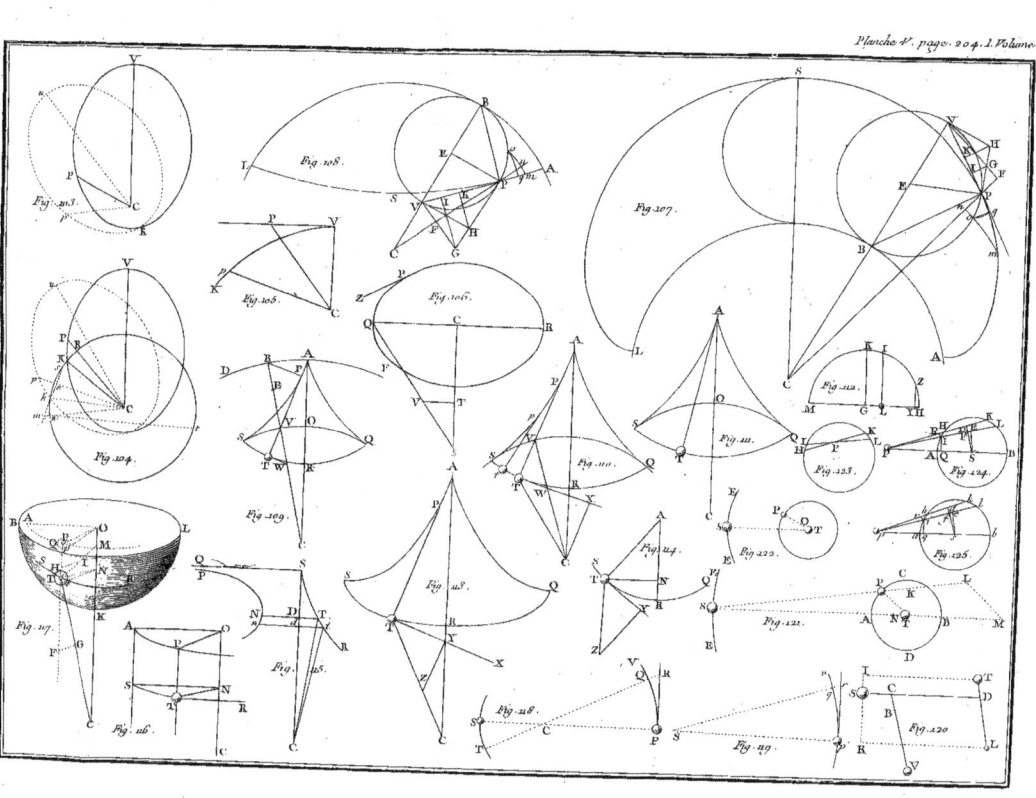

PROPOSITION LXXIII. THÉORÊME XXXIII.

Un corpuscule, placé dans l'intérieur d'une sphere dont les parties attirent en raison renversée du quarré des distances, tend vers le centre de cette sphere avec une force proportionnelle à la simple distance.

Que $ACBD$ soit la sphere attirante, P le corpuscule placé Fig. 126. dans son intérieur, S le centre de cette sphere, & $PEQF$ la sphere décrite du même centre S & du rayon PS. Il est clair, par la Proposition 70, que toutes les surfaces sphériques comprises entre $ACBD$, & $EPFQ$ n'éxercent aucune attraction sur le corpuscule P, & que par conséquent la seule sphere intérieure $PEQF$ agit sur ce corpuscule. Mais l'attraction de cette sphere est par la Proposition 72. comme la distance PS. Donc, &c. C. Q. F. D.

SCHOLIE.

Les superficies que je suppose ici former un solide par leur assemblage ne sont pas des superficies purement mathématiques, ce sont des orbes dont l'épaisseur est si petite, qu'on la peut regarder comme nulle, c'est-à-dire, les orbes évanouissantes qui composent une sphere lorsque leur nombre & leur ténuité sont augmentés à l'infini. J'entends de même par les points qui composent les lignes, les superficies, & les solides, des particules de ces quantités dont l'étendue est si petite, qu'on peut les négliger.

PROPOSITION LXXIV. THÉORÊME XXXIV.

Les mêmes choses que dans les Propositions précédentes étant posées, un corpuscule placé hors d'une sphere, est attiré vers le centre de cette sphere par une force réciproquement proportionnelle au quarré de sa distance à ce centre.

Car si on suppose que cette sphere soit partagée en une infinité de surfaces sphériques qui aient le même centre qu'elle, toutes ces surfaces éxerceront sur le corpuscule extérieur une attraction qui fera, fuivant la Prop. 71. dans la raifon renverfée du quarré de la diftance du corpufcule au centre. Ajoutant donc toutes ces attractions, la fomme totale ou l'attraction de la fphere fera dans la même raifon. *C. Q. F. D.*

Cor. 1. Delà il fuit, qu'à des diftances égales, les attractions des fpheres de même denfité feront comme ces fpheres. Car, par la Prop. 72. deux fpheres exercent à des diftances proportionnelles à leurs rayons des forces auffi proportionnelles à ces rayons. Si on diminue enfuite la plus grande de ces deux diftances dans la raifon qu'ont entr'eux les rayons des deux fpheres, cette diftance deviendra par ce moyen égale à l'autre, & l'attraction fera à ce qu'elle étoit d'abord dans la raifon du quarré du rayon de la plus grande fphere au quarré du rayon de la plus petite. Mais cette attraction étoit déja à l'attraction vers l'autre fphere dans la raifon fimple des mêmes rayons; donc elle fera alors comme les cubes de ces rayons, c'eft-à-dire, comme les fpheres.

Cor. 2. A des diftances quelconques, les attractions feront en raifon directe des fpheres, & inverfe des quarrés des diftances.

Cor. 3. Si un corpufcule eft placé hors d'une fphere dont toutes les parties font fuppofées avoir des forces attractives, & qu'on ait remarqué que l'attraction de ce corpufcule vers la fphere entiere foit en raifon inverfe du quarré des diftances au centre, les attractions de toutes les particules de la fphere feront auffi en raifon renverfée des quarrés de leurs diftances au corpufcule attiré.

PROPOSITION LXXV. THÉORÉME XXXV.

Si à tous les points d'une fphere donnée tendent des forces centripetes égales, qui décroiffent en raifon doublée des diftances à ces points, cette fphere éxercera fur une autre fphere quelconque compofée de parties homogenès entr'elles une attraction qui fera en raifon renverfée du quarré des diftances de leurs centres.

Car l'attraction d'une particule quelconque de la fphere attirée est en raison renversée du quarré de sa distance au centre de la sphere attirante par la Prop. 74. & elle est par conséquent la même qu'elle seroit si toute la sphere attirante étoit réduite à un corpuscule placé dans son centre. Mais l'action de ce corpuscule auquel on suppose réduite la sphere attirante, doit être la même sur la sphere attirée qu'elle seroit, si au lieu d'agir sur cette sphere attirée, il éprouvoit au contraire vers les parties de cette sphere des forces égales à celles avec lesquelles il les attire ; & la somme des forces avec lesquelles il seroit attiré par cette sphere, seroit, par la Proposition 74. en raison inverse du quarré de la distance au centre. Donc l'attraction du corpuscule, ou, ce qui revient au même, celle de la sphere attirante sur la sphere attirée, est réciproquement proportionnelle au quarré de la distance des centres de ces spheres.

Cor. 1. Les attractions des spheres vers d'autres spheres homogenes sont comme les spheres attirantes directement, & comme les quarrés des distances des centres inversement.

Cor. 2. Il en est de même lorsque la sphere attirée attire aussi. Car chaque point de cette sphere attire les points de l'autre avec la même force avec laquelle il en est réciproquement attiré. Si donc dans toute attraction le point attirant éprouve la même action que le point attiré, il en naîtra une action mutuelle double, proportions gardées.

Cor. 3. Tout ce qui a été dit ci-dessus du mouvement des corps dans des sections coniques autour des foyers a lieu, si on place dans ces foyers les centres des spheres attirantes.

Cor. 4. Et tout ce qui concerne le mouvement dans des sections autour du centre de ces courbes peut s'appliquer aux mouvemens qui se font dans l'intérieur d'une sphere.

PROPOSITION LXXVI. THÉORÈME XXXVI.

Deux spheres dont toutes les parties agissent en raison renversée du quarré des distances, étant composées l'une & l'autre d'orbes concen-

triques dont les denſités du centre à la circonférence varient ſuivant, une loi quelconque, s'attirent réciproquement avec des forces qui ſont en raiſon renverſée du quarré des diſtances de leurs centres.

Soient *A B*, *C D*, *E F*, &c. tant de ſpheres concentriques homogenes qu'on voudra, dont les intérieures étant ajoutées aux extérieures, ou en étant retranchées forment une ſphere totale *A B* compoſée de couches plus ou moins denſes vers le centre qu'à la circonférence. Soient enſuite *G H*, *I K*, *L M*, &c. d'autres ſpheres homogenes concentriques dont l'addition ou la ſouſtraction forment pareillement une ſphere *G H* hétérogene du centre à la circonférence. Par la Prop. 75. une quelconque des ſpheres homogènes *A B* ou *C D*, &c. & une quelconque des ſpheres homogénes *G H*, *I K*, &c. s'attireront réciproquement avec une force qui eſt en raiſon renverſée du quarré de *S P*. Donc les attractions réciproques des ſpheres totales hétérogenes *A B*, *G H* qui ſont produites par les ſommes ou par les différences des attractions des ſpheres homogenes, ſeront auſſi en raiſon renverſée du quarré de *S P*.

Qu'on ſuppoſe préſentement que le nombre de toutes ces ſpheres homogenes, dont l'addition ou la ſouſtraction forment les ſpheres hétérogenes, ſoit augmenté juſqu'à l'infini, on pourra donner à ces ſpheres hétérogenes une loi quelconque de denſité du centre à la circonférence, & leur attraction réciproque demeurera toujours en raiſon renverſée du quarré de la diſtance *S P*. *C. Q. F. D.*

Cor. 1. Si on a pluſieurs ſpheres compoſées ainſi d'orbes de différentes denſités, l'attraction accélératrice de l'une quelconque de ces ſpheres vers une autre quelconque, à même diſtance, ſera comme la ſphere attirante.

Cor. 2. Et à diſtance inégale, elle ſera comme cette ſphere diviſée par le quarré de la diſtance.

Cor. 3. Mais l'attraction motrice, à diſtance égale, ſera comme le produit de la ſphere attirée par la ſphere attirante.

Cor. 4.

Cor. 4. Et à diſtance inégale, comme ce produit diviſé par le quarré de la diſtance.

Cor. 5. Il en eſt de même lorſque l'attraction vient de la force attractive mutuelle de chaque ſphere l'une vers l'autre, car de ces deux attractions il s'en forme une ſeule égale à leur ſomme.

Cor. 6. Lorſque l'on comparera les révolutions que des ſpheres entierement ſemblables, formées, ſuivant la même loi, ainſi d'orbes de différentes denſités, font les unes autour des autres, on trouvera que ſi les diſtances de celles qui tournent à celles qui ſont fixes, ſont proportionnelles aux rayons de ces ſpheres fixes, les temps périodiques ſeront égaux.

Cor. 7. Et réciproquement ſi les temps périodiques ſont égaux, les diſtances ſeront proportionnelles à ces rayons.

Cor. 8. Tout ce qu'on a démontré ci-deſſus du mouvement des corps autour des foyers des ſections coniques a lieu, lorſque la ſphere attirante, formée ainſi d'orbes de différentes denſités, eſt placée au foyer.

Cor. 9. Et il en eſt de même lorſque le corps qui décrit la trajectoire eſt auſſi une ſphere attirante formée d'orbes de différentes denſités.

PROPOSITION LXXVII. THÉORÉME XXXVII.

Si toutes les parties des ſpheres attirent avec des forces qui ſoient comme les diſtances, la force compoſée par laquelle deux ſphéres s'attirent mutuellement eſt comme la diſtance qui ſépare les centres de ces ſpheres.

Cas. 1. Soient $AEBF$ une ſphere, S ſon centre, P un corpuſcule qu'elle attire, $PASB$ l'axe de la ſphere paſſant par le centre du corpuſcule, EF, ef deux ſections de la ſphere faites par des plans qui coupent l'axe perpendiculairement à des diſtances égales SG, sg du centre; ſoit de plus H un point quelconque du plan EF. Il eſt clair, que la force centripete du point H ſur le corpuſcule P ſuivant la ligne PH, ſera comme

Fig. 128.

la distance PH; & que par le Cor. 2. des loix, cette force décomposée suivant PG, c'est-à-dire, la force vers le centre S, sera comme la droite PG. Donc la force de tous les points du plan EF, c'est-à-dire, la force totale de ce plan, par laquelle le corpuscule P est attiré vers le centre S, est comme la distance PG multipliée par le nombre des points, c'est-à-dire, comme le solide formé par ce même plan EF, & cette droite PG. Par la même raison, la force du plan ef par laquelle le corpuscule P est attiré vers le centre S sera comme ce plan multiplié par sa distance Pg, ou comme le plan EF égal au plan ef multiplié par cette même distance Pg, d'où il suit, que la somme des forces de l'un & de l'autre plan sera comme le plan EF multiplié par la somme des distances $PG + Pg$, c'est-à-dire, comme ce plan multiplié par le double de la distance PS qui est entre le centre & le corpuscule, ou, ce qui revient au même, comme la somme des plans égaux $EF + ef$ multipliée par cette même distance ; & comme il en seroit de même des forces de tous les plans qu'on peut imaginer de chaque côté du centre de la sphere, & également distans de ce centre, la somme de toutes ces forces, c'est-à-dire, celle de la sphere entiere sur le corpuscule, sera comme cette sphere multipliée par la distance SP.   C. Q. F. D.

Cas. 2. Si on suppose que le corpuscule P attire la sphere $AEBF$, on prouvera par le même raisonnement qu'il exercera sur cette sphere une force proportionnelle à la distance PS.   C. Q. F. D.

Cas. 3. Qu'on imagine présentement en P une autre sphere composée d'une infinité de corpuscules P. De ce que la force, par laquelle un corpuscule unique est attiré, est en raison composée de la solidité de la premiere sphere, & de la distance du corpuscule à son centre, & de ce que cette force est par conséquent la même que si elle émanoit toute d'un corpuscule unique placé au centre de la premiere sphere : il suit que la force entière par laquelle font attirés tous les corpuscules de la seconde sphere, c'est-à-dire, la force par laquelle la seconde sphere entiere est attirée, sera la même qu'elle seroit, si toute cette sphere étoit attirée par un corpuscule unique placé au centre de la premiere sphere : & par conséquent, par le cas 2, cette force sera proportionnelle à la distance entre les centres des deux spheres. *C. Q. F. D.*

Cas. 4. Et si on suppose que ces spheres s'attirent mutuellement, leurs forces réunies conserveront la même proportion. *C. Q. F. D.*

Cas. 5. Que le corpuscule *p* soit placé maintenant au-dedans de la sphere *A E B F*, parce que la force du plan *ef* sur ce corpuscule est comme le solide formé par ce plan & la distance *p g* ; & que la force contraire du plan *E F* est comme le solide formé par ce même plan & la distance *p G* ; la force composée des deux sera comme la différence de ces solides, c'est-à-dire, comme la somme des plans égaux multipliée par la moitié de la différence des distances, c'est-à-dire, comme cette somme multipliée par la distance *p S* du corpuscule au centre de la sphere. Or, comme il en seroit de même de l'attraction de tous les plans *E F*, *ef* qu'on peut imaginer dans la sphere entiere, c'est-à-dire, de l'attraction de toute la sphere, cette attraction doit donc être le produit de la somme de tous ces plans, ou de la sphere totale par la distance *p S*. *C. Q. F. D.*

Cas 6. Et si on s'imagine une nouvelle sphere composée d'un nombre innombrable de corpuscules *p*, & placée au dedans de la premiere sphere *A E B F* ; on prouvera, comme ci-dessus, que l'attraction sera comme la distance *p S* des centres, soit que l'on considere l'attraction seule d'une sphere sur l'autre, soit que l'on considere l'attraction mutuelle des deux spheres l'une sur l'autre. *C. Q. F. D.*

PROPOSITION LXXVIII. THÉORÉME XXXVIII.

Deux sphères, composées chacune d'orbes dont les densités varient du centre à la circonférence suivant une loi quelconque, étant formées l'une & l'autre d'une matière dont toutes les parties attirent en raison directe des distances, exercent l'une sur l'autre des forces proportionnelles à la distance de leurs centres.

Cette Proposition suit de la précédente de la même maniere que la Proposition 76. suit de la Proposition 75.

Cor. Tout ce qui a été démontré ci-dessus dans les Propositions 10 & 64 du mouvement des corps autour des centres des sections coniques a lieu, lorsque les corps attirans & les corps attirés ont les conditions qu'on suppose dans cette Proposition.

SCHOLIE.

J'ai expliqué les deux principaux cas des attractions, celui où les forces centripetes décroissent en raison doublée des distances, & celui où elles croissent dans la raison simple des distances. Dans l'un & l'autre cas, les révolutions des corps se font dans des sections coniques, & les forces centripetes des particules qui composent les corps sphériques croissent ou décroissent en s'éloignant du centre, selon la même loi que la force centripete des corps entiers, ce qui est digne de remarque.

Les autres cas qui donnent des conclusions moins élégantes seroient trop longs à parcourir chacun en particulier : je vais les donner tous par une méthode générale.

LEMME XXIX.

Si on décrit du centre S un cercle quelconque A E B, & du centre P deux cercles E F, e f, qui coupent, tant le premier en E & en e, que la ligne P S en F & en f, qu'on abaisse de plus E D, e d perpendiculaires sur P S ; je dis, que lorsque la distance des arcs E F, e f diminue à l'infini, la derniere raison de la ligne éva-

DE LA PHILOSOPHIE NATURELLE.

nouissante Dd à la ligne évanouissante Ff est la même que celle de la ligne PE à la ligne PS.

Car en prolongeant la droite Ee qui coïncide avec l'arc évanouissant Ee jusqu'à ce qu'elle rencontre la droite PS en T; & abaissant du point S la perpendiculaire SG sur PE, on aura (à cause des triangles semblables DTE, dTe, DES;) Dd : Ee :: DT : TE, ou :: DE : ES ; & en supposant que q soit la rencontre de Pe & de l'arc EF, les triangles Eeq, ESG seront semblables par le Lemme 8. & par le Cor. 3. du Lemme 7. ils donneront Ee : eq ou Ff :: ES : SG ; & Dd : Ff :: DE : SG, c'est-à-dire, (à cause des triangles semblables PDE, PGS) :: PE : PS.   C. Q. F. D.

Fig. 130.

PROPOSITION LXXIX. THÉORÉME XXXIX.

Si la superficie EF, fe, *dont la largeur est supposée évanouissante, tourne autour de l'axe* PS, *& que chacune des particules du solide produit par cette révolution attire le corpuscule* P *avec une force égale, la force entière avec laquelle ce solide attirera le corpuscule* P *vers* S *sera en raison composée du solide* $DE^2 \times Ff$, *& de la force avec laquelle une particule donnée & placée dans un lieu* Ff *attireroit ce même corpuscule.*

Fig. 131.

N'éxaminant d'abord que la force de la superficie sphérique FE, produite par la circonvolution de l'arc FE, on verra, par ce qu'a enseigné Archimède dans son Traité *de la Sphere & du Cylindre*, que la partie annulaire de cette superficie, produite par la révolution du petit arc Er dont l'extrémité r est la rencontre de ed & de EF, doit être proportionnelle à Dd, le rayon PE demeurant constant ; & la force de cette superficie, éxercée suivant les lignes PE, devant être comme cette superficie annulaire, sera aussi comme Dd, ou, ce qui est la même chose, comme le rectangle sous PE & Dd : mais cette même force éxercée suivant la ligne PS qui tend au centre S sera moindre dans la raison de PD à PE : donc sa force dans cette direction sera proportionnelle à $PD \times Dd$. Et si on suppose que la ligne DF soit divisée en un nombre innombrable de parties égales telles que Dd, & que la superficie FE soit divisée en même temps en autant d'anneaux égaux par les plans élevés perpendiculairement du point D, il est clair, que la somme des forces de tous ces anneaux sera comme la somme de tous les $PD \times Dd$, c'est-à-dire, comme $\frac{1}{2}PF^2 - \frac{1}{2}PD^2$, & par conséquent comme DE^2.

Connoissant ainsi l'attraction de la superficie FE, celle du solide $FEfe$ sera connue aussi : il ne faudra pour l'avoir que multiplier la premiere par Ff, c'est-à-dire, que cette attraction deviendra proportionnelle à $DE^2 \times Ff$, si la force qu'une particule donnée Ff exerce sur le corpuscule P à la distance PF est donnée. Mais si cette force n'est pas donnée, la force du solide $EFfe$ sera comme le solide $ED^2 \times Ff$ & cette force qui n'est pas donnée conjointement.

PROPOSITION LXXX. THÉORÉME XL.

ABE *étant une sphere homogene dont le centre est* S, *& dont toutes les parties attirent suivant une loi quelconque des distances*, *&* P *un corpuscule placé sur l'axe* AB *de cette sphere*, *la force avec laquelle ce corpuscule sera attiré par toute la sphere*, *sera proportionnelle à l'aire* ABN *d'une courbe* ANB *dont les ordonnées* DN *correspondantes aux ordonnées* DE *du cercle* SEB *sont prises en raison composée de la force qu'exerce sur* P *la particule placée en* E, *& du solide* $\frac{DE^2 \times PS}{PE}$.

Conservant les constructions du dernier Lemme & du dernier Théoréme, concevez l'axe AB de la sphere divisé en un nombre innombrable de particules égales Dd, & toute la sphere divisée en autant de petites lames sphériques $EFfe$; & par le point n élevez l'ordonnée dn à la courbe ANB, il est clair, par le Théoréme précédent, que la force avec laquelle la petite lame $EFfe$ attire le corpuscule P, est en raison composée de $DE^2 \times Ff$ & de la force qu'une particule exerce à la distance PE. Mais par le dernier Lemme $Dd : Ff :: PE : PS$, ce qui donne $Ff = \frac{PS \times Dd}{PE}$; & $DE^2 \times Ff = Dd \times \frac{DE^2 \times PS}{PE}$. Donc la force de la petite lame $EFfe$ est en raison composée de $Dd \times \frac{DE^2 \times PS}{PE}$ & de la force qu'une particule exerce à la distance PF, c'est-à-dire, par la construction de la courbe ANB, comme $DN \times Dd$ ou comme l'aire évanouissante $DNnd$. Donc les forces de toutes les petites lames de même espèce, ou, ce qui revient au même, la force de la sphere entiere sur le corpuscule P est comme l'aire totale ANB.

Cor. 1. Delà, si la force centripete qui tend à chaque particule est toujours la même quelle que soit la distance, & qu'on suppose DN proportionnelle à $\frac{DE^2 \times PS}{PE}$, la force totale par laquelle le corpuscule P sera attiré par la sphere sera comme l'aire ANB.

Cor. 2. Si la force centripete des particules est réciproquement comme la distance du corpuscule qu'elles attirent, & qu'on fasse DN proportionnelle à $\frac{DE^2 \times PS}{PE^2}$, la force par laquelle le corpuscule P sera attiré par toute la sphére, sera comme l'aire ANB.

Cor. 3. Si la force centripete des particules est réciproquement comme le cube de la distance du corpuscule qu'elles attirent, & qu'on fasse DN proportionnelle à $\frac{DE^2 \times PS}{PE^4}$; la force par laquelle le corpuscule sera attiré par toute la sphere sera comme l'aire ANB.

Cor. 4. Et généralement, si on suppose que la force centripete, qui tend vers chaque particule de la sphere, soit réciproquement comme la quantité V, & qu'on prenne DN proportionnelle à

$\frac{DE^2 \times PS}{PE \times V}$; la force, par laquelle le corpuscule sera attiré par toute la sphere, sera comme l'aire ANB.

PROPOSITION LXXXI. PROBLÈME XLI.

Fig. 133. *Les mêmes choses étant posées, on demande la valeur de l'aire* ANB.

Ayant tiré du point P la droite PH qui touche la sphere en H, & ayant abaissé la perpendiculaire HI sur l'axe PAB, on coupera PI en deux parties égales au point L, & on aura $PE^2 = PS^2 + SE^2 + 2 PS \times SD$; mais SE^2 ou SH^2 est égal au rectangle $PS \times SI$ à cause des triangles semblables SPH, SHI: donc $PE^2 = PS \times \overline{PS + SI + 2SD}$, c'est-à-dire, $= PS \times \overline{2SL \times 2SD} = PS \times 2LD$. De plus $DE^2 = SE^2 - SD^2 = SE^2 - LS^2 + 2LS \times LD - LD^2$ ou enfin $= 2SL \times LD - LD^2 - AL \times LB$, à cause que $LS^2 - SE^2$ ou $LS^2 - SA^2$ est égal au rectangle $AL \times LB$. Ecrivant donc $2SL \times LD - LD^2 - AL \times LB$ au lieu de DE^2; la quantité $\frac{DE^2 \times PS}{PE \times V}$ (laquelle, selon le Corol. 4. de la Prop. précédente, est comme la longueur de l'ordonnée DN) se décomposera dans les trois parties $\frac{2SL \times LD \times PS}{PE \times V} - \frac{LD^2 \times PS}{PE \times V} - \frac{AL \times LB \times PS}{PE \times V}$; & si dans ces trois parties on écrit au lieu de V la quantité qui exprime la force centripete d'une particule en E sur le corpuscule P, & au lieu de PE la moyenne proportionnelle entre PS & $2LD$; on aura les ordonnées d'autant de courbes, dont on connoîtra les aires par les méthodes ordinaires. *C. Q. F. F.*

Exemple 1. Si la force centripete tendante à chacune des particules de la sphere est réciproquement comme la distance, écrivez PE au lieu de V & ensuite $2PS \times LD$ au lieu de PE^2, & vous aurez DN proportionnelle à $SL - \frac{1}{2}LD - \frac{AL \times LB}{2LD}$.

Supposez que DN soit égale au double $2SL - DL - \frac{AL \times LB}{LD}$

DE LA PHILOSOPHIE NATURELLE.

de cette quantité : la partie donnée $2SL$ de cette ordonnée servant d'ordonnée elle-même, AD servant d'abscisse, donnera pour la premiere aire le rectangle $2SL \times AB$; la seconde partie variable LD servant d'ordonnée pour la même abscisse AD donnera pour la seconde aire $\frac{LB^2 - LA^2}{2}$ ou $SL \times AB$; qui étant soustraite de la premiere aire $2SL \times AB$ donnera l'aire $SL \times AB$. La troisiéme partie $\frac{AL \times LB}{LD}$ variable aussi, donnera pour la troisiéme aire, une aire hyperbolique, laquelle étant soustraite de l'aire $SL \times AB$ donnera pour reste l'aire cherchée ANB d'où l'on tire la construction suivante du Problême.

Aux points L, A, B élevez les perpendiculaires Ll, Aa, Bb, desquelles $Aa = LB$ & $Bb = LA$. Décrivez ensuite par les points ab l'hyperbole ab dont les asymptotes soient Ll, LB, & la corde ba renfermera l'aire aba égale à l'aire cherchée ANB.

Exemple 2. Si la force centripete qui tend à chaque particule de la sphere, est réciproquement comme le cube de la distance, ou ce qui revient au même, comme le cube divisé par un plan quelconque donné ; écrivez alors $\frac{PE^3}{2AS^2}$ aulieu de V, & $2PS \times LD$ au lieu de PE^2 ; vous aurez par ce moyen DN proportionnelle à $\frac{SL \times AS^2}{PS \times LD} - \frac{AS^2}{2PS} - \frac{AL \times LB \times AS^2}{2PS \times LD^2}$, c'est-à-dire, (à cause que $\div PS$, AS, SI) proportionnelle à $\frac{SL \times SI}{LD} - \frac{1}{2}SI - \frac{AL \times LB \times SI}{2LD^2}$. Faisant servir de même ces trois parties d'ordonnées pendant que AD sert d'abscisse, la premiere $\frac{LS \times SI}{LD}$ donnera l'aire d'une hyperbole ; la seconde $\frac{1}{2}SI$ donnera l'aire $\frac{1}{2}AB \times SI$; & la troisiéme $\frac{AL \times LB \times SI}{2LD^2}$ donnera l'aire $\frac{AL \times LB \times SI}{2LA} - \frac{AL \times LB \times SI}{2LB}$, c'est-à-dire, $\frac{1}{2}AB \times SI$;

souftrayant de la première la fomme de la feconde & de la troifiéme, il reftera l'aire cherchée ANB, ce qui fournit cette conftruction.

Fig. 135. Elevez aux points L, A, S, B les perpendiculaires Ll, Aa, Ss, Bb, defquelles Ss foit égale à SI; & décrivez par le point s l'hyperbole asb dont les afymptotes foient Ll, BL. Cette hyperbole coupera les lignes Aa, Bb aux points a & b, & donnera par ce moyen l'aire $AasbB$, de laquelle retranchant le rectangle $2AS \times SI$, on aura l'aire cherchée ANB.

Fig. 133. *Exemple 3.* Si la force centripete qui tend à chaque particule de la fphere décroît en raifon quadruplée de la diftance à ces particules, écrivez $\frac{PE^4}{2AS^3}$ au lieu de V, & enfuite $\sqrt{2PS \times LD}$ au lieu de PE, par ce moyen DN deviendra proportionnelle à $\frac{SI^2 \times SL}{\sqrt{2SI}} \times \frac{1}{\sqrt{LD^3}} - \frac{SI^2}{2\sqrt{2SI}} \times \frac{1}{\sqrt{LD}} - \frac{SI^2 \times AL \times LB}{2\sqrt{2SI}} \times \frac{1}{\sqrt{LD^5}}$, dont les trois parties, fervant toujours d'ordonnées tandis que AD fert d'abfciffe, donneront les trois aires $\frac{2SI^2 \times SL}{\sqrt{2SI}} \times \frac{1}{\sqrt{LA}} - \frac{1}{\sqrt{LB}}$; $\frac{SI^2}{\sqrt{2SI}} \times \overline{\sqrt{LB} - \sqrt{LA}}$; & $\frac{SI^2 \times AL \times LB}{2\sqrt{2SI}} \times \frac{1}{LA \times \sqrt{LA}} - \frac{1}{LB \times \sqrt{LB}}$ qui fe réduifent aux trois quantités $\frac{2SI^2 \times SL}{LI}$; SI^2 & $SI^2 \times \frac{2SI}{3LI}$, de la premiere defquelles retranchant la fomme des deux autres, il refte $\frac{4SI^3}{3LI}$; d'où l'on apprend que la force avec laquelle P eft attiré par la fphere entiere eft proportionnelle à $\frac{SI^3}{PI}$, ou, ce qui revient au même, que cette force eft en raifon renverfée de $PS^3 \times PI$.   C. Q. F. T.

Par la même méthode on pourroit déterminer l'attraction d'un corpufcule placé au-dedans d'une fphere, mais on aura plus facilement cette attraction par le Théoréme fuivant.

PROPOSITION LXXXII. THÉORÉME XLI.

Fig. 136.

Dans une sphere dont le centre est S & le rayon S A, si on prend S I, S A, S P continuellement proportionnelles, l'attraction d'un corpuscule placé dans un lieu quelconque I au dedans de cette sphere, sera à l'attraction d'un autre corpuscule placé hors de la sphere, dans le lieu P, en raison composée de la raison sousdoublée des distances I S, P S, du centre, & de la raison sousdoublée des forces avec lesquelles ces mêmes corpuscules P & I seroient attirés par une seule particule placée au centre de la sphere.

Si, par éxemple, les forces centripetes des particules de la sphere sont réciproquement comme les distances du corpuscule qu'elle attire; la force par laquelle un corpuscule placé en I est attiré par toute la sphere, sera à la force par laquelle il seroit attiré s'il étoit placé en P en raison composée de la raison sousdoublée de la distance $S I$ à la distance $S P$, & de la raison sousdoublée inverse des distances $S I$, $S P$; or comme ces deux raisons sousdoublées composent une raison d'égalité, les attractions éxercées par la sphere entiere en I & en P sont égales.

Si les forces des particules de la sphere sont réciproquement en raison doublée des distances, on trouvera par le même calcul que l'attraction en I est à l'attraction en P, comme la distance $S P$ au demi-diametre $S A$ de la sphere.

Si les forces sont réciproquement en raison triplée des distances, les attractions en I & en P seront l'une à l'autre comme $S P^2$ à $S A^2$.

Si elles sont en raison quadruplée, les attractions seront comme $S P^3$ à $S A^3$. Ainsi comme l'attraction en P dans ce dernier cas a été trouvée réciproquement comme $P S^3 \times P I$, l'attraction en I sera réciproquement comme $S A^3 \times P I$, c'est-à-dire, (à cause que $S A^3$ est donnée) réciproquement comme $P I$, il en seroit de même des autres cas. Ce Théoréme se démontre ainsi.

De la même maniere qu'on a vu dans la solution du Problême

précédent que lorsque le corpuscule placé en P donnoit l'ordonnée DN proportionnelle à la quantité $\frac{DE^2 \times PS}{PE \times V}$, on verra en faisant le même usage de I que l'on a fait de P que cette ordonnée DN doit être dans ce cas proportionnelle à $\frac{DE^2 \times IS}{IE \times V}$, supposant donc que les forces centripetes, qui émanent d'un point quelconque E de la sphere, soient l'une à l'autre dans les distances IE, PE comme PE^n à IE^n, on trouvera que l'ordonnée DN que donneroit la supposition du corpuscule en P est à celle que donneroit la supposition du corpuscule en I dans le rapport des quantités $\frac{DE^2 \times PS}{PE \times PE^n}$ & $\frac{DE^2 \times IS}{IE \times IE^n}$, c'est-à-dire, dans le rapport de $PS \times IE \times IE^n$, à $IS \times PE \times PE^n$. Or, parce que les lignes SI, SE, SP sont en proportion continue, les triangles SPE, SIE sont semblables & donnent $IE : PE :: IS : SE$ ou SA. Ecrivant donc dans le rapport précédent des deux valeurs de DN la raison de IS à SA au lieu de celle de IE à PE, on aura le rapport de $PS \times IE^n$ à $SA \times PE^n$. Mais la raison de PS à SA est la raison sousdoublée des distances PS, SI; & la raison de IE^n à PE^n (à cause de la proportion $IE : PE :: IS : SA$) est la raison sousdoublée des forces aux distances PS, IS. Donc les valeurs de DN dans les deux cas, & par conséquent les aires des courbes auxquelles elles appartiennent, ou, ce qui revient au même, les attractions des corpuscules en P & en I, sont en raison composée de ces raisons sousdoublées. *C. Q. F. D.*

PROPOSITION LXXXIII. PROBLÉME XLII.

Trouver la force par laquelle un corpuscule placé dans le centre d'une sphere est attiré vers un segment quelconque de cette sphere.

Soit P le corpuscule placé au centre de la sphere, & $RBSD$ le segment qui l'attire. Soit de plus EFG une des surfaces sphériques quelconques décrites du centre P & du rayon PF; desquelles on peut supposer que le segment proposé est composé, en ne regardant pas ces surfaces comme purement mathématiques, mais comme ayant une épaisseur infiniment petite.

Nommant O cette petite épaisseur, il est clair, par ce qu'a démontré Archiméde, que la surface ou orbe sphérique EFG sera proportionnelle à $PF \times DF \times O$, & par ce qui a été démontré dans la Proposition 79, si on suppose que les forces attractives des particules de la sphere, soient en raison renversée des puissances n des distances, l'attraction de cette orbe sera comme $\frac{DE^2 \times O}{PF^n}$, c'est-à-dire, comme $\frac{2 DF \times O}{PF^{n-1}} - \frac{DF^2 \times O}{PF^n}$. Prenant donc l'ordonnée FN proportionnelle à cette quantité, l'aire DB, de la courbe qu'on décrira par ce moyen, exprimera l'attraction cherchée du corpuscule P vers le segment proposé $RBSD$. *C. Q. F. T.*

Fig. 137.

PROPOSITION LXXXIV. PROBLÉME XLIII.

Trouver la force par laquelle un corpuscule placé hors du centre de la sphere & sur l'axe d'un segment quelconque, est attiré par ce même segment.

Que le corps P soit attiré par le segment EBK dans l'axe ADB duquel il est placé. En décrivant du centre P & de l'intervalle PE la superficie sphérique EFK laquelle partage le segment proposé en deux parties $EBKFE$, $EFKDE$; on n'aura qu'à chercher la force de la premiere partie par la Proposition 81, & la force de la derniere par la Prop. 83; & la somme de ces forces sera la force totale du segment $EBKDE$. *C. Q. F. T.*

Fig. 138.

SCHOLIE.

Après avoir expliqué les attractions des corps sphériques, je devrois naturellement entrer dans le même détail sur les loix d'attraction des autres corps; mais il n'est pas nécessaire à mon dessein de les expliquer toutes en particulier : je me contenterai de donner quelques-unes des Propositions les plus générales sur les forces de tous ces corps en général, & sur les mouvemens qui doivent en naître, parce que ces Propositions peuvent être de quelque usage dans la Physique.

TREIZIÉME SECTION.

Des forces attractives des corps qui ne sont pas sphériques.

PROPOSITION LXXXV. THÉORÉME XLII.

Si l'attraction du corps attiré est beaucoup plus forte lorsqu'il est contigu au corps attirant, que lorsqu'il n'en est séparé que d'un très-petit intervalle : les forces des particules du corps attirant décroîtront dans une raison plus que doublée des distances à ces particules.

Les forces décroissant en raison doublée des distances, l'attraction vers une sphere, est par la Prop. 74. réciproquement comme le quarré de la distance du corps attiré au centre de la sphere, & par conséquent elle augmentera à peine sensiblement dans le contact ; donc l'augmentation seroit encore moins remarquable si la force décroissoit dans une moindre raison. La Proposition à démontrer est donc claire quant aux spheres attractives : elle a lieu aussi dans les orbes sphériques concaves qui attirent des corps placés au-dehors ; & elle est encore plus évidente pour les corps placés dans l'intérieur des orbes sphériques qui les attirent, puisque les attractions exercées par les concavités des orbes sont détruites par des attractions contraires par la Prop. 70. & que par conséquent elles sont nulles dans le contact.

Si on suppose présentement que de ces spheres ou de ces orbes sphériques on ôte des parties quelconques éloignées du lieu du contact & qu'on leur ajoûte de nouvelles parties dans d'autres endroits, on pourra changer à volonté la forme de ces corps sans que ces parties ajoûtées ou retranchées, lesquelles

DE LA PHILOSOPHIE NATURELLE. 223
font éloignées du lieu du contact, augmentent fenfiblement l'attraction de ces corps dans le contact. Donc la Propofition en queftion eft vraie pour tous les corps, quelque foit leur forme. *C. Q. F. D.*

PROPOSITION LXXXVI. THÉORÉME XLIII.

Si les forces des particules qui compofent un corps attirant décroiffent en raifon triplée ou plus que triplée des diftances, l'attraction fera beaucoup plus forte dans le contact, que lorfque le corps attirant & le corps attiré ne feront féparés que d'un très-petit intervalle.

On a vu dans la folution du Problême 41. donnée dans les Exemples 2 & 3 ; que dans cette loi d'attraction lorfque le corpufcule attiré approche de la fphere qui l'attire, l'attraction augmente à l'infini. On concluera facilement la même chofe (par ces éxemples & par le Théorême 41.) des attractions des corps vers des orbes concaves convexes, foit que les corps attirés foient placés hors de ces orbes, foit qu'ils foient dans leur concavité. Or en ajoutant ou en ôtant à ces fpheres & à ces orbes de la matiére quelconque attractive placée où l'on voudra, pourvû que ce ne foit pas dans le lieu du contact, les corps attirans pourront avoir la forme qu'on voudra, & la propofition fera prouvée en général. *C. Q. F. D.*

PROPOSITION LXXXVII. THÉORÉME XLIV.

Si deux corps femblables entre eux, & formés d'une matiére également attractive, attirent féparément des corpufcules qui leur foient proportionnels, & qui foient pofés de même par rapport à eux, les attractions accélératrices des corpufcules vers les corps entiers feront comme leurs attractions accélératrices vers les particules de ces corps fituées femblablement, & prifes proportionnelles aux touts.

Car fi ces corps font divifés dans des particules qui foient proportionnelles aux corps entiers, & pofées de même dans ces corps, les attractions vers chacune des particules du premier corps feront aux attractions vers chacune des particules correfpondantes de l'autre corps, comme l'attraction vers une particule quelconque du premier corps est à l'attraction vers une particule correspondante de l'autre corps; & par conséquent l'attraction vers le premier corps entier, sera à l'attraction vers tout le second dans cette même raison. *C. Q. F. D.*

Cor. 1. Donc si les forces attractives des particules décroissent en raison d'une puissance quelconque des distances, les attractions accélératrices vers les corps entiers feront en raison renversée de ces puissances des distances, & en raison directe des masses attirantes.

Si, par exemple, les forces des particules décroissent en raison doublée des distances aux corpuscules attirés, que les corps attirans soient comme A^3 & B^3 & que par conséquent tant les racines cubes de ces corps, que leurs distances aux corpuscules attirés soient comme A & B, les attractions accélératrices vers les corps attirans feront comme $\dfrac{A^3}{A^2}$ & $\dfrac{B^3}{B^2}$, c'est-à-dire, comme les racines cubes A & B de ces corps.

Si les forces des particules décroissent en raison triplée des distances aux corpuscules attirés, les attractions accélératrices vers les corps entiers feront comme $\dfrac{A^3}{A^3}$ & $\dfrac{B^3}{B^3}$, c'est-à-dire, égales.

Si les forces décroissent en raison quadruplée, les attractions vers les corps feront comme $\dfrac{A^3}{A^4}$ & $\dfrac{B^3}{B^4}$, c'est-à-dire, réciproquement comme les racines cubes A & B; & ainsi des autres.

Cor. 2. Et réciproquement, en connoissant les forces par lesquelles des corps semblables attirent des corpuscules semblablement placés, on pourra en conclure la loi des distances suivant laquelle agissent les particules attirantes, pourvu que cette loi dépende de quelque raison directe ou inverse des distances.

PROPOSITION

DE LA PHILOSOPHIE NATURELLE.

PROPOSITION LXXXVIII. THÉORÉME XLV.

Si les forces attractives des particules égales d'un corps quelconque, sont comme les distances, la force qu'exercera le corps entier, tendra à son centre de gravité : & elle sera la même que celle d'un globe de même masse qui auroit son centre placé dans le centre de gravité de ce corps.

Que les particules A, B du corps $RSTV$ attirent un corpuscule Z avec des forces qui soient comme les distances AZ, BZ, si ces particules sont égales entr'elles ; & qui soient en raison composée de ces particules & de leurs distances AZ, BZ, si ces particules sont supposées inégales : que ces particules A & B soient jointes par la droite AB divisée en G, ensorte que AG soit à BG comme la particule B à la particule A, G sera le commun centre de gravité de ces particules. La force $A \times AZ$ de la particule A se décomposera (par le Corol. 2. des loix) dans les forces $A \times GZ$ & $A \times AG$, & la force $B \times BZ$ de la particule B se décomposera de même dans les forces $B \times GZ$ & $B \times GB$. Mais les forces $A \times AG$ & $B \times BG$, sont égales, à cause que $BG : AG :: A : B$; donc puisqu'elles tendent vers des côtés opposés, elles se détruisent mutuellement. Il reste donc les forces $A \times GZ$ & $B \times GZ$ lesquelles tendent de Z vers le centre G, & composent la force $\overline{A+B} \times GZ$; c'est-à-dire, la même force que si les particules attractives A & B étoient placées dans leur commun centre de gravité G, & qu'elles y composassent un globe.

Par le même raisonnement, si on ajoute une troisiéme particule C, & que sa force se compose avec la force $\overline{A+B} \times GZ$ qui tend au centre G, la force qui en résultera tendra au commun centre de gravité de ce globe, lequel globe est supposé en G, & de la particule C, c'est-à-dire, au commun centre de gravité des trois particules A, B, C ; & elle sera la même que si ces trois particules ne faisoient qu'un seul globe placé dans leur

Tome I,   F f

Fig. 139.

226   PRINCIPES MATHÉMATIQUES

commun centre de gravité, & ainsi des autres à l'infini. La force totale de toutes les particules d'un corps quelconque $RSTV$, est donc la même qu'elle seroit, si ce corps, en conservant le même centre de gravité, devenoit un globe. *C. Q. F. D.*

Fig. 139.

Cor. De là, le mouvement du corps attiré Z, sera le même que si le corps attirant $RSTV$ étoit sphérique, & par conséquent si ce corps attirant est en repos, où qu'il se meuve uniformement en ligne droite, le corps attiré décrira une ellipse dont le centre sera le centre de gravité du corps attirant.

PROPOSITION LXXXIX. THÉORÉME XLVI.

Si on a plusieurs corps formés de particules égales, & dont les forces soient comme les distances: la force composée des forces de tous ces corps, & par laquelle ils attireront un corpuscule quelconque, tendra au commun centre de gravité des corps attirans; de plus cette force sera la même qu'elle seroit, si ces corps attirans en conservant leur commun centre de gravité, s'unissoient ensemble, & formoient un globe.

Cette Proposition se démontre de la même manière que la Proposition précédente.

Cor. Le mouvement du corps attiré sera donc le même, que si les corps attirans, en conservant leur commun centre de gravité, s'unissoient ensemble, & qu'il s'en formât un globe. Donc si le commun centre de gravité des corps attirans est en repos, ou se meut uniformement en ligne droite, le corps attiré décrira une ellipse autour de ce centre.

PROPOSITION XC. PROBLÉME XLIV.

Supposant qu'à chaque point d'un cercle quelconque, tendent des forces centripetes égales, & qui croissent ou décroissent dans une raison quelconque des distances, on demande la force par laquelle est attiré un corpuscule placé à volonté dans la ligne droite élevée sur le centre de ce cercle perpendiculairement à son plan.

Fig. 140.

Du centre A & d'un intervalle quelconque AD soit décrit un cercle dans le plan auquel la droite AP est perpendiculaire:

DE LA PHILOSOPHIE NATURELLE.

pour trouver la force par laquelle un corpuscule quelconque P est attiré vers ce cercle, on tirera d'un point quelconque E de ce cercle une ligne PE au corpuscule attiré P, on prendra ensuite sur la droite PA, $PF = PE$, & on tirera la perpendiculaire FK qui soit comme la force avec laquelle le point E attire le corpuscule P. On tracera la courbe IKL, lieu de tous les points K, & qui rencontre le plan du cercle en L, enfin on prendra sur PA, $PH = PD$, & on élevera la perpendiculaire HI qui rencontrera la courbe, dont on vient de parler, en I; alors l'attraction du corpuscule P vers le cercle sera comme l'aire $AHIL$ multipliée par la hauteur AP.   C. Q. F. T.

Car si on prend sur AE la ligne infiniment petite Ee, qu'on tire Pe, & que sur PE & PA on prenne PC & Pf égales à Pe, la force avec laquelle un point quelconque E de l'anneau décrit du centre A & de l'intervalle AE, attire vers lui le corpuscule P étant supposée proportionnelle à FK, on trouvera que la force avec laquelle ce point attire le corps P vers A, est proportionnelle à $\dfrac{AP \times FK}{PE}$, & que la force avec laquelle tout l'anneau attire le corps P vers A, est comme l'anneau, & $\dfrac{AP \times FK}{PE}$ conjointement; mais cet anneau est comme le rectangle formé par le rayon AE & la largeur Ee, & ce rectangle, (à cause des proportionnelles PE & AE, Ee & CE) est égal au rectangle $PE \times CE$ ou $PE \times Ff$; donc la force avec laquelle cet anneau attire le corps P vers A, sera comme $PE \times Ff$ & $\dfrac{AP \times FK}{PE}$ conjointement, c'est-à-dire, comme le produit $Ff \times FK \times AP$, ou comme l'aire $FKkf$ multipliée par AP. Et parconséquent la somme des forces avec lesquelles tous les anneaux contenus dans le cercle entier dont le rayon est AD attirent le corps P vers A, est comme l'aire totale $AHIKL$ multipliée par AP.   C. Q. F. D.

Cor. 1. Si les forces décroissent en raison doublée des distances,

228   PRINCIPES MATHÉMATIQUES

c'est-à-dire, si FK est proportionnelle à $\frac{1}{PF^2}$, & que par conséquent l'aire $AHIKL$ soit comme $\frac{1}{PA} - \frac{1}{PH}$; l'attraction du corpuscule P vers le cercle sera comme $1 - \frac{PA}{PH}$; c'est-à-dire, comme $\frac{AH}{PH}$.

Fig. 140.

Cor. 2. Et généralement, si les forces aux distances D sont réciproquement comme une puissance quelconque D^n des distances, c'est-à-dire, si FK est proportionnelle à $\frac{1}{D^n}$, & que par conséquent l'aire $AHIKL$ soit comme $\frac{1}{PA^{n-1}} - \frac{1}{PH^{n-1}}$; l'attraction du corpuscule P vers le cercle sera comme $\frac{1}{PA^{n-1}} - \frac{PA}{PH^{n-1}}$.

Cor. 3. Si le diametre du cercle est augmenté à l'infini, & que le nombre n soit plus grand que l'unité, l'attraction du corpuscule P vers le plan total infini, sera réciproquement comme PA^{n-2}, à cause que l'autre terme $\frac{PA}{PH^{n-1}}$ s'évanouira.

PROPOSITION XCI. PROBLÉME XLV.

Trouver l'attraction qu'un conoïde quelconque exerce sur un corpuscule placé dans l'axe de révolution, en supposant que les forces attractives des particules de ce solide décroissent dans une raison quelconque des distances.

P étant le corpuscule donné & placé sur l'axe AB du conoïde $DECG$, & RFS le cercle qui est la tranche de ce conoïde par un plan quelconque perpendiculaire à l'axe soit prise, (par la Prop. 90.) la ligne FK proportionnelle à la force par laquelle le corpuscule P est attiré vers ce cercle, & soit tracée la courbe LKI lieu de tous les points K trouvés de la même manière;

Fig. 141.

DE LA PHILOSOPHIE NATURELLE. 229
l'aire $LABI$ exprimera l'attraction demandée du corpuscule P vers le solide $DECG$. C. Q. F. T.

Cor. 1. Si ce solide est un cylindre décrit par la révolution du rectangle $ADEB$ autour de l'axe AB; & que les forces centripetes qui tendent à chacun de ces points soient réciproquement comme les quarrés des distances, l'attraction du corpuscule P vers ce cylindre sera comme $\overline{AB-PE+PD}$. Car l'ordonnée FK, par le Corol. 1. de la Prop. 90. sera proportionnelle à $1 - \frac{PF}{PR}$. Or la partie 1. de cette ordonnée donnera le rectangle $1 \times AB$ pour la premiere partie de l'aire $LABI$, & la seconde $\frac{PF}{RP}$, étant supposée appliquée continuellement à l'abscisse AF, donnera une courbe dont les aires qui répondent à AP & à PB seront $1 \times \overline{PD-AD}$ & $1 \times \overline{PE-AD}$ & dont par conséquent l'aire répondant à AB sera $1 \times \overline{PE-PD}$; retranchant donc de $1 \times AB$ l'espace $1 \times \overline{PE-PD}$, on aura $1 \times \overline{AB-PE+PD}$ pour exprimer l'aire $LABI$ de l'attraction du cylindre $DGCE$.

Cor. 2. Il est aisé de connoître, par cette Proposition, la force avec laquelle le sphéroïde $AGBC$ attire un corps quelconque P placé au-dehors sur son axe AB. $NKRM$ étant une section conique dont l'ordonnée ER perpendiculaire sur PE est toujours égale à la ligne PD menée de P au point D dans lequel l'ordonnée coupe le sphéroïde. Soient élevées des sommets A, B du sphéroïde les perpendiculaires AK, BM à son axe AB, lesquelles soient respectivement égales à AP & à BP, & rencontrent par conséquent la section conique en K & en M; & soit tiré KM qui retranche de cette section le segment $KMRK$. Si le plus grand demi diametre du sphéroïde est SC, & que son centre soit S, la force avec laquelle le sphéroïde entier attire le corpuscule P sera à la force avec laquelle la sphere décrite sur le diametre AB attire ce même corpuscule, comme $\frac{AS \times \overline{CS^2-PS} \times \overline{KMRK}}{PS^2+CS^2-AS^2}$ à $\frac{AS^3}{PS^2}$, & on auroit de la même

230   PRINCIPES MATHÉMATIQUES

maniere l'attraction d'un fegment quelconque de ce fphéroïde.

Cor. 3. On peut tirer encore de la même Propofition que fi le corpufcule eft placé au-dedans du fphéroïde, fur fon axe, l'attraction fera comme fa diftance au centre. Mais on peut s'en affurer plus facilement de la maniere fuivante, foit que le corpufcule foit placé fur l'axe, foit qu'il le foit fur un autre diametre quelconque donné.

Que *A G O F* foit le fphéroïde attirant; *S* fon centre; *P* le corps attiré; *S P A* un demi diametre paffant par *P*; *D E*, *F G* deux droites quelconques qui traverfent le fphéroïde, & paffent par *P*; *P C M*, *H L N* les fuperficies de deux fphéroïdes intérieurs, concentriques & femblables à l'extérieur, dont le premier paffe par le corps *P*, & coupe les droites *D E* & *F G* en *B* & *C*, & dont le dernier coupe les mêmes droites en *H*, *I* & *K*, *L*.

Suppofant que tous ces fphéroïdes aient un axe commun, les parties des droites *D P* & *B E*, *F P* & *C G*, *D H* & *I E*, *F K* & *L G* coupées de part & d'autre du point *P*, feront refpectivement égales; puifque les droites *D E*, *P B* & *H I* font coupées en deux également au même point, ainfi que les droites *F G*, *P C* & *K L*. Or fi on imagine à préfent que *D P F*, *E P G* repréfentent deux cônes oppofés dont les angles générateurs *D P F*, *E P G* foient infiniment petits, & que les lignes *D H*, *E I* foient auffi infiniment petites, on verra que les particules *D H K F*, *G L I E* des cônes, coupées par les fuperficies des fphéroïdes, feront entr'elles, à caufe de l'égalité des lignes *D H*, *E I*, comme les quarrés de leurs diftances au corpufcule *P*, & par conféquent elles attireront également ce corpufcule. Par la même raifon, fi on divife les efpaces *D P F*, *E G C B* en une infinité de particules par une infinité de fuperficies fphéroïdales femblables & concentriques qui aient le même axe, toutes ces particules attireront également le corps *P* de part & d'autre en fens contraire.

DE LA PHILOSOPHIE NATURELLE.

Les forces du cône *D P F* & du cône tronqué *E G C B* étant ainsi égales & contraires, elles se détruisent mutuellement, & il en est de même des forces de toute la matiére placée hors du sphéroïde intérieur *P C B M*. Le corps *P* est donc attiré par ce seul sphéroïde intérieur *P C B M*, & par conséquent, par le Corol. 3. de la Prop. 72. Son attraction est à la force par laquelle le corps *A* est attiré par le sphéroïde entier *A G O D* comme la distance *P S* est à la distance *A S*.   C. Q. F. D.

PROPOSITION XCII. PROBLÉME XLVI.

Une matiére attractive étant donnée, trouver la loi suivant laquelle ses parties attirent.

On fera de cette matiére une sphere, un cylindre, ou un autre corps régulier dont la loi d'attraction puisse être déterminée par les Propositions 80. 81. & 91. Ensuite on fera des expériences pour déterminer la loi suivant laquelle ce corps attirera un corpuscule placé à différentes distances ; & de la loi que suivra l'attraction du total, on tirera celles que doivent suivre toutes ses parties.   C. Q. F. T.

PROPOSITION XCIII. THÉORÉME XLVII.

Si un solide terminé d'un côté par un plan, & infini de tous les autres côtés, est formé de particules égales & également attractives, dont les forces décroissent en raison d'une puissance quelconque plus que doublée des distances, un corpuscule placé de l'un ou de l'autre côté du plan, sera attiré par ce solide entier avec une force qui décroîtra dans la raison d'une puissance de la distance du corpuscule au plan, dont l'exposant sera moindre de trois unités que celui de la puissance des distances suivant laquelle se fait l'attraction des particules.

Cas. 1. Le plan *L G l* terminant le solide lequel s'étend à l'infini du côté de *I*, & est supposé partagé en un nombre innombrable de plans *m H M*, *n I N*, *o K O*, &c. paralleles à *L G*, soit placé premiérement le corps attiré dans un point *C* hors du solide, & soit abaissée sur LGl la perpendiculaire $CGHI$, & soit pris n, qu'on ne suppose pas moindre que 3, pour exprimer la puissance des distances suivant laquelle décroissent les forces attractives des particules de ce solide. Cela posé, la force avec laquelle un plan quelconque mHM attire le point C, sera, par le Corol. 3. de la Prop. 90. réciproquement comme CH^{n-1}, ensorte qu'en prenant sur mHM, lGL, nIN, oKO les droites GL, HM, IN, KO, &c. respectivement proportionnelles aux quantités $\frac{1}{CG^{n-1}}$, $\frac{1}{CH^{n-1}}$, $\frac{1}{CI^{n-1}}$, $\frac{1}{CK^{n-1}}$, &c. Ces droites expriment les forces de ces plans; d'où il suit, que la somme de ces forces, ou, ce qui revient au même, la force du solide entier sera proportionnelle à l'aire $GLOK$ supposée étendue jusqu'à l'infini du côté de OK; mais cette aire, par les méthodes connues des quadratures, est réciproquement comme CG^{n-3}. Donc la force de tout le solide est réciproquement comme CG^{n-3}.   C. Q. F. D.

Cas. 2. Le corpuscule C étant supposé présentement placé au-dedans du solide, soit prise la distance CK égale à la distance CG, il est clair que la partie $LGloKO$ du solide, terminée par les plans paralleles lGL, oKO, n'attirera vers aucun côté le corpuscule C placé au milieu, les actions contraires dirigées vers des points opposés se détruisant mutuellement à cause de leur égalité. Ainsi le corpuscule C n'est attiré que par la force des parties du solide qui sont au-delà du plan OK; & cette force par le premier cas est réciproquement comme CK^{n-3}.   C. Q. F. D.

Cor. 1. Si le solide $LGIN$ est terminé des deux côtés par les deux plans paralleles infinis LG, IN, on connoîtra sa force attractive, en soustraïant de la force attractive du solide entier $LGKO$ la force attractive de sa partie ultérieure $NIKO$ étendue infiniment vers KO.

Cor. 2.

DE LA PHILOSOPHIE NATURELLE.

Cor. 2. Si l'attraction de la partie ultérieure de ce solide infini est très-petite, en comparaison de l'attraction de sa partie citérieure, on peut la négliger : & l'attraction de sa partie citérieure décroîtra à peu près comme la puissance $n-3$ de la distance.

Cor. 3. De-là, si un corps quelconque fini & plan d'un côté attire un corpuscule placé vers le milieu de ce plan, & à une distance de ce plan, qui soit très-petite par rapport aux dimensions du corps attirant qu'on suppose composé de particules homogenes dont les forces attractives décroissent en raison d'une puissance quelconque plus que quadruplée des distances, la force attractive de tout le corps attirant décroîtra à peu près dans la raison d'une puissance de la distance dont l'Exposant sera moindre de trois unités que celui de la puissance suivant laquelle agissent les particules. Cette Proposition n'a pas lieu lorsqu'il s'agit de corps composés de particules dont les forces attractives décroissent en raison de la puissance triplée des distances ; parce que dans ce cas l'attraction de cette partie ultérieure du corps infini dont on a parlé dans le Corol. 2. est toujours infiniment plus forte que l'attraction de la partie citérieure.

SCHOLIE.

Si un corps jetté suivant une direction & avec une vîtesse quelconque, est attiré perpendiculairement vers un plan donné par une force dont la loi est donnée, on trouvera la courbe qu'il décrira en cherchant, par la Prop. 39. le mouvement du corps qui descend en ligne droite vers ce plan, & en composant, par le Corol. 2. des loix, ce mouvement avec le mouvement uniforme dirigé dans des lignes parallèles à ce même plan. Et au contraire, si on cherche la loi de l'attraction dirigée perpendiculairement vers le plan, par cette condition, que le corps attiré se meuve dans une ligne courbe quelconque donnée, on résoudra le Problême en opérant comme dans le Problême 3.

Mais la solution de ce dernier Problême peut être plus courte en employant ainsi les suites.

Tome I.   Gg

Suppofons, par éxemple, qu'un corps décrive une courbe dont les ordonnées, faifant avec le plan attirant un angle conſtant, foient comme les puiſſances $\frac{m}{n}$ des abſciſſes A priſes ſur ce plan. Pour trouver la force attractive de ce plan en vertu de laquelle cette courbe eſt décrite, on fuppofera que l'abſciſſe A augmente d'une très-petite partie O, & on transformera l'ordonnée $\overline{A+O}^{\frac{m}{n}}$ en une fuite infinie $A^{\frac{m}{n}} + \frac{m}{n} O A^{\frac{m-n}{n}} + \frac{mm-mn}{2nn} O O A^{\frac{m-2n}{n}} +$ &c. & on fuppofera la force cherchée proportionnelle au terme de cette ſuite, dans lequel O a deux dimenſions, c'eſt-à-dire, que cette force fera comme $\frac{mm-mn}{2nn} O O A^{\frac{m-2n}{n}}$, ou comme $\frac{mm-mn}{2nn} A^{\frac{m-2n}{n}}$, ou bien encore comme $\frac{mm-mn}{nn} B^{\frac{m-2n}{m}}$.

Si $m=2$, $n=1$, ce qui fait de la courbe décrite une parabole, la force deviendra comme $2 B^0$, c'eſt-à-dire, qu'elle deviendra conſtante. Or on ſçait en effet, par ce qu'a appris Galilée, qu'une force conſtante, & qui agit parallelement, fait décrire une parabole.

Si $m=0-1$ & $n=1$; la force deviendra comme $2 A^{-3}$ ou $2 B^3$. Donc, une force qui feroit comme le cube de l'ordonnée, feroit décrire une hyperbole. Mais paſſons à quelques autres Propoſitions ſur le mouvement.

DE LA PHILOSOPHIE NATURELLE. 235

QUATORZIÉME SECTION.
Du Mouvement des corpuscules attirés par toutes les parties d'un corps quelconque.

PROPOSITION XCIV. THÉORÉME XLVIII.

Si deux milieux, dont chacun est homogene, sont séparés par un espace terminé de part & d'autre par des plans parallèles, & qu'un corps en passant par cet espace soit attiré ou poussé perpendiculairement vers l'un ou l'autre de ces milieux, que de plus il n'éprouve aucune autre force qui le retarde ou l'accélère ; & que l'attraction soit toujours la même partout à des distances égales de l'un & de l'autre plan prises du même côté de ces plans : le sinus d'incidence sur l'un ou l'autre plan sera en raison donnée au sinus d'émergence par l'autre plan.

Cas. 1. Aa, Bb, étant deux plans paralleles, supposez qu'un corps tombe sur le premier plan Aa suivant la ligne GH, & que pendant tout le temps de son passage par l'espace intermédiaire il soit attiré ou poussé vers le milieu où s'est fait l'incidence, ensorte que par cette attraction il décrive la courbe HI, & qu'il sorte suivant la ligne IK. Elevez ensuite sur le plan d'émergence Bb la perpendiculaire IM qui rencontre en M la ligne d'incidence GH prolongée, & en R le plan d'incidence Aa. Du centre L où la ligne d'émergence prolongée rencontre HM, & du rayon LI décrivez un cercle qui coupe la ligne HM en P & en Q, & en N la ligne MIR. Cela fait, en supposant l'attraction ou l'impulsion uniforme, la courbe HI sera, suivant les démonstrations de Galilée, une parabole, & aura par conséquent cette propriété, que le rectangle sous le parametre donné & sous la ligne IM est égal au quarré de HM ; mais

Fig. 147.

Gg ij

à cause que la ligne HM est coupée en deux parties égales au point L, il est clair, en abaissant la perpendiculaire LO sur MI, que MO est égale à OR, ainsi que MN à IR. Or comme IR est donnée, MN le sera aussi; donc le rectangle $NM \times MI$ sera au rectangle sous le parametre & sous IM, c'est-à-dire, à HM^2, en raison donnée. De plus, le rectangle $NM \times MI$ est égal au rectangle $PM \times MQ$, c'est-à-dire, à la différence des quarrés ML^2 & PL^2, ou LI^2; & HM^2 à une raison donnée à ML^2 puisqu'il en est quadruple : donc la raison de $ML^2 - LI^2$ à ML^2 est donnée, & par conséquent la raison de LI^2 à ML^2, & celle de LI à LM sont aussi données. Maintenant dans tout triangle LMI, les sinus des angles sont proportionnels aux côtés opposés, donc la raison du sinus de l'angle d'incidence LMR au sinus de l'angle d'émergence LIR est donnée. *C. Q. F. D.*

Cas 2. Que le corps passe à présent successivement par plusieurs espaces terminés par des plans parallèles $AabB$, $BbcC$, &c. & qu'il soit pressé par une force uniforme dans chaque espace, mais différente dans des espaces différens; il est clair, par ce qui vient d'être démontré, que le sinus d'incidence sur le premier plan Aa, sera au sinus d'émergence du second plan Bb, en raison donnée, & que ce dernier sinus, qui devient le sinus d'incidence sur le second plan Bb, sera au sinus d'émergence du troisième plan Cc, en raison donnée; ensuite, que ce nouveau sinus sera au sinus d'émergence du quatrieme plan Dd, en raison donnée; & ainsi à l'infini, en sorte qu'il en résultera, que le sinus d'incidence sur le premier plan est au sinus d'émergence du dernier plan en raison donnée. Imaginons à présent que les intervalles des plans diminuent à l'infini, & que le nombre de ces plans augmente de même, en sorte que l'action de l'attraction ou de l'impulsion devienne continue selon une loi quelconque donnée; alors la raison du sinus d'incidence sur le premier plan au sinus d'émergence du dernier plan, sera aussi donnée. *C. Q. F. D.*

PROPOSITION XCV. THÉORÈME XLIX.

Les mêmes choses étant posées, la vitesse du corps avant l'incidence est à sa vitesse après l'émergence, comme le sinus d'émergence au sinus d'incidence.

Soient prises égales les lignes AH, Id, & soient élevées les perpendiculaires AG, dK qui rencontrent les lignes d'incidence & d'émergence GH, IK, en G & K. Soit prise ensuite sur GH, $TH = IK$, & soit abbaissée la perpendiculaire Tv sur le plan Aa. Si l'on décompose, par le Corol. 2. des loix, le mouvement du corps en deux mouvemens, l'un perpendiculaire aux plans Aa, Bb, Cc, &c. & l'autre parallele à ces mêmes plans, la force de l'attraction ou de l'impulsion agissant suivant des lignes perpendiculaires, ne changera rien aux mouvemens suivant des lignes paralleles, & par conséquent le corps par ce mouvement parcourera en temps égaux dans la direction parallele aux plans les espaces égaux qui sont entre la ligne AG & le point H, & entre le point I & la ligne dK; c'est-à-dire, qu'en temps égaux il parcourera les lignes GH, IK; & par conséquent la vitesse avant l'incidence sera à la vitesse après l'émergence comme GH à IK ou TH, ou, ce qui revient au même, comme AH ou Id à vH, ou enfin, à cause de l'égalité des rayons TH, ou IK, comme le sinus d'émergence au sinus d'incidence. C. Q. F. D.

Fig. 149.

PROPOSITION XCVI. THÉORÈME L.

Les mêmes choses étant posées, & supposant de plus que le mouvement avant l'incidence soit plus prompt qu'après: si on donne une certaine inclinaison à la ligne d'incidence, le corps se réfléchira; & fera l'angle de réfléxion égal à l'angle d'incidence.

Car supposant, comme ci-dessus, qu'un corps décrive des arcs paraboliques entre les plans paralleles Aa, Bb, Cc, &c. & que ces arcs soient HP, PQ, QR, &c. soit prise l'obliquité de la ligne d'incidence GH sur le premier plan Aa, telle, que

Fig. 150.

le sinus d'incidence soit au rayon du cercle dont il est sinus, dans la raison que ce même sinus d'incidence a au sinus d'émergence hors du plan Dd dans l'espace $DdeE$: le sinus d'émergence se trouvant par ce moyen égal au rayon, l'angle d'émergence sera droit, & la ligne d'émergence coïncidera avec le plan Dd. Le corps étant donc arrivé au point R de ce plan, & ayant alors une direction qui coïncide avec ce plan, il est clair qu'il ne pourra pas aller plus avant que ce plan Ee. Mais le même corps ne peut pas non plus continuer à se mouvoir dans la ligne d'émergence Rd, parce qu'il est perpétuellement attiré, ou poussé vers le milieu de l'incidence : il retournera donc entre les plans Cc, Dd, en décrivant l'arc parabolique QRq, dont le sommet est en R ; & en coupant le plan Cc sous le même angle en q, qu'il l'avoit coupé auparavant en Q ; ensuite, continuant à décrire des arcs paraboliques qp, ph, &c. semblables & égaux aux premiers arcs paraboliques QP, PH, &c. il coupera le reste des plans sous les mêmes angles en p, h, &c. qu'il les avoit coupés auparavant en P, H, &c. & il aura en sortant la même obliquité en h, que celle qu'il avoit dans son incidence en H. Si on conçoit à présent que les intervalles des plans Aa, Bb, Cc, Dd, Ee, &c. diminuent à l'infini, & que le nombre de ces plans augmente de même, en sorte que l'attraction ou l'impulsion devienne continue selon une loi quelconque donnée, on verra que l'angle d'émergence sera toujours égal à l'angle d'incidence. *C. Q. F. D.*

SCHOLIE.

On peut appliquer ces recherches sur l'attraction à la réflexion de la lumière & à sa réfraction qui se fait, comme Snellius l'a découvert, en raison donnée des Sécantes, & par conséquent en raison donnée des sinus, ainsi que Descartes l'a fait voir.

Car il est certain, par la découverte des phénomenes des satellites de Jupiter confirmée par les observations de plusieurs Astronomes, que la propagation de la lumiere est successive, & qu'el-

DE LA PHILOSOPHIE NATURELLE. 239

le vient du foleil à la terre en fept ou huit minutes ; & les rayons en paffant près des angles des corps opaques ou tranfparens tels que l'extrémité d'une lame de couteau, d'une piéce de monnoye, d'un morceau de verre, ou de pierre, &c. s'infléchiffent autour de ces corps comme s'ils en étoient attirés : c'eft ce qu'a découvert Grimaldi il y a longtemps en faifant entrer un rayon de lumiere par un trou dans une chambre obfcure, & ce que j'ai vérifié.

Ceux de ces rayons qui en paffant approchent le plus près des corps fe courbent davantage, comme s'ils étoient plus attirés, ainfi que je m'en fuis affuré par des expériences éxactes. Ceux qui paffent à de plus grandes diftances s'infléchiffent moins ; & ceux qui paffent à des diftances encore plus grandes s'infléchiffent un peu en fens contraire, & forment trois faifceaux de couleurs. Dans la figure ci-jointe, S repréfente la pointe d'un couteau ou d'un corps quelconque ASB ; & $gowog$, $fnunf$, $emtme$, $dlsld$, font des rayons qui s'infléchiffent vers le couteau par des arcs owo, nun, mtm, lsl, plus ou moins concaves felon leurs diftances. Or comme cette courbure des rayons fe fait à une certaine diftance du couteau, les rayons qui l'atteignent doivent donc s'être infléchis avant de l'avoir atteint. Il en eft de même des rayons qui tombent fur du verre : ainfi la réfraction ne fe fait pas dans le feul point de l'incidence ; mais peu à peu par l'incurvation continuelle des rayons, laquelle fe fait en partie dans l'air avant qu'ils atteignent le verre, & en partie, fi je ne me trompe, dans le verre même après qu'ils y font entrés comme il eft marqué dans la figure ci-jointe où les rayons $ckzc$, $biyb$, $ahxa$, dont l'incidence fe fait en r, q & p, s'infléchiffent entre k & z, i & y, h & x.

A caufe de l'analogie qui eft entre le mouvement progreffif de la lumiere, & celui des autres projectiles, j'ai cru néceffaire d'ajouter les Propofitions fuivantes en faveur des Opticiens. Au refte, je ne m'embaraffe point de la nature des rayons, je n'éxa-

Fig. 151.

Fig. 152.

mine point s'ils font matériels ou non ; mais je me contente de déterminer les trajectoires des corps qui peuvent être femblables à celles que décrivent les rayons.

PROPOSITION XCVII. PROBLÉME XLVII.

Suppofant que le finus d'incidence fur une fuperficie quelconque, foit au finus d'émergence en raifon donnée, & que l'incurvation des rayons près de cette fuperficie, fe faffe dans un efpace affez petit pour le regarder comme un point, on demande la fuperficie propre à réunir dans un lieu donné tous les corpufcules qui émanent fuccef- fivement d'un autre lieu donné.

Fig. 153.

Soit A le lieu d'où les corpufcules partent, & B le lieu dans lequel ils doivent fe réunir ; foient de plus, CDE la courbe qui en tournant autour de l'axe AB décrit la fuperficie cher- chée ; D & E deux points quelconques de cette courbe, EF, EG, des perpendiculaires abaiffées de E fur les rayons incidens & rompus AD & DB. Imaginant que le point D s'approche du point E, la derniere raifon de l'incrément DF de AD au dé- crement DG de BD fera celle du finus d'incidence au finus d'émergence, & par conféquent elle fera donnée. Donc les quantités finies qui font les augmentations de AD, & celles qui font les diminutions de BD font encore dans la même raifon. Delà il fuit, qu'en choififfant un point quelconque C dans l'axe AB pour être le fommet de la courbe demandée CDE, on n'aura qu'à prendre l'augmentation CM de AC à la diminution CN de BC dans la raifon du finus d'incidence au finus d'émergence, & décrire des centres A & B, & des in- tervalles AM, BN, deux cercles qui fe coupent mutuellement en D, afin d'avoir un point quelconque D de la courbe cher- chée. C. Q. F. T.

Cor. 1. En fuppofant que le point A ou B s'éloigne à l'infini, ou qu'il vienne de l'autre côté du point C, on aura toutes les courbes que Defcartes a données dans fa Géométrie & dans fon

Optique

DE LA PHILOSOPHIE NATURELLE. 241

Optique pour les réfractions ; & comme il n'a point exposé la maniere de les trouver, j'ai cru devoir la donner dans cette Proposition.

Cor. 2. Si un corps tombant sur une surface quelconque *C D*, & dans la direction d'une ligne droite quelconque *A D*, tirée suivant une loi quelconque, traverse cette surface, & prend en la quittant une autre direction quelconque *D K* ; je dis, que si on imagine tirées les courbes *C P*, *C Q* toujours perpendiculaires aux directions *A D*, *D K*, les accroissemens des lignes *P D*, *Q D* & par conséquent les lignes mêmes *P D*, *Q D* formées de ces accroissemens seront entr'elles en raison des sinus d'incidence & d'émergence : & au contraire.

PROPOSITION XCVIII. PROBLÉME XLVIII.

Les mêmes choses étant posées, & étant décrite autour de l'axe A B *une surface attractive quelconque* C D, *réguliere ou irréguliere, au travers de laquelle doivent passer des corps partis du point* A ; *trouver quelle seroit une autre surface attractive* E F *capable de faire converger ces corps au point donné* B.

Fig. 154

Du point *A* au point B soit tirée *A B* coupant la premiere surface en *C* & l'autre en *E*, & soit pris le point *D* à volonté. Qu'on suppose encore que le sinus d'incidence sur la premiere surface soit au sinus d'émergence de cette même surface en raison donnée *P E*, par exemple, comme de *M* à *N*, ainsi que le sinus d'émergence de la seconde surface au sinus d'incidence sur cette même surface ; ensuite, qu'on prolonge *A B* en *G*, ensorte que l'on ait *B G* à *C E* comme *M* — *N* à *N* ; qu'on prolonge aussi *A D* en *H*, ensorte que *A H* = *A G* & *D F* en un point *K*, placé de façon que *D K* soit à *D H* dans la raison de *N* à *M*. Du point *K* au point *B* tirez la droite *K B*. Du point *D* comme centre & du rayon

Tome I. H h

DH décrivez un cercle qui rencontre en L la ligne KB prolongée : enfin tirez BF parallele à DL ; je dis, que le point F sera un point de la ligne EF capable de produire par sa révolution autour de l'axe AB la surface cherchée. C. Q. F. F.

Car les lignes CP, CQ étant toujours respectivement perpendiculaires aux lignes AD, DF, ainsi que les lignes BR, ES, aux lignes FB, FD, & par conséquent ayant toujours QS égale à CE, on aura (par le Cor. 2. de la Prop. 97.) PD à QD comme M à N, par conséquent comme DL à DK, ou comme FB à FK ; & en divisant, comme $DL - FB$ ou $PH - PD - FB$ à FD ou $FQ - QD$. Donc, en composant, comme $PH - FB$ à FQ, c'est-à-dire, (à cause des lignes PH & CG, QS & CE qui sont égales) comme $CE + BG - FR$ à $CE - FS$. Mais (à cause des proportionnelles BG à CE & $M - N$ à N) on a aussi $CE + BG$ à CE comme M à N; & par conséquent, en divisant, FR à FS comme M à N. Donc (par le Cor. 2. de la Prop. 97.) la surface EF oblige le corps qui tombe sur elle suivant la direction DF de prendre la direction FR qui le mene au point B. C. Q. F. D.

SCHOLIE.

On pourroit employer la même méthode pour trois surfaces & pour davantage. Au reste, pour l'optique, les figures sphériques sont celles qui conviennent le mieux. Si pour former les verres objectifs des lunettes on se sert de deux verres sphériques creux, appliqués l'un sur l'autre, & renfermant de l'eau dans leur concavité, il pourra arriver que les réfractions de l'eau corrigeront assez exactement les erreurs de réfractions occasionnées par l'inégalité des surfaces des verres ; & l'on doit préférer ces sortes de verres objectifs aux elliptiques & aux hyperboliques, tant parce qu'ils sont plus aisés à travailler, que parce qu'ils réfractent mieux les

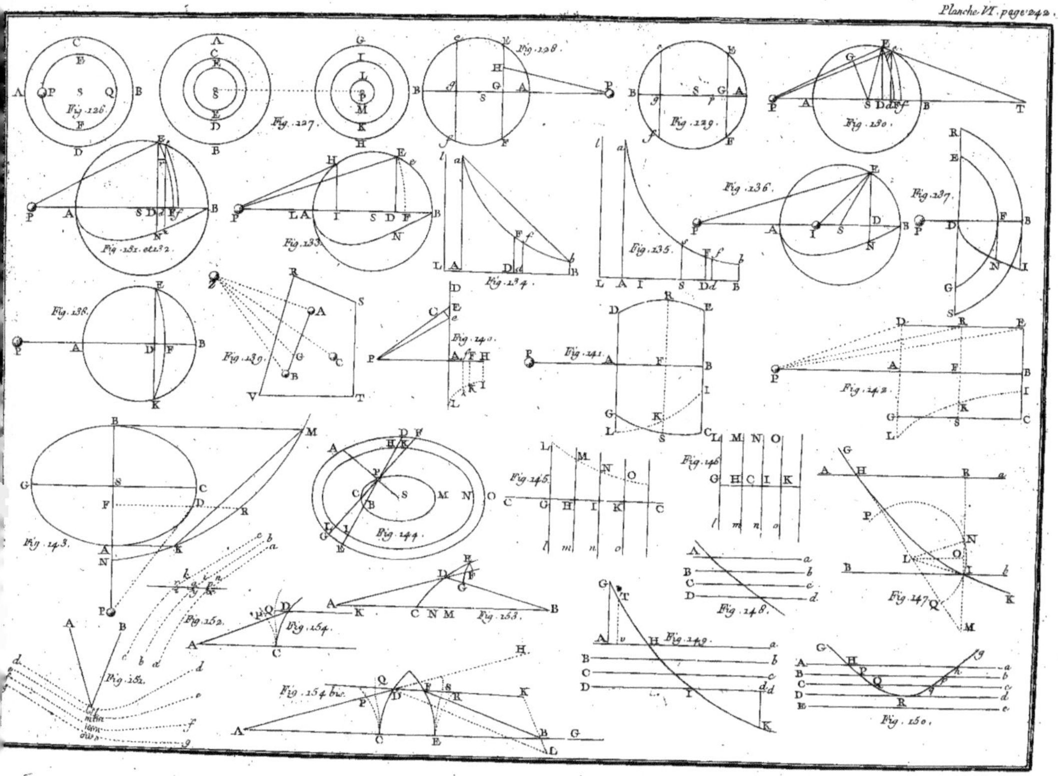
Fig. 126.
Fig. 127.
Fig. 128.
Fig. 129.
Fig. 130.
Fig. 131. et 132.
Fig. 133.
Fig. 134.
Fig. 135.
Fig. 136.
Fig. 137.
Fig. 138.
Fig. 139.
Fig. 140.
Fig. 141.
Fig. 142.
Fig. 143.
Fig. 144.
Fig. 145.
Fig. 146.
Fig. 147.
Fig. 148.
Fig. 149.
Fig. 150.
Fig. 151.
Fig. 152.
Fig. 153.
Fig. 154.
Fig. 154 bis.

rayons qui tombent hors de l'axe du verre. Cependant ce n'eſt point aſſez pour pouvoir perfectionner l'optique qu'on ait aſſigné aux verres la figure ſphérique ou telle autre quelconque, il faudroit encore pouvoir remédier à la différence de réfrangibilité des différens rayons. Tant qu'on ne ſera pas en état de corriger les erreurs qui naiſſent de cette différence, tout ce qu'on fera pour corriger les autres ne ſera jamais qu'imparfait.

Fin du premier Livre.

DU MOUVEMENT DES CORPS.

LIVRE SECOND.

SECTION PREMIERE.

Du Mouvement des corps qui éprouvent une résistance en raison de leur vîtesse.

PROPOSITION I. THÉORÉME I.

Le Mouvement que perdent les corps par la résistance qu'ils éprouvent, est comme l'espace qu'ils parcourent en se mouvant, lorsque cette résistance est en raison de leur vîtesse.

E mouvement perdu à chaque particule égale du temps étant comme la vîtesse, c'est-à-dire, comme le chemin fait pendant cette particule de temps, le mouvement perdu pendant le temps total sera comme le chemin total. *C. Q. F. D.*

Cor. Ainsi, si un corps privé de toute gravité se meut dans des espaces libres par la seule force qui lui a été imprimée; &

que le mouvement total au commencement, ainsi que le reste du mouvement après quelque espace parcouru soient donnés : l'espace total que ce corps peut parcourir dans un temps infini sera aussi donné : & cet espace sera à l'espace déja décrit, comme le mouvement total au commencement, est à la partie de ce mouvement qui s'est perdue.

LEMME PREMIER.

Les quantités proportionnelles à leurs différences sont en proportion continue.

Soit $A : A-B :: B : B-C :: C : C-D$, &c. on en tirera en renversant $A : B :: B : C :: C : D$, &c. C. Q. F. D.

PROPOSITION II. THÉORÈME II.

Si un corps éprouve une résistance en raison de sa vitesse, & qu'il se meuve dans un milieu homogène par la seule force qui lui a été imprimée, je dis, qu'en prenant des tems égaux, les vitesses au commencement de chacun de ces temps seront en progression géométrique, & que les espaces parcourus pendant chacun de ces temps seront comme les vitesses.

Cas. 1. Soit divisé le temps en particules égales, & soit supposé au commencement de chacune de ces particules une force résistante qui soit comme la vîtesse & qui agisse par un seul coup, le décrement de la vîtesse à chacune de ces particules de temps sera comme cette vîtesse, car les vîtesses sont continuellement proportionnelles à leurs différences. (Lemme 1. Liv. 2.) Donc, si d'un nombre égal de particules on compose des temps quelconques égaux, les vîtesses au commencement de ces temps seront comme les termes d'une progression continue pris par sauts, en obmettant un nombre égal de termes intermédiaires. Or les raisons de ces termes pris par sauts sont composés des raisons que les termes intermédiaires également répétés ont entr'eux, lesquelles sont les mêmes, donc ces raisons composées sont les mêmes, & les vîtesses proportionnelles à ces termes sont en progression géométrique. Maintenant, soient diminuées ces particules égales de

DE LA PHILOSOPHIE NATURELLE. 247

temps, & soit leur nombre augmenté à l'infini, ensorte que l'impulsion de la résistance devienne continue; & les vîtesses qui sont toujours en proportion continue dans les commencemens des temps égaux le seront encore dans ce cas. *C. Q. F. D.*

Cas. 2. Et par conséquent les différences des vîtesses, c'est-à-dire, leurs parties détruites à chaque particule de temps, sont comme les vîtesses totales: mais les espaces décrits à chacune de ces particules du temps sont comme les parties détruites des vîtesses. (Prop. 1. Liv. 2.) Donc ils sont aussi comme les vîtesses totales. *C. Q. F. D.*

Cor. De-là, si on décrit une hiperbole *B G*, entre les asymptotes perpendiculaires *A C*, *C H*, & que *A B*, *G D*, soient perpendiculaires sur l'asymptote *A C*, & qu'on exprime, tant la vîtesse du corps que la résistance du milieu dans le commencement du mouvement, par une ligne quelconque donnée *A C*, & après un temps quelconque par la ligne indéfinie *D C*; le temps pourra être exprimé par l'aire *A B G D*, & l'espace décrit pendant ce temps, par la ligne *A D*. Car si cette aire, par le mouvement du point *D*, augmente uniformement comme le temps, la ligne *D C* ainsi que la vîtesse décroîtront en proportion géométrique, & les parties de la droite *A C* décrites dans des temps égaux décroîtront dans la même raison.

Fig. 1.

PROPOSITION III. PROBLÉME I.

Trouver le mouvement d'un corps qui monte ou descend suivant une ligne droite dans un milieu homogene qui résiste en raison de la vîtesse pendant que la gravité agit uniformément.

Que la gravité du corps qui remonte soit représentée par un rectangle quelconque donné *B A C H*, & la résistance du milieu au commencement de son ascension par le rectangle *B A D E*, pris du côté opposé au premier. Entre les asymptotes perpendiculaires *A C*, *C H*, soit décrit par le point *B* une hiperbole qui coupe les perpendiculaires *D E*, *d e* en *G* & en *g*; il est clair,

Fig. 2.

que le corps en montant pendant le temps $DGgd$ parcourera l'espace $EGge$, & que pendant le temps $DGBA$ de toute son ascension il parcourera l'espace EGB; dans le temps $ABKI$ il parcourera en descendant l'espace BFK, & dans le temps $IKki$; il parcourera en descendant l'espace $KFfk$ & les vîtesses du corps (proportionnelles aux résistances du milieu) à la fin des temps entiers, seront exprimées par les espaces infiniment petits, $ABED$, $ABed$; respectivement proportionnels aux espaces $ABFI$, $ABfi$; & la plus grande vîtesse que le corps puisse acquérir en descendant sera $BACH$.

Car soit divisé le rectangle $BACH$ en un nombre infini de rectangles Ak, Kl, Lm, Mn, &c. qui soient comme les incrémens des vîtesses en autant de temps égaux; & les rectangles infiniment petits, Ak, Al, Am, An, &c. seront comme les vîtesses totales, & par conséquent (par l'hypotèse) comme les résistances du milieu au commencement de chacun de ces temps égaux. Soit fait AC à AK ou $ABHC$ à $ABkK$, comme la force de la gravité à la résistance dans le commencement du second temps, & soient les résistances soustraites de la force de la gravité, les restes $ABHC$, $KkHC$, $LlHC$, $MmHC$, &c. seront comme les forces absolues par lesquelles le corps est pressé au commencement de chacun de ces temps, & par conséquent (par la seconde Loi du mouvement) comme les incrémens des vîtesses, c'est-à-dire, comme les rectangles Ak, Kl, Lm, Mn, &c. c'est à-dire, (Lemme I. du Livre II.) en progression géométrique. Prolongeant donc les droites Kk, Ll, Mm, Nn, &c. jusqu'à ce qu'elles rencontrent l'hyperbole en q, r, s, t, &c. les aires $ABqK$, $KqrL$, $LrsM$, $MstN$, &c. seront égales, & par conséquent elles seront toujours proportionnelles tant aux temps qu'aux forces de la gravité qui sont toujours égales. Or l'aire $ABqK$, (Cor. 3. Lemme 7. & 8. du Liv. I.) est à l'aire Bkq comme Kq à $\frac{1}{2}kq$, ou comme AC à $\frac{1}{2}AK$, c'est-à-dire, comme la force de la gravité à la résistance dans le milieu du premier temps. Et par le même raisonnement, les aires $qKLr$, $rLMs$, $sMNt$, &c. sont aux aires $qklr$, $rlms$, $smnt$, &c. comme les forces de la gravité aux résistances dans le milieu du second temps, du troisiéme, du quatriéme, &c. Donc les aires égales $BAKq$, $qKLr$, $rLMs$, $sMNt$, &c. étant proportionnelles aux forces de la gravité, les aires Bkq, $qklr$, $rlms$, $smnt$, &c. seront proportionnelles aux résistances dans les milieux de chacun des temps, c'est-à-dire, (par l'hypotese) aux vîtesses, & par conséquent aux espaces décrits. Soient prises les sommes de ces quantités proportionnelles, & les aires Bkq, Blr, Bms, Bnt, &c. seront proportionnelles à tous les espaces décrits, de même que les aires $ABqK$, $ABrL$, $ABsM$, $ABtN$, &c. le seront aux temps. Donc le corps en descendant dans un temps quelconque $ABrL$ décrit l'espace Blr, & dans le temps $LrtN$ l'espace $rlnt$. *C. Q. F. D.*

Et c'est la même démonstration pour le mouvement en remontant. *C. Q. F. D.*

Cor. 1. Donc la plus grande vîtesse que le corps peut acquérir en descendant est à la vîtesse acquise dans un temps quelconque donné, comme la force donnée de la gravité par laquelle ce corps est continuellement pressé, est à la force de la résistance qui s'oppose à cette force à la fin de ce temps.

Cor. 2. Or le temps étant augmenté en progression arithmétique, la somme de cette plus grande vîtesse, & de la vîtesse dans l'ascension, ainsi que leur différence dans la descension, décroît en progression géométrique.

Cor. 3. Et de même les différences des espaces qui sont décrits dans les différences égales des temps, décroissent dans la même progression géométrique.

Cor. 4. Mais l'espace décrit par le corps est la différence des deux espaces dont l'un est comme le temps pris depuis le commencement de la descension, & l'autre comme la vîtesse, lesquels espaces sont égaux entr'eux au commencement du mouvement.

PROPOSITION IV. PROBLÉME II.

Suppofant que la force de la gravité foit uniforme dans quelque milieu homogene, & qu'elle tende perpendiculairement au plan de l'horifon ; trouver le mouvement d'un projectile dans ce même milieu, en fuppofant que la réfiftance foit proportionnelle à la vîteffe.

Fig. 4.

Qu'un projectile parte d'un lieu quelconque D, felon une ligne droite quelconque donnée DP, & que la vîteffe au commencement du mouvement foit exprimée par la ligne DP. Que du point P à la ligne horifontale DC, on abaiffe la perpendiculaire PC, & qu'on coupe DC en A deforte que DC foit à CA comme la réfiftance du milieu produite par le mouvement en hauteur eft à la force de gravité dans le commencement du mouvement; ou, (ce qui eft la même chofe) que le point A foit pris enforte que le rectangle fous DA, & DP, foit au rectangle fous AC, & CP comme toute la réfiftance au commencement du mouvement eft à la force de la gravité. Cela fait, foit décrite une hiperbole quelconque $GTBS$ entre les afymptotes DC, CP, laquelle coupe les perpendiculaires DG, AB en G & en B, & foit achevé le parallélograme $DGKC$, dont le côté GK, coupe AB en Q. Soit prife la ligne N dans la même raifon à QB que DC à CP; & ayant élevé fur la ligne DC à un point quelconque R une perpendiculaire RT, qui rencontre l'hiperbole en T, & les droites EH, GK, DP en I, t, & V, prenez fur cette perpendiculaire Vr égale à $\frac{tGT}{N}$; ou (ce qui eft la même chofe) prenez Rr égale à $\frac{GTIE}{N}$; & le projectile dans le temps $DRTG$ arrivera au point r, en décrivant la ligne courbe $DraF$ donnée par les points r, & il acquérera fa plus grande hauteur en a, dans la perpendiculaire AB, après quoi il continuera de s'approcher toujours de l'afymptote PC. Quant à fa vîteffe dans un point quelconque r, elle

DE LA PHILOSOPHIE NATURELLE.

sera comme la tangente rL de la courbe. C. Q. F. T.

Car N est à QB comme DC à CP ou comme DR à RV.

Donc $RV = \dfrac{DR \times QB}{N}$ & Rr, (c'est-à-dire, $RV - Vr$, ou $\dfrac{DR \times QB - tGT}{N}) = \dfrac{DR \times AB - RDGT}{N}$. Que le temps soit représenté par l'aire $RDGT$, & (Cor. 2. des Loix) soit le mouvement du corps décomposé en deux mouvemens, l'un en montant, l'autre transversal. La résistance étant comme le mouvement, qu'elle soit aussi décomposée en deux parties proportionnelles & opposées aux deux parties du mouvement décomposé : par ce moien la longueur décrite par le mouvement transversal sera (Prop. 2. de ce Livre) comme la ligne DR, mais la hauteur (Prop. 3. de ce Livre) sera comme l'aire $DR \times AB - RDTG$, c'est-à-dire, comme la ligne Rr. Et dans le commencement du mouvement l'aire $RDTG$ est égale au rectangle $DR \times AQ$, donc cette ligne Rr (ou $\dfrac{DR \times AB - DR \times AQ}{N}$) est alors à DR comme $AB - AQ$, ou QB à N, ce qui est comme CP à DC; & par conséquent comme le mouvement en hauteur au mouvement transversal au commencement. Or comme Rr est toujours proportionnelle à l'espace parcouru en hauteur, & DR toujours proportionnelle à l'espace parcouru d'un mouvement transversal, & que Rr est à DR dans le commencement comme l'espace en hauteur est à l'espace transversal : il est nécessaire que Rr soit toujours à DR, comme l'espace en hauteur à l'espace transversal, & que par conséquent le corps se meuve dans la ligne $DraF$ qui est le lieu des points r. C. Q. F. D.

Cor. 1. Donc $Rr = \dfrac{DR \times AB}{N} - \dfrac{RDTG}{N}$: donc, si on prolonge RT en X, ensorte que $RX = \dfrac{DR \times AB}{N}$, c'est-à-dire, si on achève le parallélograme $ACPY$, qu'on tire DY cou-

LIVRE SECOND.

Fig. 4.

pant CP en Z, & qu'on prolonge RT jufqu'à ce qu'elle rencontre DY en X; on aura $Xr = \dfrac{RDGT}{N}$, & par conféquent proportionnelle au temps.

Cor. 2. Donc, fi l'on prend un nombre innombrable de CR, ou (ce qui eft la même chofe) un nombre innombrable de ZX en progreffion géométrique, on aura autant de Xr en progreffion arithmétique. Et delà on pourra facilement décrire la courbe $DraF$ par les tables des logarithmes.

Cor. 3. Si du fommet D du diametre DG prolongé en embas & d'un parametre qui foit à $2DP$ comme toute la réfiftance au commencement du mouvement à la force de la gravité, on conftruit une parabole ; la vîteffe avec laquelle le corps doit partir du lieu D, felon la droite DP, pour qu'il décrive, dans un milieu qui réfifte uniformement, la ligne courbe $DraF$, fera la même que celle avec laquelle il devroit partir du même lieu D felon la même ligne droite DP pour décrire la parabole dans un milieu non réfiftant. Car le parametre de cette parabole dans le commencement du mouvement eft $\dfrac{DV^2}{Vr}$, & Vr eft $\dfrac{tGT}{N}$ ou $\dfrac{DR \times Tt}{2N}$; mais la droite qui toucheroit l'hyperbole GTS en G eft parallele à DK, donc Tt eft $\dfrac{CK \times DR}{DC}$, & comme N étoit $\dfrac{QB \times DC}{CP}$, Vr fera par conféquent $\dfrac{DR^2 \times CK \times CP}{2DC^2 \times QB}$ ou (à caufe des proportionnelles DR & DC, DV & DP) $\dfrac{DV^2 \times CK \times CP}{2DP^2 \times QB}$, donc le parametre $\dfrac{DV^2}{Vr}$ devient $\dfrac{2DP^2 \times QB}{CK \times CP}$, ou (à caufe des proportionnelles QB & CK, DA & AC) $\dfrac{2DP^2 \times DA}{AC \times CP}$ & par conféquent il eft à $2PD :: DP \times DA : CP \times AC$; c'eft-à-dire, comme la réfiftance à la gravité. C.Q.F.D.

Cor. 4.

DE LA PHILOSOPHIE NATURELLE. 253

Cor. 4. Delà, si un corps est lancé d'un lieu quelconque D avec une vîtesse donnée, selon une ligne droite DP donnée de position ; & que la résistance du milieu soit donnée dans le commencement du mouvement : on trouvera la courbe $D\,r\,a\,F$ que le même corps décrira. Car la vîtesse étant donnée, on sçait que le parametre de la parabole est donné : & prenant $2\,DP$ à ce parametre, comme la force de la gravité est à la force de la résistance, on aura DP. Ensuite coupant DC en A, ensorte que $CP \times CA$ soit à $DP \times DA$ dans cette même raison de la gravité à la résistance, on aura le point A, & par conséquent la courbe $D\,r\,a\,F$.

Cor. 5. Et au contraire, si la courbe $D\,r\,a\,F$ est donnée, on aura la vîtesse du corps, & la résistance du milieu à chaque lieu r. Car de la raison donnée de $CP \times AC$ à $DP \times DA$, on tire la résistance du milieu au commencement du mouvement, & le parametre de la parabole, ce qui donne aussi la vîtesse au commencement du mouvement. Ensuite, de la longueur de la tangente rL, on tire la vîtesse qui lui est proportionnelle, & par conséquent la résistance du milieu à un lieu quelconque r, laquelle est proportionnelle à cette vîtesse.

Cor. 6. De ce que la longueur $2\,PD$ est au parametre de la parabole comme la gravité à la résistance en D ; & de ce que la vîtesse étant augmentée, la résistance augmente dans la même raison, & le parametre de la parabole dans la raison doublée de cette raison ; il suit que la longueur $2\,PD$ augmentera dans cette raison simple, qu'elle sera toujours proportionnelle à la vîtesse, & qu'elle n'augmentera, ni ne diminuera, quoique l'angle CDP change, à moins que la vîtesse ne change aussi.

Cor. 7. D'où on voit la maniere de déterminer à peu près la courbe $D\,r\,a\,F$ par les phénomenes, & de conclure delà la résistance & la vîtesse avec laquelle le corps a été lancé. Soient deux corps semblables & égaux jettés avec la même vîtesse d'un lieu D sous divers angles CDP, CDp, & que les lieux $F, f,$

Tome. I.   K k

où ils tombent sur le plan horisontal *D C* soient connus. Alors prenant une longueur quelconque pour *D P* ou *D p*, supposant de plus que la résistance en *D* soit à la gravité dans une raison quelconque, & exprimant cette raison par une longueur quelconque *S M*, on trouvera par le calcul, & par cette longueur *D P*, prise à volonté, les longueurs *D F*, *D f* ; & ayant trouvé par le calcul la raison de $\frac{Ff}{DF}$ on en ôtera cette même raison trouvée par les expériences, & on en exprimera la différence par la perpendiculaire *M N*. On recommencera ensuite la même chose une seconde & une troisième fois, en prenant toujours une nouvelle raison *S M* de la résistance à la gravité, & rassemblant les différences on aura une nouvelle différence *M N*. Plaçant alors les différences positives d'un côté de la droite *S M* & les négatives de l'autre, & traçant par les points *N, N, N* la courbe *N N N* qui coupe la droite *S M M M* en *X*, *S X* sera la vraie proportion cherchée de la résistance à la gravité. Au moyen de cette proportion le calcul donnera la longueur *D F*, & la longueur, qui sera à la longueur supposée *D P* comme la longueur *D F* connue par l'expérience à la longueur *D F* ainsi trouvée, sera la vraie longueur *D P*, laquelle suffira pour donner la ligne courbe *D r a F* que le corps décrit, la vîtesse du corps, & la résistance à chaque lieu.

SCHOLIE.

Au reste, l'hipothese qui fait la résistance des corps en raison de la vîtesse, est plus mathématique que conforme à la nature. Dans les milieux qui n'ont aucune tenacité les résistances des corps sont en raison doublée des vîtesses. Car dans un temps moindre, un corps qui aura une plus grande vîtesse communiquera à la même quantité du milieu un mouvement plus grand, en raison de sa plus grande vîtesse ; donc en temps égal il lui communiquera un mouvement plus grand dans la raison doublée, à cause

DE LA PHILOSOPHIE NATURELLE. 255

de la plus grande quantité des parties du milieu qui font muës ; & la réſiſtance (Loix 2. & 3. du mouvement) eſt comme le mouvement communiqué : voyons donc quels mouvemens doivent ſuivre de cette loi de réſiſtance.

DEUXIÉME SECTION.

Du Mouvement des Corps qui éprouvent une réſiſtance en raiſon doublée des vîteſſes.

PROPOSITION V. THÉORÉME III.

Si le corps éprouve une réſiſtance en raiſon doublée de la vîteſſe, & qu'il ſe meuve dans un milieu homogène, par la ſeule force qui lui a été imprimée ; je dis, qu'en prenant les temps dans une progreſſion géométrique aſcendante, les vîteſſes au commencement de chaque temps ſeront dans la même progreſſion géométrique inverſement ; & que les eſpaces décrits à chacun de ces temps ſeront égaux.

Car puiſque la réſiſtance du milieu eſt proportionnelle au quarré de la vîteſſe, & que le décrément de la vîteſſe eſt proportionnel à la réſiſtance ; ſi on diviſe le temps en un nombre infini de parties égales, les quarrés des vîteſſes à chaque commencement des temps ſeront proportionnels aux différences de ces mêmes vîteſſes. Soient ces particules de temps AK, KL, LM, &c. priſes ſur la droite CD, & ſoient élevées les perpendiculaires AB, Kk, Ll, Mm, &c. rencontrant en B, k, l, m, &c. l'hyperbole $BklmG$ décrite entre les aſymptotes perpendiculaires CD, CH, on aura $AB : Kk :: CK : CA$; & par conſéquent $AB - Kk : Kk :: AK : CA$, ou $AB - Kk : AK :: Kk : CA$, c'eſt-à-dire, comme $AB \times Kk : AB \times CA$, d'où AK & $AB \times CA$ étant données, on aura, $AB - Kk$ comme $AB \times Kk$; & à la fin, (lorſque AB &

Fig. 8.

Kk ij

Kk coïncident) comme AB^2. Par le même raisonnement, on aura $Kk - Ll$ & $Ll - Mm$, &c. proportionnels à Kk^2 & Ll^2, &c. Les quarrés des lignes AB, Kk, Ll, Mm sont donc comme leurs différences ; & comme les quarrés des vîtesses sont aussi comme ces mêmes différences, les deux progressions seront semblables. Ce qui étant démontré, il suit que les aires décrites par ces lignes sont dans une progression semblable à celle des espaces décrits avec ces vîtesses. Donc, si la vîtesse au commencement du premier temps AK est exprimée par la ligne AB, & la vîtesse au commencement du second KL par la ligne Kk, & la longueur décrite dans le premier temps, par l'aire $AKkB$; toutes les vîtesses suivantes seront exprimées par les lignes suivantes Ll, Mm, &c. & les longueurs décrites par les aires Kl, Lm, &c. d'où en composant, si le temps total est exprimé par la somme de ses parties AM, la longueur totale décrite sera exprimée par la somme de ses parties $AMmB$. Supposez à-présent que le temps AM soit divisé dans les parties AK, KL, LM, &c. en sorte que CA, CK, CL, CM, &c. soient en progression géométrique ; ces parties seront dans la même progression, & les vîtesses AB, Kk, Ll, Mm, &c. seront dans la même progression inversement ; & par conséquent les espaces décrits Ak, Kl, Lm, &c. seront égaux. C. Q. F. D.

Cor. 1. Il est donc clair, que si le temps est exprimé par une partie quelconque AD de l'asymptote, & la vîtesse dans le commencement de ce temps par l'ordonnée AB ; la vîtesse à la fin de ce temps sera exprimée par l'ordonnée DG ; & l'espace total décrit sera représenté par l'aire hiperbolique adjacente $ABGD$: de même, l'espace qu'un corps peut décrire dans un milieu non résistant pendant le même temps AD, & avec la premiere vîtesse AB, sera représenté par le rectangle $AB \times AD$.

Cor. 2. Delà on a l'espace décrit dans un milieu résistant, en prenant cet espace à l'espace qui peut être décrit dans le même temps dans un milieu non résistant avec la vîtesse uniforme AB

DE LA PHILOSOPHIE NATURELLE.

comme l'aire hiperbolique $ABGD$ est au rectangle $AB \times AD$.

Cor. 3. La résistance du milieu sera aussi donnée en la supposant égale au commencement du mouvement à la force centripete uniforme qui peut produire la vîtesse AB, dans un corps qui tombe dans un milieu non résistant pendant le temps AC. Car si on mene BT qui touche l'hyperbole en B, & rencontre l'asymptote en T; la droite AT sera égale à AC, & représentera le temps dans lequel la premiere résistance étant uniformement continuée, peut ôter au corps toute la vîtesse AB.

Cor. 4. Et par-là on a aussi la proportion de cette résistance à la force de la gravité, ou à une autre force centripete quelconque donnée.

Cor. 5. Et réciproquement, si la proportion de la résistance à une force centripete quelconque est donnée, on aura aussi le temps AC pendant lequel la force centripete, égale à la résistance, peut produire une vîtesse quelconque AB; & on aura par-là le point B, par lequel on doit décrire l'hyperbole : donc les asymptotes seront CH, CD, ainsi que l'espace $ABGD$ que le corps peut décrire en commençant à se mouvoir avec une vîtesse AB, dans un milieu également résistant pendant un temps quelconque AD.

PROPOSITION VI. THÉORÉME IV.

Les corps sphériques, homogènes & égaux qui éprouvent une résistance en raison doublée des vitesses, & qui se meuvent par les seules forces qui leur ont été imprimées, décrivent toujours des espaces égaux dans des temps réciproquement proportionnels aux vitesses qu'ils ont au commencement & ils perdent des parties de vîtesse proportionnelles à leur vîtesse totale.

Ayant décrit une hyperbole quelconque $BbEe$, dont les asymptotes soient les perpendiculaires CD, CH, & qui soit coupée en B, b, E, e, par les perpendiculaires AB, ab, DE, de, que les vîtesses initiales soient exprimées par les perpendiculaires AB, DE, & les temps par les lignes Aa, Dd. On a (par l'hypothese) $DE : AB :: Aa : Dd$, ou (par la nature de l'hyperbole)

$:: CA : CD$, & par conséquent $:: Ca : Cd$, donc les aires $ABba$, $DEed$, c'est-à-dire, les espaces décrits sont égaux entr'eux, & les premieres vîtesses AB, DE sont proportionnelles aux dernieres ab, de, & sont par conséquent proportionnelles aux parties perdues de ces vîtesses $AB - ab$, $DE - de$.   C. Q. F. D.

PROPOSITION VII. THÉORÉME V.

Les corps sphériques qui éprouvent une résistance en raison doublée des vîtesses, perdent dans des temps qui sont directement comme les premiers mouvemens, & inversement comme les premieres résistances, des parties de mouvement proportionnelles aux touts ; & décrivent des espaces en raison composée de ces temps, & des premieres vîtesses.

Car les parties perdues des mouvemens sont en raison composée des résistances & des temps. Donc comme ces parties sont proportionnelles aux touts, la raison composée de la résistance & du temps doit être celle du mouvement. Ainsi le temps sera comme le mouvement directement, & comme la résistance inversement. C'est pourquoi les particules des temps étant prises dans cette raison, les corps perdront toujours des particules de mouvement proportionnelles aux touts, & par conséquent ils conserveront toujours des vîtesses proportionnelles à leurs premieres vîtesses. Et à cause de la raison donnée des vîtesses, ils décriront toujours des espaces qui seront comme les premieres vîtesses & les temps conjointement.   C. Q. F. D.

Cor. 1. Donc, si les corps qui ont des vîtesses égales éprouvent des résistances qui soient en raison doublée des diamétres : les globes homogènes mus avec des vîtesses quelconques perdront des parties de mouvement proportionnelles aux touts en parcourant des espaces proportionnels à leurs diamétres. Ainsi le mouvement d'un globe quelconque sera comme sa vîtesse ; & sa masse conjointement, c'est-à-dire, comme sa vîtesse & le cube de son diamétre ; la résistance (par l'hypotese) sera comme le quarré du diamétre & le quarré de la vîteſſe conjointement ; & le temps (par cette Propoſition) eſt dans la premiere raiſon directement, & dans la derniere inverſement, c'eſt-à-dire, directement comme le diamétre, & inverſement comme la vîteſſe ; donc l'eſpace qui eſt proportionnel au temps & à la vîteſſe, eſt comme le diamétre.

Cor. 2. Si des corps qui ont des vîteſſes égales éprouvent des réſiſtances qui ſoient en raiſon ſeſquiplée de leurs diamétres : les globes homogènes mus avec des vîteſſes quelconques, perdront des parties de leurs mouvemens proportionnelles aux touts en parcourant des eſpaces en raiſon ſeſquiplée de leurs diamétres.

Cor. 3. Et généralement, ſi des corps qui ont des vîteſſes égales éprouvent des réſiſtances en raiſon d'une puiſſance quelconque de leurs diamétres ; les eſpaces dans leſquels des globes homogènes mus avec des vîteſſes quelconques perdront des parties de mouvement proportionnelles aux touts, ſeront comme les cubes des diamétres diviſés par cette puiſſance. Soient les diamétres D & E, ſi les réſiſtances, lorſque les vîteſſes ſont ſuppoſées égales, ſont comme D^n & E^n, les eſpaces dans leſquels les globes mus avec des vîteſſes quelconques perdront des parties de mouvement proportionnelles aux touts, ſeront comme D^{3-n} & E^{3-n}, & par conſéquent des globes homogènes en décrivant des eſpaces proportionnels à D^{3-n} & E^{3-n} conſerveront des vîteſſes qui ſeront dans la même raiſon entr'elles que dans le commencement.

Cor. 4. Et ſi les globes ne ſont pas homogènes, l'eſpace parcouru par un globe plus denſe doit augmenter en raiſon de ſa denſité. Car le mouvement eſt plus grand en raiſon de la denſité lorſque la vîteſſe eſt égale, & le temps (par cette Propoſition) augmentera en raiſon du mouvement directement, & l'eſpace décrit en raiſon du temps.

Cor. 5. Et ſi les globes ſe meuvent dans des milieux différens ; l'eſpace ſera moindre dans un milieu qui réſiſte plus, en raiſon de cette plus grande réſiſtance. Car le temps (par cette Prop.) diminuera en raiſon de la réſiſtance augmentée, & l'eſpace en raiſon du temps.

LEMME II.

Le moment de la quantité produite *eſt égal au moment de chacune des racines compoſantes, multipliées ſucceſſivement par les expoſans de leurs puiſſances & par leurs coëficiens.*

J'appelle quantité *produite* toute quantité formée ſans addition & ſans ſouſtraction, ſoit arithmétiquement par la multiplication, la diviſion, ou l'extraction des racines de quantités ſimples, ou de leurs puiſſances, ſoit géométriquement par la détermination des produits & des racines, ou des extrêmes & des moyens proportionnels. Telles ſont les produits, les quotiens, les racines, les rectangles, les quarrés, les cubes, les racines quarrées, & les racines cubes. Je conſidere ici ces quantités comme variables, & croiſſant ou décroiſſant comme par un mouvement ou flux perpétuel; & j'entends par *momens* leur incrément ou décrément momentané : enſorte que l'on doit prendre leurs incrémens pour les momens additifs ou poſitifs, & leurs décrémens pour ceux qui ſont négatifs ou ſouſtractifs. Prenez garde cependant de ne pas entendre par là des particules finies. Car les particules finies ne ſont pas les momens, mais les quantités mêmes produites par ces *momens*. Il faut donc prendre pour particules les principes naiſſans de quantités finies. On ne conſidere point dans ce Lemme la grandeur des momens. Mais la premiere proportion des quantités qui naiſſent. Et il en ſera de même ſi au lieu des *momens* on emploie les vîteſſes des incrémens & des décrémens (qu'on peut auſſi appeller mouvemens, mutations, & fluxions des quantités) ou les quantités finies quelconques proportionnelles à ces vîteſſes. Quant au coëficient d'une racine quelconque qui produit une quantité, il ſe trouve en diviſant la quantité produite, par cette racine.

Le

DE LA PHILOSOPHIE NATURELLE.

Le sens de ce Lemme est donc, que si A, B, C, &c. sont les momens des quantités quelconques croissantes ou décroissantes par un mouvement continu, & que les vîtesses proportionnelles à ces changemens soient nommées a, b, c, &c. le moment ou le changement du rectangle produit AB sera $aB + bA$, & le moment du produit ABC sera $aBC + bAC + cAB$: & les momens des puissances produites A^2, A^3, A^4, $A^{\frac{1}{2}}$, $A^{\frac{3}{2}}$, $A^{\frac{1}{3}}$, $A^{\frac{2}{3}}$, A^{-1}, A^{-2}, & $A^{-\frac{1}{2}}$ seront $2aA$, $3aA^2$, $4aA^3$, $\frac{1}{2}aA^{-\frac{1}{2}}$, $\frac{3}{2}aA^{\frac{1}{2}}$, $\frac{1}{3}aA^{-\frac{2}{3}}$, $\frac{2}{3}aA^{-\frac{1}{3}}$, $-aA^{-2}$, $-2aA^{-3}$ & $-\frac{1}{2}aA^{-\frac{3}{2}}$ respectivement. Et généralement, le moment d'une puissance quelconque $A^{\frac{n}{m}}$ sera $\frac{n}{m}aA^{\frac{n-m}{m}}$, de même le moment de la quantité produite A^2B sera $2aAB + bA^2$ & celui de la quantité produite $A^3B^4C^2$ sera $3aA^2B^4C^2 + 4bA^3B^3C^2 + 2cA^3B^4C$, celui de la quantité produite $\frac{A^3}{B^2}$ ou A^3B^{-2} sera $3aA^2B^{-2} - 2bA^3B^{-3}$: & ainsi des autres. On démontrera ce Lemme de cette maniere.

Cas. 1. Un rectangle quelconque AB augmenté par un mouvement continu, lorsqu'on ôte des côtés A & B la moitié des momens $\frac{1}{2}a$ & $\frac{1}{2}b$, devient $\overline{A - \frac{1}{2}a} \times \overline{B - \frac{1}{2}b}$, ou $AB - \frac{1}{2}aB - \frac{1}{2}bA + \frac{1}{4}ab$. Et lorsque les côtés A & B sont augmentés des autres moitiés des momens, il devient $\overline{A + \frac{1}{2}a} \times \overline{B + \frac{1}{2}b}$, ou $AB + \frac{1}{2}aB + \frac{1}{2}bA + \frac{1}{4}ab$. Otant de ce rectangle le premier rectangle, on aura pour reste $aB + bA$, donc l'incrément $aB + bA$ du rectangle sera produit par les incrémens entiers a & b des côtés. *C. Q. F. D.*

Cas 2. Supposez que AB soit toujours égal à G, le moment du produit ABC, ou GC (par le cas 1.) sera $gC + cG$, c'està-dire, (si on écrit au lieu de G & g, AB, & $aB + bA$) $aBC + bAC + cAB$, il en seroit de même pour des produits plus composés. *C. Q. F. D.*

Tome I.   L l

Cas 3. Suppofez que les produifans A, B, C foient toujours égaux entr'eux ; le moment $aB + bA$ du quarré A^2 ou du rectangle AB fera $2aA$, & le moment $aBC + bAC + cAB$ du cube A^3 ou du produit ABC fera $3aA^2$. Et par le même raifonnement, le moment d'une puiffance quelconque A^n eft naA^{n-1}. *C. Q. F. D.*

Cas 4. D'où $\frac{1}{A} \times A$ étant $= 1$, fon moment qui eft A multiplié par le moment de $\frac{1}{A}$ & ajouté avec $\frac{1}{A} \times a$ fera le moment de 1, c'eft-à-dire, $= 0$. Donc le moment de $\frac{1}{A}$ ou de A^{-1} eft $-\frac{a}{A^2}$, & généralement, comme $\frac{1}{A^n} \times A^n = 1$ le moment de $\frac{1}{A^n} \times A^n$, ajouté avec $\frac{1}{A^n} \times naA^{n-1}$ fera $= 0$, & par conféquent le moment de $\frac{1}{A^n}$ ou de A^{-n} fera $-\frac{na}{A^{n+1}}$. *C. Q. F. D.*

Cas 5. Et comme $A^{\frac{1}{2}} \times A^{\frac{1}{2}} = A$, le moment de $A^{\frac{1}{2}} \times 2 A^{\frac{1}{2}}$ fera $= a$. (par le 3e. Cas) Donc le moment de $A^{\frac{1}{2}}$ fera $\frac{a}{2A^{\frac{1}{2}}}$ ou $\frac{1}{2} a A^{-\frac{1}{2}}$; & généralement, fi on fuppofe $A^{\frac{m}{n}} = B$, on aura $A^m = B^n$, & par conféquent, $maA^{m-1} = nbB^{n-1}$ & $maA^{-1} = nbB^{-1}$ ou $nbA^{-\frac{m}{n}}$, donc $\frac{m}{n}aA^{\frac{m-n}{n}}$ eft égal à b ou au moment de $A^{\frac{m}{n}}$. *C. Q. F. D.*

Cas 6. Donc le moment de la quantité quelconque produite $A^m B^n$ eft le moment de A^m multiplié par B^n & ajouté avec le moment de la même quantité B^n multiplié par A^m, c'eft-à-dire, $maA^{m-1}B^n + nbB^{n-1}A^m$, foit que les expofans m & n foient des nombres entiers ou rompus, pofitifs ou négatifs. C'eft la même chofe pour le produit d'un plus grand nombre de puiffances. *C. Q. F. D.*

Cor. 1. De là, dans les quantités continuellement proportion-

DE LA PHILOSOPHIE NATURELLE.

nelles, si un terme est donné, les momens des autres termes seront comme ces mêmes termes multipliés par le nombre des intervales qui sont entr'eux & le terme donné. Soient les quantités A, B, C, D, E, F continuellement proportionnelles ; si le terme C est donné, les momens des autres termes seront entr'eux comme $-2A - B, D, 2E, 3F$.

Cor. 2. Et si dans quatre proportionnelles deux moiennes sont données, les momens des extrêmes seront comme ces mêmes extrêmes. Il faut entendre la même chose des côtés d'un rectangle quelconque donné.

Cor. 3. Et si la somme ou la différence de deux quarrés est donnée, les momens de leurs côtés seront réciproquement comme ces côtés.

SCHOLIE.

En expliquant dans une lettre à *D. J. Collins* le 10. Décembre 1672. la méthode des tangentes que je soupçonne être la même que celle de Slusius qui ne m'avoit pas encore été communiquée, j'ajoutai, *cela est plutôt un corollaire particulier d'une méthode générale qui s'étend, sans calcul embarassant, non-seulement à mener des tangentes à des courbes quelconques, soit géométriques, soit méchaniques, ou relatives d'une façon quelconque à des lignes droites ou courbes, mais aussi à résoudre d'autres espèces de problemes très-difficiles touchant les courbures, les quadratures, les rectifications, les centres de gravité des courbes, &c. & elle n'est pas restreinte (comme la méthode de* maximis & minimis *de Hudde) aux seules équations qui ne contiennent point de quantités irrationnelles. J'ai entremêlé cette méthode de cette autre par laquelle je détermine les racines des équations en les réduisant à des séries infinies.* Jusqu'à ces derniers mots, c'est la lettre, mais ces derniers mots sont du Traité que j'avois écrit sur cette matiere dès l'année 1671. Les principes de cette Méthode générale sont contenus dans le Lemme précédent.

PROPOSITION VIII. THÉORÈME VI.

Lorsqu'un corps monte ou descend en ligne droite dans un milieu homogène, la gravité agissant uniformément sur lui, si on partage tout l'espace qu'il a décrit en parties égales, & qu'on trouve (en ajoutant la résistance du milieu à la force de la gravité, lorsque le corps monte, & l'en soustrayant lorsqu'il descend) les forces absolues au commencement de chacune de ces parties égales ; je dis que ces forces absolues seront en progression géométrique.

Fig. 10.

Car soit exprimée la force de la gravité par la ligne donnée AC; la résistance par la ligne indéfinie AK; la force absolue lorsque le corps descend par la différence KC; la vîtesse du corps par la ligne AP, qui soit moiene proportionnelle entre AK & AC, & par conséquent en raison sousdoublée de la résistance ; que l'incrément de la résistance dans une particule donnée de temps soit représenté par la petite ligne KL, & l'incrément contemporain de la vîtesse par la petite ligne PQ, & du centre C, soit décrite l'hyperbole quelconque BNS ayant pour asymptotes les perpendiculaires CA, CH, & soient élevées les perpendiculaires AB, KN, LO qui la rencontrent en B, N, O. Parce que AK est comme AP^2, son moment KL sera comme le moment $2APQ$ de AP^2: c'est-à-dire, comme $AP \times KC$, car l'incrément PQ de la vîtesse (2e Loi du mouvement) est proportionnel à la force génératrice KC. Composant la raison de KL avec celle de KN, on aura le rectangle $KL \times KN$ proportionnel à $AP \times KC \times KN$; c'est-à-dire, à cause du rectangle donné $KC \times KN$, proportionnel à AP ; donc la dernière raison de l'aire hyperbolique $KNLO$ au rectangle $KL \times KN$ lorsque les points K & L coïncident, est la raison d'égalité. Donc cette aire évanouissante est comme AP. Or l'aire totale hyperbolique $ABLO$ est composée des particules $KNOL$ qui sont toujours proportionnelles à la vîtesse AP, & par conséquent, l'aire totale est proportionnelle à l'espace décrit avec cette vîteffe. Soit à préfent divifée cette aire dans les parties égales $ABMI$, $IMNK$, $KNOL$, &c. les forces abfolues AC, IC, KC, LC, &c. feront en progreffion géométrique. C.Q.F.D.

Par le même raifonnement, dans l'afcenfion du corps, prenant de l'autre côté du point A les aires égales $ABmi$, $imnk$, $knol$, &c. On prouvera que les forces abfolues AC, iC, kC, lC, &c. feront continuellement proportionnelles. Donc fi dans l'afcenfion & la defcenfion du corps on prend tous les efpaces égaux; toutes les forces abfolues lC, kC, iC, AC, KC, LC, &c. feront en proportion continue. C. Q. F. D.

Cor. 1. De là, fi l'efpace décrit eft repréfenté par l'aire hyperbolique $ABNK$; la force de la gravité, la vîteffe du corps, & la réfiftance du milieu peuvent être repréfentées par les lignes AC, AP & AK refpectivement, & au contraire.

Cor. 2. Et l'expofant de la plus grande vîteffe que le corps peut jamais acquérir en defcendant à l'infini eft la ligne AC.

Cor. 3. Donc, fi on connoît la réfiftance du milieu pour une vîteffe donnée, on trouvera la plus grande vîteffe en la prenant à cette vîteffe donnée dans la raifon foufdoublée que la force de la gravité a à cette réfiftance connue du milieu.

PROPOSITION IX. THÉORÉME VII.

Les chofes ci-devant démontrées étant pofées, je dis, que fi on prend pour un rayon donné de grandeur les tangentes des angles du fecteur circulaire & du fecteur hyperbolique proportionnelles aux vîteffes, le temps entier que le corps employera à monter au lieu le plus haut fera comme le fecteur du cercle, & tout le temps qu'il employera à defcendre du lieu le plus haut fera comme le fecteur de l'hyperbole.

Soit menée AD perpendiculaire & égale à AC qui exprime la force de la gravité. Du centre D, & du demi diametre AD foit décrit, tant le quart de cercle AtE, que l'hyperbole équilatere AVZ dont l'axe foit AX, le fommet A, & l'afymptote DC. Soient menées Dp & DP, le secteur circulaire AtD sera comme tout le temps employé à monter au lieu le plus haut; & le secteur hyperbolique ATD sera comme tout le temps employé à descendre du lieu le plus haut : pourvû cependant que les tangentes Ap, AP des secteurs soient comme les vîtesses.

Cas 1. Soit tirée Dvq qui coupe les momens du secteur ADt & du triangle ADp, où les particules très-petites tDv, & qDp décrites en même temps. Comme ces particules, à cause de l'angle commun D, sont en raison doublée des côtés, la particule tDv sera comme $\frac{qDp \times tD^2}{pD^2}$, c'est-à-dire, à cause de la donnée tD, comme $\frac{qDp}{pD^2}$. Mais pD^2 est $AD^2 + Ap^2$, c'est-à-dire, $AD^2 + AD \times Ak$, ou $AD \times Ck$; & qDp est $\frac{1}{2} AD \times pq$. Donc la particule tDv du secteur est comme $\frac{pq}{Ck}$, c'est-à-dire, comme le très-petit décrément pq de la vîtesse directement, & la force Ck qui diminue la vîtesse inversement; & par conséquent, comme la particule du temps qui répond au décrément de la vîtesse. D'où en composant, la somme de toutes les particules tDv dans le secteur ADt est comme la somme des petites parties du temps qui répondent à chacune des particules perdues pq de la vîtesse décroissante Ap, jusqu'à ce que la vîtesse étant diminuée à l'infini, elle s'évanouisse; c'est-à-dire, que le secteur total ADt est comme tout le temps employé à monter au lieu le plus haut. C. Q. F. D.

Cas 2. Soit tirée DQV qui coupe les très-petites particules TDV & PDQ tant du secteur DAV que du triangle DAQ; ces particules seront l'une à l'autre comme DT^2 à DP^2, c'est-à-dire, (si TX & AP sont parallèles) comme DX^2 à DA^2 ou TX^2 à AP^2, & en divisant, comme $DX^2 - TX^2$ à $DA^2 - AP^2$. Mais par la nature de l'hyperbole,

DE LA PHILOSOPHIE NATURELLE.   267

$DX^2 - TX^2$ eſt AD^2, & par l'hypoteſe, AP^2 eſt $AD \times AK$. Donc les particules ſont entr'elles comme AD^2 à $AD^2 - AD \times AK$, c'eſt-à-dire, comme AD à $AD - AK$ ou AC à CK. Donc la petite partie TDV du ſecteur eſt $\frac{PDQ \times AC}{CK}$; & par conſéquent, à cauſe des données AC & AD, comme $\frac{PQ}{CK}$, c'eſt-à-dire, comme l'incrément de la vîteſſe directement; & comme l'incrément de la force génératrice inverſement, & par conſéquent comme la particule de temps qui répond à l'incré-ment. D'où en compoſant, la ſomme des particules de temps pen-dant leſquelles toutes les particules PQ de la vîteſſe AP ſont produites, eſt comme la ſomme des particules du ſecteur ATD, c'eſt-à-dire, que le temps total eſt comme tout ce ſecteur. C.Q.F.D.

Cor. 1. De là, en ſuppoſant que AB ſoit la quatriéme partie de AC, l'eſpace que le corps décrit en tombant pendant un temps quelconque ſera à l'eſpace que le corps avec la plus grande vîteſſe AC pourroit décrire en avançant uniformement pendant le même temps, comme l'aire $ABNK$, qui exprime l'eſpace décrit en tombant, eſt à l'aire ATD par laquelle le temps eſt exprimé. Car puiſque $AC:AP::AP:AK$, on aura (*Cor.* 1. du Lemme 2. de ce livre) $LK:PQ::2AK:AP$, c'eſt-à-dire, $::2AP:AC$, & de là on tire, $LK:\frac{1}{2}PQ::AP:\frac{1}{4}AC$ ou AB; mais $KN:AC$ ou $AD::AB:CK$, & par conſéquent, $LNKO:DPQ::AP:CK$. De plus, on avoit $DPQ:DTV::CK:AC$. Donc $LKNO:DTV::AP:AC$; c'eſt-à-dire, comme la vîteſſe du corps qui tombe, à la plus grande vîteſſe que le corps peut acquérir en tombant. Or comme les momens $LKNO$ & DTV des aires $ABNK$ & ATD ſont proportionnels aux vîteſſes, toutes les parties de ces aires produites en même temps ſeront comme les eſpaces décrits en même temps, donc les aires totales $ABNK$, ATD décri-tes depuis le commencement du mouvement ſeront comme les espaces entiers décrits depuis que le corps a commencé à descendre. *C. Q. F. D.*

Cor. 2. Il en est de même de l'espace décrit en remontant, c'est-à-dire, que tout cet espace est à l'espace décrit avec la vitesse uniforme AC dans le même temps, comme l'aire $ABnk$ est au secteur ADt.

Cor. 3. La vîtesse du corps qui tombe pendant le temps ATD est à la vitesse qu'il acquéroit dans le même temps dans un espace non résistant, comme le triangle APD est au secteur hyperbolique ATD. Car la vîtesse dans un milieu non résistant seroit comme le temps ATD, & dans un milieu résistant elle est comme AP, c'est-à-dire, comme le triangle APD. Or les vîtesses au commencement de la chute sont égales entr'elles, donc elles sont comme les aires ATD, APD.

Cor. 4. Par le même raisonnement, la vîtesse dans l'ascension est à la vîtesse avec laquelle le corps peut perdre tout son mouvement en remontant dans le même temps, dans un espace non résistant, comme le triangle ApD est au secteur circulaire AtD; ou comme la droite Ap à l'aire At.

Cor. 5. Le temps dans lequel le corps en tombant dans un milieu résistant peut acquérir la vîtesse AP, est donc au temps dans lequel il peut acquérir la plus grande vîtesse AC en tombant dans un milieu non résistant, comme le secteur ADT est au triangle ADC; & le temps pendant lequel il peut perdre la vîtesse Ap en remontant dans un milieu résistant, est au temps dans lequel il peut perdre la même vîtesse en remontant dans un milieu non résistant, comme l'arc At est à sa tangente Ap.

Cor. 6. De là, le temps étant donné, on a l'espace décrit dans l'ascension ou dans la descension. Car si le corps descend à l'infini sa plus grande vîtesse est donnée par les Cor. 2. & 3. du Théor. 6. de ce Liv. 2. & par-là on a le temps dans lequel il peut acquérir cette vîtesse en tombant dans un espace non résistant

réſiſtant. Prenant donc le ſecteur ADT ou ADt au triangle ADC dans la raiſon du temps donné au temps déja trouvé, on aura tant la vîteſſe AP ou Ap, que l'aire $ABNK$ ou $ABnk$ qui eſt au ſecteur ADT ou ADt comme l'eſpace cherché eſt à l'eſpace qui auroit pu être décrit uniformement dans un temps donné avec cette plus grande vîteſſe trouvée.

Cor. 7. Et réciproquement, l'eſpace $ABnk$ ou $ABNK$ décrit pendant l'aſcenſion ou la deſcenſion étant donné, le temps ADt ou ADT le ſera auſſi.

PROPOSITION X. PROBLÉME III.

La force uniforme de la gravité tendant directement au plan de l'horiſon, & la réſiſtance étant comme la denſité du milieu & le quarré de la vîteſſe conjointement; on demande à chacun des lieux, tant la denſité du milieu néceſſaire pour que le corps décrive une courbe quelconque donnée, que la vîteſſe du corps & la réſiſtance du milieu à chacun des lieux de cette courbe.

Que PQ ſoit le plan perpendiculaire au plan de la figure; $PFHQ$ une ligne courbe rencontrant ce plan en P & Q; G, H, I, K quatre lieux du corps dans cette courbe en allant de F en Q; & GB, HC, ID, KE quatre ordonnées parallèles abaiſſées de ces points ſur la ligne horiſontale PQ, & s'appuyant ſur cette ligne aux points B, C, D, E; les diſtances BC, CD, DE de ces ordonnées étant égales entr'elles. Des points G & H ſoient tirées les droites GL, HN tangentes de la courbe en G & H, & rencontrant en L & N les ordonnées CH, DI prolongées en enhaut, & ſoit achevé le parallélograme $HCDM$; les temps dans leſquels le corps décrit les arcs GH, HI ſeront en raiſon ſouſdoublée des hauteurs LH, IN que le corps peut parcourir dans ces temps en tombant par ces tangentes; & les vîteſſes ſeront comme les longueurs parcourues GH, HI directement, & comme les temps inverſement. Qu'on exprime les temps par T & t, & les vîteſſes par

$\frac{GH}{T}$ & $\frac{HI}{t}$ le décrément de la vîtesse pendant le temps t sera $\frac{GH}{T} - \frac{HI}{t}$. Ce décrément vient de la résistance qui retarde le corps, & de la gravité qui l'accélere. La gravité produit dans un corps qui parcourt en tombant l'espace NI une vîtesse par laquelle le corps pourroit parcourir le double de cet espace dans le même temps, comme Galilée l'a démontré ; c'est-à-dire, la vîtesse $\frac{2NI}{t}$: mais dans le corps qui parcourt l'arc HI elle augmente seulement cet arc de la longueur $HI - HN$ ou $\frac{MI \times NI}{HI}$; elle produit donc seulement alors la vîtesse $\frac{2MI \times NI}{t \times HI}$. Ajoutant cette vîtesse au décrément dont on a parlé, on aura le décrément de la vîtesse causé par la seule résistance, c'est-à-dire, $\frac{GH}{T} - \frac{HI}{t} + \frac{2MI \times NI}{t \times HI}$. Donc, puisque la gravité produit dans le même temps dans le corps qui tombe la vîtesse $\frac{2NI}{t}$; la résistance sera à la gravité comme $\frac{GH}{T} - \frac{HI}{t} + \frac{2MI \times NI}{t \times HI}$ à $\frac{2NI}{t}$, ou comme $\frac{t \times GH}{T} - HI + \frac{2MI \times NI}{HI}$ à $2NI$.

Ecrivant à présent, au lieu des abscisses CB, CD, DE, $-o$, o, $2o$; pour l'ordonnée CH, P ; & pour MI la série quelconque $Qo + Roo + So^3 +$ &c. Tous les termes de cette série après le premier, c'est-à-dire, $Ro^2 + So^3 +$ &c. seront NI ; & les ordonnées DI, EK, & BG, seront $P - Qo - Roo - So^3 -$ &c. $P - 2Qo - 4Roo - 8So^3 -$ &c. & $P + Qo - Roo + So^3 -$ &c. respectivement. Et en quarrant les différences des ordonnées $BG - CH$ & $CH - DI$ & ajoutant à ces quarrés les quarrés de BC, CD, on aura les

DE LA PHILOSOPHIE NATURELLE. 271

quarrés $oo + QQoo - 2QRo^3 +$ &c. & $oo + QQoo + 2QRo^3 +$ &c. des arcs GH, HI, dont les racines $o\sqrt{1+QQ} - \frac{QRoo}{\sqrt{1+QQ}}$ & $o\sqrt{1+QQ} + \frac{QRoo}{\sqrt{1+QQ}}$ font les arcs GH & HI. De plus, si on souftrait de l'ordonnée CH la demi-somme des ordonnées BG & DI, & de l'ordonnée DI la demi-somme des ordonnées CH & EK, il restera les fléches Roo & $Roo + 3So^3$ des arcs GI & HK, lesquelles sont proportionnelles aux petites lignes LH & NI, & par conséquent en raison doublée des temps infiniment petits T & t. Donc la raison de $\frac{t}{T}$ est $\sqrt{\frac{R+3So}{R}}$ ou $\frac{R+\frac{3}{2}So}{R}$; & $\frac{t \times GH}{T} - HI + \frac{2MI \times NI}{HI}$, & en mettant au lieu de $\frac{t}{T}$, GH, HI, MI & NI leurs valeurs trouvées, on aura $\frac{3Soo}{2R}\sqrt{1+QQ}$, & comme $2NI$ est $2Roo$, la résistance sera alors à la gravité comme $\frac{3Soo}{2R}\sqrt{1+QQ}$ à $2Roo$, c'est-à-dire, comme $3S\sqrt{1+QQ}$ à $4RR$.

Cette vîtesse est celle avec laquelle le corps en partant d'un lieu quelconque H, selon la tangente HN, décrit la parabole dont le diametre est HC & le parametre $\frac{HN^2}{NI}$ ou $\frac{1+QQ}{R}$, & avec laquelle il pourroit se mouvoir dans le vuide & décrire la même courbe.

Et la résistance étant comme la densité du milieu, & le quarré de la vîtesse conjointement, la densité du milieu sera comme la résistance directement, & le quarré de la vîtesse inversement, c'est-à-dire, comme $\frac{3S\sqrt{1+QQ}}{4RR}$ directement & $\frac{1+QQ}{R}$ inversement, ou ce qui revient au même, comme $\frac{S}{R\sqrt{1+QQ}}$.   C. Q. F. T.

Cor. 1. Si on prolonge la tangente HN des deux côtés, en-sorte qu'elle rencontre une ordonnée quelconque AF en T, $\frac{HT}{AC}$ sera égale à $\sqrt{1+QQ}$, donc on peut l'écrire dans les calculs précédens au lieu de $\sqrt{1+QQ}$. C'est pourquoi la résistance sera à la gravité, comme $; S \times HT$ à $4RR \times AC$, la vîtesse comme $\frac{HT}{AC\sqrt{R}}$ & la densité du milieu comme $\frac{S \times AC}{R \times HT}$.

Cor. 2. Et delà, si la ligne courbe $PFHQ$ est exprimée suivant l'usage par la relation entre la base ou l'abscisse AC & l'appliquée CH, & que la valeur de l'appliquée soit transformée en une série convergente: le problème se résoudra très-facilement par les premiers termes de la série comme dans les exemples suivans.

Exemple 1. Que la ligne $PFHQ$ soit un demi-cercle décrit sur le diametre PQ, & qu'on demande la densité du milieu nécessaire pour que le projectile se meuve dans cette ligne.

Que le diametre PQ soit coupé en deux également au point A; & qu'on nomme AQ, n; AC, a; CH, e; & CD, o; & on aura DI^2 ou $AQ^2 - AD^2 = nn - aa - 2ao - oo$, ou, $ee - 2ao - oo$, & la racine étant extraite par notre méthode on aura, $DI = e - \frac{ao}{e} - \frac{oo}{2e} - \frac{aaoo}{2e^3} - \frac{ao^3}{2e^3} - \frac{a^3o^3}{2e^5}$ - &c. & écrivant nn au lieu de $ee + aa$, on aura $DI = e - \frac{ao}{e} - \frac{nnoo}{2e^3} - \frac{anno^3}{2e^5}$ - &c.

Je distingue en cette sorte les séries de l'espéce de la précédente en termes successifs. J'appelle *premier terme* celui dans lequel la quantité infiniment petite o ne se trouve point; *second terme*, celui dans lequel cette quantité est d'une dimension; *troisieme terme*, celui dans lequel elle en a deux; *quatrieme terme*, celui où elle en a trois, & ainsi à l'infini. Le premier terme qui est ici,

DE LA PHILOSOPHIE NATURELLE. 273

e, repréſentera toujours la longueur de l'ordonnée CH qui s'appuye ſur le commencement de la quantité indéfinie o.

Le ſecond terme qui eſt ici $\frac{ao}{e}$ repréſentera la différence entre CH & DN, c'eſt-à-dire, la petite ligne MN, qui eſt retranchée en achevant le parallélograme $HCDM$, & qui par conſéquent détermine toujours la poſition de la tangente HN, comme dans ce cas, en prenant MN à HM comme $\frac{ao}{e}$ eſt à o, ou, comme a eſt à e.

Le troiſiéme terme qui eſt ici $\frac{nnoo}{2e3}$ repréſentera la petite ligne IN qui eſt compriſe entre la tangente & la courbe, & qui par conſéquent détermine l'angle de contact IHN, ou la courbure que la ligne courbe a au point H. Si cette petite ligne IN eſt de grandeur finie, elle ſera repréſentée par le troiſiéme terme & par tous ceux qui le ſuivent à l'infini, mais ſi cette petite ligne diminue à l'infini, les termes ſuivans deviendront infiniment plus petits que le troiſiéme, & peuvent par conſéquent être négligés.

Le quatriéme terme détermine la variation de la courbure ; le cinquiéme la variation de la variation, & ainſi de ſuite. D'où l'on voit en paſſant l'uſage de ces ſéries dans la ſolution des problêmes qui dépendent des tangentes & de la courbure des courbes.

En comparant la ſérie $e - \frac{ao}{e} - \frac{nnoo}{2e^3} - \frac{anno^3}{2e^5}$, — &c. avec la ſérie $P - Qo - Roo - So^3 -$ &c. & écrivant enſuite pour P, Q, R & S, e, $\frac{a}{e}$, $\frac{nn}{2e^3}$ & $\frac{ann}{2e^5}$ & au lieu de $\sqrt{1 \times QQ}$, $\sqrt{1 + \frac{aa}{ee}}$ ou $\frac{n}{e}$, on aura la denſité du milieu comme $\frac{a}{ne}$, c'eſt-à-dire, (à cauſe que n eſt donnée) comme $\frac{a}{e}$, ou $\frac{AC}{CH}$, ou ce qui revient au même, comme cette longueur HT de la tangente qui est terminée par le demi diametre AF perpendiculaire sur PQ : & la résistance sera à la gravité comme $3a$ à $2n$, c'est-à-dire, comme $3AC$ au diametre PQ du cercle : quant à la vîtesse elle sera comme $\sqrt{CH}$. C'est pourquoi, si le corps part du lieu F dans une ligne paralléle à PQ avec une vîtesse suffisante, & que la densité du milieu à chacun des lieux H soit comme la longueur HT de la tangente, & que la résistance dans quelque lieu H soit à la force de la gravité comme $3AC$ à PQ, ce corps décrira le quart de cercle FQH. C. Q. F. T.

Mais si ce même corps eût été porté du lieu P selon une ligne perpendiculaire à PQ, & qu'il eût commencé à se mouvoir dans l'arc du demi-cercle PFQ, il auroit fallu prendre AC, ou a de l'autre côté du centre A, & par conséquent il eût fallu changer son signe & écrire $-a$, au lieu de $+a$. Ce qui donneroit la densité du milieu comme $-\frac{a}{e}$, mais la nature n'admet point de densité négative, c'est-à-dire, qui accélere le mouvement : & par conséquent il ne se peut faire que le corps en montant du point P décrive l'arc de cercle PF, car il faudroit qu'il fut accéléré par un milieu qui le portât en en haut, au lieu d'être retardé par un milieu résistant.

Exemple 2. Que la ligne PFQ soit une parabole ayant son axe AF perpendiculaire à l'horison PQ & qu'on cherche la densité du milieu nécessaire pour que le projectile se meuve dans cette ligne.

Par la nature de la parabole, le rectangle PDQ est égal au rectangle sous l'ordonnée DI & une ligne droite constante ; c'est-à-dire, (si on appelle cette ligne b ; la ligne Pc, a ; PQ, c ; CH, e ; & CD, o ;) que le rectangle $a+o \times c-a-o$, ou $ac-aa-2ao+co-oo$ est égal au rectangle $b \times DI$. Donc $DI = \frac{ac-aa}{b} + \overline{\frac{c-2a}{b}} \times o - \frac{oo}{b}$. Dans cette suite, le second terme

$\frac{c-2a}{b} \times o$ représente Qo, & le troisième terme $\frac{oo}{b}$ représente Roo. Or, comme il n'y a pas d'avantage de termes, le coëficient S du quatrième doit s'évanouir, & par conséquent la quantité $\frac{S}{R\sqrt{1+QQ}}$ à laquelle la densité du milieu est proportionnelle, sera nulle ; donc, lorsque la densité du milieu est nulle le projectile doit se mouvoir dans une parabole comme *Galilée* l'a démontré autrefois. C. Q. F. T.

Exemple 3. Que la ligne AGK soit une hyperbole dont l'asymptote NX soit perpendiculaire au plan horisontal AK ; & qu'on cherche la densité du milieu nécessaire pour que le projectile se meuve dans cette ligne.

Soit MX l'autre asymptote qui rencontre en V l'ordonnée DG prolongée ; & par la nature de l'hyperbole, le rectangle $XV \times VG$ est donné. Mais la raison de DN à VX est aussi donnée, & par conséquent le rectangle $DN \times VG$ l'est aussi. Soit bb ce rectangle : après avoir achevé le parallélograme $DNXZ$; qu'on nomme BN, a ; BD, o ; NX, c ; & que la raison donnée de VZ à ZX ou DN soit $\frac{m}{n}$. On aura $DN = a-o$, $VG = \frac{bb}{a-o}$, $VZ = \frac{m}{n}\overline{a-o}$, & GD ou $NX - VZ - VG = c - \frac{m}{n}a + \frac{m}{n}o - \frac{bb}{a-o}$. Que le terme $\frac{bb}{a-o}$ soit transformé dans la série convergente $\frac{bb}{a} + \frac{bb}{aa}o + \frac{bb}{a^3}oo + \frac{bb}{a^4}o^3$ &c. & on aura $GD = c - \frac{m}{n}a - \frac{bb}{a} + \frac{m}{n}o - \frac{bb}{aa}o - \frac{bb}{a^3}o^2 - \frac{bb}{a^4}o^3$ &c. Le second terme $\frac{m}{n}o - \frac{bb}{aa}o$ de cette série représentera Qo, le troisième $\frac{bb}{a^3}o^2$, en changeant le signe, représentera Ro^2, & le quatrième $\frac{bb}{a^4}o^3$, en changeant aussi le signe, représentera So^3.

& selon la regle précédente, les coëficiens $\frac{m}{n} - \frac{bb}{aa}$, $\frac{bb}{a^3}$, & $\frac{bb}{a^4}$ feront les quantités qu'il faudra substituer dans la formule précédente à la place des quantités Q, R & S. La substitution faite, on aura la densité du milieu comme

$$\frac{\frac{bb}{a^4}}{\frac{bb}{a^3}\sqrt{1+\frac{mm}{nn}-\frac{2mbb}{naa}+\frac{b^4}{a^4}}} \text{ ou } \frac{1}{\sqrt{aa+\frac{mm}{nn}aa-\frac{2mbb}{n}+\frac{b^4}{aa}}},$$

c'est-à-dire, (si on prend sur VZ la ligne $VY = VG$) comme $\frac{1}{XY}$, car aa & $\frac{mm}{nn}aa - \frac{2mbb}{n} + \frac{b^4}{aa}$ font les quarrés de XZ & de ZY, & on trouvera que la résistance est à la gravité dans la raison de $3XY$ à $2YG$; & c'est la même vîtesse avec laquelle le corps décriroit la parabole dont le sommet seroit G, le diametre DG, & le parametre $\frac{XY^2}{VG}$. C'est pourquoi, supposant que les densités du milieu dans chacun des lieux G, soient réciproquement comme les distances XY, & que la résistance dans quelque lieu G soit à la gravité comme $3XY$ à $2YG$; le corps partant de A avec la vîtesse nécessaire décrira cette hyperbole AGK. C. Q. F. T.

Exemple 4. Supposons en général que la ligne AGK soit une hyperbole dont le centre soit X, les asymptotes MX, NX, & qu'elle soit décrite par cette Loi, qu'ayant fait le rectangle $XZDN$ dont le côté ZD coupe l'hyperbole en G & son asymptote en V, VG sera réciproquement comme ZX ou comme quelque puissance DN^n de DN dont l'exposant sera le nombre n: & qu'on cherche la densité du milieu nécessaire pour que le projectile décrive cette courbe.

Au lieu de BN, BD, NX, écrivez A, O, C respectivement; & soit $VZ : XZ$ ou $DN :: d : e$; & on aura $VG = \frac{bb}{DN^n}$ &

$DN = A - O$, $VG = \dfrac{bb}{\overline{A-O}^n}$, $VZ = \dfrac{d}{e}\overline{A-O}$, & GD ou $NX - VZ - VG = C - \dfrac{d}{e}A + \dfrac{d}{e}O - \dfrac{bb}{\overline{A-O}^n}$. Soit transformé $\dfrac{bb}{\overline{A-O}^n}$ dans la série infinie $\dfrac{bb}{A^n} + \dfrac{nbb}{A^{n+1}}O + \dfrac{nn+n}{2A^{n+2}}bbO^2 + \dfrac{n^3 + 3nn + 2n}{6A^{n+3}}bbO^3$, &c. & on aura $GD = C - \dfrac{d}{e}A - \dfrac{bb}{A^n} + \dfrac{d}{e}O - \dfrac{nbb}{A^{n+1}}O - \dfrac{+nn+n}{2A^{n+2}}bbO^2 - \dfrac{+n^3+3nn+2n}{6A^{n+3}}bbO^3$, &c. Et le second terme $\dfrac{d}{e}O - \dfrac{nbb}{A^{n+1}}O$ de cette série, représentera Qo, le troisieme $\dfrac{nn+n}{2A^{n+2}}bbO^2$, représentera Ro^2, le quatrieme $\dfrac{n^3+3nn+2n}{6A^{n+3}}bbO^3$ représentera So^3. Delà, la densité du milieu $\dfrac{S}{R\sqrt{1+QQ}}$ deviendra dans un lieu quelconque $G \dfrac{n+2}{3\sqrt{A^2 + \dfrac{dd}{ee}A^2 - \dfrac{2dnbb}{eA^n}A + \dfrac{nnb^4}{A^{2n}}}}$.

Donc si on prend sur VZ la ligne $VY = n \times VG$, cette densité sera réciproquement comme XY. Car A^2 & $\dfrac{dd}{ee}A^2 - \dfrac{2dnbb}{eA^n}A + \dfrac{nnb^4}{A^{2n}}$, sont les quarrés de XZ & de ZY. Mais la résistance dans le même lieu G est à la gravité comme $3S \times \dfrac{XY}{A}$ à $4RR$, c'est-à-dire, comme XY à $\dfrac{2nn+2n}{n+2}VG$. Et la vîtesse dans le même lieu G est la même avec laquelle le corps étant jetté décriroit une parabole dont le sommet seroit G, le diametre GD, & le parametre $\dfrac{1+QQ}{R}$ ou $\dfrac{2XY^2}{nn+n \times VG}$.

C. Q. F. T.

SCHOLIE.

De même qu'on a trouvé dans le Cor. 1. la densité du milieu comme $\frac{S \times AC}{R \times HT}$, si on suppose la résistance comme une puissance quelconque n de la vîtesse V, on aura la densité du milieu comme $\frac{S}{R^{\frac{4-n}{2}}} \times \left(\frac{AC}{HT}\right)^{n-1}$. Et par conséquent, si on peut trouver une courbe telle que la quantité $\frac{S}{R^{\frac{4-n}{2}}}$ soit proportionnelle à $\left(\frac{HT}{AC}\right)^{n-1}$ ou bien que la quantité $\frac{S^2}{R^{4-n}}$ soit proportionnelle à $(1+QQ)^{n-1}$: le corps décrira cette courbe dans un milieu uniforme dont la résistance sera comme la puissance n de la vîtesse, c'est-à-dire, comme V^n. Mais revenons à des courbes plus simples.

Comme le corps ne décrit une parabole que dans un milieu non résistant, & qu'il ne décrit les hyperboles dont nous venons de parler qu'en éprouvant une résistance continuelle: il est clair que la ligne que le projectile décrit dans un milieu qui résiste uniformément approche plus de ces hyperboles que de la parabole. Cette ligne est donc du genre hyperbolique, mais c'est une espece d'hyperbole qui est plus éloignée des asymptotes vers le sommet, & qui dans les parties très-éloignées s'en approche davantage que les hyperboles dont j'ai parlé ici. Mais cependant la différence qui est entr'elles n'est pas assez grande pour qu'elles ne puissent pas être prises les unes pour les autres sans inconvénient dans la pratique : & peut-être sont-elles plus utiles que les hyperboles décrites avec plus de soin, & plus composées.

Voici comment on peut en faire usage.

Soit achevé le parallélogramme $XYGT$, & que la droite

DE LA PHILOSOPHIE NATURELLE. 279

GT touche l'hyperbole en G, la densité du milieu en G est donc réciproquement comme la tangente GT, la vîtesse dans le même milieu comme $\sqrt{\frac{GT^2}{GV}}$ & la résistance à la force de la gravité comme GT à $\frac{2nn+2n}{n+2} \times GV$.

Donc, si le corps jetté du lieu A dans la droite AH décrit l'hyperbole AGK, & que AH prolongée rencontre l'asymptote NX en H; tirant AI parallele à cette asymptote, & qui rencontre l'autre asymptote MX en I, la densité du milieu en A sera réciproquement comme AH, & la vîtesse du corps comme $\sqrt{\frac{AH^2}{AI}}$, & la résistance dans le même lieu sera à la gravité comme AH à $\frac{2nn+2n}{n+2} \times AI$: d'où on tire les regles suivantes.

Regle 1. Si la densité du milieu reste la même qu'en A, ainsi que la vîtesse avec laquelle le corps a été jetté, & qu'on change l'angle NAH; les longueurs AH, AI, HX resteront les mêmes. Donc, si on trouve ces longueurs dans quelque cas, on pourra déterminer ensuite très-aisément l'hyperbole pour un angle quelconque donné NAH.

Regle 2. Si la densité du milieu & l'angle NAH restent les mêmes qu'en A, & que la vîtesse avec laquelle le corps a été jetté change, la longueur AH restera la même, mais AI changera en raison doublée réciproque de la vîtesse.

Regle 3. Si la vîtesse du corps, l'angle NAH & la gravité accélératrice restent les mêmes qu'en A, & que la proportion de la résistance en A à la gravité motrice augmente dans une raison quelconque; la proportion de AH à AI augmentera dans la même raison, le parametre de la parabole dont on a parlé restant le même, ainsi que la longueur $\frac{AH^2}{AI}$ qui lui est proportionnelle : & par conséquent, AH diminuera dans la même raifon, & AI diminuera dans cette raifon doublée. Mais la proportion de la réfiftance au poids augmentera, fi la gravité fpécifique eft moindre fous un égal volume, ou fi la denfité du milieu eft plus grande, ou bien la réfiftance diminuera en une moindre raifon que le poids, le volume étant diminué.

Regle 4. Comme la denfité du milieu près du fommet de l'hyperbole eft plus grande qu'au lieu A; pour avoir la denfité moyenne, il faut trouver la raifon de la plus petite des tangentes GT à la tangente AH, & augmenter la denfité en A en une raifon un peu plus grande que la demi-fomme de ces tangentes à la plus petite de ces tangentes GT.

Regle 5. Si les longueurs AH, AI font données, & qu'on veuille décrire la figure AGK : prolongez HN en X, enforte que $HX : AI :: n+1 : 1$, & décrivez par le point A une hyperbole dont les afymptotes foient MX, NX & le centre X, & qui ait cette propriété que AI foit à une ligne quelconque VG comme XV^n eft à XI^n.

Regle 6. Plus le nombre n eft grand, plus les hyperboles décrites par le corps en montant du lieu A font exactes, & moins elles font exactes lorfqu'il defcend vers K; & au contraire. L'hyperbole conique tient le milieu, & d'ailleurs eft la plus fimple. Donc, fi l'hyperbole eft de ce genre, & qu'on cherche le point K où le corps projetté tombe fur une ligne quelconque AN qui paffe par le point A : il faudra prolonger AN enforte qu'elle rencontre les afymptotes MX, NX en M & en N & prendre $NK = AM$.

Regle 7. Et de là on tire une maniere très-aifée de déterminer cette hyperbole par les Phénomenes. Car, foient jettés deux corps femblables & égaux, avec la même viteffe, fous des angles divers HAK, hAk, & qu'ils tombent dans le plan de l'horifon en K & en k; & foit trouvée par obfervation la proportion de AK à Ak que je fuppofe ici celle de d à e. Après avoir élevé une perpendiculaire AI d'une longueur quelconque, prenez à volonté la longueur AH ou Ah, & mefurez enfuite graphiquement les longueurs AK, Ak par la regle 6. Si la raiſon de AK à Ak eſt la même que celle de d à e, la longueur AH aura été priſe exactement. Si cette raiſon eſt moindre, prenez ſur la droite indéfinie SM la longueur SM égale à la longueur priſe AH, & élevez la perpendiculaire MN égale à la différence des raiſons $\frac{AK}{Ak} - \frac{d}{e}$ multipliée par une droite quelconque donnée. Ayant pris pluſieurs longueurs AH, on trouvera par la même méthode autant de points N, & par tous ces points on pourra tracer une courbe réguliere $NNXN$ qui coupe la droite $SMMM$ en X. Soit priſe enfin AH égale à l'abſciſſe SX, & on trouvera de nouveau la longueur AK ; & les longueurs, qui feront à la longueur priſe AI & à cette derniere AH comme la longueur AK connue par expérience à la longueur AK trouvée en dernier lieu, feront les vraies longueurs AI, & AH qu'il falloit trouver. Or ces longueurs étant données, la réſiſtance du milieu au lieu A ſera donnée auſſi, car elle eſt à la force de la gravité comme AH à $2AI$. Augmentant la denſité du milieu par la regle 4, la réſiſtance qu'on vient de trouver en deviendra plus exacte ſi on l'augmente dans cette même raiſon.

Regle 8. Les longueurs AH, HX étant trouvées ; ſi on cherche la poſition de la droite AH ſelon laquelle le projectile ayant été jetté avec une vîteſſe donnée, tombe en un point quelconque K : il faudra élever aux points A & K les droites AC, KF perpendiculaires à l'horiſon, deſquelles AC tende en enbas, & ſoit égale à AI ou $\frac{1}{2} HX$. On tracera enſuite l'hyperbole dont les aſymptotes ſont AK, KF, & dont la conjuguée paſſe par le point C, du centre A & de l'intervalle AH on décrira un cercle qui coupe cette hyperbole au point H; & le projectile jetté ſelon la ligne droite AH tombera ſur le point K.   *C. Q. F. T.*

Car le point H, à cauſe de la longueur donnée AH, ſera

quelque part sur le cercle décrit. Tirant CH qui rencontre AK & KF, la premiere en E, & l'autre en F; à cause des paralleles CH, MX, & des égales AC, AI, on aura $AE = AM = KN$ par conséquent. Mais $CE : AE :: FH : KN$, donc $CE = FH$. Le point H tombe donc sur l'hyperbole dont les asymptotes sont AK, KF, & dont la conjuguée passe par le point C, donc ce point se trouvera dans la commune intersection du cercle décrit & de cette hyperbole. C. Q. F. D.

Il faut remarquer de plus, que cette construction se fait de même, soit que la droite AKN soit parallele à l'horison soit qu'elle lui soit inclinée sous un angle quelconque : & que les deux intersections H & H forment deux angles NAH, NAH; & que dans la pratique il suffit de décrire une fois le cercle, & d'appliquer ensuite la regle infinie CH de telle sorte au point C que sa partie FH comprise entre la droite FK & le cercle soit égale à sa partie CE comprise entre le point C & la droite AK.

Ce qu'on a dit des hyperboles peut s'appliquer facilement aux paraboles. Car si $XAGK$ est une parabole, que la droite XV touche au sommet X, & que les ordonnées IA, VG soient comme les puissances quelconques XI^n, XV^n des abscisses XI & XV, soient tirées XT, GT, AH, desquelles XT soit parallele à VG & que GT, AH touchent la parabole en G, & A; le corps, étant projetté avec la vitesse nécessaire d'un lieu quelconque A selon une droite AH prolongée, décrira cette parabole, si la densité du milieu à chacun des lieux G est réciproquement comme la tangente GT. La vitesse en G sera celle avec laquelle le corps décriroit, dans un espace non résistant, la parabole conique dont le sommet seroit G, le diametre VG la ligne prolongée en enbas & le parametre $\frac{2GT^2}{nn - n \times VG}$. Quant à la résistance en G elle sera à la force de la gravité comme GT à $\frac{2nn - 2n}{n-2} \times VG$. D'où, si NAK est

DE LA PHILOSOPHIE NATURELLE. 283
la ligne horifontale, & que la denfité en A demeurant la même, ainfi que la vîteffe avec laquelle le corps a été jetté, l'angle NAH change d'une façon quelconque; les longueurs AH, AI, XH demeureront les mêmes, & de là le fommet X de la parabole fera donné, ainfi que la pofition de la droite XI, prenant donc $VG:IA::XV^n:XI^n$, on aura tous les points G de la parabole par lefquels le projectile paffera.

TROISIÉME SECTION.

Du Mouvement des Corps qui éprouvent des réfiftances qui font en partie en raifon de la vîteffe, & en partie en raifon doublée de cette même vîteffe.

PROPOSITION XI. THÉORÉME VIII.

Si un corps éprouve une réfiftance qui foit en partie comme fa vîteffe, & en partie en raifon doublée de cette vîteffe, que ce corps fe meuve dans un milieu homogène par la feule force qui lui a été imprimée, & qu'on prenne les temps en progreffion arithmétique; les quantités réciproquement proportionnelles aux vîteffes feront en progreffion géométrique, la quantité quelconque dont elles augmentent étant donnée.

Du centre C foit décrite l'hyperbole BEe qui ait pour afymptotes les perpendiculaires $CADd$, & CH, que les lignes AB, DE, de foient parallèles à l'afymptote CH. Que les points A & G foient donnés fur l'afymptote CD; fi le temps eft repréfenté par l'aire hyperbolique $ABED$ qui croît uniformément, je dis que la vîteffe peut être repréfentée par la longueur DF dont la réciproque GD ajoutée avec l'ordonnée CG compofe la longueur CD qui croît en progreffion géométrique.

Soit la petite aire $DEed$ l'incrément donné infiniment petit du temps, Dd sera réciproquement comme DE, & par conséquent directement comme CD. Mais le décrément de $\frac{1}{GD}$ qui est (par le Lemme 2. de ce Liv.) $\frac{Dd}{GD^2}$ sera proportionnel à $\frac{CD}{GD^2}$ ou à $\frac{CG+GD}{GD^2}$, c'est-à-dire, à $\frac{1}{GD} \times \frac{CG}{GD^2}$. Donc pendant le temps $ABDE$, qui croît uniformément par l'addition des petites particules données $EDde$, $\frac{1}{GD}$ décroît dans la même raison que la vîtesse. Car le décrément de la vîtesse est comme la résistance, c'est-à-dire, (par l'hypotese) comme la somme de deux quantités dont l'une est comme la vîtesse & l'autre comme le quarré de la vîtesse; mais le décrément de $\frac{1}{GD}$ est comme la somme des quantités $\frac{1}{GD}$ & $\frac{CG}{GD^2}$ desquelles la premiere est $\frac{1}{GD}$ elle-même, & la derniere $\frac{CG}{GD^2}$ est proportionnelle à $\frac{1}{GD^2}$: donc $\frac{1}{GD}$, à cause du décrément analogue, est comme la vîtesse. Et si on augmente la quantité GD réciproquement proportionnelle à $\frac{1}{GD}$ de la quantité donnée CG; la somme CD croîtra en progression géométrique, lorsque le temps $ABED$ croîtra uniformément.

Cor. 1. Donc, si les points A & G étant donnés, on exprime le temps par l'aire hyperbolique $ABED$, la vîtesse peut être exprimée par $\frac{1}{GD}$ réciproque de GD.

Cor. 2. En prenant GA à GD comme la réciproque de la vîtesse au commencement à la réciproque de la vîtesse à la fin d'un temps quelconque $ABED$, on trouvera le point G; & ce point étant trouvé, on peut trouver la vîtesse pour un autre temps donné quelconque.

PROPOSITION

PROPOSITION XII. THÉORÉME IX.

Fig. 19.

Les mêmes choses étant posées, je dis que, si on prend les espaces décrits en progression arithmétique, les vîtesses augmentées d'une quantité quelconque donnée seront en progression géométrique.

Sur l'asymptote CD soit donné le point R, & soit élevée la perpendiculaire RS qui rencontre l'hyperbole en S, & soit prise l'aire hyperbolique $RSED$ pour exprimer l'espace décrit ; la vîtesse sera comme la longueur GD, laquelle avec la donnée CG compose la longueur CD qui décroît en progression géométrique pendant que l'espace $RSED$ augmente en progression arithmétique.

Car à cause de l'incrément donné $EDde$ de l'espace, la petite ligne Dd qui est le décrément de GD sera réciproquement comme ED, ou directement comme CD, c'est-à-dire, comme la somme de GD même & de la longueur donnée CG. Mais le décrément de la vîtesse dans un temps qui lui est réciproquement proportionnel, & pendant lequel la particule donnée $DdeE$ de l'espace est décrite, est comme la résistance, & le temps conjointement ; c'est-à-dire, directement comme la somme de deux quantités dont l'une est comme la vîtesse & l'autre comme le quarré de la vîtesse, & inversement comme la vîtesse ; & par conséquent, directement comme la somme de deux quantités, dont l'une est donnée, & l'autre est proportionnelle à la vîtesse. Donc le décrément tant de la vîtesse que de la ligne GD est comme la quantité donnée & la quantité décroissante conjointement, & à cause que les décrémens sont proportionnels, les quantités décroissantes, c'est-à-dire, la vîtesse & la ligne GD seront toujours proportionnelles. *C. Q. F. D.*

Cor. 1. Si la vîtesse est exprimée par la longueur GD, l'espace décrit sera comme l'aire hyperbolique $DESR$.

Cor. 2. Et si on prend le point R à volonté, on trouvera le point G en prenant GR à GD comme la vîtesse au commencement est à la vîtesse après l'espace $RSED$ décrit. Or le point G étant trouvé, on a l'espace lorsque la vîtesse est donnée; & au contraire.

Cor. 3. Donc la vîtesse étant donnée (Prop. 11.) lorsque le temps est donné, & par cette présente Proposition l'espace étant donné lorsque la vîtesse est donnée; on aura l'espace quand le temps sera donné : & au contraire.

PROPOSITION XIII. THÉORÉME X.

Supposé que le corps étant attiré en enbas par une gravité uniforme monte ou descende dans une ligne droite, & qu'il éprouve une résistance qui soit en partie en raison de la vîtesse, & en partie dans cette même raison doublée : je dis que, si on mene des droites parallèles aux diametres du cercle & de l'hyperbole par les extrémités de leurs diametres conjugués, & que les vîtesses soient comme les segmens quelconques faits par ces parallèles menées d'un point donné; les temps seront comme les secteurs des aires retranchées des segmens : & réciproquement.

Cas 1. Supposons premierement que le corps monte, du centre D & d'un demi diametre quelconque DB soit décrit un quart de cercle $BETF$, & par l'extrémité B du demi diametre DB soit tirée la ligne infinie BAP parallele au demi diametre DF. Sur cette parallele soit donné le point A, & soit prise AP proportionnelle à la vîtesse. Comme une partie de la résistance est comme la vîtesse, & l'autre partie comme le quarré de la vîtesse; soit la résistance totale comme $AP^2 + 2BAP$, & soient tirées DA, DP qui coupent le cercle en E & T, soit enfin exprimée la gravité par AD^2 ensorte que la gravité soit à la résistance en P comme DA^2 à $AP^2 + 2BAP$: & le temps de l'ascension totale sera comme le secteur EDT du cercle.

Car soit menée DVQ qui coupe, tant le moment PQ de la

vîteſſe AP, que le moment DTV du ſecteur DET répondant au moment donné du temps ; & ce décrément PQ de la vîteſſe ſera comme la ſomme des forces de la gravité DA^2 & de la réſiſtance $AP^2 + 2BAP$, c'eſt-à-dire, comme DP^2. Donc l'aire DPQ qui eſt proportionnelle à PQ eſt comme DP^2, & l'aire DTV qui eſt à l'aire DPQ comme DT^2 à DP^2 ; donc l'aire EDT ſera comme la quantité donnée DT^2, & cette aire décroît uniformément comme le temps reſtant, en ſouſtrayant les particules données DTV, & par conſéquent cette aire eſt proportionnelle au temps de toute l'aſcenſion. C. Q. F. D.

Cas 2. Si la longueur AP exprime comme ci-deſſus la vîteſſe lorſque le corps remonte, qu'on ſuppoſe la réſiſtance comme $AP^2 + 2BAP$, & que la force de la gravité ſoit moindre que celle qui peut être exprimée par DA^2 ; on prendra BD d'une longueur telle que $AB^2 - BD^2$ ſoit proportionnelle à la gravité ; & que DF ſoit perpendiculaire & égale à BD ; par le ſommet F, on décrira l'hyperbole $FTVE$ dont les demi-diametres conjugués ſoient DB & DF, & qui coupe DA en E & DP, DQ en T & V ; & le temps de l'aſcenſion entiere ſera comme le ſecteur TDE de l'hyperbole.

Car le décrément PQ de la vîteſſe pendant une particule de temps donnée, eſt comme la ſomme de la réſiſtance $AP^2 + 2BAP$ & de la gravité $AB^2 - BD^2$, c'eſt-à-dire, comme $BP^2 - BD^2$. Mais l'aire DTV eſt à l'aire DPQ comme DT^2 à DP^2, c'eſt-à-dire, (en abaiſſant GT perpendiculaire ſur DF) comme GT^2 ou $GD^2 - DF^2$: BD^2 & : : GD^2 : BP^2, & en diviſant : : DF^2 : $BP^2 - BD^2$. Donc comme l'aire DPQ eſt proportionnelle à PQ, c'eſt-à-dire, à $BP^2 - BD^2$, on aura l'aire DTV comme la quantité donnée DFQ. L'aire EDT décroît donc uniformément à chaque particule égale de temps, par la ſouſtraction d'autant de particules données DTV, & par conſéquent elle eſt proportionnelle au temps. C. Q. F. D.

Cas 3. Que AP représente la vîtesse dans la descension du corps, $AP^2 + 2BAP$ la résistance, & $BD^2 - AB^2$ la force de la gravité, l'angle DBA étant droit. Si du centre D & du sommet B on décrit l'hyperbole équilatere $BETV$ coupant les lignes DA, DP, & DQ prolongées en E, T & V, le secteur EDT de cette hyperbole sera comme le temps total de la descension. Car l'incrément PQ de la vîtesse, & l'aire PDQ qui lui est proportionnelle est comme l'excès de la gravité sur la résistance, c'est-à-dire, comme $BD^2 - AB^2 - 2APB - AP^2$ ou $BD^2 - BP^2$; & l'aire DTV est à l'aire DPQ comme DT^2 à DP^2, & par conséquent comme GT^2 ou $GD^2 - BD^2$ à BP^2, ou bien comme GD^2 à BD^2, ou bien encore comme BD^2 à $BD^2 - BP^2$. C'est pourquoi comme l'aire DPQ est proportionnelle à $BD^2 - BP^2$, l'aire DTV sera comme la quantité donnée BD^2. L'aire EDT croît donc uniformément pendant chaque particule égale de temps par l'addition d'autant de particules données DTV, & par conséquent elle est proportionnelle au temps de la descension. C. Q. F. D.

Cor. Si du centre D & du demi-diametre DA, on décrit par le sommet A un arc At semblable à l'arc ET & soustendant de même l'angle ADT: la vîtesse AP sera à la vîtesse que le corps peut acquérir en descendant ou perdre en remontant dans un espace non résistant, & pendant le temps EDT, comme l'aire du triangle ADP à l'aire du secteur DAt; & par conséquent cette vîtesse sera donnée dans un temps donné. Car la vîtesse, dans un milieu non résistant, est proportionnelle au temps, & par conséquent à ce secteur, & dans un milieu résistant elle est comme le triangle; & dans l'un & l'autre milieu lorsqu'elle est très-petite elle approche de la raison d'égalité ainsi que le secteur & le triangle.

SCHOLIE.

Ce cas peut ainsi se démontrer dans l'ascension du corps,

DE LA PHILOSOPHIE NATURELLE. 289
lorfque la force de la gravité eft moindre que celle qu'on peut exprimer par AD^2 ou $AB^2 + BD^2$ & plus grande que celle qui peut l'être par $AB^2 - BD^2$, & qui doit l'être par AB^2. Mais paffons à d'autres Propofitions.

PROPOSITION XIV. THÉORÉME XI.

Les mêmes chofes étant pofées, je dis, que l'efpace décrit dans l'afcenfion ou la defcenfion, eft comme la différence de l'aire qui repréfente le temps, & d'une autre aire quelconque qui augmente ou diminue en progreffion arithmétique; fi on prend les forces compofées de la réfiftance & de la gravité en progreffion géométrique.

Soit prife AC proportionnelle à la gravité, & AK proportionnelle à la réfiftance, en obfervant de les placer du même côté du point A fi le corps defcend, & du côté oppofé s'il remonte. Soit de plus élevé Ab qui foit à DB comme DB^2 à $4BAC$: ayant décrit l'hyperbole bN dont les afymptotes foient les perpendiculaires CK, CH, & ayant élevé KN perpendiculaire fur CK, l'aire $AbNK$ augmentera ou diminuera en progreffion arithmétique lorfqu'on prendra les forces CK en progreffion géométrique. Cela pofé, je dis donc que la diftance du corps du lieu où il parviendroit à fa plus grande hauteur eft comme l'excès de l'aire $AbNK$ fur l'aire DET.

Car AK étant comme la réfiftance, c'eft-à-dire, comme $AP^2 + 2BAP$; foit prife une quantité donnée quelconque Z & foit fuppofée $AK = \dfrac{AP^2 + 2BAP}{Z}$ & (par le Lemme II. de ce Livre) le moment KL de AK fera égal à $\dfrac{2APQ + 2BA \times PQ}{Z}$ ou $\dfrac{2BPQ}{Z}$ & le moment $KLON$ de l'aire $AbNK$ fera égal à $\dfrac{2BPQ \times LO}{Z}$ ou $\dfrac{BPQ \times BD^2}{2Z \times CK \times AB}$.

Cas 1. Si on fuppofe que le corps monte, & que la gravité

soit comme $AB^2 + BD^2$, BET étant un cercle (dans la fig. 23.) la ligne AC qui est proportionnelle à la gravité sera $\frac{AB^2+BD^2}{Z}$ & DP^2 ou $AP^2 + 2BAP + AB^2 + BD^2$, sera $AK \times Z + AC \times Z$ ou $CK \times Z$; donc l'aire DTV sera à l'aire DPQ comme DT^2 ou DB^2 à $CK \times Z$.

Cas. 2. Si le corps monte, & que la gravité soit comme $AB^2 - BD^2$ la ligne AC (dans la figure 24.) sera $\frac{AB^2-BD^2}{Z}$ & DT^2 sera à DP^2 comme DF^2 ou DB^2 à $BP^2 - BD^2$ ou $AP^2 + 2BAP + AB^2 - BD^2$, c'est-à-dire, à $AK \times Z + AC \times Z$ ou $CK \times Z$. Donc l'aire DTV sera à l'aire DPQ comme DB^2 à $CK \times Z$.

Cas 3. Et par le même raisonnement, si le corps descend, & que par conséquent la gravité soit comme $BD^2 - AB^2$ & que la ligne AC (dans la fig. 25.) soit égale à $\frac{BD^2-AB^2}{Z}$ l'aire DTV sera à l'aire DPQ comme BD^2 à $CK \times Z$: comme ci-dessus.

Or comme ces aires sont toujours dans cette raison ; si au lieu de l'aire DTV, par laquelle le moment du temps, toujours égal à lui-même, est représenté, on écrit un rectangle quelconque déterminé comme $BD \times m$, on aura l'aire DPQ, c'est-à-dire, $\frac{1}{2} BD \times PQ$ à $BD \times m$, comme $CK \times Z$ à BD^2. D'où on tirera $PQ \times BD^3 = 2 BD \times m \times CK \times Z$, & le moment $KLON$ de l'aire $AbNK$ trouvé ci-dessus, sera $\frac{BP \times BD \times m}{AB}$. otant le moment DTV ou $BD \times m$ de l'aire DET, il restera $\frac{AP \times BD \times m}{AB}$. La différence des momens, c'est-à-dire, le moment de la différence des aires, est donc égale à $\frac{AP \times BD \times m}{AB}$, & par conséquent, à cause que $\frac{BD \times m}{AB}$ est donné, comme la vîteſſe AP, c'eſt-à-dire, comme le moment de l'eſpace que le corps décrit dans ſon aſcenſion, ou dans ſa deſcenſion. Donc la différence des aires, & cet eſpace qui croiſſent ou décroiſſent par des momens proportionnels & qui naiſſent ou s'évanouiſſent en même-temps ſont toujours proportionnels. *C. Q. F. D.*

Cor. Si l'on nomme M la longueur qui vient en diviſant l'aire DET par la ligne BD; & qu'une autre longueur V ſoit priſe à la longueur M dans la raiſon que la ligne DA a à la ligne DE: l'eſpace que le corps parcourt dans toute ſon aſcenſion, ou dans toute ſa deſcenſion dans un milieu réſiſtant, ſera à l'eſpace qu'il peut décrire dans un milieu non réſiſtant dans le même temps en tombant de ſon point de repos, comme la différence des aires dont on a parlé à $\frac{BD \times V^2}{AB}$: c'eſt-à-dire, que l'eſpace ſera donné lorſque le temps eſt donné. Car l'eſpace parcouru dans un milieu qui ne réſiſte point eſt en raiſon doublée du temps, ou comme V^2, & à cauſe des données BD & AB comme $\frac{BD^2 \times V^2}{AB}$. Cette aire eſt égale à l'aire $\frac{DA^2 \times BD \times M^2}{DE^2 \times AB}$, & le moment de M eſt m, & par conſéquent le moment de cette aire eſt $\frac{DA^2 \times BD \times 2 M \times m}{DE^2 \times AB}$. Mais ce moment eſt au moment de la différence des aires DET, & $AbNK$ dont on a parlé, c'eſt-à-dire, à $\frac{AP \times BD \times m}{AB}$ comme $\frac{DA^2 \times BD \times M}{DE^2}$ eſt à $\frac{1}{2} BD \times AP$, ou comme $\frac{DA^2}{DE^2} \times DET$ eſt à DAP, c'eſt-à-dire, lorſque les aires DET & DAP ſont infiniment petites, en raiſon d'égalité. Donc l'aire $\frac{BD \times V^2}{AB}$ & la différence des aires DET & $AbNK$, quand toutes ces aires ſont très-petites, ont des momens égaux, & ſont par conſéquent égales. Delà, lorſque les vîteſſes, & par conſéquent auſſi les eſpaces parcourus en même-temps dans l'un & l'autre milieu au commencement de la descension ou à la fin de l'ascension approchent de l'égalité, ils sont alors l'un à l'autre comme l'aire $\frac{BD \times V^2}{AB}$ & la différence des aires DET & $AbNK$; de plus, comme l'espace dans un milieu non résistant est toujours comme $\frac{BD \times V^2}{AB}$ & que dans un milieu qui résiste il est toujours comme la différence des aires DET & $AbNK$: il est nécessaire que les espaces parcourus dans l'un & l'autre milieu, pendant des temps quelconques égaux, soient entr'eux comme cette aire $\frac{BD \times V^2}{AB}$ & la différence des aires DET & $AbNK$. C. Q. F. D.

SCHOLIE.

La résistance que les corps sphériques éprouvent dans les fluides vient en partie de la ténacité, en partie du frotement, & en partie de la densité du milieu. C'est cette partie de la résistance qui vient de la densité du fluide que nous disons être en raison doublée de la vîtesse ; l'autre partie qui vient de la ténacité du fluide est uniforme ou comme le moment du temps : il seroit donc à propos de parler du mouvement des corps qui éprouvent une résistance causée en partie par une force uniforme ou en raison des momens du temps, & en partie par une force en raison doublée de la vîtesse. Mais il suffit d'avoir préparé la voye à cette spéculation par les Prop. 8. & 9. & leurs Corollaires. Car dans ces Propositions on peut substituer à la place de la résistance uniforme qu'éprouve un corps qui remonte, laquelle vient de sa gravité, la résistance uniforme qui vient de la ténacité du milieu lorsque le corps se meut par la seule force qui lui a été imprimée ; & on peut ajouter cette résistance uniforme causée par la gravité, au corps qui monte en ligne droite, & la soustraire lorsque le corps descend en ligne droite. Il seroit donc

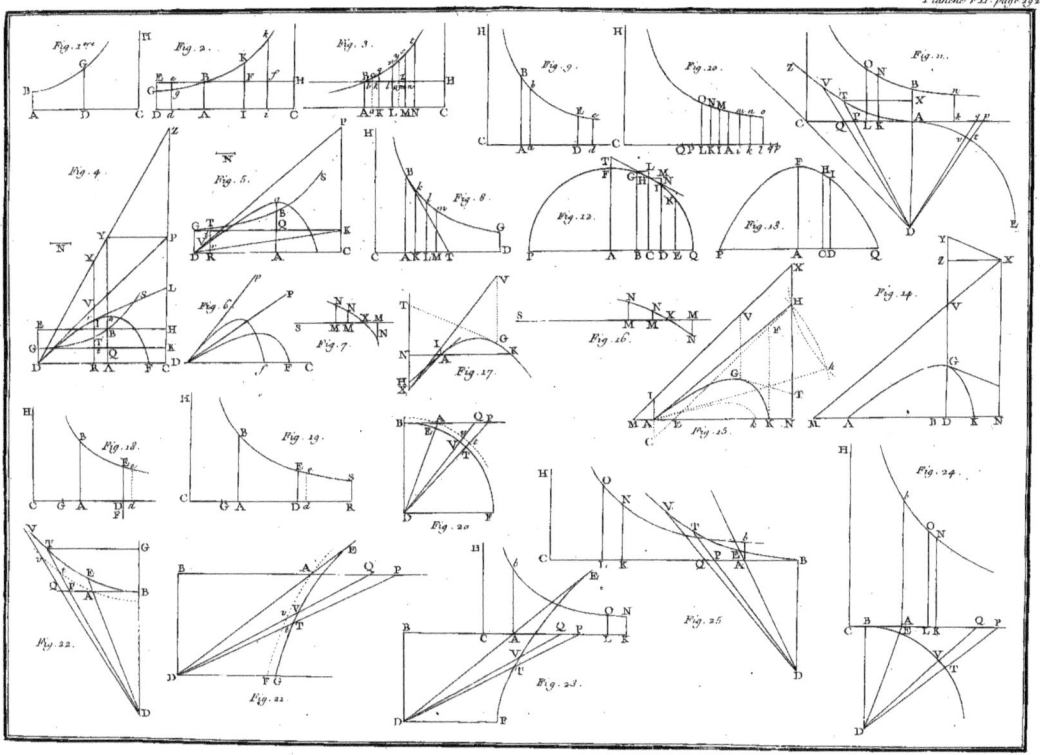

DE LA PHILOSOPHIE NATURELLE. 293

temps de parler à préfent du mouvement des corps qui éprouvent une réfiftance compofée de forces qui font en partie uniformes, en partie en raifon de la vîteffe, & en partie en raifon doublée de cette vîteffe. J'en ai pofé les principes dans les Prop 12. & 14. dans lefquelles on peut auffi fubftituer la réfiftance uniforme qui vient de la ténacité du milieu à la place de la force de la gravité, ou prendre les deux forces enfemble comme ci-deffus. Ainfi je paffe à d'autres Propofitions.

QUATRIÉME SECTION.
Du mouvement circulaire des corps dans les milieux réfiftans.

LEMME III.

Soit P Q R *une fpirale qui coupe tous les rayons* S P, S Q, S R, *&c. fous des angles égaux. Soit tirée la droite* P T *qui touche la fpirale en un point quelconque* P, *& qui coupe le rayon* S Q *en* T; *ayant tiré à la fpirale les perpendiculaires* P O, Q O *qui concourent en* O, *foit tirée* S O. *Je dis que, fi les points* P & Q *s'approchent l'un de l'autre & fe confondent, l'angle* P S O *deviendra droit, & la derniere raifon du rectangle* T Q × 2 P S *à* P Q^2 *fera une raifon d'égalité.*

Fig. 29.

Car des angles droits OPQ, OQR foient ôtés les angles égaux SPQ, SQR, il reftera les angles égaux OPS, OQS. Donc le cercle qui paffe par les points O, S, P paffera auffi par le point Q. Que les points P & Q coïncident, ce cercle touchera la fpirale dans le point de leur coïncidence, & par conféquent il coupera perpendiculairement la droite OP. Que cette ligne OP devienne le diametre de ce cercle, & l'angle OSP qui eft dans le demi cercle fera droit. *C. Q. F. D.*

Sur OP foient abaiffées les perpendiculaires QD, SE, & les dernieres raifons de ces lignes feront telles ; $TQ:PD::TS$

ou $PS:PE$ ou $2PO:2PS$; de plus, $PD:PQ::PQ:2PO$, d'où on tire $PQ^2 = TQ \times 2PS$. C. Q. F. D.

PROPOSITION XV. THÉORÈME XII.

Si la denſité du milieu à chacun des lieux eſt réciproquement comme la diſtance au centre immobile, & que la force centripete ſoit en raiſon doublée de la denſité; je dis, que le corps peut ſe mouvoir dans une ſpirale qui coupera ſous un angle donné tous les rayons tirés de ce centre.

Les mêmes choſes étant ſuppoſées que dans le Lemme précédent, ſoit prolongée SQ en V, enſorte que $SV=SP$. Que le corps dans un temps quelconque parcoure dans un milieu réſiſtant le très-petit arc PQ, & dans un temps double, le très-petit arc PR; les décrémens de ces arcs qui ſeroient décrits dans un milieu non réſiſtant pendant les mêmes temps ſeront entr'eux comme les quarrés des temps dans leſquels ils ſont produits : donc le décrément de l'arc PQ eſt la quatrieme partie du décrément de l'arc PR. Donc ſi on prend l'aire QSr égale à l'aire PSQ, le décrément de l'arc PQ ſera égal à la moitié de la petite ligne Rr, donc la force de la réſiſtance & la force centripete ſont l'une à l'autre comme les petites lignes $\frac{1}{2}Rr$ & TQ qu'elles produiſent en même temps. Mais comme la force centripete par laquelle le corps eſt preſſé en P eſt réciproquement comme SP^2, & que (par le Lemme 10. du Liv. 1.) la petite ligne TQ que cette force a produit eſt en raiſon compoſée de la raiſon de cette force & de la raiſon doublée du temps dans lequel l'arc PQ a été décrit, (car dans ce cas je néglige la réſiſtance comme étant infiniment plus petite que la force centripete) $TQ \times SP^2$, c'eſt-à-dire, (par le dernier Lemme) $\frac{1}{2} PQ^2 \times SP$ ſera en raiſon doublée du temps; le temps eſt donc comme $PQ \times \sqrt{SP}$; & la viteſſe du corps par laquelle l'arc PQ eſt parcouru dans ce temps eſt comme $\frac{PQ}{PQ \times \sqrt{SP}}$ ou $\frac{1}{\sqrt{SP}}$, c'eſt-à-dire, réciproquement en rai-

DE LA PHILOSOPHIE NATURELLE. 295

son doublée de SP. Par le même raisonnement, la vîtesse avec laquelle l'arc QR est décrit est réciproquement en raison sous-doublée de SQ. Mais ces arcs PQ & QR sont l'un à l'autre comme les vîtesses décrivantes, c'est-à-dire, en raison sous-doublée de SQ à SP, ou comme SQ à $\sqrt{SP \times SQ}$; & à cause des angles égaux SPQ, SQr & des aires égales PSQ, QSr, l'arc PQ est à l'arc Qr comme SQ à SP. Prenant donc les différences des conséquents proportionnels, on aura l'arc PQ à l'arc Rr comme SQ à $SP - \sqrt{SP \times SQ}$ ou $\frac{1}{2}VQ$. Car les points P & Q coïncidans, la derniere raison de $SP - \sqrt{SP \times SQ}$ à $\frac{1}{2}VQ$ est la raison d'égalité. Et parce que le décrément de l'arc PQ, causé par la résistance, ou son double Rr est comme la résistance & le quarré du temps conjointement; la résistance sera comme $\frac{Rr}{PQ^2 \times SP}$. Mais on avoit $PQ : Rr :: SQ : \frac{1}{2}VQ$, & de là $\frac{Rr}{PQ^2 \times SP}$ devient comme $\frac{\frac{1}{2}VQ}{PQ \times SP \times SQ}$ ou comme $\frac{\frac{1}{2}OS}{OP \times SP^2}$. Car les points P & Q coïncidans, SP & SQ coïncideront aussi, & l'angle PVQ sera droit; & à cause des triangles semblables PVQ, PSO, $PQ : \frac{1}{2}VQ :: OP : \frac{1}{2}OS$. Donc $\frac{OS}{OP \times SP^2}$ est comme la résistance, c'est-à-dire, en raison de la densité du milieu au point P, & en raison doublée de la vîtesse conjointement. Donc en ôtant la raison doublée de la vîtesse, c'est-à-dire, la raison $\frac{1}{SP}$, il restera la densité du milieu en P proportionnelle à $\frac{OS}{OP \times SP}$. Soit donnée la spirale; & à cause de la raison de OS à OP qui est donnée, la densité du milieu en P sera comme $\frac{1}{SP}$. Donc dans un milieu dont la densité est réciproquement comme la distance SP du centre, le corps peut se mouvoir dans cette spirale. *C. Q. F. D.*

Cor. 1. La vîtesse dans un lieu quelconque P est toujours celle avec laquelle le corps peut tourner par la même force centripete dans un milieu non résistant dans un cercle à la même distance SP du centre.

Cor. 2. Si la distance SP est donnée, la densité du milieu est comme $\frac{OS}{OP}$, & si cette distance n'est pas donnée, la densité est comme $\frac{OS}{OP \times SP}$. Et par conséquent, on peut appliquer la spirale à une densité quelconque du milieu.

Cor. 3. La force de la résistance dans un lieu quelconque P est à la force centripete dans le même lieu, comme $\frac{1}{2}OS$ à OP. Car ces forces sont entr'elles comme $\frac{1}{2}Rr$ & TQ, ou comme $\frac{\frac{1}{2}VQ \times PQ}{SQ}$ & $\frac{\frac{1}{2}PQ^2}{SP}$, c'est-à-dire, comme $\frac{1}{2}VQ$ & PQ, ou $\frac{1}{2}OS$ & OP. Or la spirale étant donnée, la proportion de la résistance à la force centripete est aussi donnée, & réciproquement, cette proportion étant donnée, la spirale l'est aussi.

Cor. 4. Le corps ne peut donc tourner dans cette spirale, que lorsque la force de la résistance est moindre que la moitié de la force centripete. Car supposé que la résistance soit égale à la moitié de la force centripete, alors la spirale se confondra avec la ligne droite PS, & dans ce cas, le corps descendra vers le centre dans cette droite avec une vîtesse, qui sera à la vîtesse avec laquelle nous avons prouvé ci-dessus, dans le cas de la parabole, (Théor. 10. du Liv. 1.) que le corps descendroit dans un milieu non résistant, en raison sous-doublée de 1 à 2. Et les temps de la descension seront ici réciproquement comme les vîtesses & par conséquent ils seront donnés.

Cor. 5. Et parce que à égales distances du centre, la vîtesse est la même dans la spirale PQR & dans la droite SP, & que la longueur de la spirale, est à la longueur de la droite SP, dans la raison de OP à OS; le temps de la descension dans la spirale, sera au temps de la descension dans la droite SP dans cette

DE LA PHILOSOPHIE NATURELLE. 297

même raison donnée, & par conséquent il sera donné.

Cor. 6. Si du centre S, & de deux intervalles quelconques donnés on décrit deux cercles, & si ces deux cercles restans les mêmes, l'angle que la spirale fait avec le rayon SP change d'une façon quelconque : le nombre des révolutions que le corps P peut achever entre les circonférences de ces cercles en allant dans la spirale d'une circonférence à l'autre est comme $\frac{PS}{OS}$ ou comme la tangente de l'angle que la spirale fait avec le rayon PS; & le temps de ces révolutions est comme $\frac{OP}{OS}$, c'est-à-dire, comme la sécante du même angle, ou bien réciproquement, comme la densité du milieu.

Cor. 7. Si le corps dans un milieu dont la densité est réciproquement comme la distance des lieux au centre, faisoit une révolution dans une courbe quelconque AEB autour de ce centre, & que le premier rayon AS la coupât sous le même angle en B, qu'il l'avoit coupée premièrement en A, & que la vîtesse du corps à ce lieu B fut à sa première vîtesse en A réciproquement en raison sous doublée des distances au centre, (c'est-à-dire, comme AS à la moyenne proportionnelle entre AS & BS) ce corps continueroit à faire une infinité de révolutions semblables BFC, CGD &c. & partageroit par leurs intersections le rayon AS dans les parties AS, BS, CS, DS, &c. continuellement proportionnelles. Et les temps des révolutions seront comme les périmetres des spires, AEB, BFC, CGD, &c. directement, & les vîtesses aux commencemens A, B, C de ces révolutions inversement; c'est-à-dire, comme $AS^{\frac{3}{2}}, BS^{\frac{3}{2}}, CS^{\frac{3}{2}}$. Donc le temps total dans lequel le corps parviendra au centre sera au temps de la premiere révolution, comme la somme de toutes les continuellement proportionnelles $AS^{\frac{3}{2}}$, $BS^{\frac{3}{2}}, CS^{\frac{3}{2}}$ (jusqu'à l'infini) au premier terme $AS^{\frac{3}{2}}$; c'est-à-dire, comme le premier terme $AS^{\frac{3}{2}}$ à la différence des deux premiers termes $AS^{\frac{3}{2}} - BS^{\frac{3}{2}}$, ou comme $\frac{2}{3} AS$ à AB à peu près. Ce qui donnera aisément ce temps total.

Cor. 8. De tout ceci on peut tirer à peu près le mouvement des corps dans des milieux dont la denſité ou eſt uniforme, ou obſerve une autre loi quelconque aſſignée.

Du centre S, & des intervalles continuellement proportionnels SA, SB, SC, &c. décrivez un nombre quelconque de cercles, & ſuppoſez que le temps des révolutions entre les périmetres de deux de ces cercles quelconques, dans le milieu dont nous parlons, ſoit au temps des révolutions, entre ces mêmes cercles, dans le milieu propoſé, à peu près comme la denſité moyenne du milieu propoſé entre ces cercles, à la denſité moyenne du milieu dont nous parlons entre ces mêmes cercles : & que la ſécante de l'angle, ſous lequel la ſpirale précédente coupe le rayon AS dans le milieu dont nous parlons, ſoit dans la même raiſon à la ſécante de l'angle ſous lequel la ſpirale nouvelle coupe le même rayon dans le milieu propoſé : & qu'enfin les nombres de toutes les révolutions entre les deux mêmes cercles ſoient à peu près comme les tangentes de ces mêmes angles. Si cela arrive ainſi entre deux cercles quelconques, le mouvement ſe continuera entre tous les autres cercles. Et de-là on peut trouver facilement de quelle façon & dans quels temps les corps doivent tourner dans un milieu quelconque qui réſiſte ſelon une loi quelconque aſſignée.

Cor. 9. Et quoique le mouvement ſoit excentrique dans les ſpirales qui approchent de l'ovale, cependant, en imaginant que chaque révolution de ces ſpirales ſoient ſéparées par des intervalles égaux, & qu'ils arrivent au centre par les mêmes degrés que la ſpirale qu'on a décrit ci-deſſus, on comprendra de quelle maniere les mouvemens des corps s'exécutent dans ces ſortes de ſpirales.

DE LA PHILOSOPHIE NATURELLE.

PROPOSITION XVI. THÉORÉME XIII.

Si la densité du milieu à chacun des lieux, est réciproquement comme la distance de ces lieux au centre immobile, & que la force centripete soit réciproquement comme une puissance quelconque de cette même distance : je dis que le corps peut tourner dans une spirale, qui coupe sous un angle donné tous les rayons tirés de ce centre.

Cette Proposition se démontre de la même maniere que la Proposition précédente. Car si la force centripete en P est réciproquement comme une puissance quelconque SP^{n+1} de la distance SP, on trouvera, comme ci-dessus, que le temps pendant lequel le corps parcourt l'arc quelconque PQ sera comme $PQ \times PS^{\frac{1}{2}n}$; & la résistance en P sera comme $\dfrac{Rr}{PQ^2 \times SP^n}$ ou comme $\dfrac{\overline{1-\frac{1}{2}n} \times VQ}{PQ \times SP^n \times SQ}$ & par conséquent, comme $\dfrac{\overline{1-\frac{1}{2}n} \times OS}{OP \times SP^{n+1}}$, c'est-à-dire, à cause de la quantité donnée $\dfrac{\overline{1-\frac{1}{2}n} \times OS}{OP}$, réciproquement comme SP^{n+1}. Donc la vitesse étant réciproquement comme $SP^{\frac{1}{2}n}$, la densité en P sera réciproquement comme SP.

Cor. 1. La résistance est à la force centripete comme $\overline{1-\frac{1}{2}n} \times OS$ à OP.

Cor. 2. Si la force centripete est réciproquement comme SP^3 alors $1-\frac{1}{2}n = 0$; donc alors la résistance & la densité du milieu seront nulles, comme dans la Prop. 9. du Liv. 1.

Cor. 3. Si la force centripete est réciproquement comme quelque puissance du rayon SP dont l'exposant soit plus grand que le nombre 3. la résistance deviendra de positive négative.

SCHOLIE.

Au reste, cette Proposition & les précédentes, qui ont rapport aux milieux inégalement denses, doivent s'appliquer aussi aux mouvemens des corps qui sont assez petits pour que l'excès de la densité du milieu qui touche un de leurs côtés sur celle du milieu qui touche leur autre côté puisse être négligée. Je suppose ici la résistance proportionnelle à la densité, le reste étant égal. Ainsi dans les milieux dont la force résistante n'est pas comme la densité, la densité doit augmenter ou diminuer jusqu'à ce que l'excès de la résistance soit contre-balancé, ou que son défaut soit suppléé.

PROPOSITION XVII. PROBLÉME IV.

Trouver, & la force centripete, & la résistance du milieu nécessaires pour que le corps puisse se mouvoir dans une spirale donnée par une loi de vîtesse donnée.

Soit cette spirale PQR. La vîtesse avec laquelle le corps décrit le très-petit arc PQ étant donnée, le temps l'est aussi, & par la hauteur TQ, qui est comme la force centripete & le quarré du temps, on a la force. Ensuite par la différence RSr des aires PSQ & QSR décrites en des particules égales de temps, on aura la retardation du corps, & par la retardation on trouvera la résistance, & la densité du milieu.

PROPOSITION XVIII. PROBLÉME V.

La loi de la force centripete étant donnée, trouver à chacun des lieux la résistance du milieu nécessaire pour que le corps décrive une spirale donnée.

Par le moyen de la force centripete donnée il faut trouver la vîtesse à chacun des lieux, ensuite il faut par la retardation de la vîtesse chercher la densité du milieu ; comme dans la Proposition précédente.

J'ai fait voir, dans la dixiéme Prop. & dans le Lemme 2. de ce Livre, la maniere de traiter ces Problêmes, & je ne veux pas arrêter plus long-temps le Lecteur à ces sortes de discussions
assez

DE LA PHILOSOPHIE NATURELLE.

aſſez compliquées. Il eſt temps de dire quelque choſe des forces des corps dans leurs mouvemens progreſſifs, de la denſité, & de la réſiſtance des milieux dans leſquels les mouvemens dont j'ai parlé juſqu'à préſent & ceux de même nature s'exécutent.

CINQUIÉME SECTION.

De la denſité & de la compreſſion des Fluides & de l'Hydroſtatique.

DEFINITION DU FLUIDE.

Les corps fluides ſont ceux dont les parties cédent à toute eſpece de force qui agit ſur eux, & qui ſe meuvent très-facilement entre eux.

PROPOSITION XIX. THÉORÉME XIV.

Toutes les parties d'un fluide immobile & homogène enfermé dans un vaſe quelconque immobile dans lequel il eſt comprimé de toutes parts, (en faiſant abſtraction de la gravité, de la condenſation, & de toute eſpéce de force centripéte) ſont également preſſées de tous les côtés, & chacune reſte dans ſon lieu ſans que cette preſſion produiſe aucun mouvement.

Cas 1. Dans un vaſe ſphérique *A B C*, ſoit enfermé un fluide de maniére qu'il y ſoit comprimé de toutes parts également, je dis qu'aucune de ſes parties ne ſe mouvera par cette preſſion. Car ſi quelque partie *D* ſe mouvoit, il feroit néceſſaire que toutes les autres parties qui ſont à la même diſtance du centre ſe meuſſent enſemble d'un mouvement ſemblable ; & cela parce que la preſſion qu'elles éprouvent toutes eſt égale & ſemblable,

Fig. 30.

& qu'on suppose qu'elles n'ont point d'autre mouvement que celui que cette pression peut produire. Or elles ne peuvent toutes approcher plus près du centre, à moins que le fluide ne se condense vers le centre ; ce qui est contre l'hypotèse. Elles ne peuvent non plus s'en éloigner à moins que le fluide ne se condense vers la circonférence, ce qui est aussi contre l'hypotèse. Enfin elles ne peuvent, en conservant leur distance au centre, se mouvoir vers un côté quelconque parce qu'il y auroit la même raison pour qu'elles se meussent vers le côté opposé. Or une même partie ne peut se mouvoir en même temps vers des côtés opposés, donc aucune partie de ce fluide ne sortira de sa place. *C. Q. F. D.*

Cas 2. Je dis à présent, que toutes les parties sphériques de ce fluide sont également pressées de tous côtés. Car supposez que EF soit une partie sphérique de ce fluide, si elle n'est pas également pressée de tous côtés, supposez que la pression la plus foible augmente jusqu'à ce que cette partie sphérique soit également pressée de toutes parts, & alors, par le premier cas, toutes ses parties demeureront dans leurs lieux. Mais avant que cette pression fut augmentée, elles devoient demeurer aussi dans leurs lieux, par le même cas premier ; & la pression étant augmentée, elles doivent sortir de leurs lieux par la définition du fluide, or ces deux choses sont contradictoires. Donc il étoit faux de dire que la sphere EF ne fut pas également pressée de toutes parts. *C. Q. F. D.*

Cas 3. Je dis de plus que la pression de plusieurs parties sphériques est égale, car les parties sphériques contigues se pressent mutuellement & également dans le point de contact par la troisiéme loi du mouvement, mais par le cas second, elles sont pressées de toutes parts par la même force. Donc deux parties quelconques sphériques non contigues sont pressées par la même force, parce qu'une partie sphérique intermédiaire peut toucher l'une & l'autre. *C. Q. F. D.*

DE LA PHILOSOPHIE NATURELLE. 503

Cas 4. Je dis encore que toutes les parties du fluide font pressées partout également. Car deux parties quelconques peuvent être touchées par les parties sphériques dans des points quelconques, & les parties sphériques pressent également dans ces points par le cas troisieme, & elles sont également pressées à leur tour par ces deux autres parties par la troisieme loi du mouvement. *C. Q. F. D.*

Cas 5. Or comme une partie quelconque *G H I* du fluide est renfermée dans le reste de ce fluide comme dans un vase, & qu'elle y est également pressée de tous côtés, & que de plus toutes les parties qui la composent se pressent mutuellement & également, & sont en repos entr'elles; il est clair que toutes les parties *G H I* d'un fluide quelconque qui est comprimé également de tous côtés, se pressent également les unes les autres, & sont en repos entr'elles. *C. Q. F. D.*

Cas 6. Si ce fluide n'est pas renfermé dans un vase infléxible, & que par conséquent il ne soit pas pressé également de toutes parts; il cédera à la pression la plus forte par la définition de la fluidité.

Cas 7. Donc dans un vase infléxible le fluide ne soutiendra pas une pression plus forte d'un côté que de l'autre, mais il cédera à la plus forte, & cela dans un instant indivisible, parce que le côté infléxible du vase ne poursuit pas la liqueur qui céde : le fluide en cédant pressera donc le côté opposé, & ainsi la pression deviendra égale de tous côtés, & parce que le fluide dans le premier moment où il tend à s'éloigner du lieu où il éprouve la plus grande pression, en est empêché par la résistance du vase du côté opposé, la pression devient égale de toutes parts, dans un instant & sans aucun mouvement local : & dans le moment les parties du fluide se pressent mutuellement & également par le cinquiéme cas, & sont en repos entre elles. *C. Q. F. D.*

Cor. D'où on voit que les mouvemens des parties du fluide entr'elles ne peuvent changer par une pression exercée de toutes parts fur la fuperficie entiere du fluide, à moins que la figure de cette fuperficie ne change en quelque endroit, ou que toutes les parties du fluide en fe preffant mutuellement avec plus ou moins de force coulent plus ou moins facilement les unes fur les autres.

PROPOSITION XX. THÉORÉME XV.

Si les parties d'une fphere fluide & homogène qui enveloppe un fond fphérique qui a le même centre, gravitent également vers ce centre lorfqu'elles en font à égale diftance ; ce fonds foutiendra le poids d'un cylindre, dont la bafe eft égale à la fuperficie de ce fond, & la hauteur eft la même que celle du fluide incumbant.

Fig. 31.

Que *D H M* foit la fuperficie de ce fond, & *A E I* la fuperficie fupérieure du fluide. Que ce fluide foit partagé par un nombre innombrable de fuperficies fphériques *B F K*, *C G L* dans des orbes concentriques également épaiffes ; & que la force de la gravité foit fuppofée agir feulement fur la fuperficie fupérieure d'un orbe quelconque, fes actions étant égales fur les parties égales de toutes ces fuperficies. La fuperficie de deffus *A E* eft donc preffée par la feule force de fa propre gravité, par laquelle toutes les parties de l'orbe fupérieur & la feconde fuperficie *B F K* (par la Prop. 19.), felon fa grandeur, font également preffées. Mais outre cela ; la feconde fuperficie *B F K* eft preffée par la force de fa propre gravité, qui, ajoutée à la premiere, compofe une preffion double. La troifieme fuperficie *C G L* fera preffée felon fa grandeur par cette preffion, & de plus par la force de fa propre gravité, c'eft-à-dire, par une preffion triple : & de même, la quatrieme fuperficie éprouvera une preffion quadruple, la cinquième une quintuple, & ainfi de fuite. La preffion que chaque fuperficie éprouve, n'eft donc pas comme la quantité folide du fluide qui s'appuie fur elle, mais comme le nombre des orbes jufqu'à la furface fupérieure du fluide ; & elle eſt égale à la gravité de l'orbe inférieur multiplié par le nombre des orbes : c'eſt-à-dire, à la gravité du ſolide dont la derniere raiſon au cylindre déterminé eſt la raiſon d'égalité, (ſuppoſé que le nombre des orbes croiſſe & que leur épaiſſeur diminue à l'infini, enſorte que l'action de la gravité de la ſuperficie inférieure à la ſupérieure devienne continue). La ſuperficie inférieure ſoutiendra donc le cylindre dont on vient de parler. *C. Q. F. D.*

Et par un raiſonnement ſemblable on prouveroit la propoſition, dans le cas où la gravité décroît dans une raiſon quelconque de la diſtance au centre, & dans celui où le fluide eſt plus rare en enhaut, & plus denſe en embas. *C. Q. F. D.*

Cor. 1. Donc, le fond n'eſt pas preſſé par tout le poids du fluide incumbant, mais il ſoutient ſeulement cette partie du poids du fluide dont on a parlé dans cette Propoſition ; le reſte de ſon poids étant ſoutenu par la figure en voute du fluide.

Cor. 2. Mais la quantité de la preſſion eſt toujours la même à des diſtances égales du centre, ſoit que la ſuperficie preſſée ſoit parallele à l'horiſon, ſoit qu'elle lui ſoit perpendiculaire ou oblique, ſoit que le fluide s'éleve perpendiculairement dans une ligne droite au-deſſus de la ſuperficie preſſée, ſoit qu'il ſerpente obliquement dans des canaux & des cavités qui ſoient de formes régulieres ou irrégulieres, & qui ſoient larges ou étroites, on trouve que toutes ces circonſtances ne changent rien à la preſſion, en appliquant la démonſtration de ce Théorême aux différens cas où ſe trouvent les fluides.

Cor. 3. On prouve auſſi par la même démonſtration (& par la Prop. 19.) que les parties d'un fluide peſant n'acquiérent aucun mouvement entr'elles par la preſſion d'un poids incumbant, pourvû qu'on faſſe abſtraction du mouvement qui vient de la condenſation.

Cor. 4. Et par conſéquent ſi un autre corps de la même gravité ſpécifique, mais incapable de condenſation, eſt plongé dans ce fluide, il n'acquérera aucun mouvement par la preſſion du poids incumbant : il ne deſcendra point, il ne montera point, & il ne ſera point contraint à changer ſa forme. S'il eſt ſphérique, il demeurera ſphérique malgré la preſſion : s'il eſt quarré, il demeurera quarré : & cela, ſoit qu'il ſoit mol ou très-fluide; ſoit qu'il nâge librement dans le fluide, ſoit qu'il s'appuie ſur le fond. Or toute partie interne quelconque d'un fluide eſt dans le même cas qu'un corps plongé, & il en eſt de même de tous les corps plongés qui ont la même grandeur, la même figure, & la même gravité ſpécifique. Si le corps plongé devenoit fluide en conſervant ſon poids; ce corps, s'il étoit monté ou deſcendu, ou s'il avoit pris une nouvelle forme auparavant par la preſſion du fluide, ſeroit encore forcé de monter ou de deſcendre, ou de prendre une nouvelle forme : & cela, parce que ſa gravité & toutes les autres cauſes de mouvement ſubſiſtent. Or (par le cas 5. de la Prop. 19.) il ſeroit en repos & conſerveroit ſa figure. Donc, &c.

Cor. 5. Donc le corps qui eſt ſpécifiquement plus peſant que le fluide qui lui eſt contigu ira au fond, & s'il eſt ſpécifiquement plus léger, il montera ſur la ſuperficie, ce qui produira du mouvement, & un changement de figure, tels que l'excès ou le défaut de la gravité de ce corps les peut produire. Car cet excès, ou ce défaut ſont la cauſe de l'impulſion que reçoit le corps, lequel autrement eût été en équilibre avec les parties du fluide; & cet excès ou ce défaut de gravité du corps plongé peut être comparé avec l'excès ou le défaut de poids des corps qui ſont dans l'un ou l'autre baſſin d'une balance.

Cor. 6. Les corps qui ſont dans des fluides ont donc une double gravité, l'une vraie & abſolue, l'autre apparente & relative. La gravité abſolue eſt la force totale par laquelle le corps tend en embas : la relative eſt l'excès de la gravité du corps par lequel il tend plus fortement en embas que le fluide qui l'environne. Les parties des fluides & celles de tous les corps gravitent toutes dans leurs lieux par une gravité du premier genre : donc tous leurs poids réunis composent le poids total. Car tout corps est pesant comme on peut l'éprouver dans des vases pleins de liqueur, & le poids du tout est égal aux poids de toutes les parties & en est par conséquent composé. Par la gravité du second genre, les corps ne gravitent point dans leurs lieux, c'est-à-dire, qu'étant comparés entre eux, ils ne sont pas plus pesans les uns que les autres, mais par les efforts mutuels qu'ils font pour descendre ils s'opposent mutuellement à leur chute & demeurent chacun à leur place comme s'ils n'avoient aucune gravité. Le peuple croit que les corps qui sont soutenus dans l'air ne sont point pesans. Et il croit pesans ceux qui tombent parce qu'ils ne sont pas soutenus par le poids de l'air. Ainsi, selon le peuple, le poids des corps n'est autre chose que l'excès de leur poids absolu, sur le poids de l'air. Et c'est pourquoi il appelle *corps légers* ceux qui sont moins pesans que l'air, & qui s'élévent parce que l'air est plus pesant qu'eux. Mais ces corps ne sont légers que comparativement, car ils descendent dans le vuide. De même les corps qui montent ou descendent dans l'eau, à raison de leur plus grande ou de leur moindre gravité, sont comparativement, & en apparence les uns légers & les autres pesans, & leur pesanteur ou leur légereté comparative & apparente, est l'excès ou le défaut dont leur gravité vraie & absolue surpasse ou est surpassée par celle de l'eau. Ceux qui ne descendent ni ne remontent, quoiqu'ils augmentent de leur poids absolu le poids total qu'ils composent avec l'eau, ne pesent cependant point dans l'eau comparativement & dans le sens du peuple. Car la démonstration est la même pour tous ces cas.

Cor. 7. Ce qu'on vient de démontrer pour la gravité a aussi lieu dans toutes les autres espéces quelconques des forces centripétes.

Cor. 8. Ainsi, si le milieu dans lequel le corps se meut, est pressé ou par sa propre gravité ou par quelqu'autre force centripète, & que le corps qui y est placé soit pressé plus fortement par la même force; la différence de ces forces est cette force motrice que nous avons considérée dans les Propositions précédentes comme force centripète. Et si le corps est moins pressé par cette force on doit considérer la différence de ces forces comme une force centrifuge.

Cor. 9. Mais comme les fluides, en pressant les corps qui y sont plongés, ne changent pas leur figure extérieure, il est clair de plus (Cor. de la Prop. 19.) qu'ils ne changent point la situation de leurs parties internes entr'elles : & par conséquent, si des animaux sont plongés, & que toute sensation vienne du mouvement des parties, les parties du fluide ne blesseront point les animaux plongés, & n'exciteront en eux aucune sensation, si ce n'est en tant qu'ils peuvent être condensés par la compression. Et c'est la même chose pour un système quelconque de corps environnés d'un fluide qui les comprime. Car toutes les parties de ce système seront agitées des mêmes mouvemens que s'ils étoient dans le vuide, & qu'ils n'eussent que leur seule gravité comparative, si ce n'est que ce fluide résistât un peu à leurs mouvemens, ou qu'il contribuât à attacher leurs parties ensemble par la compression.

PROPOSITION XXI. THÉORÉME XVI.

Si la densité d'un fluide quelconque est proportionnelle à sa compression, & que ses parties soient attirées en embas par une force centripète réciproquement proportionnelle à leurs distances au centre: je dis que si l'on prend ces distances continuellement proportionnelles, les densités de ce fluide à ces mêmes distances seront aussi continuellement proportionnelles.

Fig. 32.

Que ATV représente le fond sphérique sur lequel le fluide s'appuie, que S soit le centre, & que SA, SB, SC, SD, SE, SF, &c. soient des distances continuellement proportionnelles

DE LA PHILOSOPHIE NATURELLE.

nelles. Soient élevées les perpendiculaires AH, BI, CK, DL, EM, FN, &c. qui soient comme les densités du milieu aux lieux A, B, C, D, E, F, & les gravités spécifiques dans ces mêmes lieux seront comme $\frac{AH}{AS}$, $\frac{BI}{BS}$, $\frac{CK}{CS}$ &c. Ou, ce qui revient au même, comme $\frac{AH}{AB}$, $\frac{BI}{BC}$, $\frac{CK}{CD}$, &c. Supposez premierement que ces gravités soient continuées uniformément de A à B, de B à C, de C à D, &c. les décrémens se faisant par dégrés aux points B, C, D, &c. & ces gravités multipliées par les hauteurs AB, BC, CD, &c. formeront les pressions AH, BI, CK, &c. par lesquelles le fond ATV est pressé (selon le Théor. 15.) : la particule A soutiendra donc toutes les pressions AH, BI, CK, DL en allant à l'infini ; & la particule B toutes les pressions hors la premiere AH ; & la particule C toutes les pressions hors les deux premieres AH, BI, & ainsi de suite. Donc la densité AH de la premiere particule A est à la densité BI de la seconde particule B comme la somme de toutes les densités $AH + BI + CK + DL$ à l'infini, à la somme de toutes les densités $BI + CK + DL$ &c. Et BI densité de la seconde B est à CK densité de la troisieme C, comme la somme de toutes les densités $BI + CK + DL$ &c. à la somme de toutes les densités $CK + DL$ &c. Or ces sommes sont proportionnelles à leurs différences AH, BI, CK, &c. & par conséquent elles sont continuellement proportionnelles, (par le Lemme 1. de ce Liv.) donc les différences AH, BI, CK, &c. qui sont proportionnelles aux sommes, sont aussi continuellement proportionnelles. C'est pourquoi, comme les densités dans les lieux A, B, C, &c. sont comme AH, BI, CK, &c. elles seront aussi continuellement proportionnelles. Qu'on les prenne par sauts, & aux distances SA, SC, SE, continuellement proportionnelles, les densités AH, CK, EM seront continuellement proportionnelles, & par le même raisonnement, aux dif-

Tome I.   R r

tances quelconques continuellement proportionnelles SA, SD, SG, les denſités AH, DL, GO feront continuellement proportionnelles.

Fig. 32. Que les points A, B, C, D, E, &c. ſe rapprochent à préſent, enſorte que la progreſſion des gravités ſpécifiques, depuis le fond A juſqu'à la partie ſupérieure du fluide, devienne continue, les denſités AH, DL, GO, qui étoient toujours continuellement proportionnelles dans des diſtances quelconques SA, SD, SG, demeureront continuellement proportionnelles. C. Q. F. D.

Cor. Delà, ſi la denſité du fluide eſt donnée en deux lieux comme A & E, on peut trouver ſa denſité dans un lieu quelconque Q.

Fig. 33. Du centre S, ſoit décrite une hyperbole dont les aſymptotes ſoient les perpendiculaires SQ, SX, & qui coupe les lignes AH, EM, QT perpendiculaires à l'aſymptote SQ en a, e, q, ainſi que les perpendiculaires HX, MY, TZ, à l'aſymptote SX, en h, m & t. Soit l'aire $YmtZ$ à l'aire donnée $YmhX$ comme l'aire donnée $EeqQ$ à l'aire donnée $EeaA$; la ligne Zt prolongée coupera la ligne QT proportionnellement à la denſité. Car ſi les lignes SA, SE, SQ ſont continuellement proportionnelles, les aires $EeqQ$, $EeaA$ feront égales, & de-là, les aires $YmtZ$, $XhmY$, qui ſont proportionnelles aux premieres, feront auſſi égales, & les lignes SX, SY, SZ, c'eſt-à-dire, AH, EM, QT feront continuellement proportionnelles, comme le théorème le demande. Et ſi les lignes SA, SE, SQ ont un autre ordre quelconque dans une ſérie de quantités continuellement proportionnelles, les lignes AH, EM, QT, à cauſe de la proportionnalité des aires hyperboliques, auront le même ordre dans une autre ſérie de quantités continuellement proportionnelles.

DE LA PHILOSOPHIE NATURELLE.

PROPOSITION XXII. THÉORÉME XVII.

La densité d'un fluide quelconque étant proportionnelle à sa compression, & ses parties étant attirées en embas par une gravité réciproquement proportionnelle aux quarrés de leurs distances au centre : je dis que si l'on prend ces distances dans une progression harmonique les densités du fluide à ces distances seront en progression géométrique.

Que S représente le centre, & SA, SB, SC, SD, SE les distances en progression géométrique. Soient élevées les perpendiculaires AH, BI, CK, &c. qui soient comme les densités du fluide aux lieux A, B, C, D, E, &c. & ses gravités spécifiques dans les mêmes lieux seront $\frac{AH}{SA^2}$, $\frac{BI}{SB^2}$, $\frac{CK}{SC^2}$, &c. Supposez que ces gravités soient continuées uniformement, la premiere de A à B, la seconde de B à C, la troisiéme de C à D, &c. en les multipliant par les hauteurs AB, BC, CD, DE, &c. où, ce qui est le même, par les distances SA, SB, SC, &c. proportionnelles à ces hauteurs, on aura les exposans des pressions $\frac{AH}{SA}$, $\frac{BI}{SB}$, $\frac{CK}{SC}$, &c. C'est pourquoi, comme les densités sont proportionnelles à la somme de ces pressions, les différences des densités $AH-BI$, $BI-CK$, &c. seront comme les différences des sommes $\frac{AH}{SA}$, $\frac{BI}{SB}$, $\frac{CK}{SC}$, &c.

Du centre S soit décrit une hyperbole quelconque dont les asymptotes soient SA, Sx; & qui coupe les lignes AH, BI, CK, &c. qui sont perpendiculaires, en a, b, c, &c. sur l'asymptote SA prolongée, ainsi que les lignes Ht, Iu, Kw perpendiculaires en h, i, k &c. sur l'asymptote Sx prolongée, & les différences tu, uw, &c. des densités seront proportionnelles à $\frac{AH}{SA}$, $\frac{BI}{SB}$, &c. & les rectangles $tu \times th$,

Fig. 34.

$uw \times ui$, &c. ou tp, uq &c. feront commme $\dfrac{AH \times th}{SA}$, $\dfrac{BI \times ui}{SB}$ &c. c'eft-à-dire, comme Aa, Bb, &c. Car, par la nature de l'hyperbole, $SA : AH$ ou $St :: th : Aa$, donc $\dfrac{AH \times th}{SA} = Aa$. Et par le même raifonnement, $\dfrac{BI \times ui}{SB} = Bb$, &c. Or Aa, Bb, Cc, &c. font continuellement proportionnelles, & par conféquent elles font proportionnelles à leurs différences $Aa-Bb$, $Bb-Cc$, &c. & par conféquent les rectangles tp, uq, &c. font auffi proportionnels à ces différences, ainfi que les fommes des rectangles $tp+uq$ ou $tp+uq+wr$, aux fommes des différences $Aa-Cc$ ou $Aa-Dd$. Suppofé qu'il y ait beaucoup de termes de cette forte, & la fomme de toutes les différences comme $Aa-Ff$ fera proportionnelle à la fomme de tous les rectangles comme $z t h n$. Qu'on augmente le nombre des termes, & qu'on diminue la diftance des points A, B, C, &c. à l'infini, ces rectangles deviendront égaux à l'aire hyperbolique $z t h n$, & par conféquent la différence $Aa-Ff$ eft proportionnelle à cette aire. Soient prifes à préfent les diftances quelconques SA, SD, SF en progreffion harmonique, & les différences $Aa-Dd, Dd-Ff$ feront égales; & par conféquent, les aires $t h l x, x l n z$ proportionnelles à ces différences feront égales entr'elles, & les denfités St, Sx, Sz, c'eft-à-dire, AH, DL, FN, feront continuellement proportionnelles. C. Q. F. D.

Cor. Delà, fi deux denfités quelconques du fluide font données comme AH & BI, l'aire $thiu$, répondant à la différence tu de ces denfités fera donnée; & par-là, on trouvera la denfité FN à une hauteur quelconque SF, en prenant l'aire $t h n z$ à cette aire donnée $thiu$ comme la différence $Aa-Ff$ eft à la différence $Aa-Bb$.

SCHOLIE.

On peut prouver par le même raifonnement, que fi la gravité des particules du fluide diminue en raifon triplée des diftances au centre, & qu'on prenne les réciproques des quarrés des diftances SA, SB, SC, &c. (c'eft-à-dire, $\frac{SA^3}{SA^2}$, $\frac{SA^3}{SB^2}$, $\frac{SA^3}{SC^2}$.) en progreffion arithmétique; les denfités AH, BI, CK, &c. feront en progreffion géométrique. Et fi la gravité diminue en raifon quadruplée des diftances, & que les réciproques des cubes des diftances (c'eft-à-dire $\frac{SA^4}{SA^3}$, $\frac{SA^4}{SB^3}$, $\frac{SA^4}{SC^3}$, &c.) foient prifes en progreffion arithmétique; les denfités AH, BI, CK, &c. feront en progreffion géométrique. Et ainfi à l'infini. De plus, fi la gravité des particules du fluide eft la même à toutes les diftances, & que les diftances foient en progreffion arithmétique, les denfités feront en progreffion géométrique, comme le célebre *Edmond Halley* l'a trouvé. Si la gravité eft comme la diftance & que les quarrés des diftances foient en progreffion arithmétique, les denfités feront en progreffion géométrique. Et de même à l'infini. Cela arrive ainfi lorfque la denfité du fluide condenfé par la compreffion eft comme la force comprimante, ou, ce qui eft la même chofe, lorfque l'efpace occupé par le fluide eft réciproquement comme cette force. On peut fuppofer d'autres loix de condenfation, comme, par exemple, que le cube de la force comprimante foit comme la quatriéme puiffance de la denfité, ou que la raifon triplée de la force foit la même que la raifon quadruplée de la denfité. Auquel cas, fi la gravité eft réciproquement comme le quarré de la diftance au centre, la denfité fera réciproquement comme le cube de la diftance. Suppofez à préfent que le cube de la force comprimante foit comme la cinquiéme puiffance de la denfité, fi la gravité eft réciproquement comme le quarré de la diftance, la denfité fera réciproquement en raifon fefquiplée de la distance. Supposez que la force comprimante soit en raison doublée de la densité & la gravité réciproquement en raison doublée de la distance, la densité sera réciproquement comme la distance. Il seroit trop long de parcourir tous les cas. Au reste, il est certain, par l'expérience, que la densité de l'air est, ou exactement, ou à peu près comme la force comprimante ; & par conséquent, la densité de l'air de l'atmosphere de la terre est comme le poids de tout l'air incumbant, c'est-à-dire, comme la hauteur du mercure dans le Barometre.

PROPOSITION XXIII. THÉORÉME XVIII.

Si la densité d'un fluide, composé de parties qui se fuient mutuellement, est comme la compression, les forces centrifuges des particules seront réciproquement proportionnelles aux distances à leurs centres. Et au contraire, les particules dont les forces sont réciproquement proportionnelles aux distances à leur centre, & qui se fuient mutuellement, composent un fluide élastique, dont la densité est proportionnelle à la compression.

Fig. 35.

Supposez qu'un fluide soit renfermé dans un espace cubique ACE, & qu'ensuite il soit réduit par la compression dans un espace moindre ace ; les distances des particules, qui ont la même position entr'elles dans l'un & l'autre espace, seront comme les côtés AB, ab de ces cubes ; & les densités des milieux seront réciproquement comme les capacités AB^3, & ab^3. Dans la face $ABCD$ du plus grand cube, soit pris le quarré DP égal à la face db du petit cube ; & par l'hypotése, la pression que le quarré DP exerce sur le fluide qui y est renfermé sera à la pression par laquelle ce quarré db presse le fluide inclus, comme les densités du milieu sont entr'elles, c'est-à-dire, comme ab^3 à AB^3. Mais la pression, par laquelle le quarré DB comprime le fluide inclus, est à la pression par laquelle il est comprimé par le quarré DP, comme le quarré DB au quarré DP, c'est-à-dire, comme AB^2 à ab^2. Donc la pression par laquelle le quarré DB comprime le fluide est à la pression par laquelle il est comprimé par le quarré db, comme ab à AB. Les surfaces FGH, fgh, qui sont menées dans l'intérieur des cubes, partagent le fluide en deux parties, & se pressent mutuellement par les mêmes forces par lesquelles elles sont pressées par les surfaces AC, ac, c'est-à-dire, dans la proportion de ab à AB : donc les forces centrifuges qui soutiennent ces pressions sont dans la même raison.

Comme les particules sont en même nombre & également situées dans l'un & l'autre cube, les forces que toutes les particules exercent suivant les surfaces FHG, fhg sur toutes les particules sont comme celles que chacune d'elles exerce sur chacune. Donc, les forces que chacune exerce sur chacune suivant le plan FGH dans le plus grand cube, sont aux forces que chacune exerce sur chacune dans le plus petit cube suivant le plan fgh, comme ab à AB, c'est-à-dire, réciproquement comme les distances des particules entr'elles. *C. Q. F. D.*

Et réciproquement, si les forces de chacune des particules sont en raison renversée des distances, c'est-à-dire, réciproquement comme les côtés AB, ab des cubes ; les sommes des forces seront dans la même raison, & les pressions des côtés DB, db, seront comme les sommes des forces ; & la pression du quarré DP sera à la pression du côté DB comme ab^2 à AB^2, & la pression du quarré DP est à la pression du côté db comme ab^3 à AB^3 c'est-à-dire, que la force de la compression est à la force de la compression comme la densité à la densité. *C. Q. F. D.*

SCHOLIE.

Par le même raisonnement, si les forces centrifuges des particules sont réciproquement en raison doublée des distances entre les centres, les cubes des forces comprimantes seront comme le quarré quarré des densités. Si les forces centrifuges font réciproquement en raison triplée ou quadruplée des distances, les cubes des forces comprimantes seront comme la sixième ou la neuvième puissance des densités. Et généralement, si on prend D pour la distance, E pour la densité du fluide comprimé, & que les forces centrifuges soient réciproquement comme la puissance quelconque d'une distance D^n ; les forces comprimantes seront comme les racines cubiques de la puissance E^{n+2}, & réciproquement. Tout cela doit s'entendre des forces centrifuges des particules, lesquelles ne s'exercent que sur les particules les plus proches, ou ne passent gueres au-delà. Nous en avons un exemple dans les corps magnétiques, dont la force attractive ne s'étend pas au-delà des corps du même genre, & qui sont très-proches. Car la vertu magnétique ne s'étend pas au-delà d'une petite lame de fer qu'on interpose entre le corps & l'aimant, & elle se termine presque entierement à ce fer, puisque les corps placés au-delà de cette lame ne sont pas tant attirés par l'aimant que par la lame de fer. Si on conçoit de même des particules qui en fuient d'autres du même genre qu'elles, & dont elles sont très-proches, & qu'on imagine qu'elles n'exercent aucune force sur les particules plus éloignées, on formera par l'assemblage infini de ces particules les fluides dont il s'agit dans cette Proposition. Que s'il y a des particules dont la force s'étende à l'infini, il faudra une plus grande force pour opérer la même condensation d'une plus grande quantité de fluide. C'est une question qui regarde la physique que de sçavoir si les fluides élastiques sont composés de parties qui se fuient mutuellement. Nous avons démontré ici mathématiquement la propriété des fluides composés de particules de cette espece, afin de donner aux Physiciens les moyens de traiter cette matiere.

SIXIÉME

DE LA PHILOSOPHIE NATURELLE.

SIXIÉME SECTION.

Du Mouvement & de la réſiſtance des corps oſcillans.

PROPOSITION XXIV. THÉORÉME XIX.

Les quantités de matière dans les corps oſcillans & dont les centres d'oſcillation ſont également diſtans du centre de ſuſpenſion, ſont en raiſon compoſée de la raiſon des poids, & de la raiſon doublée des temps des oſcillations dans le vuide.

Car la vîteſſe qu'une force donnée peut produire dans une matière donnée en un temps donné eſt comme le temps & la force directement, & comme la quantité de matiere inverſement. Plus la force eſt grande, plus le temps eſt long, moins il y a de matiere, & plus il y aura de vîteſſe produite : ce qui eſt clair par la ſeconde loy du mouvement. Car ſi les pendules ſont de même longueur, les forces motrices ſont comme les poids dans les lieux également diſtans de la perpendiculaire ; donc ſi deux corps décrivent en oſcillant des arcs égaux, & que ces arcs ſoient diviſés en parties égales ; comme les temps dans leſquels ces corps décrivent chaque partie correſpondante des arcs ſont comme les temps entiers des oſcillations, les vîteſſes ſeront entr'elles dans les parties correſpondantes des oſcillations, comme les forces motrices & les temps entiers des oſcillations directement, & comme les quantités de matiere réciproquement : donc les quantités de matiere ſont comme les forces, & les temps des oſcillations directement, & réciproquement comme les vîteſſes. Mais les vîteſſes ſont réciproquement comme les temps, donc les temps ſont directement, & les vîteſſes ſont réciproquement comme les quarrés des temps, & par conſéquent les quantités de matiere ſont comme les forces motrices, & les quarrés des temps, c'eſt-

Tome I. Sſ

à-dire, comme les poids & les quarrés des temps. *C. Q. F. D.*

Cor. 1. Donc si les temps sont égaux, les quantités de matiere dans chaque corps seront comme les poids.

Cor. 2. Si les poids sont égaux, les quantités de matiere seront comme les quarrés des temps.

Cor. 3. Si les quantités de matière sont égales, les poids seront réciproquement comme les quarrés des temps.

Cor. 4. Puisque les quarrés des temps, toutes choses égales, sont comme les longueurs des pendules; il est clair que si les temps sont égaux, ainsi que les quantités de matiere, les poids seront comme les longueurs des pendules.

Cor. 5. Et généralement, la quantité de matiere du pendule est comme le poids & le quarré du temps directement, & inversement comme la longueur du pendule.

Cor. 6. Mais dans un milieu non résistant la quantité de matiere du pendule est comme le poids comparatif & le quarré du temps directement, & comme la longueur du pendule inversement. Car le poids comparatif est la force motrice du corps dans un milieu quelconque pesant, comme je l'ai expliqué ci-dessus; donc le poids absolu dans le vuide est la même chose que dans un tel milieu non résistant.

Cor. 7. Et delà on voit tant la maniere de comparer les corps entre eux quant à la quantité de matiere de chacun; que celle de comparer les poids du même corps en divers lieux, pour connoître la variation de la gravité. Et par des expériences très-exactes j'ai toujours trouvé que la quantité de matiere dans chaque corps étoit proportionnelle à leurs poids.

PROPOSITION XXV. THÉORÉME XX.

Les corps suspendus par des fils, & qui se meuvent dans un milieu quelconque qui leur résiste en raison des momens du temps, & ceux qui se meuvent dans un milieu non résistant, lequel a la même gravité spécifique que ces corps, achevent leurs oscillations en des temps égaux dans une cycloïde. & décrivent en même temps des arcs proportionnels au temps.

Soit AB un arc de cycloïde que le corps D décrit en oscillant pendant un temps quelconque dans un milieu non réfistant. Soit cet arc coupé en deux au point C, enforte que C soit son point le plus bas; & la force accélératrice par laquelle le corps est preffé à un point quelconque D, ou d, ou E, sera comme la longueur de l'arc CD, ou Cd, ou CE. Soit repréfentée cette force par le même arc; la réfiftance étant comme le moment du temps elle fera donnée. Suppofez qu'elle foit repréfentée par la partie donnée CO de l'arc de cycloïde, en prenant l'arc Od dans la même raifon à l'arc CD que l'arc OB a à l'arc CB : la force par laquelle le corps eft preffé en d dans un milieu réfiftant, laquelle eft l'excès de la force Cd fur la réfiftance CO, fera repréfentée par l'arc Od, & fera par conféquent à la force par laquelle le corps D fera preffé dans un milieu non réfiftant, dans le lieu D, comme l'arc Od à l'arc CD; & par conféquent dans un lieu B, comme l'arc OB à l'arc CB. Donc fi deux corps D & d partent du lieu B, & font preffés par ces forces, il eft clair que ces forces font au commencement comme les arcs CB & OB, & que les premieres vîteffes & les arcs premierement décrits feront dans la même raifon. Soient ces arcs BD & Bd, les arcs reftans CD, Od feront dans la même raifon. Et par conféquent les forces qui font proportionnelles à CD, Od demeureront dans la même raifon qu'au commencement, & par conféquent les corps continueront à décrire en même temps des arcs dans la même raifon. Donc les forces, les vîteffes, & les arcs reftans CD, Od feront toujours comme les arcs entiers CB, OB, & par conféquent les arcs reftans feront décrits en même temps. C'eft pourquoi deux corps D & d parviendront en même temps aux lieux C & O, l'un dans un milieu non réfiftant au lieu C, & l'autre dans un milieu réfiftant au lieu O. Mais les vîteffes en C & en O étant comme les arcs CB, OB; les arcs que les corps décriront en même temps en avançant au-delà feront dans la même raison. Soient ces arcs CE & Oe. La force avec laquelle un corps D, dans un milieu non réſiſtant, eſt retardé en E eſt comme CE, & la force avec laquelle un corps d eſt retardé au point e dans un milieu réſiſtant eſt comme la ſomme de la force Ce & de la réſiſtance CO, c'eſt-à-dire, comme Oe; donc les forces qui retardent les corps ſont comme les petits arcs CE, Oe, leſquels ſont proportionnels aux arcs CB, OB; donc les vîteſſes & les arcs qu'elles font décrire ſont toujours dans cette même raiſon donnée des arcs CB & OB; & par conſéquent ſi on prend les arcs entiers AB, aB dans la même raiſon, les corps D & d décriront en même temps ces arcs, & perdront en même temps tout leur mouvement aux lieux A & a. Les oſcillations entieres ſont donc iſochrones, & les parties quelconques BD, Bd ou BE, Be des arcs qui ſont décrites en même temps ſont proportionnelles aux arcs entiers BA, Ba.   C. Q. F. D.

Cor. Donc, ce n'eſt pas dans le point le plus bas C que le mouvement eſt le plus prompt dans un milieu qui réſiſte, mais dans le point O dans lequel l'arc total décrit aB eſt coupé en deux parties égales; & le corps en avançant enſuite vers a eſt retardé par les mêmes dégrés par leſquels il étoit accéléré auparavant en deſcendant de B en O.

PROPOSITION XXVI. THÉORÉME XXI.

Les corps ſuſpendus qui éprouvent une réſiſtance en raiſon des vîteſſes, & qui oſcillent dans des arcs de cycloïde, ont leurs oſcillations iſochrones.

Car ſi deux corps également diſtans des centres de ſuſpenſion décrivent, en oſcillant, des arcs inégaux, & que les vîteſſes dans les parties correſpondantes des arcs ſoient entr'elles comme les arcs entiers, les réſiſtances proportionnelles aux vîteſſes ſeront auſſi entr'elles comme ces mêmes arcs. Ainſi, ſi des forces motrices qui sont l'effet de la gravité, lesquelles sont comme ces mêmes arcs, on ôte, ou on leur ajoute ces résistances, les différences ou les sommes seront entr'elles dans la même raison des arcs : or comme les incrémens, ou les décrémens des vîtesses sont comme ces différences ou ces sommes, les vîtesses seront toujours comme les arcs entiers ; donc si les vîtesses sont dans quelque cas comme les arcs entiers, elles demeureront toujours dans cette même raison. Mais dans le commencement du mouvement, où les corps commencent à descendre & à décrire ces arcs, les forces étant proportionnelles aux arcs produiront des vîtesses qui seront aussi proportionnelles à ces arcs ; donc les vîtesses seront toujours comme les arcs entiers à décrire, & par conséquent ces arcs seront décrits en même temps. *C. Q. F. D.*

PROPOSITION XXVII. THÉORÉME XXII.

Si les corps suspendus à des fils éprouvent une résistance en raison doublée des vîtesses, les différences entre les temps des oscillations dans un milieu résistant, & les temps des oscillations dans un milieu non résistant de la même gravité spécifique, seront à peu près proportionnelles aux arcs décrits en oscillant.

Car supposez que des pendules égaux décrivent dans un milieu résistant des arcs inégaux A, B ; la résistance que le corps éprouve dans l'arc A sera à la résistance qu'il éprouve dans la partie correspondante de l'arc B, en raison doublée des vîtesses, c'est-à-dire, comme AA à BB à peu près. Si la résistance dans l'arc B étoit à la résistance dans l'arc A comme AB à AA, les temps dans les arcs A & B seroient égaux, par la Proposition précédente. Donc la résistance AA dans l'arc A, ou la résistance AB dans l'arc B produit l'excès du temps dans l'arc A sur le temps dans un milieu non résistant ; & la résistance BB produit l'excès du temps dans l'arc B sur le temps dans un milieu non résistant. Et ces excès sont comme les forces efficientes AB & BB à peu près, c'est-à-dire, comme les arcs A & B. *C. Q. F. D.*

Fig. 36.

Cor. 1. Delà on peut connoître par les temps des oscillations qui se font dans un milieu résistant & dans des arcs inégaux, les temps des oscillations dans un milieu non résistant de la même gravité spécifique. Car la différence des temps sera à l'excès du temps dans le plus petit arc sur le temps dans un milieu non résistant, comme la différence des arcs au plus petit arc.

Cor. 2. Plus les oscillations sont courtes, & plus elles sont isochrones, & celles qui sont très-courtes se font à peu près dans les mêmes temps que si elles se faisoient dans un milieu qui ne résistât point. Mais les temps des oscillations qui se font dans de plus grands arcs sont un peu plus longs, à cause que la résistance que le corps éprouve en descendant, par laquelle le temps est allongé, est plus grande, eu égard à la longueur parcourue en descendant, que la résistance dans l'ascension subséquente, par laquelle résistance le temps est diminué. Mais les temps des oscillations tant les plus longues que les plus courtes, semblent être un peu augmentés par le mouvement du milieu; car le milieu résiste un peu moins aux corps retardés à raison de la vîtesse, & un peu plus à ceux qui sont accélérés qu'à ceux qui se meuvent uniformément : & cela, parce que le milieu, par le mouvement qu'il reçoit des corps en allant du même côté qu'eux, est plus agité dans le premier cas, & moins dans le second ; & que par conséquent il conspire plus ou moins avec le mouvement des corps. Il résiste donc plus aux pendules lorsqu'ils descendent, & moins lorsqu'ils remontent, à raison de la vîtesse, & par ces deux causes le temps est allongé.

PROPOSITION XXVIII. THÉORÉME XXIII.

Si un pendule éprouve une résistance en raison des momens du temps, lorsqu'il oscille dans une cycloïde, cette résistance sera à la force de la gravité, comme l'excès de l'arc décrit dans sa descension entière sur l'arc décrit dans l'ascension subséquente, est au double de la longueur du pendule.

Que *BC* représente l'arc décrit dans la descension, *Ca* l'arc

DE LA PHILOSOPHIE NATURELLE. 323

décrit dans l'afcenfion, & *A a* la différence de ces arcs; & en fuppofant les conftructions & les démonftrations de la Prop. 25. la force qui preffera le corps ofcillant, fera dans un lieu quelconque *D* à la force de la réfiftance, comme l'arc *C D* à l'arc *C O*, moitié de cette différence *A a*. Donc la force qui preffe le corps ofcillant dans la naiffance de la cycloïde, ou dans le point le plus haut, c'eft-à-dire, la force de la gravité, fera à la réfiftance, comme l'arc de cycloïde, entre le point le plus haut & le point le plus bas *C*, eft à l'arc *C O*, c'eft-à-dire, (fi on double ces arcs) comme l'arc de toute la cycloïde, ou la double longueur du pendule à l'arc *A a*. C. Q. F. D.

PROPOSITION XXIX. PROBLÊME VI.

Suppofé qu'un corps qui ofcille dans une cycloïde éprouve une réfiftance en raifon doublée de la vîteffe; trouver la réfiftance à chacun des lieux.

Soit *B a* l'arc décrit pendant une ofcillation entiere, *C* le point le plus bas de la cycloïde, & *C Z* la moitié de l'arc de la cycloïde entiere égale à la longueur du pendule, & qu'on cherche la réfiftance que le corps éprouve dans un lieu quelconque *D*. Soit coupée la droite infinie *O Q* dans les points *O, S, P, Q*, felon cette loi, que (fi on éleve les perpendiculaires *O K, S T, P I, Q E*, & que du centre *O*, on décrive l'hyperbole *T I G E* qui coupe les perpendiculaires *S T, P I, Q E* en *T, I* & *E*, & dont les afymptotes foient *O K, O Q*; & que par le point *I* on tire *K F* parallele à l'afymptote *O Q* & rencontrant l'afymptote *O K* en *K* & les perpendiculaires *S T, Q E* en *L* & *F*) l'aire hyperbolique *P I E Q*, foit à l'aire hyperbolique *P I T S*, comme l'arc *B C* décrit dans la defcenfion du corps, à l'arc *C a* décrit dans fon afcenfion, & que l'aire *I E F* foit à l'aire *I L T* comme *O Q* à *O S*. Enfuite foit coupée par la perpendiculaire *M N* l'aire hyperbolique *P I N M* qui foit à l'aire hyperbolique *P I E Q* comme l'arc *C Z* à l'arc *B C* décrit dans la defcenfion. Si la perpendiculaire *R G* coupe l'aire hyperbolique $PIGR$ qui soit à l'aire $PIEQ$ comme l'arc quelconque CD à l'arc BC décrit pendant la descension entiere ; la résistance au lieu D sera à la force de la gravité comme l'aire $\frac{OR}{OQ} IEF - IGH$ à l'aire $PINM$.

Car comme les forces venant de la gravité par lesquelles le corps est pressé dans les lieux Z, B, D, a sont comme les arcs CZ, CB, CD, Ca, & que ces arcs sont comme les aires $PINM, PIEQ, PIGR, PITS$; soient exprimées respectivement par ces aires tant les arcs que les forces. Soit de plus Dd le très-petit espace décrit par le corps en descendant, lequel soit représenté par l'aire très-petite $RGgr$ comprise entre les paralleles RG, rg; & soit prolongée rg en h, ensorte que $GHhg$ & $RGgr$ soient les décremens contemporains des aires IGH, $PIGR$. Et l'incrément $GHhg - \frac{Rr}{OQ} IEF$, ou $Rr \times HG - \frac{Rr}{OQ} IEF$ de l'aire $\frac{OR}{OQ} IEF - IGH$, sera au décrément $RGgr$ ou $Rr \times RG$ de l'aire $PIGR$, comme $HG - \frac{IEF}{OQ}$ à RG; & par conséquent comme $OR \times HG - \frac{OR}{OQ} IEF$ à $OR \times GR$ ou $OP \times PI$, c'est-à-dire, (à cause des quantités égales $OR \times HG$, $OR \times HR - OR \times GR$, $ORHK - OPIK$, $PIHR$ & $PIGR + IGH$) comme $PIGR + IGH - \frac{OR}{OQ} IEF$ à $OPIK$. Donc, si on appelle Y l'aire $\frac{OR}{OQ} IEF - IGH$ & que le décrément $RGgr$ de l'aire $PIGR$ soit donné, l'incrément de l'aire Y sera comme $PIGR - Y$.

Que si V représente la force de la gravité proportionnelle à l'arc CD à décrire, par laquelle force le corps est pressé en D, & que l'on appelle la résistance R; $V - R$ sera la force totale par laquelle le corps est pressé en D. L'incrément de la vîtesse

DE LA PHILOSOPHIE NATURELLE.

est donc comme $V-R$ & comme la particule de temps dans laquelle il se fait conjointement : mais cette vîtesse elle-même est directement comme l'incrément de l'espace décrit en même temps, & inversement comme cette même particule de temps. Ainsi la résistance étant, par l'hypotése, comme le quarré de la vîtesse, l'incrément de la résistance (par le Lemme 2.) sera comme la vîtesse & comme l'incrément de la vîtesse conjointement, c'est-à-dire, comme le moment de l'espace & $V-R$ conjointement; & par conséquent, si le moment de l'espace est donné, comme $V-R$, c'est-à-dire, comme $PIGR-Z$, en écrivant pour la force V la quantité qui l'exprime $PIGR$, & en exprimant la résistance R par quelqu'autre aire Z.

Donc, l'aire $PIGR$ décroissant uniformément par la soustraction des momens donnés, l'aire Y croîtra dans la raison de $PIGR-Y$, & l'aire Z dans la raison de $PIGR-Z$. Et par conséquent, si les aires Y & Z commencent en même temps, & qu'elles soient égales vers leur commencement, elles continueront à être égales par l'addition des momens égaux, & décroissant ensuite par des momens égaux, elles s'évanouiront en même temps. Et réciproquement, si elles commencent & s'évanouissent en même temps, elles auront des momens égaux, & seront toujours égales : & cela parce que si la résistance Z augmente, la vîtesse diminue aussi avec l'arc Ca que le corps décrit dans son ascension ; & le point dans lequel tout le mouvement ainsi que toute la résistance cesse en s'approchant davantage du point C, la résistance s'évanouira plutôt que l'aire Y. Et le contraire arrivera si la résistance diminue.

Or comme l'aire Z commence & finit où la résistance est nulle, c'est-à-dire, dans le commencement du mouvement, où l'arc CD égale l'arc CB, & où la droite RG tombe sur la droite QE, & à la fin du mouvement où l'arc CD égale l'arc CA, & où la droite RG tombe sur la droite ST. L'aire Y ou $\frac{OR}{OQ} IEF-IGH$ commence & finit lorsqu'elle est nulle, c'est-à-dire, lorsque

$\frac{OR}{OQ}$ IEF & IGH sont égales, c'est-à-dire, (par la construction) lorsque la droite RG tombe successivement sur les droites QE & ST. Donc ces aires commencent & s'évanouissent en même temps, & par conséquent elles sont toujours égales. Donc l'aire $\frac{OR}{OQ}IEF - IGH$ est égale à l'aire Z, qui représente la résistance, & par conséquent elle est à l'aire $PINM$, qui représente la gravité, comme la résistance à la gravité. C. Q. F. D.

Cor. 1. La résistance est donc à la gravité dans le lieu le plus bas C, comme l'aire $\frac{OP}{OQ}IEF$ à l'aire $PINM$.

Cor. 2. Et elle devient la plus grande lorsque l'aire $PIHR$ est à l'aire IEF comme OR à OQ. Car, dans ce cas, son moment (c'est-à-dire, $PIGR - Y$) devient nul.

Cor. 3. On connoît aussi par-là la vîtesse à chacun des lieux : car elle est en raison sousdoublée de la résistance, & au commencement du mouvement elle est égale à la vîtesse du corps qui oscilleroit dans la même cycloïde sans éprouver de résistance.

Au reste, à cause que le calcul par le moyen duquel on peut trouver par cette Proposition la vîtesse & la résistance est très-difficile, j'ai cru qu'il étoit à propos d'ajouter la Proposition suivante.

PROPOSITION XXX. THÉORÉME XXIV.

Si la droite aB *est égale à l'arc de cycloïde que le corps décrit en oscillant, & qu'à chacun de ses points* D *on éleve des perpendiculaires* DK *qui soient à la longueur du pendule comme la résistance que le corps éprouve dans les points correspondans de l'arc est à la force de la gravité : je dis que la différence entre l'arc décrit dans toute la descension & l'arc décrit dans toute l'ascension subséquente, multipliée par la moitié de la somme de ces mêmes*

DE LA PHILOSOPHIE NATURELLE. 327

arcs, *sera égale à l'aire* BKa, *déterminée par toutes les perpendiculaires* DK.

Car soit représenté, tant l'arc de cycloïde décrit dans une oscillation entiere par la droite aB qui lui est égale, que l'arc qui seroit décrit dans le vuide par la longueur AB. Soit coupée AB en deux parties égales au point C, ce point C représentera le point le plus bas de la cycloïde, & CD sera comme la partie de la force de la gravité par laquelle le corps est pressé en D suivant la tangente de la cycloïde, & elle aura la même raison à la longueur du pendule que la force en D à la force de la gravité. Soit donc représentée cette force par la longueur CD & la force de la gravité par la longueur du pendule, si on prend DK sur DE qui soit à la longueur du pendule dans la raison de la résistance à la gravité, DK exprimera la résistance. Du centre C & de l'intervale CA ou CB soit tracé le demi cercle $BEeA$. Que le corps décrive dans un espace de temps très-petit l'espace Dd, ayant élevé les perpendiculaires DE, de, qui rencontrent la circonférence en E & en e, elles seront comme les vîtesses que le corps, en descendant dans le vuide, acquéreroit aux lieux D & d. Ce qui est clair (par la Prop. 52. Liv. 1.) Soient ces vîtesses exprimées par les perpendiculaires DE, de; & soit DF la vîtesse que le corps acquiert en D en tombant de B dans un milieu résistant. Si du centre C & de l'intervalle CF on décrit le cercle FfM qui rencontre les droites de & AB en f & M, M sera le lieu auquel il monteroit ensuite s'il n'éprouvoit point de résistance ultérieure, & df seroit la vîtesse qu'il acquéreroit en d. Donc, si Fg représente le moment de la vîtesse que le corps D perd en parcourant le très-petit espace Dd par la résistance du milieu; & qu'on prenne $CN = cg$; N sera le lieu auquel le corps remonteroit ensuite s'il n'éprouvoit point de résistance ultérieure, & MN sera le décrément de l'ascension produit par la diminution de cette vîtesse. Abbaissant Fm perpendiculairement sur df, le décrément Fg de la vîtesse DF causé par la résistance DK sera à l'incrément fm de cette même vîteffe produit par la force CD comme la force génératrice DK à la force génératrice CD. Mais à cauſe des triangles ſemblables Fmf, Fhg, FDC, on a $fm:Fm$ ou $Dd::CD:DF$; & par conſéquent, $Fg:Dd::DK:DF$. Et auſſi $Fh:Fg::DF:CF$; & par conſéquent, Fh ou $MN:Dd::DK:CF$ ou CM. Donc la ſomme de toutes les $MN \times CM$ ſera égale à la ſomme de toutes les $Dd \times DK$. Au point mobile M ſoit toujours ſuppoſé une ordonnée élevée à angle droit, égale à l'indéterminée CM, laquelle parcoure par un mouvement continu toute la ligne Aa; & le trapeze décrit par ce mouvement ou le rectangle $Aa \times \frac{1}{2} aB$ qui lui eſt égal ſera toujours égal à la ſomme de toutes les $MN \times CM$, & par conſéquent à la ſomme de toutes les $Dd \times DK$, c'eſt-à-dire, à l'aire $BKVTa$.   C. Q. F. D.

Cor. Ainſi on peut connoître à peu près par la loi de la réſiſtance & par la différence Aa des arcs Ca, CB la proportion de la réſiſtance à la gravité.

Car ſi la réſiſtance DK eſt uniforme, la figure $BKTa$ ſera un rectangle ſous Ba & DK; & delà, le rectangle ſous $\frac{1}{2} Ba$ & Aa ſera égal au rectangle ſous Ba & DK, & DK ſera égal à $\frac{1}{2} Aa$; c'eſt pourquoi, comme DK repréſente la réſiſtance, & que la longueur du pendule repréſente la gravité, la réſiſtance ſera à la gravité comme $\frac{1}{2} Aa$ à la longueur du pendule; ce qui eſt entierement conforme à ce qui a été démontré dans la Prop. 28.

Si la réſiſtance eſt comme la vîteſſe, la figure $BKTa$ ſera à peu près une ellipſe. Car ſi le corps dans un milieu non réſiſtant décrivoit dans une oſcillation entiere la longueur AB, la vîteſſe dans un lieu quelconque D ſeroit comme le diametre AB du cercle décrit, dont DE eſt l'ordonnée. Donc, comme BA dans un milieu réſiſtant, & Ba dans un milieu non réſiſtant, ſont décrites en temps égaux à peu près; & que les vîteſſes à chacun des points de la longueur Ba ſont aux vîteſſes dans les points correſpondans de la longueur BA, comme Ba à BA; la vîtesse au point D dans un milieu résistant sera comme l'ordonnée du cercle ou de l'ellipse décrits sur le diametre aB; donc la figure $BKVTa$ sera une élipse à peu près. Comme la résistance est supposée proportionnelle à la vîtesse, si OV représente la résistance dans le point du milieu O; l'ellipse $BRVSa$ décrite du centre O, & avec les diametres OB, OV sera égale à peu près à la figure $BKVTa$, & au rectangle $Aa \times BO$ qui lui est égal. Donc $Aa \times BO$ est à $OV \times BO$ comme l'aire de cette ellipse est à $OV \times BO$: c'est-à-dire, que Aa est à OV, comme l'aire du demi cercle au quarré du rayon, ou comme 11 à 7 environ : & par conséquent $\frac{7}{11} Aa$ seront à la longueur du pendule comme la résistance qu'éprouve en O le corps oscillant est à sa gravité.

Que si la résistance DK est en raison doublée de la vîtesse, la figure $BKVTa$ sera presque une parabole dont le sommet sera V & l'axe OV, donc elle sera égale à peu près au rectangle $\frac{2}{3} Ba \times OV$. Mais le rectangle $\frac{1}{2} Ba \times Aa$ est égal au rectangle $\frac{2}{3} Ba \times OV$, donc $OV = \frac{3}{4} Aa$: & par conséquent la résistance qu'éprouve en O le corps oscillant est à sa propre gravité comme $\frac{3}{4} Aa$ à la longueur du pendule.

Je pense que ces conclusions sont assez exactes pour la pratique. Car lorsque l'ellipse ou la parabole $BRVSa$ coïncide avec la figure $BRVTa$ dans le point du milieu V, si elle la surpasse vers l'un ou l'autre côté BRV ou VSa elle en est surpassée vers le côté opposé, ce qui les rend égales à peu près.

PROPOSITION XXXI. THÉORÉME XXV.

Si la résistance que le corps qui oscille éprouve à chaque partie proportionnelle des arcs décrits augmente ou diminue dans une raison donnée ; la différence entre l'arc décrit dans la descension & l'arc décrit dans l'ascension subséquente augmentera ou diminuera dans la même raison.

Car cette différence vient de la retardation qu'éprouve le pendule par la résistance du milieu, ainsi elle est comme toute la retardation & comme la résistance retardative qui lui est proportionnelle.

Dans la Proposition précédente le rectangle sous la droite $\frac{1}{2}aB$ & la différence Aa de ces arcs CB, Ca étoit égale à l'aire $BTKa$. Cette aire, si la longueur aB reste la même, augmentera ou diminuera dans la raison des ordonnées DK; c'est-à-dire, en raison de la résistance; elle est donc comme la longueur aB & comme la résistance conjointement. Donc le rectangle sous Aa & $\frac{1}{2}aB$ est comme aB & comme la résistance conjointement, & par conséquent Aa est comme la résistance. C. Q. F. D.

Cor. 1. D'où, si la résistance est comme la vîtesse, la différence des arcs dans le même milieu sera comme l'arc entier décrit : & réciproquement.

Cor. 2. Si la résistance est en raison doublée de la vîtesse, cette différence sera en raison doublée de l'arc entier : & réciproquement.

Cor. 3. Et généralement, si la résistance est en raison triplée, ou dans une autre raison quelconque de la vîtesse, la différence sera dans la même raison de l'arc entier : & réciproquement.

Cor. 4. Et si la résistance est en partie en raison simple de la vîtesse, & en partie en raison doublée de cette même vîtesse, la différence sera en partie dans la raison de l'arc total, & en partie en raison doublée de ce même arc : & réciproquement. Ce sera la même loi & la même raison de résistance par rapport à la vîtesse que celle de cette différence par rapport à la longueur de l'arc.

Cor. 5. Donc le pendule décrivant successivement des arcs inégaux, si on peut trouver la proportion de l'incrément & du décrément de cette différence relativement à la longueur de l'arc décrit, on aura la raison de l'incrément & du décrément de la résistance relativement à la vîtesse plus ou moins grande.

DE LA PHILOSOPHIE NATURELLE.

SCHOLIE GÉNÉRALE.

On peut trouver par le moyen de ces Propositions la résistance de toutes fortes de milieux lorsqu'on connoît les oscillations des pendules dans ces milieux. J'ai trouvé, par exemple, la résistance de l'air par les expériences suivantes.

Je suspendis par un fil très-délié à un crochet assez ferme un globe de bois du poids de $57 \frac{7}{22}$ onces romaines, & dont le diametre étoit de $6 \frac{7}{8}$ pouces anglois, enforte qu'entre le crochet & le centre d'oscillation du globe il y avoit une distance de $10 \frac{1}{2}$ pieds; je marquai sur le fil un point éloigné de 10 pieds & un pouce du centre de suspension; & je plaçai vis-à-vis de ce point une régle partagée en pouces, par le moyen desquels je marquois la longueur des arcs décrits par le pendule. Ensuite je comptai les oscillations dans lesquelles le globe perdoit la huitieme partie de son mouvement. Si le pendule étoit écarté de la verticale à la distance de 2 pouces, & qu'ensuite on le laissât tomber, enforte qu'il décrivît en descendant un arc de deux pouces, & que dans sa premiere oscillation entiere composée de cette descension & de l'ascension subséquente, il parcourut un arc d'environ quatre pouces; ce pendule en 164 oscillations perdoit la huitieme partie de son mouvement, enforte qu'à la derniere chute il décrivoit seulement un arc de $1\frac{3}{4}$ de pouces. S'il parcouroit 4 pouces dans sa premiere chute il perdoit la huitieme partie de son mouvement en 121 oscillations, enforte que dans sa derniere ascension il ne décrivoit plus qu'un arc de $3\frac{1}{2}$ pouces. Si dans sa premiere chute il avoit parcouru un arc de 8, 16, 32, ou 64 pouces, il perdoit la huitieme partie de son mouvement en 69, $35\frac{1}{2}$, $18\frac{1}{2}$, $9\frac{2}{3}$ oscillations respectivement. Donc la différence entre les arcs décrits dans la premiere descension & dans la derniere ascension étoit, dans le premier cas, dans le second, dans le troisieme, dans le quatrieme, dans le cinquieme & dans le sixieme, de $\frac{1}{4}$;

$\frac{1}{2}$, 1, 2, 4, 8 pouces respectivement. En divisant ces différences par le nombre des oscillations faites dans chacun de ces cas, on trouvera que dans une des oscillations moyennes dans lesquelles des arcs de 3$\frac{3}{4}$, 7$\frac{1}{2}$, 15, 30, 60, 120 pouces ont été décrits, les différences entre l'arc descendu & l'arc subséquent remonté, seront $\frac{1}{656}$, $\frac{1}{242}$, $\frac{1}{69}$, $\frac{4}{71}$, $\frac{8}{37}$, $\frac{24}{19}$ parties de pouces respectivement. Mais ces différences, dans les plus grandes oscillations, sont en raison doublée des arcs décrits à peu près, & dans les plus petites elles sont un peu plus grandes que dans cette raison & par conséquent, (par le Cor 2. de la Prop. 31. de ce Livre) la résistance de ce globe lorsqu'il se meut le plus vîte est à peu près en raison doublée de la vîtesse ; & lorsqu'il se meut le plus lentement elle est un peu plus grande que dans cette raison.

A présent que V représente la plus grande vîtesse dans une oscillation quelconque, & que A, B, C soient des quantités données, & que la différence des arcs soit $AV + BV^{\frac{3}{2}} + CV^2$. Puisque les plus grandes vîtesses dans une cycloïde sont comme la moitié des arcs décrits en oscillant, & que dans le cercle elles sont comme les cordes de la moitié de ces arcs ; elles sont donc plus grandes dans la cycloïde que dans le cercle, lorsque les arcs décrits sont égaux, & cela dans la raison de la moitié de ces arcs à leurs cordes ; mais les temps sont plus longs dans le cercle que dans la cycloïde, en raison réciproque de la vîtesse ; ainsi il est clair que les différences des arcs (qui sont comme la résistance, & le quarré du temps conjointement) sont à peu près les mêmes dans l'une & l'autre courbe : car dans la cycloïde ces différences devroient augmenter avec la résistance en raison doublée à peu près de l'arc à la corde, puisque la vîtesse est augmentée dans cette raison simple, & elles devroient diminuer, ainsi que le quarré des temps, dans cette même raison doublée. Donc pour faire la réduction à la cycloïde, il faut prendre les mêmes différences des arcs que celles qui ont été observées dans
le

DE LA PHILOSOPHIE NATURELLE. 333

le cercle, & supposer les plus grandes vîtesses proportionnelles aux arcs entiers, ou à leurs moitiés, c'est-à-dire aux nombres $\frac{1}{2}$, 1, 2, 4, 8 & 16. Ecrivant donc dans le second, le quatriéme & le sixiéme cas les nombres 1, 4 & 16, au lieu de V, nous aurons $\frac{\frac{1}{2}}{121} = A + B + C$ pour la différence des arcs dans le second cas; $\frac{2}{35\frac{1}{2}} = 4A + 8B + 16C$ dans le quatriéme; & $\frac{8}{9\frac{2}{3}} = 16A + 64B + 256C$ dans le sixiéme. On tire de ces équations par la réduction & la comparaison qu'exige l'analyse $A = 0$, 0000916, $B = 0$, 0010847, & $C = 0$, 0029558. La différence des arcs est donc comme 0, 0000916 V + 0, 0010847 $V^{\frac{3}{2}}$ + 0, 0029558 V^2: & par conséquent, comme (par le Cor. de la Prop. 30. appliqué à ce cas) la résistance qu'éprouve le globe au milieu de l'arc décrit en oscillant (auquel point la vîtesse est V) est à son poids, comme $\frac{7}{11} A V + \frac{7}{10} B V^{\frac{3}{2}} + \frac{3}{4} C V^2$ est à la longueur du pendule; si au lieu de A, B & C, on écrit les nombres trouvés, la résistance que le globe éprouvera sera à son poids comme 0, 0000583 V + 0, 0007593 $V^{\frac{3}{2}}$ + 0, 0022169 V^2 est à la longueur du pendule entre le centre de suspension & la regle, c'est-à-dire, à 121 pouces. D'où, comme V dans le second cas représente 1, dans le quatriéme 4, & dans le sixiéme 16: la résistance sera au poids du globe dans le second cas, comme 0, 0030345 à 121; dans le quatriéme comme 0, 041748 à 121 & dans le sixiéme comme 0, 61705 à 121.

L'arc, que le point marqué sur le fil décrivoit étoit dans le sixiéme cas de $120 - \frac{8}{9\frac{2}{3}}$ ou $119\frac{1}{29}$ pouces. Et par conséquent, comme le rayon étoit de 121 pouces, & la longueur du pendule entre le point de suspension & le centre du globe de 126 pouces, l'arc que le centre du globe décrivoit étoit de $124\frac{3}{31}$ pouces. Mais comme la plus grande vîtesse du corps oscillant, à cause de la résistance de l'air, ne se trouve pas dans le point le plus bas de l'arc décrit, mais à peu près dans le milieu de l'arc total : elle sera à peu près la même que si le globe avoit décrit dans sa chute entiere dans un milieu non résistant la moitié $62\frac{3}{62}$ pouces de cet arc, & cela, dans une cycloïde à laquelle nous avons réduit ci-dessus le mouvement du pendule : & par conséquent, cette vîtesse sera égale à la vîtesse que le globe pourroit acquérir en tombant perpendiculairement de la hauteur du sinus verse de cet arc. Mais dans une cycloïde, ce sinus verse est à cet arc de $62\frac{3}{62}$ pouces, comme ce même arc à la double longueur du pendule qui est de 252 pouces, & il est par conséquent de 15, 278 pouces. Donc cette vîtesse est celle que le corps peut acquérir en tombant lorsqu'il parcourt dans sa chute un espace de 15, 278 pouces. Avec une telle vîtesse le corps éprouve une résistance qui est à son poids comme 0, 61705 à 121, ou (si on fait attention seulement à cette partie de la résistance qui est en raison doublée de la vîtesse) comme 0, 56752 à 121.

J'ai trouvé par une expérience d'hydrostatique que le poids d'un globe de bois étoit au poids d'un globe d'eau de même volume comme 55 à 97 : par conséquent 121 est à 213, 4 dans la même raison, ainsi la résistance du globe d'eau, mû avec la vîtesse dont on a parlé, sera à son poids comme 0, 56752 à 213, 4 c'est-à-dire, comme 1 à $376\frac{1}{50}$. Ainsi, comme le poids du globe d'eau, dans le temps que le globe décrit une longueur de 30, 556 pouces avec une vîtesse uniformement continuée, pourroit produire cette même vîtesse dans le globe tombant, il est clair que la force de la résistance continuée uniformement pendant ce temps peut ôter une vîtesse qui sera moindre dans la raison de 1 à $376\frac{1}{50}$, c'est-à-dire, qui sera la $\frac{1}{376\frac{1}{50}}$ partie de la vîtesse totale. Et par conséquent, ce globe, dans le temps dans lequel il pourroit parcourir par une vîtesse uniformement continuée la longueur de son demi diamétre, ou $3\frac{7}{16}$ pouces perdroit la $\frac{1}{3342}^e$ partie de son mouvement.

DE LA PHILOSOPHIE NATURELLE. 335

Je comptai aussi les oscillations dans lesquelles le pendule perdoit la quatriéme partie de son mouvement. Dans la table suivante, les chiffres d'en-haut marquent la longueur de l'arc décrit dans sa premiere chute, exprimée en pouces & en parties de pouces : les chiffres du milieu marquent la longueur de l'arc décrit dans la derniere ascension ; & le nombre des oscillations est marqué par les chiffres d'en-bas. J'ai décrit cette expérience comme la plus exacte qui ait été faite, puisqu'il y est marqué comment le pendule perdoit la huitiéme partie de son mouvement. J'en laisse le calcul à faire à ceux qui voudront le tenter.

Premiere chute.	2	4	8	16	32	64
Derniere ascension.	$1\frac{1}{2}$	3	6	12	24	48
Nombre des oscillations.	374	272	$162\frac{1}{2}$	$83\frac{1}{3}$	$41\frac{2}{3}$	$22\frac{2}{3}$

Ensuite, je suspendis au même fil un globe de plomb de deux pouces de diamétre, & du poids de $26\frac{1}{4}$ onces romaines, ensorte qu'entre le centre du globe & le point de suspension il y avoit un intervalle de $10\frac{1}{2}$ pieds, & je comptai les oscillations dans lesquelles il perdit une partie donnée de son mouvement. Dans les tables suivantes, la premiere marque le nombre des oscillations dans lesquelles il perdit la huitiéme partie de son mouvement total ; & la seconde le nombre des oscillations dans lesquelles il en perdit la quatriéme partie.

PREMIERE TABLE.

Premiere chute.	1	2	4	8	16	32	64
Derniere ascension.	$\frac{7}{8}$	$\frac{7}{4}$	$3\frac{1}{2}$	7	14	28	56
Nombre des oscillations.	226	228	193	140	$90\frac{1}{2}$	53	30

SECONDE TABLE.

Premiere chute.	1	2	4	8	16	32	64
Derniere ascension.	$\frac{3}{4}$	$1\frac{1}{2}$	3	6	12	24	48
Nombre des oscillations.	510	518	420	318	204	121	70

En prenant dans la premiere table, la troisiéme, la cinquiéme & la septiéme observation, & représentant les plus grandes vîtesses dans ces observations en particulier, par les nombres 1, 4, 16, respectivement, & en général par la quantité V comme ci-dessus : on aura, dans la troisiéme observation $\frac{\frac{1}{2}}{193} = A + B + C$, dans la cinquiéme $\frac{2}{90\frac{1}{2}} = 4A + 8B + 16C$, dans la septiéme $\frac{8}{30} = 16A + 64B + 256C$. Et ces équations réduites donnent $A = 0,001414$; $B = 0,000297$; $C = 0,000879$, d'où l'on tire que la résistance du globe mu avec la vîtesse V est dans la même raison à son poids, qui étoit de $26\frac{1}{4}$ onces ; que, $0,0009 V + 0, 000208 V^{\frac{3}{2}} + 0, 000659 V^2$ à la longueur du pendule qui est de 121 pouces. Et si l'on considere seulement cette partie de la résistance qui est en raison doublée de la vîtesse, elle sera au poids du globe comme $0, 000659 V^2$ est à 121 pouces. Mais cette partie de la résistance étoit dans la premiere expérience au poids du globe de bois qui étoit de $57\frac{7}{22}$ onces ; comme $0, 002217 V^2$ à 121 : & delà on tire la résistance du globe de bois à la résistance du globe de plomb (leurs vîtesses étant les mêmes) comme $57\frac{7}{22} \times 0, 002217$ à $26\frac{1}{4} \times 0, 000659$, c'est-à-dire, comme $7\frac{1}{3}$ à 1. Les diamétres de ces deux globes étoient $6\frac{7}{8}$ & 2 pouces, dont les quarrés sont l'un à l'autre comme $47\frac{1}{4}$ & 4, ou $11\frac{13}{16}$ & 1 à peu près. Donc, les résistances des globes qui ont la même vîtesse, seront dans une moindre raison que la raison doublée des diamétres. Mais nous n'avons pas encore considéré la résistance du fil, qui certainement étoit assez considérable, & qui doit être soustraite de la résistance trouvée des pendules. Je n'ai pu la déterminer exactement, mais cependant je l'ai trouvée plus grande que la troisiéme partie de la résistance du plus petit pendule entier ; & par-là j'ai connu que les résistances des globes, ôtant la résistance du fil, sont à peu près en raison doublée des diamé-

DE LA PHILOSOPHIE NATURELLE. 337

tres. Car la raifon de $7\frac{1}{3} - \frac{1}{3}$ à $1 - \frac{1}{3}$ ou de $10\frac{1}{2}$ à 1 ne s'éloigne pas beaucoup de la raifon doublée des diamétres qui eft celle de $11\frac{13}{16}$ à 1.

Comme la réfiftance du fil eft moins remarquable dans les plus grands globes, j'ai effayé auffi cette expérience avec un globe dont le diamètre étoit de $18\frac{1}{4}$ pouces. La longueur du pendule entre le point de fufpenfion & le centre d'ofcillation étoit de $122\frac{1}{2}$ pouces, & entre le point de fufpenfion & le nœud fait dans le fil de $109\frac{1}{2}$ pouces. L'arc décrit par le nœud du pendule dans fa premiere chute étoit de 32 pouces, & celui de fa derniere afcenfion décrit par le même nœud, étoit après cinq ofcillations, de 28 pouces. La fomme de ces arcs, ou l'arc total décrit dans une ofcillation moyenne étoit de 60 pouces. La différence de ces arcs étant de 4 pouces, fa dixieme partie, ou la différence entre l'afcenfion & la defcenfion étoit de $\frac{2}{5}$ de pouce dans une ofcillation moyenne. Comme le rayon $109\frac{1}{2}$ eft au rayon $122\frac{1}{2}$ ainfi l'arc total de 60 pouces décrit dans une ofcillation moyenne par le nœud, eft à l'arc total de $67\frac{1}{8}$ pouces décrit par le centre du globe dans une ofcillation moyenne ; & comme la différence $\frac{2}{5}$ eft à la nouvelle différence $0,4475$. Si on augmentoit la longueur du pendule dans la raifon de 126 à $122\frac{1}{2}$, la longueur de l'arc décrit reftant la même, le temps d'ofcillation augmenteroit & la vîteffe du pendule diminueroit dans cette raifon fousdoublée, mais la différence $0,4475$ des arcs décrits dans l'afcenfion & la defcenfion fubféquente refteroit la même. Enfuite, fi l'arc décrit augmentoit en raifon de $124\frac{3}{31}$ à $67\frac{1}{8}$ cette différence $0,4475$ augmenteroit dans cette raifon doublée, & par conféquent elle deviendroit $1,5295$. Tout ceci auroit lieu, en fuppofant la réfiftance du pendule en raifon doublée de la vîteffe. Donc, fi le pendule décrivoit un arc total de $124\frac{3}{31}$ pouces, & que fa longueur entre le point de fufpenfion & le centre d'ofcillation fut de 126 pouces, la différence des arcs décrits dans la defcenfion, & l'afcenfion fubféquente feroit de $1,5295$ pouces. Et cette différence multipliée par le poids du globe qui forme le pendule lequel étoit de 208 onces, donne 318, 136. De plus, lorsque le centre d'oscillation du pendule de bois, dont on a parlé ci-dessus, étoit distant de 126 pouces du point de suspension, il décrivoit un arc total de $124\frac{3}{31}$ pouces, & la différence des arcs décrits dans la descension & l'ascension subséquente étoit $\frac{126}{121} \times \frac{8}{9\frac{2}{3}}$, qui étant multipliée par le poids du globe qui étoit de $57\frac{7}{22}$ donnoit 49, 396. J'ai multiplié ces différences par les poids des globes afin de trouver leurs résistances. Car ces différences viennent des résistances, ainsi, elles sont comme les résistances directement & comme les poids inversement. Ces résistances sont donc comme les nombres 318, 136 & 49, 396. Mais la partie de la résistance du plus petit globe laquelle est en raison doublée de la vîtesse, étoit à la résistance totale, comme 0, 56752 à 0, 61675, c'est-à-dire, comme 45, 453, à 49, 396; & la partie de la résistance du plus grand globe est presque égale à toute sa résistance; donc ces parties sont comme 318, 136 & 45, 453 à peu près, c'est-à-dire, comme 7 à 1. Or les diamétres des globes sont $18\frac{3}{4}$ & $6\frac{7}{8}$ dont les quarrés $351\frac{9}{16}$ & $47\frac{17}{64}$ sont comme 7, 438 & 1, c'est-à-dire, à peu près, comme les résistances 7 & 1 des globes. La différence des raisons est plus grande que celle qui peut venir de la résistance du fil. Donc les parties de ces résistances qui sont, dans des globes égaux, comme les quarrés des vîtesses; sont aussi, les vîtesses étant égales, comme les quarrés des diamétres des globes.

Au reste, le plus grand des globes dont je me suis servi dans ces expériences n'étoit pas parfaitement sphérique, & par cette raison, dans le calcul que je viens de rapporter, j'ai négligé, afin d'être plus court, quelques fractions trop petites; ne m'embarrassant pas beaucoup de faire un calcul rigoureux, dans une expérience dont l'exactitude n'étoit pas poussée assez loin. Je souhaiterois cependant, à cause que la démonstration du vuide dé-

DE LA PHILOSOPHIE NATURELLE.

pend de ces expériences, qu'on les fit plus exactement, sur une plus grande quantité, & avec de plus grands globes. Si on prend des globes en proportion géométrique, c'est-à-dire, dont les diamétres soient de 4, 8, 16, 32 pouces; on pourra connoître par la progression des expériences ce qui doit arriver dans de plus grands globes.

Pour comparer les résistances des différens fluides entr'eux, j'ai tenté les expériences suivantes. J'ai fait un petit vaisseau de bois, long de quatre pieds, haut & large d'un pied, j'ai rempli ce vaisseau d'eau de fontaine, & j'ai fait osciller le pendule lorsqu'il étoit plongé dans ce vaisseau, qui étoit ouvert. Un globe de plomb du poids de $166\frac{7}{8}$ onces, & de $3\frac{1}{8}$ de diamétre, oscilloit comme il est marqué dans la table suivante, la longueur du pendule depuis le point de suspension jusqu'à un point marqué sur le fil étant de 126 pouces, & de $134\frac{3}{8}$ pouces jusqu'au centre d'oscillation.

Mesure en pouces de l'arc décrit dans la premiere chute par le point marqué sur le fil.	64	32	16	8	4	2	1	$\frac{1}{2}$	$\frac{1}{4}$
Mesure en pouces de l'arc décrit dans la derniere ascension.	48	24	12	6	3	$1\frac{1}{2}$	$\frac{3}{4}$	$\frac{3}{8}$	$\frac{3}{16}$
Différence en pouces des arcs laquelle est proportionnelle au mouvement perdu.	16	8	4	2	1	$\frac{1}{2}$	$\frac{1}{4}$	$\frac{1}{8}$	$\frac{1}{16}$
Nombre des oscillations dans l'eau.				$\frac{29}{60}$	$1\frac{1}{3}$	3	7	$11\frac{1}{4}$	$12\frac{2}{3}$ $13\frac{1}{3}$
Nombre des oscillations dans l'air.				$85\frac{1}{2}$	287	535			

Dans l'expérience de la quatriéme colonne, les quantités de mouvement perdues dans 535 oscillations dans l'air étoient égales à celles qui furent perdues dans $1\frac{1}{3}$ dans l'eau, les oscillations étoient donc un peu plus promptes dans l'air que dans l'eau. Mais si on accéléroit les oscillations dans l'eau dans une raison, telle que le mouvement des pendules fut égal en vîtesse dans l'un & l'autre milieu, le nombre des oscillations dans lesquelles il perdroit son mouvement dans l'eau demeureroit comme auparavant de 1 & $\frac{1}{7}$, à cause que la résistance augmente, & que le quarré du temps diminue dans la même raison doublée. Les pendules qui ont des vîtesses égales perdent donc des quantités égales de mouvement en 535 oscillations dans l'air, & en 1 $\frac{1}{7}$ dans l'eau ; donc la résistance du pendule dans l'eau est à sa résistance dans l'air comme 535 à 1 $\frac{1}{7}$. C'est là la proportion des résistances totales dans le cas de la quatriéme colonne.

Que $AV + CV^2$ représente à présent la différence des arcs décrits dans la descension & l'ascension subséquente par un globe mu dans l'air avec la plus grande vîtesse V ; comme la plus grande vîtesse dans le cas de la quatriéme colonne est à la plus grande vîtesse dans le cas de la premiere comme 1 à 8 ; & que cette différence des arcs dans le cas de la quatriéme colonne est à la différence dans le cas de la premiere comme $\frac{2}{535}$ à $\frac{16}{85\frac{1}{2}}$ ou comme 85 $\frac{1}{2}$ à 4280 : écrivant dans ces cas 1 & 8 pour les vîtesses, 85 $\frac{1}{2}$, & 4280 pour les différences des arcs, on aura $A + C = 85 \frac{1}{2}$ & $8A + 64C = 4280$, ou $A + 8C = 535$; donc par la réduction des équations on aura $7C = 449 \frac{1}{2}$, & $C = 64 \frac{3}{14}$, & $A = 21 \frac{2}{7}$: & par conséquent, la résistance étant comme $\frac{7}{11}AV + \frac{3}{4}CV^2$, elle deviendra comme $13 \frac{6}{11} V + 48 \frac{9}{16} V^2$. C'est pourquoi dans le cas de la quatriéme colonne où la vîtesse étoit 1, la résistance totale est à sa partie proportionnelle au quarré de la vîtesse, comme $13 \frac{6}{11} + 48 \frac{9}{16}$ ou $61 \frac{11}{17}$ à $48 \frac{9}{16}$; & par conséquent la résistance du pendule dans l'eau, est à cette partie de la résistance dans l'air, laquelle est proportionnelle au quarré de la vîtesse (& cette résistance est seule à considérer dans les mouvemens les plus prompts) comme $61 \frac{11}{17}$ à $48 \frac{9}{16}$ & 535 à 1 $\frac{1}{7}$ conjointement, c'est-à-dire, comme 571 à 1. Si tout le fil du pendule oscillant étoit plongé dans l'eau, sa résistance seroit encore plus

DE LA PHILOSOPHIE NATURELLE.

plus grande ; ensorte que la résistance du pendule qui oscille dans l'eau, laquelle est proportionnelle au quarré de la vîtesse, & qui doit être seule considérée dans les corps mûs le plus vîte, est à la résistance de ce même pendule entier lorsqu'il oscille dans l'air avec la même vîtesse, comme 850 à 1 environ, c'est-à-dire, comme la densité de l'eau à la densité de l'air à peu près.

Il falloit prendre dans ce calcul cette partie de la résistance du pendule dans l'eau, qui étoit comme le quarré de la vîtesse, mais (ce qui paroîtra peut-être extraordinaire) la résistance dans l'eau augmentoit dans une raison plus que doublée de la vîtesse. Et en en cherchant la raison, j'ai trouvé que le vaisseau dans lequel je faisois osciller ce pendule étoit trop étroit pour la grandeur du globe du pendule, & qu'il s'opposoit un peu à cause de sa petitesse au mouvement que l'eau faisoit pour céder, car lorsque le globe suspendu, dont le diamètre étoit d'un pouce, étoit plongé ; la résistance augmentoit à peu près en raison doublée de la vîtesse. Je l'ai éprouvé en formant un pendule de deux globes, dont l'inférieur qui étoit le plus petit oscilloit dans l'eau, pendant que le supérieur, qui étoit le plus grand, & qui étoit attaché au même fil, fort près de la surface de l'eau, oscilloit dans l'air, & aidoit au mouvement oscillatoire qu'il faisoit durer plus longtemps ; le succès de ces expériences est marqué dans la table suivante.

Arc décrit dans la premiere chute.	16	8	4	2	1	$\frac{1}{2}$	$\frac{1}{4}$
Arc décrit dans la derniere ascension.	12	6	3	$1\frac{1}{2}$	$\frac{3}{4}$	$\frac{3}{8}$	$\frac{3}{16}$
Différence des arcs proportionnels au mouvement perdu.	4	2	1	$\frac{1}{2}$	$\frac{1}{4}$	$\frac{1}{8}$	$\frac{1}{16}$
Nombre des oscillations.	$3\frac{3}{8}$	$6\frac{1}{2}$	$12\frac{1}{12}$	$21\frac{1}{3}$	34	53	$62\frac{1}{3}$

Pour comparer entr'elles les résistances des milieux, j'ai fait osciller des pendules de fer dans du mercure. La longueur du fil de fer étoit presque de trois pieds, & le diamètre du globe du pendule étoit d'un tiers de pouce environ. J'avois attaché au même fil de fer, fort près de la surface du mercure, un autre globe de plomb assez grand pour faire durer le mouvement du pendule plus long-temps. Et j'avois rempli alternativement d'eau commune, & de mercure le petit vase qui tenoit environ trois livres de mercure, afin de faire osciller alternativement le pendule dans l'un & l'autre fluide, & de pouvoir trouver, par ce moyen, la proportion des résistances; je trouvai que la résistance du vif-argent étoit à celle de l'eau comme 13 ou 14 à 1 environ : c'est-à-dire, comme la densité du vif-argent à celle de l'eau. Lorsque je suspendois un globe un peu plus grand, lorsque je me servois, par exemple, d'un globe dont le diamétre étoit de $\frac{1}{3}$ ou de $\frac{2}{3}$ de pouces, la résistance du vif-argent étoit à celle de l'eau comme 12 ou 10 à 1 environ. Mais je me fie davantage à la premiere expérience, à cause que dans ces dernieres le vase étoit un peu petit pour la grosseur du globe qui y étoit plongé, & qu'en augmentant le globe il auroit aussi fallu augmenter le vase. J'aurois fait aussi des expériences semblables dans de plus grands vases, & dans d'autres liqueurs tant froides que chaudes, & sur des métaux fondus, s'il ne m'avoit pas paru suffisamment certain, par les expériences que je viens de décrire, que la résistance que des corps mus très-vîte éprouvent est à peu près proportionnelle à la densité des fluides dans lesquels ils se meuvent. Je dis à peu près & non exactement, parce qu'il n'est pas douteux que les fluides qui ont plus de ténacité résistent plus, à densité pareille, que ceux qui sont plus fluides; ainsi l'huile froide résiste plus que la chaude, l'huile chaude plus que l'eau de pluie, & l'eau plus que l'esprit de vin. Mais dans les liquides fluides, comme l'air, l'eau ou douce ou salée, l'esprit de vin, l'esprit de térébentine, l'esprit de sel, l'huile chaude & dégagée de sa partie grossiere par la distillation, l'huile de vitriol, le mercure, les métaux fondus, & enfin dans toutes les espéces de liquides, s'il y en a qui soient assez fluides pour conserver plus long-temps que le vase dans lequel ils font le mouvement qu'on leur a imprimé, & qui étant versés se séparent facilement en gouttes, je ne doute point que les résistances n'observent la regle que je viens de rapporter : sur-tout si on fait les expériences sur de plus grands globes suspendus, & qui soient mus plus vîte.

Enfin, comme plusieurs croyent qu'il y a une certaine matiere éthérée très-subtile qui traverse librement les pores des corps & tous leurs interstices; & que cette matiere qui flue dans les pores des corps doit causer une résistance : pour connoître si la résistance que les corps qui se meuvent éprouvent s'exerce toute entiere sur leur superficie externe, ou si les superficies de leurs parties internes éprouvent une résistance sensible, j'imaginai l'expérience suivante. Je suspendis à un fil long de 11 pieds & attaché à un crochet d'acier très-ferme par le moyen d'un anneau aussi d'acier, une petite boëte de sapin ronde, ensorte que cela composoit un pendule de 11 pieds. Le crochet qui étoit très-pointu par en haut étoit concave & tranchant, afin que l'anneau qui tenoit à ce crochet par sa partie supérieure put se mouvoir très-librement; & c'étoit à la partie inférieure de cet anneau que le fil étoit attaché. Ce pendule étant ainsi composé je l'élevai à la hauteur de 6 pieds environ, dans un plan perpendiculaire à la partie interne du crochet, de peur que lorsque le pendule oscilleroit l'anneau ne vacillat le long du crochet. Car le point de suspension dans lequel l'anneau touche le crochet doit demeurer immobile. Je marquois exactement la hauteur à laquelle j'élevois le pendule, ensuite le laissant tomber, je marquois trois autres hauteurs ausquelles il revenoit à la fin de la premiere, de la seconde & de la troisieme oscillation. Je répétai souvent cette expérience afin d'être sur que ces hauteurs fussent exactement marquées. Cela fait, je remplis la boëte de plomb & des métaux les plus pesans ; mais je pesai auparavant la boëte vuide avec la partie du fil qui l'entouroit, & la moitié du fil qui étoit tendu entre le crochet & la boëte. Car ce fil par sa tension agit toujours sur le pendule, pour le tirer hors de sa position perpendiculaire, avec la moitié de son poids. J'ajoutai à ce poids celui de l'air contenu dans la boëte, & tous ces poids ensemble faisoient à peu près la 78ᵉ partie de celui de la boëte lorsqu'elle étoit pleine de métal. Or comme la boëte, lorsqu'elle étoit pleine de métal, augmentoit la longueur du pendule en tendant le fil par son poids, j'acourcis ce fil afin que la longueur du pendule fut la même qu'auparavant. Ensuite, élevant le pendule au même lieu d'où je l'avois premierement fait tomber, je comptai 77 oscillations environ, jusqu'à ce que la boëte fut revenue à la seconde hauteur que j'avois marquée, & ensuite 77 autres jusqu'à ce qu'elle fut revenue à la troisiéme hauteur, & encore 77 jusqu'à ce qu'elle fut revenue à la quatriéme : d'où je conclus, que la résistance entiere de la boëte pleine n'étoit pas à la résistance de la boëte vuide dans une plus grande raison que de 78 à 77. Car si les résistances avoient été égales dans l'un & l'autre cas, la boëte pleine, ayant 78 fois plus de force d'inertie que la boëte vuide, auroit dû conserver son mouvement 78 fois plus long-temps, & par conséquent, le pendule auroit dû faire toujours dans ce cas 78 oscillations avant de retourner aux hauteurs marquées ; mais il n'en fit que 77.

Donc, si A représente la résistance de la superficie externe de la boëte, & B la résistance des parties internes de la boëte vuide; & que les résistances des parties internes des corps qui ont la même vîtesse, soient comme la matiere ou le nombre des particules qui éprouvent la résistance : la résistance des parties internes de la boëte pleine sera $78\,B$: donc la résistance totale de la boëte vuide $A+B$ sera à la résistance totale de la boëte pleine $A+78\,B$, comme 77 à 78 ; d'où l'on tire $A+B : 77\,B :: 77 : 1$, donc $A+B : B :: 77 \times 77 : 1$, ce qui donne $A : B :: 5928 : 1$. Donc la résistance des parties internes de la boëte vuide est 5000 fois moindre que la résistance de sa superficie externe, & davantage. C'est ainsi que nous avons examiné l'hypotése dans laquelle on prétend que la plus grande résistance de la boëte pleine ne vient

DE LA PHILOSOPHIE NATURELLE. 345

d'aucune cause inconnue, mais seulement de l'action de quelque fluide très-subtil renfermé entre les parties du métal.

J'ai rapporté de mémoire cette expérience, car le papier sur lequel j'en avois écrit le détail a été perdu. Ainsi j'ai été forcé d'obmettre les fractions dont je ne me souvenois plus, n'ayant pas le loisir de la répéter. Comme je m'étois servi d'abord d'un crochet qui étoit trop foible, le retardement de la boëte pleine arrivoit plutôt. Et en en cherchant la raison, je trouvai que c'étoit parce que le crochet trop foible cédoit au poids de la boëte, & qu'obéissant à ses oscillations, il se plioit de côté & d'autre. Je pris donc un crochet plus fort, ensorte que le point de suspension demeurât immobile, & alors tout se passa comme je l'ai décrit ci-dessus.

SEPTIÉME SECTION.

Des mouvemens des fluides & de la résistance des projectiles.

PROPOSITION XXXII. THÉORÉME XXVI.

Si deux systêmes semblables de corps sont composés d'un nombre égal de particules, & que les particules correspondantes soient respectivement semblables & proportionnelles dans l'un & l'autre systême, qu'elles soient posées de même entr'elles, qu'elles ayent entre elles une raison donnée de densité, & qu'elles commencent à se mouvoir entr'elles semblablement dans des temps proportionnels, c'est-à-dire, celles qui sont dans un même systême entr'elles, & si les particules d'un même systême ne se touchent point, excepté dans les momens où elles se réfléchissent, enfin si elles ne s'attirent ni ne se fuyent mutuellement que par des forces accélératrices qui soient inversement comme les diamétres des particules correspondantes, & directement comme les quarrés des vîtesses : je dis, que les particules de ces systêmes continueront à se mouvoir entr'elles de la même maniere dans des temps proportionnels.

Je dis que les corps semblables, & posés de même, se meuvent entr'eux de la même maniere dans des temps proportionnels lorſque leur poſition entr'eux eſt toujours la même à la fin de ces temps : comme lorſqu'on compare, par exemple, les particules d'un ſyſtême avec les particules correſpondantes de l'autre. Il ſuit delà, que les temps dans leſquels les parties ſemblables & proportionnelles des figures ſemblables ſeront décrites par des particules correſpondantes ſeront des temps proportionnels. Donc ſi on a deux ſyſtêmes de cette ſorte, les particules correſpondantes ayant commencé à ſe mouvoir de la même maniere continueront de même juſqu'à ce qu'elles ſe rencontrent. Car ſi aucune force n'agiſſoit ſur elles, elles avanceroient uniformement en ligne droite par la premiere loy du mouvement. Mais ſi elles agiſſoient l'une ſur l'autre mutuellement par quelques forces, & que ces forces fuſſent inverſement comme les diamétres des particules correſpondantes, & directement comme les quarrés des vîteſſes ; les poſitions des particules étant ſemblables, & les forces étant proportionnelles, les forces totales qui agiroient alors ſur les particules correſpondantes, étant compoſées des forces qui agiſſent ſur chacune des particules (par le ſecond corollaire des loix) auroient des déterminations ſemblables à celles qu'elles auroient ſi elles tendoient à des centres placés ſemblablement entre ces particules ; & les forces totales ſeroient entr'elles comme chacune des forces compoſantes, c'eſt-à-dire, inverſement comme les diamétres des particules correſpondantes, & directement comme les quarrés des vîteſſes : & elles feroient par conſéquent que les particules correſpondantes continueroient à décrire des figures ſemblables.

Tout cela arrivera ainſi (par les corol. 1. & 8. de la Prop. 4. L. 1.) pourvû que les centres ſoient en repos. Mais s'ils ſe meuvent, comme leurs ſituations demeurent les mêmes entre les particules des ſyſtêmes, à cauſe qu'ils ſont mus d'une maniere ſemblable ; il arrivera des changemens ſemblables dans les figures que ces particules décrivent. Donc les mouvemens des particules ſemblables correſpondantes ſeront ſemblables juſqu'à leurs premieres rencontres, &

par conséquent les rencontres & les réfléxions feront femblables, & enfuite (par ce qui a déja été démontré) elles auront les mêmes mouvemens entr'elles, jufqu'à ce qu'elles fe rencontrent de nouveau ; & ainfi de fuite à l'infini.   C. Q. F. D.

Cor. 1. Delà, fi deux corps quelconques, femblables & fitués de même par rapport aux particules correfpondantes des fyftêmes, commencent à fe mouvoir de même entre ces particules dans des temps proportionnels, & que leurs grandeurs & leurs denfités entr'elles foient comme les grandeurs & les denfités des particules correfpondantes : elles continueront à fe mouvoir de même dans des temps proportionnels. C'eft la même chofe pour les plus grandes parties de l'un & l'autre fyftême que pour les particules.

Cor. 2. Et fi toutes les parties femblables & pofées de même des fyftêmes font en repos entr'elles : & que deux d'entr'elles, plus grandes que les autres, & qui fe correfpondent mutuellement dans l'un & l'autre fyftême, commencent à fe mouvoir d'une façon quelconque d'un mouvement femblable, & felon des lignes pofées de même : elles produiront des mouvemens femblables dans les autres parties des fyftêmes, & elles continueront à fe mouvoir de même entr'elles dans des temps proportionnels ; & par conféquent à décrire des efpaces proportionnels à leurs diamétres.

PROPOSITION XXXIII. THÉORÉME XXVII.

Les mêmes chofes étant pofées, je dis que les parties les plus grandes des fyftêmes éprouvent une réfiftance en raifon compofée, de la raifon doublée de leurs viteffes, de la raifon doublée de leurs diamétres, & de la raifon de la denfité des parties du fyftême.

Car la réfiftance vient en partie des forces centripétes ou centrifuges par lefquelles les particules des fyftêmes agiffent les unes fur les autres, & en partie des rencontres & des réflexions des particules, & des parties les plus grandes. Les réfiftances du premier genre font entr'elles comme les forces motrices entieres qui les produifent, c'eft-à-dire, comme les forces accélératrices entieres, & les quantités de matiere dans les parties correfpondantes ; ou, ce qui revient au même par l'hypotèfe, comme les quarrés des vîteffes directement, & les diftances des particules correfpondantes inverfement, & comme les quantités de matiere dans les particules correfpondantes directement : c'eftpourquoi, les diftances des particules d'un fyftême étant aux diftances correfpondantes des particules de l'autre fyftême, comme le diamétre d'une particule, ou d'une partie dans le premier fyftême au diamétre d'une particule ou d'une partie dans l'autre fyftême, & que les quantités de matiere font comme les denfités des parties, & les cubes des diamétres, les réfiftances font l'une à l'autre comme les quarrés des vîteffes, les quarrés des diamétres, & les denfités des particules des fyftêmes. *C. Q. F. D.*

Les réfiftances du fecond genre font comme les nombres des réflexions correfpondantes, & les forces conjointement. Mais les nombres des réflexions font entr'eux comme les vîteffes des parties correfpondantes directement, & inverfement comme les efpaces entre ces réflexions. Les forces des réflexions font comme les vîteffes, les grandeurs, & les denfités des parties correfpondantes conjointement, c'eft-à-dire, comme les vîteffes, les cubes des diamétres & les denfités des parties. Et en compofant toutes ces raifons, les réfiftances des parties correfpondantes font entr'elles conjointement comme les quarrés des vîteffes, les quarrés des diamétres & les denfités des parties. *C. Q. F. D.*

Cor. 1. Donc, fi ces fyftêmes font deux fluides élaftiques comme l'air, & que leurs parties foient en repos entr'elles : que deux corps femblables & proportionnels aux parties des fluides, quant à la grandeur & à la denfité, & pofés de même entre ces parties, foient jettés d'une façon quelconque, fuivant des lignes pofées de même ; & que les forces accélératrices, par lefquelles les particules de ces fluides agiffent mutuellement les unes fur les autres, foient inverfement comme les diamétres des corps jettés, &
directement

DE LA PHILOSOPHIE NATURELLE.

directement comme les quarrés des vîtesses : ces corps produiront, dans les fluides, des mouvemens semblables, & ils y décriront, dans des temps proportionnels, des espaces proportionnels à leurs diamétres.

Cor. 2. Ainsi un corps qui se meut avec une grande vîtesse dans le même fluide éprouve une résistance en raison doublée de sa vîtesse à peu près. Car si les forces, par lesquelles les particules éloignées agissent mutuellement les unes sur les autres, étoient augmentées en raison doublée de la vîtesse, sa résistance seroit dans la même raison doublée exactement ; donc dans un milieu dont les parties éloignées n'agissent aucunement les unes sur les autres, la résistance est exactement en raison doublée de la vîtesse.

Soient A, B, C trois milieux composés de parties semblables, égales & disposées régulierement à des distances égales ; que les parties des milieux A & B se fuient mutuellement avec des forces qui soient entr'elles comme T & V, & que celles du milieu C soient destituées entierement de ces sortes de forces. Si quatre corps égaux D, E, F, G se meuvent dans ces milieux, les deux premiers D & E dans les deux premiers A & B, & les deux autres F & G dans le troisiéme C ; & que la vîtesse du corps D soit à la vîtesse du corps E, & la vîtesse du corps F à la vîtesse du corps G en raison sousdoublée des forces T aux forces V : la résistance du corps D sera à la résistance du corps E, & la résistance du corps F à la résistance du corps G en raison doublée des vîtesses ; & par conséquent, la résistance du corps D sera à la résistance du corps F comme la résistance du corps E à la résistance du corps G. Supposez que ces corps D & F ayent des vîtesses égales ainsi que les corps E & G ; en augmentant les vîtesses des corps D & F dans une raison quelconque, & diminuant les forces des particules du milieu B dans la même raison doublée, le milieu B approchera tant qu'on voudra de la forme & de la condition du milieu C, & par conséquent, les résistances

Tome I.

des corps égaux E & G, qui ont des vîtesses égales dans ces milieux, approcheront sans cesse de l'égalité, ensorte que leur différence deviendra enfin plus petite que toute différence donnée. Donc, comme les résistances des corps D & F sont entr'elles comme les résistances des corps E & G, elles approcheront aussi sans cesse de même de l'égalité. Donc les résistances des corps D & F sont à peu près égales lorsqu'ils se meuvent très-vîte : & par conséquent, comme la résistance du corps F est en raison doublée de sa vîtesse, la résistance du corps D sera dans la même raison à peu près.

Cor. 3. La résistance d'un corps, qui se meut très-vîte dans un milieu quelconque élastique, est la même à peu près que si les parties du fluide n'avoient aucune force centrifuge, & qu'elles ne se fuyassent pas mutuellement : pourvu que la force élastique du fluide soit l'effet des forces centrifuges des particules, & que la vîtesse soit si grande, que les forces n'ayent pas assez de temps pour agir.

Cor. 4. Donc, comme les résistances des corps semblables qui ont des vîtesses égales, & dont les parties qui ne sont pas contigues ne se fuyent pas mutuellement, sont comme les quarrés des diamétres ; les résistances des corps qui ont des vîtesses égales & qui se meuvent très-vîte sont aussi, dans un fluide élastique, comme les quarrés des diamétres à peu près.

Cor. 5. Comme les corps semblables, égaux, & qui ont des vîtesses égales dérangent, dans des milieux qui ont la même densité, des quantités égales de matiere en temps égaux, & leur impriment une égale quantité de mouvement lorsque les particules de ces milieux ne se fuient point mutuellement, soit que ces particules soient très-petites & en grand nombre, soit qu'elles soient plus grandes & que leur nombre soit moindre, & que réciproquement (par la troisieme loi du mouvement) ces corps éprouvent une réaction égale de cette même matiere, c'est-à-dire, que cette matiere leur résiste également : il est clair aussi, que dans les

DE LA PHILOSOPHIE NATURELLE.

fluides élastiques de la même densité, les résistances que les corps éprouvent sont égales, à peu près, lorsqu'ils se meuvent très-vîte ; soit que ces fluides soient composés de particules très-grossieres, ou qu'ils le soient des plus subtiles de toutes. Car la subtilité du milieu ne diminue pas beaucoup la résistance des projectiles qui se meuvent très-vîte.

Cor. 6. Tout cela se passe ainsi dans les fluides dont la force élastique est l'effet des forces centrifuges des parties. Mais si cette force vient d'une autre cause, comme de l'extension des parties telle que celle qu'on remarque dans la laine ou dans les branches des arbres, ou de quelqu'autre cause quelconque, qui rende le mouvement des parties entr'elles moins libre : alors la fluidité du milieu étant moindre, la résistance sera plus grande que dans les précédens corollaires.

PROPOSITION XXXIV. THÉORÉME XXVIII.

Si un globe & un cylindre de diamétres égaux se meuvent avec une vîtesse égale, dans le sens de l'axe du cylindre, dans un milieu rare & composé de parties égales, & situées librement à des distances égales les unes des autres, la résistance du globe sera sousdouble de celle du cylindre.

Car l'action du milieu sur le corps étant la même (par le Cor. 5. des loix) soit qu'il se meuve dans un milieu en repos, soit que les particules de ce milieu viennent choquer ce corps supposé en repos avec la même vîtesse : commençons par considérer ici le corps comme étant en repos, & voyons avec quelle force ce milieu, qui est supposé se mouvoir, agira sur lui.

Que C représente donc le centre d'un corps sphérique $ABKI$ dont le demi diamétre est CA, que les particules du milieu frappent ce corps sphérique avec une vîtesse donnée selon des lignes paralleles à AC : & que FB soit une de ces droites. Soit prise sur cette ligne la ligne LB égale au demi diamétre CB, & soit menée BD qui touche la sphere en B. Sur KC & BD soient abbaissées les perpendiculaires BE, LD, la force avec laquelle une particule de ce milieu frappe le globe en B, en tombant obliquement selon la droite FB, sera à la force avec laquelle la même particule frapperoit perpendiculairement en b le cylindre $ONGQ$ décrit autour du globe & ayant pour axe ACI, comme LD est à LB, ou BE à BC. De plus, l'efficacité de cette force pour mouvoir le globe suivant son incidence FB ou AC, est à son efficacité pour mouvoir ce globe du côté vers lequel elle est déterminée, c'est-à-dire, du côté de la droite BC selon laquelle elle presse le corps directement, comme BE est à BC. Et en composant ces raisons, l'efficacité d'une particule sur le globe, lorsqu'elle y tombe obliquement selon la droite FB, pour le mouvoir du côté de son incidence, est à l'efficacité de cette même particule lorsqu'elle tombe perpendiculairement sur le cylindre selon la même droite, pour le mouvoir du même côté, comme BE^2 est à BC^2. C'est pourquoi, si sur bE qui est perpendiculaire à la base circulaire NAO du cylindre, & égale au rayon AC, on prend $bH = \frac{BE^2}{BC}$, bH sera à bE comme l'effet de la particule sur le globe est à son effet sur le cylindre. Et par conséquent, le solide formé par toutes les droites bH, sera au solide formé par toutes les droites bE, comme l'effet de toutes les particules sur le globe est à l'effet de toutes les particules sur le cylindre. Mais le premier de ces solides est un paraboloïde dont le sommet est C, l'axe CA, & le paramétre CA; & le dernier est le cylindre circonscript à ce paraboloïde. De plus, il est connu que le paraboloïde est la moitié du cylindre circonscript; donc la force totale du milieu sur le globe est la moitié de la force totale de ce même milieu sur le cylindre. Et par conséquent, si les particules qui composent le milieu étoient en repos, & que le globe & le cylindre se mussent avec la même vîtesse, la résistance que le globe éprouveroit seroit sousdouble de celle du cylindre. *C. Q. F. D.*

DE LA PHILOSOPHIE NATURELLE.

SCHOLIE.

On peut comparer par la même méthode les autres figures entr'elles quant à la réſiſtance qu'elles éprouvent, & trouver celles qui font les plus propres à conſerver longtemps leur mouvement dans des milieux réſiſtans. Si par exemple, on veut conſtruire, fur la baſe circulaire $CEBH$, décrite du centre O & du rayon OC, un cône tronqué $CBGF$, dont la hauteur ſoit OD, & qui ſoit de tous les cônes tronqués, conſtruits ſur la même baſe & la même hauteur, & qui ſe meuvent ſuivant leur axe du côté de D, celui qui éprouve la moindre réſiſtance ; coupez en deux parties égales la hauteur OD en Q, & prolongez OQ en S, en ſorte que $QS = QC$, & $CFGB$ ſera le cône tronqué demandé.

D'où on tire, chemin faiſant, (l'angle CSB étant toujours aigu) que ſi le ſolide $ADBE$ eſt formé par la révolution de la figure elliptique ou ovale $ADBE$ autour de l'axe AB, & que la figure génératrice ſoit touchée par les trois droites FG, GH, HI dans les points F, B & I, ſelon cette loi, que GH ſoit perpendiculaire à l'axe dans le point de contact B, & que FG, HI faſſent avec la même ligne GH des angles FGB, BHI de 135 dégrés, le ſolide formé par la révolution de la figure $ADFGHIE$ autour du même axe AB éprouvera moins de réſiſtance que le premier ſolide, pourvu que l'un & l'autre avancent ſuivant l'axe AB, & que B ſoit le côté qui précede dans l'un & dans l'autre, je ne crois pas cette propoſition inutile pour la conſtruction des vaiſſeaux.

Que ſi la figure $DNFG$ eſt une courbe d'une telle nature, que ſi par un de ſes points quelconques N on abaiſſe la perpendiculaire NM ſur l'axe AB, & que d'un point donné G on mene la droite GR qui ſoit parallele à la droite qui touche la figure en N, & qui coupe en R l'axe prolongé, on aura $MN : GR :: GR^3 : 4 BR \times GB^2$; le ſolide formé par la révolution de cette figure autour de l'axe AB éprouvera une moindre réſiſtance, en se mouvant de *A* vers *B*, dans le milieu rare dont on a parlé, qu'aucun autre solide circulaire quelconque décrit sur la même hauteur & la même base.

PROPOSITION XXXV. PROBLÉME VII.

On demande la résistance qu'éprouve un globe qui se meut uniformément dans un milieu rare formé de très-petites particules égales, en repos, & situées librement à des distances égales les unes des autres.

Cas 1. Suppose que le cylindre qui a le même diamétre, & la même hauteur que le globe s'avance avec la même vîtesse, dans le même milieu, & dans le sens de son axe. Que les particules du milieu dans lequel le globe ou le cylindre se plonge rejaillissent avec toute la force de la réflexion. Comme la résistance que le globe éprouve, est (par la derniere Proposition) la moitié de celle qu'éprouve le cylindre, le globe étant au cylindre comme 2 à 3, & le cylindre en tombant perpendiculairement sur ces particules, qui rejaillissent très-fortement, leur communiquant une vîtesse double de la sienne : le cylindre, dans le temps dans lequel il aura parcouru en avançant uniformément la moitié de la longueur de son axe, communiquera aux particules du milieu un mouvement, qui sera au mouvement total du cylindre, comme la densité du milieu est à la densité du cylindre ; & le globe dans le temps dans lequel il parcourt toute la longueur de son diamétre en avançant uniformément communiquera le même mouvement à ces particules ; & dans le temps pendant lequel il parcourt les deux tiers de son diamétre il communiquera aux particules un mouvement qui sera à son mouvement total, comme la densité du milieu à la densité du globe. Et par conséquent, le globe éprouve une résistance qui est à la force qui peut produire tout son mouvement ou le lui ôter, dans le temps qu'il met à parcourir les deux tiers de son diamétre en avançant uniformément, comme la densité du milieu est à la densité du globe.

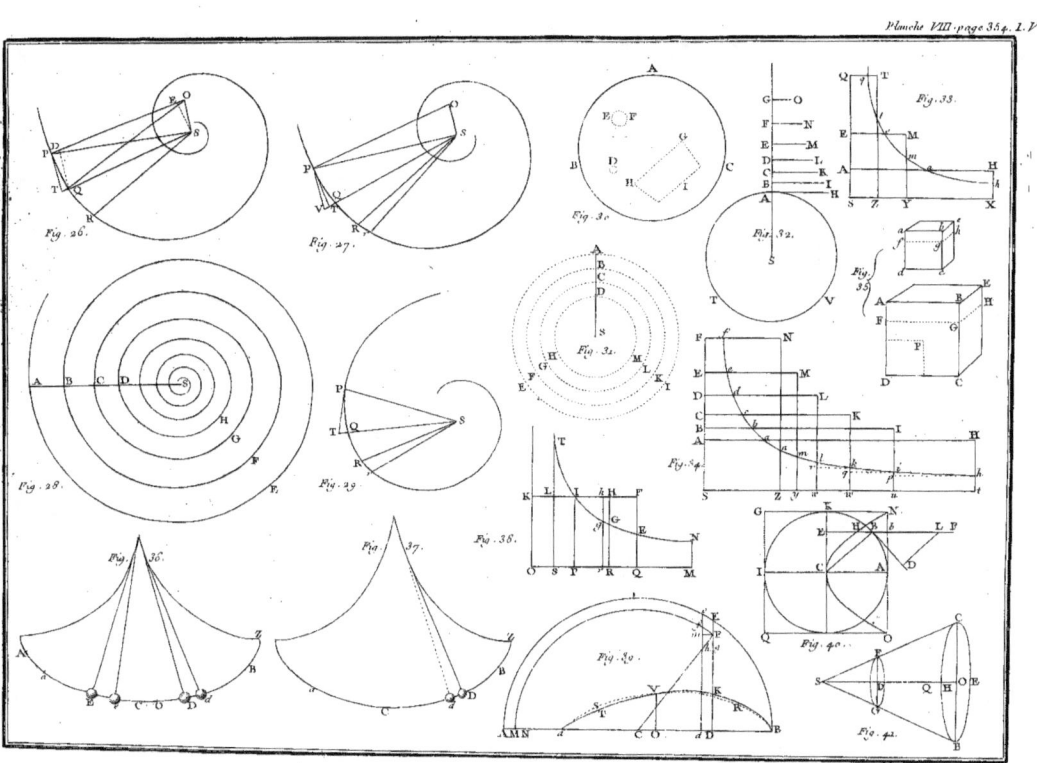

DE LA PHILOSOPHIE NATURELLE. 355

Cas 2. Supposons que les particules du milieu qui tombent sur le globe ou sur le cylindre ne soient pas réfléchies ; & que le cylindre en tombant perpendiculairement sur ces particules leur communique la vîtesse simple qui l'anime, il souffrira alors une résistance qui sera sousdouble de celle qu'il éprouve dans le premier cas, & la résistance qu'éprouvera le globe sera par conséquent aussi sousdouble de ce qu'elle étoit auparavant.

Cas 3. Supposons que les particules du milieu rejaillissent de dessus le globe par la force de la réflexion qu'on suppose n'être ni nulle, ni grande, mais moyenne ; la résistance qu'éprouvera le globe sera dans cette même raison, c'est-à-dire, moyenne entre la résistance dans le premier cas, & la résistance dans le second. *C. Q. F. T.*

Cor. 1 Delà, si le globe & les particules sont infiniment dures & privées de toute force élastique, & par conséquent aussi de toute force réfléchissante ; la résistance que le globe éprouvera sera à la force par laquelle tout son mouvement peut lui être communiqué ou ôté, dans le temps dans lequel un globe quadruple parcourt la troisiéme partie de son diamétre, comme la densité du milieu à la densité du globe.

Cor. 2. La résistance que le globe éprouve est, toutes choses égales, en raison doublée de la vîtesse.

Cor. 3. Cette résistance est aussi, toutes choses égales, en raison doublée du diamétre.

Cor. 4. Cette résistance est encore comme la densité du milieu, toutes choses égales.

Cor. 5. Et par conséquent cette résistance est dans la raison composée de la raison doublée de la vîtesse, de la raison doublée du diamétre, & de la raison de la densité du milieu.

Cor. 6. Le mouvement du globe & la résistance qu'il éprouve, peuvent s'exprimer ainsi. Soit *A B* le temps dans lequel le globe peut perdre tout son mouvement par la résistance qu'il éprouve, laquelle on suppose uniformement continuée. Soient élevées *AD*,

Fig. 43.

BC perpendiculairement fur AB, & que BC exprime le mouvement total du corps, foit tracée, par le point C, l'hyperbole CF dont les afymptotes foient AD, AB, & foit prolongée AB jufqu'à un point quelconque E. Soit élevée enfuite la perpendiculaire EF qui rencontre l'hyperbole en F, & foit achevé le parallélograme $CBEG$, enfin foit tirée AF qui rencontre BC en H. Si le globe dans un temps quelconque BE décrit dans un milieu non réfiftant l'efpace $CBEG$ par fon mouvement primitif BC continué uniformément, lequel efpace $CBEG$ eft repréfenté par l'aire du parallélograme, le même corps, dans un milieu réfiftant, décrira l'efpace $CBEF$, repréfenté par l'aire de l'hyperbole, & fon mouvement à la fin de ce temps fera repréfenté par EF ordonnée à l'hyperbole, & alors il aura perdu la partie FG de fon mouvement. Et la réfiftance qu'il éprouvera à la fin du même temps fera repréfentée par la longueur BH, la partie CH de la réfiftance étant détruite. Tout cela eft clair par les Cor. 1. & 3. de la Prop. 5. du Liv. 2.

Cor. 7. Delà, fi le globe pendant le temps T perd tout fon mouvement M par la réfiftance R continuée uniformément : ce même globe perdra dans le temps t dans un milieu réfiftant la partie $\frac{tM}{T+t}$ de fon mouvement M, par la réfiftance R décroiffante en raifon doublée de la vîteffe, la partie $\frac{TM}{T+t}$ demeurant la même ; & il décrira un efpace qui fera à l'efpace décrit par le mouvement uniforme M, dans le même temps t, comme le logarithme du nombre $\frac{T+t}{T}$ multiplié par le nombre 2, 302585092994 eft au nombre $\frac{t}{T}$, à caufe que l'aire hyperbolique $BCFE$ eft au rectangle $BCGE$ dans cette Proportion.

SCHOLIE.

SCHOLIE.

J'ai exposé dans cette Proposition la résistance & la retardation des projectiles sphériques dans les milieux qui ne sont pas continus, & j'ai fait voir que cette résistance est à la force par laquelle le mouvement total du globe peut être produit ou détruit, dans le temps qu'il employe à parcourir les deux tiers de son diamétre par une vîtesse uniformement continuée, comme la densité du milieu est à la densité du globe, pourvu que le globe & les particules du milieu soient très-élastiques, & qu'elles ayent beaucoup de force réfléchissante : & enfin que cette force est deux fois moindre lorsque le globe & les particules du milieu sont infiniment dures, & entierement incapables de réflexion. Dans les milieux continus tels que l'eau, l'huile chaude, & le vif-argent, dans lesquels le globe ne tombe pas immédiatement sur toutes les particules résistantes du fluide, mais presse seulement les particules les plus voisines, celles-là en pressent d'autres, & les autres d'autres encore, la résistance est encore deux fois moindre. Le globe, dans de tels milieux très-fluides, éprouve une résistance, qui est à la force qui peut lui ôter ou lui communiquer tout son mouvement, dans le temps dans lequel il peut parcourir les $\frac{4}{3}$ parties de son diamétre, par son mouvement uniformement continué, comme la densité du milieu est à la densité du globe. C'est ce que je tâcherai de faire voir dans les Propositions suivantes.

PROPOSITION XXXVI. PROBLÉME VIII.

Trouver le mouvement de l'eau qui s'écoule par un trou fait dans le fond d'un vase cylindrique.

Soit $ACDB$ le vase cylindrique, AB son ouverture supérieure, CD le fond de ce vase parallele à l'horison, EF un trou circulaire fait dans le milieu de ce fond, G le centre de ce trou,

Fig. 44.

& *GH* l'axe du cylindre perpendiculaire à l'horifon. Suppofez un cylindre de glace *APQB* de la même largeur que l'intérieur du vafe, qui ait le même axe, & qui defcende continuellement avec un mouvement uniforme; & que fes parties, dans le moment qu'elles auront atteint la fuperficie *AB*, fe liquifient, & en fe convertiffant en eau, qu'elles s'écoulent dans le vafe par leur gravité, & forment, en tombant, une cataraète ou colonne d'eau *ABNFEM* qui paffe par le trou *EF* & qui l'empliffe entierement. Suppofez que la vîteffe avec laquelle cette glace defcend foit uniforme, ainfi que celle de l'eau contigue dans le cercle *AB*, que cette vîteffe foit celle que cette eau peut acquérir en tombant, & en parcourant dans fa chute la hauteur *IH*, & que *IH* & *HG* foient en ligne droite. Par le point *I* foit menée la ligne *KL* parallele à l'horifon & rencontrant en *K* & en *L* les côtés de la glace. La vîteffe de l'eau qui s'écoule par le trou *EF* fera la même que celle que l'eau peut acquérir en tombant de *I*, & en parcourant dans fa chute la hauteur *IG*. Donc, par les Théorêmes de Galilée, *IG* fera à *IH* en raifon doublée de la vîteffe de l'eau qui s'écoule par le trou, à la vîteffe de l'eau dans le cercle *AB*, c'eft-à-dire, en raifon doublée du cercle *AB* au cercle *EF*; car les vîteffes de l'eau qui paffe dans le même temps, & en quantité égale par différens cercles font réciproquement comme les aires de ces cercles. Il s'agit ici de la vîteffe de l'eau qui s'écoule vers l'horifon. Quant au mouvement parallele à l'horifon, par lequel les parties de l'eau qui tombent s'approchent l'une de l'autre, il ne doit point être confidéré ici parce qu'il ne vient point de la gravité, & qu'il ne change rien au mouvement perpendiculaire à l'horifon qni eft produit par la gravité. Nous fuppofons cependant que les parties de l'eau ayent quelque cohérence, & que par leur cohéfion elles s'approchent l'une de l'autre en tombant, par des mouvemens paralleles à l'horifon; enforte qu'elles forment une feule cataraète, & qu'elles ne foient point divifées en plufieurs cataraètes. Mais nous ne faifons point at-

DE LA PHILOSOPHIE NATURELLE. 559

tention ici au mouvement parallele à l'horifon qui eft produit par cette cohéfion.

Cas 1. Concevez que toute la cavité du vafe, laquelle environne l'eau tombante *A B N F E M*, foit pleine de glace, enforte que l'eau paffe à travers cette glace comme à travers un antonnoir. Si l'eau ne frotte point la glace, ou, ce qui eft la même chofe, fi elle coule librement le long de la glace, & qu'à caufe de fon parfait poli, elle n'éprouve aucune réfiftance par fon frottement contre la glace, elle s'écoulera par le trou *E F* avec la même vîteffe qu'auparavant, & tout le poids de la colonne d'eau *A B N F E M* fera employé à produire cet écoulement comme auparavant, & le fond du vafe foutiendra le poids de la glace qui environne la colonne.

Suppofez que la glace fe fonde dans le vafe; l'écoulement de l'eau demeurera le même qu'auparavant, quant à la vîteffe. Car elle ne fera pas moindre, puifque la glace qui eft devenue eau fait effort pour defcendre: & elle ne fera pas plus grande parce que la glace devenue eau ne peut defcendre qu'elle n'empêche l'autre eau, dont la chute eft égale à la fienne, de defcendre, & la même force doit donner la même vîteffe à l'eau qui s'écoule.

Mais le trou dans le fond du vafe, doit être un peu plus grand qu'auparavant, à caufe des mouvemens obliques des particules de l'eau qui s'écoule. Car toutes les particules de l'eau ne paffent pas perpendiculairement par le trou ; mais venant de toutes parts des côtés du vafe & convergeant vers ce trou, elles y paffent par des mouvemens obliques ; & tendant toutes à s'échapper par embas leur mouvement confpire avec celui de la veine d'eau qui paffe perpendiculairement. Cette veine d'eau eft un peu plus mince hors de l'ouverture que dans l'ouverture même, fon diamétre & celui de l'ouverture, fi je les ai bien mefurés, étant l'un à l'autre, à peu près, comme 5 à 6 ou comme $5\frac{1}{2}$ à $6\frac{1}{2}$. Je m'étois fervi d'une lame plate très-mince percée dans le milieu, & dont l'ouverture circulaire avoit $\frac{5}{8}$ parties de pouces de diamétre. Et de

LIVRE SECOND.
Fig. 44.

peur que la veine d'eau qui s'écouloit ne fut accélérée en tombant, & ne devînt plus mince par l'accélération, je n'attachai point cette lame au fond du vase, mais à un de ses côtés, afin que la veine sortît par une ligne parallele à l'horison. Ensuite lorsque le vase fut plein d'eau, j'ouvris le trou pour la laisser écouler ; & le diametre de la veine, mesuré exactement, étoit, à la distance de près d'un demi pouce de l'ouverture, de $\frac{21}{40}$ parties de pouces. Donc le diametre de ce trou circulaire étoit au diametre de la veine d'eau comme 25 à 21 à peu près. Par-là, l'eau en passant par l'ouverture convergeoit de toutes parts, & la veine devenoit ensuite plus mince & plus accélérée à la distance d'un demi pouce de l'ouverture que dans l'ouverture même, dans la raison de 25×25 à 21×21, ou de 17 à 12 à peu près, c'est-à-dire, environ dans la raison sousdoublée de deux à un. Et il est certain, par l'expérience, que la quantité de l'eau qui s'écoula en un temps donné par l'ouverture circulaire faite dans le fond du vase, est la même que celle qui doit s'écouler dans le même temps avec la vîtesse dont on a parlé, non par cette ouverture, mais par une ouverture circulaire dont le diametre est au diametre de cette premiere ouverture comme 21 à 25. Donc cette eau qui s'écoule a, à peu près, la même vîtesse en embas, dans cette même ouverture, qu'un corps grave peut acquérir en tombant & en parcourant dans sa chute la moitié de la hauteur de l'eau stagnante dans le vase. Mais après être sortie du vase, elle s'accélére en convergeant jusqu'à ce qu'elle soit arrivée à une distance du trou qui soit presqu'égale à son diametre, & qu'elle ait acquis une vîtesse plus grande, en raison sousdoublée de 2 à 1 à peu près, que celle qu'un corps grave peut acquérir en tombant & en parcourant à peu près dans sa chute toute la hauteur de l'eau qui est en repos dans le vase.

Dans ce qui suit, le diametre de la veine sera donc représenté par la plus petite ouverture que nous nommerons EF. Soit supposé un plan VW parallele à l'ouverture EF & placé au-dessus

DE LA PHILOSOPHIE NATURELLE. 361

d'elle à une distance égale à peu près au diamétre de cette ouverture, & soit dans ce plan *VW* une ouverture *ST* plus grande que la premiere ; que la veine passe aussi par cette ouverture, que cette veine emplisse exactement l'ouverture inférieure *EF*, le diamétre de l'ouverture supérieure étant au diamétre de l'ouverture inférieure comme 25 à 21 à peu près. De cette façon la veine passera perpendiculairement par l'ouverture inférieure ; & la quantité de l'eau qui s'écoulera sera la même à peu près, eu égard à la grandeur de l'ouverture, que celle que la solution du Problême requiert. Ensorte qu'on peut regarder l'espace renfermé par ces deux plans & la veine d'eau qui s'écoule, comme le fond du vase. Afin que la solution du problême devienne plus simple & plus mathématique, il vaut mieux prendre le seul plan inférieur pour le fond du vase, & supposer que l'eau qui passoit à travers la glace, ou l'antonnoir, & qui s'écouloit du vase par l'ouverture *E F* faite dans le plan inférieur conservoit toujours son mouvement, & la glace son état de repos. Soit donc, dans ce qui suivra, *S T* le diamétre du trou circulaire décrit du centre *Z* par lequel la cataracte s'écoule du vase lorsque toute l'eau contenue dans le vase est fluide. Et soit *E F* le diamétre du trou rempli exactement par la cataracte en tombant, soit que l'eau sorte du vase par le trou supérieur *S T*, soit qu'elle tombe par les parois de la glace qui est dans le vase, comme à travers un antonnoir. Si le diamétre *S T* du trou supérieur est au diamétre *E F* du trou inférieur comme 25 à 21 à peu près, & que la distance perpendiculaire entre les plans des trous soit égale au diamétre du trou inférieur *E F*. La vîtesse de l'eau, qui s'écoule du vase par le trou *S T*, sera dans ce même trou celle que le corps peut acquérir en tombant de la moitié de la hauteur *I Z* : mais la vîtesse de l'une & l'autre cataracte qui tombent sera dans l'ouverture *E F* celle que le corps peut acquérir en tombant de toute la hauteur *I G*.

Cas 2. Si le trou *E F* n'est pas dans le milieu du fond du vase, mais qu'il soit placé quelqu'autre part : l'eau s'écoulera avec la même vîtesse qu'auparavant, pourvû que la grandeur du trou soit la même. Car quoiqu'un corps grave employe un temps plus long à tomber à la même profondeur par une ligne oblique, que par une ligne perpendiculaire, il acquiert, dans l'un & l'autre cas, la même vîtesse en tombant, comme *Galilée* l'a démontré.

Cas 3. La vîtesse de l'eau qui s'écouleroit par une ouverture faite dans un des côtés du vase feroit encore la même. Car si l'ouverture est petite, & que l'intervalle entre les superficies *A B* & *K L* soit presque nul, le filet d'eau qui sortira horisontalement prendra une forme parabolique : & on connoîtra, par le paramétre de cette parabole, que la vîtesse de l'eau qui s'écoule est celle qu'un corps pourroit acquérir en tombant de la hauteur *H G* ou *I G* de l'eau qui est en repos dans le vase. Et ayant fait l'expérience, j'ai trouvé que si la hauteur de l'eau qui est en repos dans le vase est de 20 pouces au-dessus du trou, & que la hauteur du trou au-dessus du plan parallele à l'horison soit aussi de 20 pouces, le filet d'eau qui jaillira tombera dans ce plan, environ à la distance de 37 pouces de la perpendiculaire abbaissée de ce trou sur le plan. Si on faisoit abstraction de la résistance, le filet d'eau devroit tomber dans ce plan à la distance de quarante pouces, le paramétre de la parabole que ce filet d'eau formeroit étant de 80 pouces.

Cas 4. De plus, l'eau qui s'écoule sortiroit avec la même vîtesse si quelque cause la faisoit jaillir en en-haut. Car un petit filet d'eau monteroit par un mouvement perpendiculaire à la hauteur *G H* ou *G I* de l'eau qui est en repos dans le vase, si son élévation n'étoit un peu diminuée par la résistance de l'air, & par conséquent elle s'écoule avec la vîtesse qu'elle pourroit acquérir en tombant de cette hauteur. Chaque particule de l'eau qui est en repos dans le vase est également pressée de tous côtés, (par la Prop. 19. du Liv. 2.) & en cédant à cette pression elle est portée avec la même force de toutes parts, soit qu'elle descende

DE LA PHILOSOPHIE NATURELLE. 363

par le trou fait dans le fond du vase, soit qu'elle s'écoule horisontalement par un trou fait dans un de ses côtés, soit qu'elle sorte par un canal & qu'ensuite elle monte par un petit trou fait dans la partie supérieure du canal. La vîtesse avec laquelle l'eau s'écoulera sera celle que nous avons déterminée dans cette Proposition ; c'est non seulement ce que l'on peut conclure par le raisonnement, mais encore ce qui est évident par les expériences très-connues que nous venons de rapporter.

Cas 5. La vîtesse de l'eau qui s'écoule est la même, soit que la forme de l'ouverture soit circulaire, soit qu'elle soit quarrée, triangulaire, ou de figure quelconque, pourvu que sa capacité soit la même. Car la vîtesse de l'eau qui s'écoule ne dépend point de la figure de l'ouverture, mais de sa hauteur au-dessous du plan KL.

Cas 6. Si la partie inférieure du vase $ABCD$ est plongée dans une eau dormante, & que la hauteur de l'eau dormante au-dessus du fond du vase soit GR : la vîtesse avec laquelle l'eau qui est dans le vase s'écoulera par l'ouverture EF dans l'eau stagnante sera celle que l'eau pourroit acquérir en tombant de la hauteur IR. Car tout le poids de l'eau contenue dans le vase, & qui est au-dessous de la superficie de l'eau dormante, sera soutenu en équilibre par le poids de l'eau dormante, donc, il accélérera très-peu le mouvement de l'eau qui descend dans le vase ; ce qu'on peut voir très-clairement par les expériences, en mesurant les temps dans lesquels l'eau s'écoule.

Cor. 1. Delà, si la hauteur CA de l'eau est prolongée en K, ensorte que AK soit à CK en raison doublée, de l'aire du trou fait dans une partie quelconque du fond du vase à l'aire du cercle AB : la vîtesse de l'eau qui s'écoule sera égale à la vîtesse que l'eau peut acquérir en tombant, & en parcourant dans sa chute la hauteur KC.

Cor. 2. Et la force qui peut produire tout le mouvement de l'eau qui s'écoule est égale au poids de la colonne d'eau cylindrique dont la bafe eft l'ouverture EF, & la hauteur $2GI$ ou $2CK$. Car dans le temps que l'eau jailliffante pourroit égaler cette colonne, elle pourroit acquérir, en tombant par fon poids de la hauteur GI, la même vîteffe que celle avec laquelle elle jaillit.

Cor. 3. Le poids de toute l'eau dans le vafe $ABCD$ eft à la partie de ce poids qui eft employée à faire écouler l'eau comme la fomme des cercles AB & EF au double du cercle EF. Car foit IO moyenne proportionnelle entre IH & IG; l'eau qui fort par l'ouverture EF, pendant le temps qu'une goutte tombant de I employe à parcourir la hauteur IG, fera égale au cylindre dont la bafe eft le cercle EF & la hauteur $2IG$, c'eft-à-dire, au cylindre dont la bafe eft le cercle AB & la hauteur $2IO$, car le cercle EF eft au cercle AB en raifon foufdoublée de la hauteur IH à la hauteur IG, c'eft-à-dire, dans la raifon fimple de la moyenne proportionnelle IO à la hauteur GI : & dans le temps qu'une goutte tombant de I peut parcourir la hauteur IH, l'eau qui s'écoule fera égale au cylindre dont la bafe eft le cercle AB & la hauteur $2IH$: & dans le temps dans lequel la goutte en tombant de I par H en G décrit la différence des hauteurs HG, l'eau qui fort, c'eft-à-dire, l'eau totale dans le folide $ABNFEM$ fera égale à la différence des cylindres, c'eft-à-dire, au cylindre dont la bafe eft AB & la hauteur $2HO$. Et par conféquent, l'eau totale contenue dans le vafe $ABCD$ eft à toute l'eau qui tombe dans le folide $ABNFEM$ comme HG à $2HO$, c'eft-à-dire, comme $HO+OG$ à $2HO$, ou $IH+IO$ à $2IH$. Mais le poids de toute l'eau dans le folide $ABNFEM$ eft employé à la faire écouler : & par conféquent, le poids de toute l'eau du vafe eft à la partie de ce poids employée à produire l'écoulement, comme $IH+IO$ à $2IH$, & par conféquent, comme la fomme des cercles EF & AB au double du cercle EF.

Cor. 4. Et delà, le poids de toute l'eau contenue dans le vafe $ABCD$ eft à l'autre partie du poids que le fonds du vafe foutient,

DE LA PHILOSOPHIE NATURELLE. 365

tient, comme la fomme des cercles AB & EF eft à leur différence EF.

Cor. 5. La partie du poids que le fond du vafe foutient, eft à
l'autre partie du poids qui eft employée à l'écoulement de l'eau,
comme la différence des cercles AB & EF eft au double du plus
petit cercle EF, ou comme l'aire du fond du vafe au double de
l'aire du trou.

Cor. 6. Mais la partie du poids, par laquelle feule le fond eft
preffé, eft au poids total de l'eau qui incombe perpendiculairement fur le fond, comme le cercle AB eft à la fomme des cercles AB & EF, ou comme le cercle AB eft à l'excès du double du cercle AB fur le fond du vafe. Car la partie du poids
par laquelle feule le fond eft preffé eft (par le Cor. 4.) au poids de
toute l'eau contenue dans le vafe, comme la différence des cercles
AB & EF eft à la fomme de ces mêmes cercles : & le poids
de toute l'eau contenue dans le vafe eft au poids de toute l'eau
incombante perpendiculairement fur le fond, comme le cercle
AB eft à la différence des cercles AB & EF. Donc la partie
du poids, par laquelle feule le fond eft preffé, eft au poids de
toute l'eau qui incombe perpendiculairement fur le fond, comme
le cercle AB eft à la fomme des cercles AB & EF, ou comme
l'excès du double du cercle AB fur le fond.

Cor. 7. Si dans le milieu du trou EF on place un petit cercle
PQ décrit du centre G & parallele à l'horifon : le poids de l'eau
que ce petit cercle foutient eft plus grand que la troifiéme partie du poids du cylindre d'eau, dont la bafe eft ce petit cercle &
la hauteur GH. Car foit $ABNFEM$ la catarace ou la colonne
d'eau qui tombe, & dont l'axe eft GH comme ci-devant, & fuppofez que toute l'eau qui eft dans le vafe fe géle, tant celle qui
entoure la cataracte que celle qui eft au-deffus du petit cercle,
& dont la fluidité n'eft pas néceffaire pour opérer la plus vîte
defcente de l'eau. Soit de plus, PQH la colonne d'eau congelée
au-deffus du petit cercle, dont le fommet foit H & la hauteur

Tome I. Aaa

G H. Et fuppofez que cette cataracte vienne à tomber par fon poids entier, & qu'elle n'incombe plus fur *P H Q*, mais qu'elle coule fans éprouver aucun frottement, fi ce n'eft, peut-être, vers le fommet même de la glace vers lequel la cataracte dans le commencement de la chute commence à être un peu concave. Comme l'eau congelée *A M E C*, *B N F D* autour de la cataracte eft convexe par la fuperficie interne *A M E*, *B N F* qui eft du côté de la cataracte, de même cette colonne *P Q H* fera convexe vers la cataracte, & par conféquent, elle fera plus grande que le cône dont la bafe feroit le petit cercle *P Q* & la hauteur la ligne *G H*, c'eft-à-dire, qu'elle fera plus grande que le tiers du cylindre décrit fur cette même bafe & ayant la même hauteur. Or ce petit cercle foutient le poids de cette colonne, c'eft-à-dire, un poids qui eft plus grand que le poids du cône, ou que celui de la troifiéme partie de ce cylindre.

Cor. 8. Le poids de l'eau que le très-petit cercle *P Q* foutient, paroît être moindre que le poids des deux tiers du cylindre d'eau dont la bafe eft le petit cercle & la hauteur *G H*: car les chofes pofées ci-deffus fubfiftant, qu'on fuppofe décrite la moitié d'un fphéroïde dont la bafe eft ce petit cercle, & le demi axe ou la hauteur *H G*. Cette figure fera égale aux deux tiers de ce cylindre, & renfermera la colonne d'eau congelée *P Q H* dont le petit cercle *P Q* foutient le poids : car afin que le mouvement de l'eau foit fort direct, il faut que la fuperficie externe de cette colonne concourre avec la bafe *P Q* fous un angle un peu aigu, à caufe que l'eau eft perpétuellement accélérée en tombant, & qu'en vertu de fon accélération la colonne devient plus mince ; & comme cet angle eft moindre qu'un droit, cette colonne, par embas, fera renfermée dans l'intérieur du demi fphéroïde, & elle fe terminera en pointe par le haut, afin que le mouvement horizontal de l'eau ne foit pas infiniment plus prompt vers le fommet du fphéroïde que fon mouvement vers l'horifon. Et plus le cercle *P Q* fera petit, plus le haut de la colonne fera refferré ;

lorsque ce cercle fera infiniment diminué, l'angle PHQ diminuera auſſi à l'infini, & par conſéquent la colonne ſera renfermée dans l'intérieur du demi ſphéroïde. Cette colonne eſt donc moindre que le demi ſphéroïde, ou que les deux tiers du cylindre dont la baſe eſt ce petit cercle & la hauteur GH ; or ce petit cercle ſoutient la force de l'eau, laquelle eſt égale au poids de cette colonne, puiſque le poids de l'eau environnante eſt employé à la faire écouler.

Cor. 9. Le poids de l'eau que le très-petit cercle PQ ſoutient, eſt égal au poids du cylindre d'eau dont la baſe eſt ce petit cercle & la hauteur $\frac{1}{2}GH$ à peu près. Car ce poids eſt moyen arithmétique entre le poids du cône, & celui du demi ſphéroïde dont on a parlé. Mais ſi ce petit cercle n'étoit pas extrêmement petit, & qu'on l'augmentât juſqu'à ce qu'il fut égal à l'ouverture EF, il ſoutiendroit le poids de toute l'eau qui s'appuie deſſus perpendiculairement, c'eſt-à-dire, le poids du cylindre d'eau, dont la baſe eſt ce petit cercle & la hauteur GH.

Cor. 10. Et (ſelon moi) le poids que ce petit cercle ſoutient eſt toujours au poids du cylindre d'eau, dont la baſe eſt ce petit cercle & la hauteur $\frac{1}{2}GH$, comme EF^2 eſt à $EF^2 - \frac{1}{2}PQ^2$, ou comme le cercle EF eſt à l'excès de ce cercle ſur la moitié du petit cercle PQ à peu près.

LEMME IV.

La réſiſtance d'un cylindre qui avance uniformement ſelon ſon axe, ne change point, ſoit que ſon axe ſoit augmenté ou diminué ; elle eſt donc la même que la réſiſtance du cercle décrit ſur le même diamètre, & qui s'avance avec la même viteſſe ſelon une ligne droite perpendiculaire à ſon plan.

Car les côtés du cylindre s'oppoſent très-peu à ſon mouvement : & le cylindre ſe change en cercle ſi on diminue infiniment ſon axe.

PROPOSITION XXXVII. THÉORÈME XXIX.

La réſiſtance cauſée par la grandeur de la ſection tranſverſale d'un cylindre qui ſe meut uniformément ſelon ſon axe dans un milieu comprimé, infini, & non élaſtique, eſt à la force qui peut produire ou arrêter tout le mouvement qu'il a pendant qu'il parcourt le quadruple de ſon axe, comme la denſité du milieu eſt à la denſité du cylindre à peu près.

Fig. 47. Car ſi le vaſe $ABCD$ touche par ſon fond CD la ſuperficie de l'eau ſtagnante, & que l'eau s'écoule de ce vaſe dans l'eau ſtagnante par le canal cylindrique $EFTS$ perpendiculaire à l'horiſon, qu'on place le petit cercle PQ, qui eſt parallele à l'horiſon, où l'on voudra dans le milieu du canal, & qu'on prolonge CA en K, enſorte que AK ſoit à CK dans la raiſon doublée de la raiſon que l'excès de l'orifice EF du canal ſur le petit cercle PQ a au cercle AB : il eſt clair, (par le cas 5, le cas 6, & le Cor. 1. de la Prop. 36.) que la vîteſſe de l'eau qui paſſe par l'eſpace annulaire entre le petit cercle & les côtés du vaſe, ſera celle que l'eau peut acquérir en tombant, & en parcourant dans ſa chute la hauteur KC ou IG.

Et, (par le Cor. 10. de la Prop. 36.) ſi on ſuppoſe la largeur du vaſe infinie, enſorte que la petite ligne HI s'évanouiſſe, & que les hauteurs IG, HG deviennent égales ; la force de l'eau qui s'écoule dans le petit cercle ſera au poids du cylindre dont la baſe eſt ce petit cercle & la hauteur $\frac{1}{2} IG$, comme EF^2 eſt à $EF^2 - \frac{1}{2} PQ^2$ à peu près. Car la force de l'eau qui s'écoule par un mouvement uniforme dans tout le canal, ſera la même dans le petit cercle PQ en quelque lieu du canal qu'il ſoit placé.

Soit à préſent ſuppoſé que les ouvertures EF, ST du canal ſoient fermées, que le petit cercle monte dans ce fluide comprimé de toutes parts, & qu'il force, par ſon aſcenſion, l'eau ſupérieure de deſcendre par l'eſpace annulaire compris entre le petit cercle & les côtés du canal : la vîteſſe du petit cercle qui monte, ſera à la vîteſſe de l'eau qui deſcend, comme la différence des cercles EF & PQ au cercle PQ, & la vîteſſe du petit cercle qui monte ſera à la ſomme des vîteſſes, c'eſt-à-dire, à la vîteſſe relative de l'eau deſcendante avec laquelle elle ſurpaſſe celle du cercle aſcendant, comme la différence des cercles EF, PQ eſt au cercle EF, ou comme $EF^2 - PQ^2$ eſt à EF^2. Soit cette vîteſſe relative égale à la vîteſſe avec laquelle on a fait voir ci-deſſus que l'eau paſſoit par ce même eſpace annulaire pendant que le petit cercle demeuroit immobile, c'eſt-à-dire, à la vîteſſe que l'eau peut acquérir en tombant & en parcourant dans ſa chute la hauteur IG : la force de l'eau dans le petit cercle qui monte ſera la même qu'auparavant, (par le Cor. 5. des Loix) c'eſt-à-dire, que la réſiſtance du petit cercle qui monte ſera au poids du cylindre d'eau dont la baſe eſt ce petit cercle & la hauteur $\frac{1}{2}IG$, comme EF^2 eſt à $EF^2 - \frac{1}{2}PQ^2$ à peu près. Mais la vîteſſe du petit cercle ſera à la vîteſſe que l'eau peut acquérir en tombant & en parcourant dans ſa chute la hauteur IG, comme $EF^2 - PQ^2$ eſt à EF^2.

Qu'on augmente la largeur du canal à l'infini : les raiſons entre $EF^2 - PQ^2$ & EF^2, ainſi que la raiſon entre EF^2, & $EF^2 - \frac{1}{2}PQ^2$ deviendront à la fin des raiſons d'égalité. Et par conſéquent la vîteſſe du petit cercle ſera alors celle que l'eau peut acquérir en tombant & en parcourant dans ſa chute la hauteur IG, mais ſa réſiſtance ſera égale au poids du cylindre dont la baſe eſt ce petit cercle & la hauteur la moitié de la hauteur IG, de laquelle hauteur le cylindre doit tomber pour acquérir la même vîteſſe que le petit cercle qui remonte ; & le cylindre parcourera avec cette viteſſe & dans le temps employé à tomber le quadruple de ſon axe. Mais la réſiſtance du cylindre qui s'avance avec cette vîteſſe ſelon ſon axe eſt la même que la réſiſtance du petit cercle (par le Lemme 4.). Donc elle eſt égale, à peu près, à la force qui peut produire le mouvement qu'il a pendant qu'il parcourt le quadruple de fon axe.

Si on augmente ou diminue l'axe du cylindre, fon mouvement, ainfi que le temps employé à parcourir le quadruple de cet axe augmentera ou diminuera dans la même raifon, donc cette force, qui peut produire ou détruire le mouvement augmenté ou diminué, pendant un temps pareillement augmenté ou diminué, ne changera point ; & elle eft par conféquent égale à la réfiftance du cylindre, car elle demeure toujours la même, par le Lemme 4.

Si la denfité du cylindre augmente ou diminue, fon mouvement, ainfi que la force qui peut produire ou détruire le mouvement dans le même temps augmentera ou diminuera dans la même raifon. Donc la réfiftance d'un cylindre quelconque fera à la force par laquelle tout fon mouvement peut être produit ou détruit, pendant le temps qu'il employe à parcourir le quadruple de fon axe, comme la denfité du milieu eft à la denfité du cylindre à peu près. *C. Q. F. D.*

Le fluide doit être comprimé pour qu'il foit continu, & il doit être continu & non élaftique, afin que toute la preffion qui vient de fa compreffion fe propage en un inftant, & qu'agiffant également fur toutes les parties du corps mû, il ne change point fa réfiftance. La preffion qui eft l'effet du mouvement du corps eft employée à mouvoir les parties du fluide, & produit de la réfiftance. Mais la preffion qui provient de la compreffion du fluide, quelque forte qu'elle foit, fi elle fe propage en un inftant, ne produit aucun mouvement dans les parties du fluide continu, ni aucun changement dans le mouvement ; ainfi elle n'augmente ni ne diminue la réfiftance. Affurément l'action du fluide qui vient de fa compreffion ne peut pas être plus forte dans les parties poftérieures du corps mû que dans fes parties antérieures, donc la réfiftance dont on a parlé dans cette Propofition ne peut diminuer & ne fera pas plus forte dans les parties antérieures que dans les poftérieures, pourvu que fa propagation fe faffe avec

DE LA PHILOSOPHIE NATURELLE. 371
infiniment plus de vîtesse que le mouvement du corps pressé. Et si le fluide est continu, & qu'il ne soit point élastique, cette propagation se fera infiniment plus vîte & sera instantanée.

Cor. 1. Les résistances qu'éprouvent les cylindres qui s'avancent uniformement dans le sens de leurs axes dans des milieux continus & infinis, sont en raison composée de la raison doublée des vîtesses, de la raison doublée des diamétres, & de la raison de la densité des milieux.

Cor. 2. Si la largeur du canal n'est pas augmentée à l'infini, mais que le cylindre renfermé dans un milieu en repos avance dans le sens de son axe, & qu'en même temps son axe coïncide avec celui du canal: la résistance qu'il éprouvera sera à la force par laquelle tout son mouvement peut être produit ou détruit, dans le temps qu'il employe à parcourir le quadruple de son axe, en raison composée de la raison simple de EF^2 à $EF^2 - \frac{1}{2}PQ^2$, de la raison doublée de EF^2 à $EF^2 - PQ^2$, & de la raison de la densité du milieu à la densité du cylindre.

Fig. 47.

Cor. 3. Les mêmes choses étant posées, & la longueur L étant au quadruple de l'axe du cylindre dans une raison composée de la raison simple de $EF^2 - \frac{1}{2}PQ^2$ à EF^2 & de la raison doublée de $EF^2 - PQ^2$ à EF^2: la résistance qu'éprouvera le cylindre sera à la force qui peut produire ou détruire tout son mouvement, pendant le temps employé à parcourir la longueur L, comme la densité du milieu est à la densité du cylindre.

SCHOLIE.

Dans cette Proposition nous avons trouvé la résistance qui vient de la grandeur de la section transversale du cylindre seulement, & nous avons négligé la partie de la résistance qui peut venir de l'obliquité des mouvemens. Car de même que dans le premier cas de la Prop. 36. l'obliquité des mouvemens, par lesquels les parties d'eau contenues dans le vase convergeoient de toutes parts vers l'ouverture EF, empêchoit l'écoulement de cette eau par cette ouverture : ainsi dans cette Proposition, l'obliquité des mouvemens, par lesquels les parties de l'eau pressées par le bout antérieur du cylindre, cedent à la pression & divergent de tous côtés, retarde leur passage par les lieux qui sont autour des parties antécédentes du cylindre en allant vers ses parties postérieures, augmente la résistance, & fait que le fluide est agité à une plus grande distance, & cela, à peu près, dans la même raison, que celle dans laquelle l'écoulement de l'eau hors du vase diminue, c'est-à-dire, en raison doublée de 25 à 21 à peu près. Et de même que dans le premier cas de cette Proposition, nous avons fait ensorte que les parties de l'eau passassent en très-grand nombre perpendiculairement par l'ouverture EF, en supposant que toute l'eau contenue dans le vase qui étoit gelée autour de la cataracte, & dont le mouvement étoit oblique & inutile, demeuroit en repos : ainsi dans cette Proposition, afin que l'obliquité des mouvemens soit ôtée, & que les parties de l'eau cédant très-facilement, par un mouvement direct & très-prompt, prêtent un passage très-facile au cylindre, & qu'il ne reste que la résistance qui vient de la grandeur de la section transversale, laquelle on ne peut diminuer qu'en diminuant le diamétre du cylindre, il faut supposer que les parties du fluide, dont les mouvemens sont obliques & inutiles, & qui causent de la résistance, soient en repos entr'elles à chaque bout du cylindre, qu'elles coherent entr'elles, & qu'elles joignent le cylindre.

Fig. 48.   Soient, $ABCD$ un rectangle, AE & BE deux arcs paraboliques ayant pour axe AB, & pour paramétre une ligne qui soit à l'espace HG, que le cylindre doit parcourir en tombant, pendant qu'il acquiert sa vîtesse, comme HG à $\frac{1}{4}AB$. Soient aussi CF & DF deux autres arcs paraboliques, ayant pour axe CD, & un paramétre quadruple du précédent ; la circonvolution de la figure autour de l'axe EF produira un solide, dont la partie du milieu $ABCD$ sera le cylindre dont nous parlons, & les extrémités ABE & CDF renfermeront des parties du fluide qui seront en repos entr'elles.

tr'elles, & qui s'étant durcies formeront deux corps folides qui feront adhérens aux deux bouts du cylindre comme une tête & une queue. Et la réfiftance du folide *EACFDB*, qui s'avance vers *E* dans le fens de fon axe *FE*, fera à peu près celle dont nous avons parlé dans cette Prop. c'eft-à-dire, qu'elle aura à la force par laquelle tout le mouvement du cylindre peut-être détruit ou produit, pendant le temps qu'il employe à parcourir la longueur 4 *A C* d'un mouvement uniformement continué, la même raifon à peu près, qu'à la denfité du fluide à la denfité du cylindre. Et par cette force la réfiftance ne peut pas être moindre que dans la raifon de 2 à 3 par le Cor. 7. de la Prop. 36.

LEMME V.

Si un cylindre, une fphere & un fphéroïde, dont les largeurs font égales, font placés fucceffivement dans le milieu d'un canal cylindrique de façon que leurs axes coïncident avec l'axe du canal : ces corps s'oppoferont également à l'écoulement de l'eau par le canal.

Car les efpaces entre le canal & le cylindre, la fphere & le fphéroïde, par lefquels efpaces l'eau paffe, font égaux : & l'eau paffe également par des efpaces égaux.

Cela eft ainfi en fuppofant que toute l'eau, dont la fluidité n'eft pas néceffaire pour que l'eau paffe très-vîte fe géle au-deffus du cylindre, de la fphere & du fphéroïde, comme je l'ai expliqué dans le Cor. 7. de la Prop. 36.

LEMME VI.

Les mêmes chofes étant pofées, les corps dont on vient de parler font preffés également par l'eau qui s'écoule par le canal.

C'eft ce qui eft clair, par le Lemme 5. & par la troifiéme loi du mouvement, car l'eau & ces corps agiffent mutuellement & également l'un fur l'autre.

LEMME VII.

Si l'eau est en repos dans le canal, & que ces corps se meuvent avec une vîtesse égale dans le canal vers des côtés opposés, leurs résistances seront égales entr'elles.

C'est ce qui est clair par le Lemme précédent, car les mouvemens relatifs demeurent les mêmes entr'eux.

SCHOLIE.

Il en est de même de tous les corps convexes & ronds dont les axes coïncident avec l'axe du canal. Il peut se trouver quelque différence par le plus ou le moins de frottement; mais nous avons supposé dans ces Lemmes que les corps étoient parfaitement polis, que la ténacité, & les frottemens du milieu étoient nuls, & que les parties du fluide, qui par leurs mouvemens obliques & inutiles peuvent troubler, retarder & empêcher l'écoulement de l'eau par le canal, étoient en repos entr'elles, comme si elles étoient durcies par la gelée, & qu'elles étoient attachées aux corps par leurs parties antérieures & postérieures, comme je l'ai fait voir dans le scholie de la Proposition précédente. Dans les Propositions suivantes on traite de la moindre résistance que peuvent éprouver les solides de circonvolution dont les plus grandes sections sont données. Les corps qui nâgent dans des fluides, lorsqu'ils se meuvent en ligne droite, font que le fluide s'éleve vers leurs parties antérieures, & s'abbaissent vers les postérieures, surtout si leurs formes sont obtuses; & que par là ils éprouvent une résistance un peu plus grande que si la forme de leurs parties antérieures & postérieures étoit aigue. Et les corps mûs dans des fluides élastiques, s'ils sont obtus par leurs extrémités, condensent un peu plus le fluide vers leurs parties antérieures, & le dilatent un peu plus vers les postérieures; & par conséquent, ils éprouvent une résistance un peu plus grande que s'ils étoient aigus par leurs extrémités. Dans ces Lemmes, & dans ces Propositions nous ne parlons pas des fluides élastiques, mais seulement de ceux qui ne le sont pas ; nous ne parlons pas non plus des corps qui nâgent sur les fluides, mais de ceux qui y sont plongés entierement. Et lorsqu'on connoît la résistance que ces corps éprouvent dans les fluides non élastiques, il suffira d'augmenter un peu cette résistance, tant dans les fluides élastiques comme dans l'air, par exemple, que dans les superficies des eaux stagnantes comme les marais & les mers.

PROPOSITION XXXVIII. THÉORÉME XXX.

La résistance d'un globe qui avance uniformement dans un milieu infini, comprimé & non élastique, est à la force par laquelle tout son mouvement peut être détruit ou produit, pendant le temps qu'il employe à parcourir les $\frac{2}{3}$ parties de son diamétre, comme la densité du fluide est à la densité du globe à peu près.

Car le globe est au cylindre circonscript comme 2 est à 3 ; & par conséquent, la force qui peut détruire tout le mouvement du cylindre, pendant qu'il parcourt la longueur de 4 de ses diamétres, détruira tout le mouvement du globe pendant qu'il parcourera les deux tiers de cette longueur, c'est-à-dire, $\frac{8}{3}$ parties de son propre diamétre. Et la résistance du cylindre est à cette force, à peu près, comme la densité du fluide est à la densité du cylindre ou du globe, par les Lemmes 5, 6 & 7. C. Q. F. D.

Cor. 1. Les résistances des globes dans des milieux infinis & comprimés, sont en raison composée de la raison doublée de la vîtesse, de la raison doublée des diamétres, & de la raison de la densité des milieux.

Cor. 2. La plus grande vîtesse avec laquelle un globe, par la force de son poids comparatif, peut descendre dans un milieu résistant, est celle que ce même globe peut acquérir par le même poids, lorsqu'il tombe sans éprouver de résistance, & qu'il parcourt dans sa chute un espace qui est aux $\frac{3}{4}$ de son diamétre, comme la denſité du globe eſt à la denſité du fluide. Car le globe, dans le temps qu'il a employé à tomber, & par la vîteſſe qu'il aura acquiſe en tombant, décrira un eſpace qui ſera aux $\frac{4}{3}$ parties de ſon diamétre comme la denſité du globe à la denſité du fluide ; & la force du poids qui produit ce mouvement ſera à la force qui pourroit le produire dans le temps que le globe parcoureroit les $\frac{2}{3}$ parties de ſon diamétre avec la même vîteſſe, comme la denſité du fluide eſt à la denſité du globe. Donc, par cette Propoſition, la force du poids ſera égale à la réſiſtance, & par conſéquent elle ne peut accélérer le globe.

Cor. 3. La denſité du globe & ſa vîteſſe au commencement du mouvement étant données, ainſi que la denſité du fluide comprimé & en repos, dans lequel le globe ſe meut ; on a, pour un temps quelconque, la vîteſſe du globe, ſa réſiſtance & l'eſpace qu'il décrit, par le Cor. 7. de la Prop. 35.

Cor. 4. Un globe qui ſe meut dans un fluide comprimé en repos, & de la même denſité que lui, a plutôt perdu la moitié de ſon mouvement qu'il n'auroit décrit la longueur de deux de ſes diamétres, par le même Cor. 7. de la Prop. 35.

PROPOSITION XXXIX. THÉORÉME XXXI.

La réſiſtance d'un globe qui avance uniformement dans un fluide renfermé & comprimé dans un canal cylindrique, eſt à la force, par laquelle tout ſon mouvement peut être produit ou détruit, dans le temps pendant lequel il parcourt $\frac{2}{3}$ parties de ſon diamétre, dans une raiſon compoſée de la raiſon de l'orifice du canal à l'excès de cet orifice ſur la moitié du grand cercle du globe, de la raiſon doublée de l'orifice du canal à l'excès de cet orifice ſur le grand cercle du globe, & de la raiſon de la denſité du fluide à la denſité du globe à peu près.

Cette Propoſition eſt claire par le Cor. 2. de la Prop. 37. &

la démonstration est du même genre que celle de la Prop. précédente.

SCHOLIE.

Dans les deux dernieres Propositions (comme dans le Lemme 5.) j'ai regardé comme gelée toute l'eau qui précede le globe & dont la fluidité augmente la résistance qu'il éprouve. Si toute cette eau venoit à se fondre, la résistance seroit un peu augmentée. Mais cette augmentation seroit très-peu de chose dans ces Propositions & l'on peut la négliger, parce que la superficie convexe du globe fait presque le même effet que la glace.

PROPOSITION XL. PROBLÈME IX.

Trouver par les phénomenes la résistance d'un globe qui se meut dans un milieu comprimé & très-fluide.

Soit A le poids du globe dans le vuide, B son poids dans un milieu résistant, D son diamétre, F l'espace qui est à $\frac{4}{3} D$ comme la densité du globe est à la densité du milieu, c'est-à-dire, comme A est à $A-B$; que G soit le temps dans lequel le globe tombant par son poids B, sans trouver de résistance, parcourt l'espace F, & que H soit la vîtesse que ce globe a acquise dans sa chute. La vîtesse H sera la plus grande vîtesse avec laquelle le globe peut descendre par son poids B dans un milieu résistant, par le Cor. 2. de la Prop. 38. & la résistance que le globe éprouve, en descendant avec cette vîtesse, sera égale à son poids B : mais la résistance qu'il éprouve avec une autre vîtesse quelconque sera au poids B en raison doublée de cette vîtesse à la plus grande vîtesse H, par le Cor. 1. de la Prop. 38.

C'est là la résistance qui vient de l'inertie de la matiere du fluide. Mais celle qui vient de l'élasticité, de la ténacité, & du frottement de ses parties, se trouve de cette maniere.

Soit un globe abandonné à lui-même en sorte qu'il tombe par son poids B dans le fluide, & soit P le temps qu'il employe à tomber, exprimé en secondes, supposant de même le temps G exprimé en secondes. Soit trouvé le nombre N qui répond au logarithme 0, 4342944819 $\frac{2P}{G}$, & soit L le logarithme du nombre $\frac{N+1}{N}$: la vîtesse acquise en tombant sera $\frac{N-1}{N+1} H$, mais la hauteur décrite sera $\frac{2PF}{G}$ — 1, 3862943611 F + 4, 605170186 LF. Si le fluide est assez profond, on peut négliger le terme 4, 605170186 LF; & on aura $\frac{2PF}{G}$ — 1, 3862943611 F pour la hauteur décrite à peu près. Tout cela est clair, par la Prop. 9. du Livre second & ses corollaires, en supposant que le globe n'éprouve aucune autre espéce de résistance que celle qui vient de l'inertie de la matiere. Car s'il éprouvoit quelqu'autre résistance, il descendroit plus lentement, & par la rétardation on connoîtroit la quantité de cette résistance.

Afin de connoître plus facilement la vîtesse & la chute du corps qui tombe dans un fluide, j'ai dressé la table suivante, dont la premiere colonne repréfente les temps de la chute ; la seconde, les vîtesses acquises en tombant, la plus grande vîtesse étant 100000000 ; la troisiéme, l'espace parcouru en tombant pendant ces temps, 2 F étant l'espace que le corps parcourt dans le temps G avec la plus grande vîtesse , & la quatriéme, les espaces parcourus dans les mêmes temps avec cette plus grande vîtesse. Les nombres dans la quatriéme colonne sont $\frac{2P}{G}$, & en souftrayant le nombre 1, 3862944—4, 6051702 L, on aura les nombres de la troisiéme colonne, & il faudra multiplier ces nombres par l'espace F afin d'avoir les espaces parcourus en tombant.

J'ai ajouté une cinquiéme colonne aux quatre premieres, laquelle contient les espaces parcourus par le corps, dans ces mêmes temps, lorsqu'il tomboit dans le vuide par la force de son poids comparatif B.

Temps. P	Vitesses du corps tombant dans le fluide.	Espaces parcourus en tombant dans le fluide.	Espaces parcourus par le plus grand mouvement.	Espaces parcourus en tombant dans le vuide.
0,001 G	99999 $\frac{29}{30}$	0,000001 F	0,002 F	0,000001 F
0,01 G	999967	0,0001 F	0,02 F	0,0001 F
0,1 G	9966799	0,0099834 F	0,2 F	0,01 F
0,2 G	19737532	0,0397361 F	0,4 F	0,04 F
0,3 G	29131261	0,0886815 F	0,6 F	0,09 F
0,4 G	37994896	0,1559070 F	0,8 F	0,26 F
0,5 G	46211716	0,2402290 F	1,0 F	0,35 F
0,6 G	53704957	0,3402706 F	1,2 F	0,16 F
0,7 G	60436778	0,4545405 F	1,4 F	0,49 F
0,8 G	66403677	0,5815071 F	1,6 F	0,64 F
0,9 G	71629787	0,7196609 F	1,8 F	0,81 F
1 G	76159416	0,8675617 F	2 F	1 F
2 G	96402758	2,6500055 F	4 F	4 F
3 G	99505475	4,6186570 F	6 F	9 F
4 G	99932930	6,6143765 F	8 F	16 F
5 G	99990920	8,6137964 F	10 F	25 F
6 G	99998771	10,6137179 F	12 F	36 F
7 G	99999834	12,6137073 F	14 F	49 F
8 G	99999980	14,6137059 F	16 F	64 F
9 G	99999997	16,6137057 F	18 F	81 F
10 G	99999999 $\frac{2}{3}$	18,6137056 F	20 F	100 F

SCHOLIE.

Afin de pouvoir trouver par expérience les résistances des fluides, je fis un vaisseau de bois qui étoit quarré, & qui avoit de dedans en dedans 9 pouces de Londres de longueur & de largeur, & 9 $\frac{1}{2}$ pieds de profondeur, je l'emplis d'eau de pluye ; & ayant fait des globes de cire qui renfermoient du plomb au centre, je marquai les temps que ces globes mirent à tomber de la hauteur de 112 pouces. Le pied cube de Londres pese 76 livres romaines d'eau de pluie, & un pouce cube de ce même pied pese $\frac{19}{36}$ onces de cette livre ou 253 $\frac{1}{3}$ grains ; & un globe d'eau d'un pouce de diamétre pese 132, 645 grains dans l'air, ou 132, 8 grains dans le vuide ; & un autre globe quelconque est comme l'excès de son poids dans le vuide sur son poids dans l'eau.

Expérience 1. Un globe, dont le poids étoit de 156¼ grains dans l'air, & de 77 dans l'eau employa 4 secondes à tomber de la hauteur de 112 pouces. Et ayant répété la même expérience, le résultat fut le même.

Le poids de ce globe dans le vuide étoit de 156 $\frac{13}{38}$ grains, & l'excès de ce poids sur le poids du globe dans l'eau est de 79 $\frac{13}{38}$ grains, d'où l'on tirera le diamètre du globe de 0, 84224 parties de pouces. Mais cet excès est au poids du globe dans le vuide, comme la densité de l'eau est à la densité du globe ; & les ⅜ parties du diamètre du globe (c'est-à-dire, 2, 24597 pouces) sont à l'espace 2 F, qui sera par conséquent de 4, 4256 pouces dans la même raison. Le globe, dans le temps d'une seconde, parcourt 193⅓ pouces, en tombant dans le vuide par la force de tout son poids, qui est de 156 $\frac{13}{38}$ grains, & par son poids, qui est dans l'eau de 77 grains, il parcourt dans l'eau dans le même temps lorsqu'il y tombe sans éprouver de résistance 95, 219 pouces ; & dans le temps G, qui est à une seconde en raison sousdoublée de l'espace F, ou comme 2, 2128 pouces sont à 95, 219 pouces, il parcourera 2, 2128 pouces, & il acquerera la vîtesse H, qui est la plus grande avec laquelle il puisse descendre dans l'eau. Or le temps G est 0″, 15244. Et dans ce temps G, avec cette plus grande vîtesse H, le globe parcourera l'espace 2 F qui est de 4, 4256 pouces ; donc en 4 secondes il parcourera un espace de 116, 1245 pouces. Et en soustrayant l'espace 1, 3862944 F, ou 3, 0676 pouces, il restera l'espace 113, 0569 pouces que le globe parcourera en tombant dans l'eau dans un très-grand vase pendant 4 secondes. Cet espace, à cause du peu de largeur du vaisseau de bois dont j'ai parlé, doit être diminué en une raison composée de la raison sousdoublée de l'orifice du vase à l'excès de cet orifice sur la moitié du grand cercle du globe, & de la raison simple de ce même orifice à son excès sur le grand cercle du globe, c'est-à-dire, dans la raison de 1 à 0, 9914. Ce qui étant fait on aura l'espace de 112, 08 pouces que le globe auroit dû parcourir à peu près, par la théo-

DE LA PHILOSOPHIE NATURELLE.

rie, en 4 fecondes, en tombant dans ce vafe de bois lorfqu'il étoit plein d'eau & il en parcourut 112 dans l'expérience.

Exper. 2. Trois globes égaux, dont le poids de chacun étoit de $76\frac{1}{3}$ grains dans l'air, & de $5\frac{1}{16}$ grains dans l'eau, étant abandonnés à eux-mêmes dans l'eau, l'un après l'autre, parcoururent dans leur chute 112 pouces en 15 fecondes.

En faifant le calcul, on trouve le poids de chacun de ces globes dans le vuide de $76\frac{1}{12}$ grains, l'excès de ce poids fur le poids dans l'eau de $71\frac{17}{48}$ grains, le diamétre de ces globes de 0, 81296 pouces, les $\frac{8}{3}$ parties de ce diamétre de 2, 16789 pouces, l'efpace $2F$ de 2, 3217 pouces, l'efpace que le corps parcourut en tombant, fans éprouver de réfiftance, dans le temps de 1″ par fon poids qui étoit de $5\frac{1}{16}$ grains, de 12, 808 pouces, & le temps G de 0″, 301056. Donc le globe, par la plus grande vîteffe avec laquelle il puiffe defcendre dans l'eau par la force de fon poids qui étoit de $5\frac{1}{16}$ grains dans le temps de 0″, 301056 parcourera un efpace de 2, 3217 pouces, & dans le temps de 15″ il parcourera un efpace de 115, 678 pouces, & en fouftrayant l'efpace 1, 5862944 F, ou 1, 609 pouces, il reftera l'efpace 114, 069 pouces que le globe devroit parcourir en tombant dans le même temps dans un plus grand vaiffeau. Car il faut ôter, à caufe du peu de largeur de notre vaiffeau, un efpace de 0, 895 pouces environ. Ainfi il reftera un efpace de 113, 174 pouces que le globe devoit parcourir à peu près par la théorie en tombant dans ce vafe pendant le temps de 15″. Or il en parcourut 112 dans l'expérience, ainfi la différence eft infenfible.

Exper. 3. Trois globes égaux dont le poids de chacun étoit de 121 grains dans l'air, & d'un grain dans l'eau, étant abandonnés fucceffivement à eux-mêmes, parcoururent en tombant dans l'eau 112 pouces dans les temps de 46″, 47″ & 50″.

Par la théorie, ces globes devoient parcourir cette hauteur en 40″ environ. Pourquoi donc tomberent-ils plus lentement ? Peutêtre faut-il l'attribuer à ce que dans les mouvemens lents, la

Tome I.   C c c

proportion de la résistance qui vient de la force d'inertie, à la résistance qui vient des autres causes est moindre, peut-être aussi cela doit-il être plûtôt attribué à quelques petites bulles qui s'attacherent au globe, ou à la raréfaction de la cire, causée, ou par la chaleur de la main qui jettoit le globe, ou par celle de l'air, où enfin à quelques erreurs insensibles commises en pesant ces globes dans l'eau, je ne sçai à laquelle de ces causes m'arrêter. Ainsi je conclus de cette expérience, qu'il faut que les globes dont on se sert dans ces expériences pesent plus d'un grain dans l'eau pour les rendre certaines & qu'on puisse y ajouter foi.

Exper. 4. J'entrepris les expériences que je viens de décrire pour découvrir les résistances des fluides, avant d'avoir la théorie que j'ai exposée dans les Prop. précédentes. Ensuite, pour examiner cette théorie, je fis un vaisseau de bois de $8\frac{2}{3}$ pouces de large de dedans en dedans : & de 15 pieds $\frac{1}{3}$ de profondeur. Ensuite, je fis quatre globes composés de cire & de plomb renfermé dans le centre, le poids de chacun de ces globes étoit de $139\frac{1}{4}$ grains dans l'air, & de $7\frac{1}{8}$ grains dans l'eau. Je les laissai tomber de sorte que je pouvois remarquer, par le moyen d'un pendule qui battoit les demi secondes, les temps qu'ils employoient à tomber dans l'eau. Lorsque je pesai ces globes, & que je les fis tomber, j'avois eu soin qu'ils fussent froids depuis quelque temps ; parce que la chaleur raréfie la cire, & que cette raréfaction diminue son poids dans l'eau, & que de plus la cire que la chaleur a raréfiée ne retourne pas dans le moment qu'elle est réfroidie à sa premiere densité. Ces globes étoient entierement plongés dans l'eau avant de tomber ; de peur que le poids de la partie qui n'auroit pas été plongée n'eut accéléré leur chute dans le premier instant. Et lorsqu'ils étoient entierement plongés & en repos, je les laissois tomber avec bien de la précaution, de peur que ma main ne leur donnât quelqu'impulsion. Ils tomberent successivement en $47\frac{1}{2}$, $48\frac{1}{2}$, 50 & 51 oscillations, & parcoururent en tombant 15 pieds & 2 pouces. Le temps étant alors un peu plus froid que lorfque j'avois pefé les globes, je répétai l'expérience un autre jour, & ils tomberent en 49, 49½, 50 & 53 ofcillations. Et un troifieme jour ils tomberent en 49½, 50, 51 & 53 ofcillations. Et enfin, ayant répété très-fouvent cette expérience, les globes tomberent le plus ordinairement en 49½ & 50 ofcillations. Et quand ils employerent plus de temps, je foupçonne qu'ils étoient retardés parce qu'ils frottoient contre les parois du vafe.

En faifant le calcul par la théorie, on trouve que le poids du globe dans le vuide eft de $139\frac{1}{5}$ grains. L'excès de ce poids fur le poids dans l'eau de $132\frac{11}{40}$ grains. Le diamètre du globe de 0, 99868 pouces. Les $\frac{3}{5}$ de fon diamétre de 2, 66315 pouces. L'efpace 2 F de 2, 8066 pouces. L'efpace que le globe qui péfoit $7\frac{1}{8}$ grains parcouroit en tombant dans une feconde fans éprouver de réfiftance de 9, 88164 pouces. Et le temps G de 0″, 376843. Donc le globe, avec la plus grande viteffe avec laquelle il puiffe tomber dans l'eau par la force du poids de $7\frac{1}{8}$ grains, dans le temps de 0″, 376843, parcourt un efpace de 2,8066 pouces, & dans le temps de 1″ un efpace de 7, 44766 pouces, & dans le temps de 25″ ou de 50 ofcillations, il parcourt un efpace de 186, 9115 pouces. Souftrayant l'efpace 1, 386294 F, ou 1, 9454 pouces, il reftera l'efpace 184, 2461 pouces que le globe décriroit dans le même temps dans un vafe très-large. A caufe du peu de largeur de celui dont je me fuis fervi, il faut donc diminuer cet efpace en raifon compofée de la raifon foufdoublée de l'orifice du vafe à l'excès de cet orifice fur la moitié du grand cercle du globe, & de la raifon fimple de ce même orifice à fon excès fur le grand cercle du globe; & on aura l'efpace 181, 86 pouces, que le globe auroit du parcourir, à peu près, dans ce vafe felon la théorie pendant 50 ofcillations. Et il parcourut 182 pouces à peu près dans 49½ ou 50 ofcillations.

Exper. 5. Quatre globes du poids de $154\frac{3}{8}$ grains chacun dans l'air, & de $21\frac{1}{4}$ grains dans l'eau, ayant été jettés plufieurs fois, tomboient dans le temps de 28½, 29, 29½ & 30 ofcillations, & quelquefois en 31, 32 & 33 ofcillations, & ils parcouroient en tombant 15 pieds 2 pouces.

Par la théorie ils devoient parcourir cette hauteur en 29 oscillations à peu près.

Exper. 6. Cinq globes du poids de $212\frac{3}{8}$ grains dans l'air, & de $79\frac{1}{2}$ grains dans l'eau ayant été jettés plusieurs fois tomboient en 15, $15\frac{1}{2}$, 16, 17 & 18 oscillations d'une hauteur de 15 pieds & 2 pouces.

Par la théorie ils devoient tomber en 15 oscillations à peu près.

Exper. 7. Quatre globes qui pésoient $293\frac{3}{8}$ grains dans l'air, & $35\frac{7}{8}$ grains dans l'eau ayant été jettés plusieurs fois tomboient en $29\frac{1}{2}$, 30, $30\frac{1}{2}$, 31, 32 & 33 oscillations, & parcouroient un espace de 15 pieds un pouce & demi.

Par la théorie ils auroient dû tomber en 28 oscillations à peu près.

En cherchant la cause pourquoi, de plusieurs globes égaux en poids & en grandeur, les uns tomboient plus vîte, & les autres plus lentement, j'ai trouvé celle-ci; que ces globes, dans le premier moment qu'ils étoient abandonnés à eux-mêmes & qu'ils commençoient à tomber, oscilloient autour de leurs centres, parce que celui de leurs côtés qui étoit peut-être un peu plus pesant descendoit le premier & causoit un mouvement oscillatoire. Car le globe doit communiquer une plus grande quantité de son mouvement à l'eau par ces oscillations, que s'il descendoit sans osciller; & en communiquant ce mouvement à l'eau, il perd une partie du mouvement propre qui doit le faire descendre : & il doit être par conséquent plus ou moins retardé selon qu'il fera de plus grandes ou de plus petites oscillations. De plus, le globe s'éloigne toujours du côté qui lui a fait commencer ses oscillations, & en s'éloignant, il s'approche des parois du vase, & peut quelquefois frotter contr'eux. Cette oscillation est plus forte dans les globes plus pésans, & les plus grands globes communiquent plus de mouvement à l'eau. C'est pourquoi, afin de diminuer ces oscillations, je fis de nouveaux globes composés de même de cire & de plomb, & je mis du plomb à un côté du globe près

DE LA PHILOSOPHIE NATURELLE.

de sa superficie, & je laissai ensuite tomber ce globe de sorte que le côté le plus pésant étoit le plus bas, autant qu'il étoit possible, quand le corps commença à descendre. De cette sorte, les oscillations étoient beaucoup plus petites qu'auparavant, & les globes tomberent en des temps bien moins inégaux comme dans les expériences suivantes.

Exper. 8. Quatre globes qui pésoient chacun 139 grains dans l'air, & 6 $\frac{1}{2}$ grains dans l'eau, ayant été abandonnés à eux-mêmes plusieurs fois, tomberent dans des oscillations dont le nombre ne passa pas 52, & ne fut pas au-dessous de 50, & le plus souvent, ils tomberent en 51 oscillations à peu près, & parcoururent 182 pouces.

Par la théorie, ils devoient tomber en 52 oscillations environ.

Exper. 9. Ayant fait la même expérience plusieurs fois sur quatre globes qui pésoient 273 $\frac{1}{4}$ grains dans l'air, & 140 $\frac{3}{4}$ dans l'eau, ils tomberent dans des oscillations dont le nombre ne passa pas 13 & n'alla pas au-dessous de 12 & ils parcoururent un espace de 182 pouces.

Par la théorie, ces globes devoient tomber en 11 $\frac{1}{3}$ oscillations à peu près.

Exper. 10. La même expérience ayant été faite plusieurs fois sur quatre globes qui pesoient 384 grains dans l'air, & 119 $\frac{1}{2}$ dans l'eau, ils emploierent à tomber les temps de 17 $\frac{3}{4}$, 18, 18 $\frac{1}{2}$ & 19 oscillations, & ils parcoururent 181 pouces $\frac{1}{2}$. Lorsqu'ils mirent 19 oscillations à tomber, j'entendis quelquefois les coups qu'ils donnoient contre les parois du vase avant de parvenir au fond.

Par la théorie, ils auroient dû tomber en 15 oscillations $\frac{1}{3}$ à peu près.

Exper. 11. Ayant laissé tomber plusieurs fois trois globes égaux qui pesoient 48 grains dans l'air, & 3 $\frac{29}{32}$ dans l'eau, ils mirent 43 $\frac{1}{2}$, 44, 44 $\frac{1}{2}$, 45 & 46 oscillations à tomber, & le plus souvent ils tomboient en 44 & 45 oscillations, & parcouroient un espace de 182 $\frac{1}{2}$ pouces environ.

Ils devoient tomber par la théorie en 46$\frac{1}{2}$ oscillations à peu près.

Exper. 12. Je fis tomber plusieurs fois trois globes égaux qui pesoient 141 grains dans l'air, & 4$\frac{3}{8}$ grains dans l'eau, & ils parcoururent 182 pouces en 61, 62, 63, 64 & 65 oscillations.

Par la théorie, ils devoient tomber en 64$\frac{1}{2}$ oscillations à peu près.

Il est clair par ces expériences, que lorsque ces globes tomboient lentement comme dans les expériences 2, 4, 5, 8, 11 & 12, les temps de leurs chutes s'accordoient assez avec les temps que donne la théorie, mais que lorsqu'ils tomboient plus vîte, comme dans les expériences 6, 9 & 10, la résistance qu'ils éprouvoient étoit un peu plus grande que dans la raison doublée des vîtesses. Car ces globes oscilloient un peu en tombant : & ces oscillations cessent bientôt dans les globes légers, & qui tombent lentement à cause du peu de mouvement ; mais dans les globes plus grands & plus pesans, elles durent plus long-temps à cause que le mouvement a plus de force, & ce mouvement oscillatoire ne peut être arrêté par l'eau qui environne le globe qu'après que le corps a fait plusieurs oscillations. Il se peut encore faire que les globes soient moins pressés par le fluide vers leurs parties postérieures lorsqu'ils ont plus de vîtesse ; & si on augmentoit continuellement la vîtesse, ils laisseroient à la fin un espace vuide derriere eux, à moins qu'on n'augmentât en même temps la compression du fluide. Or (par les Prop. 32 & 33.) la compression du fluide doit augmenter en raison doublée de la vîtesse, pour que la résistance soit dans cette même raison doublée. Mais comme cela n'arrive pas, les globes qui ont plus de vîtesse sont un peu moins pressés par leurs parties postérieures, & le défaut de cette pression fait que la résistance qu'ils éprouvent est un peu plus grande que dans la raison doublée de la vîtesse.

La théorie s'accorde donc avec les phénomenes des corps qui tombent dans l'eau, il nous reste à examiner ce qui arrive à ceux qui tombent dans l'air.

DE LA PHILOSOPHIE NATURELLE. 387

Exper. 13. Du haut de l'Eglise de S. Paul de Londres au mois de Juin 1710. on laissa tomber en même temps deux globes de verre, l'un plein de vif-argent, & l'autre plein d'air ; & en tombant ils parcouroient 220 pieds de Londres. Une table de bois étoit suspendue par un de ses côtés par des pivots de fer, & par l'autre elle s'appuyoit sur un vérouil de bois ; & les deux globes étant posés dessus tomboient en même temps, & en tirant le vérouil par le moyen d'un fil de fer, ils tomboient jusqu'à terre, & la table étant seulement soutenue par ces pivots, faisoit la bascule, & dans le même instant un pendule qui battoit les secondes, étant mis en mouvement par le fil de fer commençoit à osciller. Les diamétres & les poids des globes, ainsi que les temps de leurs chutes, étoient tels qu'ils sont marqués dans la table suivante.

Globes pleins de mercure.			Globes pleins d'air.		
Poids.	Diamétres.	Temps de la chute.	Poids.	Diamétres.	Temps de la chute.
908 grains.	0,8 pouces.	4″	510 grains.	5,1 pouces.	8″ ½
983	0,8	4 −	642	5,2	8
866	0,8	4	599	5,1	8
747	0,75	4 +	515	5,0	8 ¼
808	0,75	4	483	5,0	8 ½
784	0,75	4 +	641	5,2	8

Au reste, les temps des chutes que nous avons observés dans ces expériences doivent être corrigés. Car les globes pleins de mercure devoient parcourir en 4″ (par la théorie de Galilée) 257 pieds de Londres, & ils n'en parcoururent que 220 en 3″ 42‴. Il falloit donc que la table de bois employât quelque temps à faire la bascule lorsqu'on tiroit le vérouil, & que par-là elle s'opposât au commencement à la chute des globes. Car ces globes étoient posés, à peu près, dans le milieu de cette table, & ils étoient un peu plus près de son axe que le vérouil, & par-là, le temps de la chute fut allongé de 18‴ environ ; ce qui doit être corrigé en ôtant du temps de la chute ces 18‴, surtout pour les plus grands globes qui demeuroient un peu plus longtemps sur la table quand elle se déployoit, à cause de la grandeur de leurs diamétres. Cette correction étant faite, les temps dans lesquels les six plus grands globes tombérent, se trouvent de 8″ 12‴, 7″ 42‴, 7″ 57‴, 8″ 12‴, & 7″ 42‴.

Le cinquième des globes pleins d'air avoit 5 pouces de diamétre, & pésoit 483 grains, & il tomba en 8″ 12‴ & parcourut pendant ce temps 220 pieds. Le poids d'un globe d'eau égal à ce globe est de 16600 grains; & le poids d'une quantité d'air de même volume que ce globe est de $\frac{16600}{860}$ grains ou de $19\frac{3}{10}$ grains. Donc le poids de ce globe dans le vuide étoit de $502\frac{3}{10}$ grains. Et ce poids est au poids d'un volume d'air égal à ce globe, comme $502\frac{3}{10}$ grains à $19\frac{3}{10}$. Or, $2F$ sont à $\frac{8}{3}$ du diamétre de ce globe, c'est-à-dire, à $13\frac{1}{3}$ pouces dans cette raison. Donc $2F$ deviennent 28 pieds 11 pouces. Ce globe en tombant dans le vuide, par la force de tout son poids qui étoit de $502\frac{3}{10}$ grains, parcourut, dans une seconde, $193\frac{1}{3}$ pouces, comme ci-dessus, & avec un poids de 483 grains il parcourut 185, 905 pouces, & avec le même poids de 483 grains il parcourut aussi dans le vuide l'espace F ou 14 pieds $5\frac{1}{2}$ pouces en 57‴ 58^{iv}, & il acquit dans ce temps la plus grande vîtesse avec laquelle il peut descendre dans l'air. Avec cette vîtesse, ce globe en 8″ 12‴ parcoureroit un espace de 245 pieds $5\frac{1}{3}$ pouces. En ôtant 1, 3863 F ou 20 pieds $0\frac{1}{2}$ pouces, il restera 225 pieds 5 pouces. Le globe en tombant devoit donc parcourir cet espace en 8″ 12‴ par la théorie. Mais il parcourut 220 pieds dans l'expérience, ainsi la différence est insensible.

Ayant fait un calcul semblable au précédent pour les autres globes pleins d'air, j'ai dressé la table suivante.

DE LA PHILOSOPHIE NATURELLE.

Poids des globes.	Diamétres.	Temps employés à parcourir 220 pieds en tombant.		Espaces qui devoient être parcourus selon la théorie.		Différences.	
510 grains.	5,1 pouc.	8″	12‴	226 pieds	11 p.	6 p.	11 p.
642	5,2	7	42	230	9	10	9
599	5,1	7	42	227	10	7	10
515	5	7	57	224	5	4	5
483	5	8	12	225	5	5	5.
641	5,2	7	42	230	7	10	7

Exp. 14. Au mois de Juillet 1719. le docteur *Defaguliers* recommença ces expériences en cette forte. Il donna à des veffies de cochon une forme fphérique, en les plaçant dans des fpheres de bois, car en foufflant de l'air dans ces veffies, après les avoir mouillées, il les forçoit d'emplir la concavité de ces fpheres. Enfuite ayant féché ces veffies & ayant ôté le bois qui les entouroit & qui pouvoit fe démonter, il les laiffa tomber d'un lieu qu'on avoit pratiqué dans le plus haut de la voute de la même Eglife enforte que ces veffies tomboient alors de la hauteur de 272 pieds; & il laiffa tomber dans le même inftant un globe de plomb qui péfoit environ deux livres romaines. Pendant ce temps il y avoit des perfonnes qui étoient placées au fommet du temple d'où on laiffoit tomber ces globes, & qui marquoient les temps qui s'écouloient pendant les chutes, il y avoit d'autres perfonnes placées fur le pavé de l'Eglife qui marquoient la différence qui fe trouvoit entre le temps de la chute de la veffie & celui de la chute du globe de plomb. Ces temps étoient mefurés par des ofcillations de pendules qui battoient les demifecondes. Un de ceux qui étoient en bas avoit un horloge à reffort qui battoit les quarts de feconde ; un autre avoit une autre machine faite avec foin à laquelle étoit adapté un pendule qui battoit les quarts de feconde. Un de ceux qui étoient au haut de l'Eglife avoit une machine femblable. Ces inftrumens étoient faits de forte que leurs mouvemens commençoient & s'arrêtoient quand on vouloit. Le globe de plomb tomboit en 4 fecondes &

Tome I. Ddd

un quart à peu près. Et en ajoutant ce temps à la différence du temps dont on a parlé, on avoit le temps que la vessie employoit à tomber. Les temps dans lesquels cinq vessies tomberent, surpasserent la premiere fois le temps de la chute du globe de plomb de $14\frac{1}{4}''$, $12\frac{3}{4}''$, $14\frac{5}{8}''$, $17\frac{1}{4}''$ & $16\frac{7}{8}''$, & la seconde fois de $14\frac{1}{2}''$, $14\frac{1}{4}''$, $14''$, $19''$ & $16\frac{3}{4}''$. Ajoutant $4\frac{1}{4}''$ qui est le temps que le globe de plomb employa à tomber, les temps entiers dans lesquels les cinq vessies tomberent étoient la premiere fois de $19''$, $17''$, $18\frac{7}{8}''$, $22''$ & $21\frac{1}{8}''$; & la seconde fois de $18\frac{3}{4}''$, $18\frac{1}{2}''$, $18\frac{1}{4}''$, $23\frac{1}{4}''$ & $21''$. Et les temps marqués par ceux qui étoient au haut de l'Eglise étoient la premiere fois de $19\frac{1}{8}''$, $17\frac{1}{4}''$, $18\frac{3}{4}''$, $22\frac{1}{8}''$ & $21\frac{5}{8}''$ & la seconde fois de $19''$, $18\frac{1}{8}''$, $18\frac{3}{8}''$, $24''$ & $21\frac{1}{4}''$. Au reste, les vessies ne tomboient pas toujours en ligne droite, & quelquefois elles voltigeoient & oscilloient de côté & d'autre en tombant ce qui prolongeoit les temps de leurs chutes quelquefois d'une demi-seconde, & quelquefois d'une seconde entiere. La seconde & la quatrième vessie tomberent plus droit la premiere fois; & la seconde fois ce furent la premiere & la quatriéme. La cinquiéme vessie étoit ridée, & ses rides retardoient un peu sa chute. Je concluois les diamétres des vessies de leurs circonférences que je mesurois avec un fil dont je entourois. J'ai comparé la théorie avec les expériences dans les la table suivante, en supposant la densité de l'air à la densité de l'eau de pluye comme 1 à 860, & comptant les espaces que les globes devoient parcourir en tombant selon la théorie.

Poids des Vessies.	Diamétres.	Temps employés à tomber de la hauteur de 272 pieds.	Espaces qui devoient être parcourus pendant ces temps selon la théorie.	Différence entre la théorie & l'expérience.
128 grains.	5,28 pou.	$19''$	271 pieds 11 p.	—0 pieds 1 p.
156	5,19	17	272 $0\frac{1}{2}$	+0 $0\frac{1}{2}$
$137\frac{1}{2}$	5,3	$18\frac{1}{2}$	272 7	+0 7
$97\frac{1}{2}$	5,26	22	277 4	+5 4
$99\frac{3}{8}$	5	$21\frac{1}{8}$	282 0	+10 0

Notre théorie déterminoit donc presque exactement toute la résistance qu'éprouvoient les globes mûs, tant dans l'eau que dans l'air, & cette résistance est proportionnelle (lorsque les vîtesses des globes sont égales ainsi que leurs grandeurs) à la densité des fluides.

Dans le scholie qui suit la sixiéme section, j'ai fait voir par les expériences des pendules, que les globes égaux qui ont des vîtesses égales éprouvent, lorsqu'ils se meuvent dans l'air, dans l'eau, & dans le vif-argent, des resistances qui sont comme les densités de ces fluides. Mais je l'ai fait voir ici plus exactement par les expériences des corps qui tombent dans l'air & dans l'eau ; car les pendules à chaque oscillation excitent dans le fluide un mouvement qui est toujours contraire au retour du pendule, & la résistance qui vient de ce mouvement, ainsi que celle qui vient du fil auquel le pendule est suspendu, font qu'il éprouve une résistance plus grande que celle qu'ont donné les expériences des corps qui tombent. Car par les expériences des pendules qu'on a rapportées dans ce scholie, un globe de même densité que l'eau devroit perdre la $\frac{1}{3342}$ partie de son mouvement, en parcourant dans l'air la longueur de son demi diamétre. Mais par la théorie qu'on a exposée dans cette septiéme section, & qui est confirmée par les expériences des corps qui tombent, le même globe, en parcourant la même longueur, ne devroit perdre que la $\frac{1}{4586}$ partie de son mouvement, en supposant que la densité de l'eau soit à celle de l'air comme 860 à 1. Donc les résistances étoient plus grandes dans les expériences des pendules (par les causes dont on vient de parler) que dans les expériences des globes tombans, & cela en raison de 4 à 3 environ. Mais comme les résistances que les pendules qui oscillent dans l'air, dans l'eau & dans le vif-argent, éprouvent, sont augmentées de la même maniere par des causes semblables, la proportion des résistances dans ces milieux est donnée assez exactement, tant par les expériences des pendules que par celles des corps qui tombent. Et on en peut conclure que les résistances qu'éprouvent les corps qui se meuvent dans des fluides quelconques très-subtils, font (toutes choses égales) comme les densités de ces fluides.

Ces choses étant ainsi posées, on peut déterminer à-présent quelle partie de son mouvement un globe quelconque jetté dans un fluide quelconque perdra à peu près dans un temps donné. Soit D le diamétre du globe, V sa vîtesse dans le commencement du mouvement, & T le temps dans lequel le globe décrira dans le vuide avec la vîtesse V un espace, qui soit à l'espace $\frac{8}{3} D$ comme la densité du globe est à la densité du fluide : & ce globe, étant jetté dans ce fluide, perdra dans un autre temps quelconque t la partie $\frac{tV}{T+t}$ de sa vîtesse, & il conservera la partie $\frac{TV}{T+t}$ & décrira un espace qui sera à l'espace qu'il parcoureroit dans le vuide, dans le même temps, avec la vîtesse V supposée uniforme, comme le logarithme du nombre $\frac{T+t}{T}$ multiplié par le nombre 2, 302585093 est au nombre $\frac{t}{T}$, par le Cor. 7. de la Prop. 35.

Dans les mouvemens lents la résistance peut être un peu moindre à cause que la figure d'un globe est un peu plus propre au mouvement que celle d'un cylindre décrit sur le même diamétre. Et dans les mouvemens plus prompts la résistance peut être un peu plus grande à cause que l'élasticité & la compression du fluide n'augmentent pas en raison doublée de la vîtesse. Mais je ne fais pas attention ici à ces minuties.

Quand même l'air, l'eau, le vif-argent & d'autres fluides semblables seroient subtilisés à l'infini, & qu'ils composeroient des milieux infiniment fluides, ils n'en résisteroient pas moins aux globes projettés. Car la résistance dont on a parlé dans les Prop. précédentes vient de l'inertie de la matiere ; & l'inertie est essentielle aux corps, & est toujours proportionnelle à leur quantité de matiere. On peut à la vérité diminuer, par la division des parties du fluide, la résistance qui vient de la tenacité & du frottement des parties ; mais cette divifion des parties de la matiere ne diminue point fa quantité ; & la quantité de la matiere reftant la même, la force d'inertie refte la même ; & la réfiftance dont on a parlé ici eft toujours proportionnelle à la force d'inertie. Afin que cette réfiftance diminue, il faut donc diminuer la quantité de matiere dans les efpaces dans lefquels le corps fe meut. C'eft pourquoi les efpaces céleftes dans lefquels les globes des planettes & des comettes fe meuvent fans ceffe librement en tout fens fans aucune diminution fenfible de leur mouvement doivent être vuides de tout fluide corporel, fi on en excepte peut-être quelques vapeurs très-légeres & les rayons de lumiere qui les traverfent.

Les projectiles excitent donc du mouvement dans les fluides, lorfqu'ils s'y meuvent, & ce mouvement vient de l'excès de la preffion du fluide fur les parties antérieures du projectile fur la preffion que fes parties poftérieures éprouvent, & il ne peut pas être moindre dans les milieux infiniment fluides que dans l'air, l'eau & le vif-argent, à raifon de la quantité de matiere que chacun contient. Mais cet excès de la preffion n'excite pas feulement, à raifon de fa quantité, un mouvement dans le fluide, il agit encore fur le projectile pour retarder fon mouvement, & par conféquent la réfiftance dans tout fluide eft comme le mouvement excité dans ce fluide par le projectile, & elle ne peut pas être moindre dans un milieu rempli de matiere éthérée à raifon de fa denfité, que dans l'air, dans l'eau & dans le vif-argent à raifon de la denfité de ces fluides.

HUITIÉME SECTION.

De la propagation du mouvement dans les fluides.

PROPOSITION XLI. THÉORÉME XXXII.

La pression ne se propage point en ligne droite dans un fluide, à moins que ses parties ne soient placées en ligne droite.

Fig. 49. Si les particules a, b, c, d, e sont placées en ligne droite, la pression peut se propager directement de a à e ; mais la particule e pressera obliquement les particules f & g placées obliquement, & ces particules f & g ne soutiendront point cette pression à moins qu'elles ne soient soutenues par les particules plus éloignées h & k ; or en étant soutenues, elles les pressent, & ces particules h & k ne peuvent pas soutenir cette pression, si elles ne sont soutenues elles-mêmes par les particules ultérieures l & m qu'elles pressent à leur tour, & ainsi de suite à l'infini. Donc la pression qui s'est ainsi communiquée, premierement aux particules qui n'étoient pas posées en ligne droite produira une déviation, & elle se propagera obliquement à l'infini : après avoir commencé à se propager obliquement elle continuera encore sa déviation, si elle tombe sur des particules ultérieures qui ne soient pas posées en ligne droite ; & cela autant de fois qu'elle rencontrera des particules qui ne seront pas placées exactement en ligne droite. *C. Q. F. D.*

Cor. Si quelque partie de la pression, propagée dans un fluide d'un point donné, est interceptée, la partie restante, qui n'est point interceptée agira derriere l'obstacle. Ce qui peut se démontrer ainsi.

Que la pression soit propagée du point A vers tous les côtés, & cela, s'il est possible, selon des lignes droites, & que l'obstacle *NBCK* percé en *BC* intercepte toute cette pression qui passe par le trou circulaire *BC*, excepté la partie *APQ* qui passe par le trou conique. Que le cône *APQ* soit partagé en tranches par les plans transversaux *de*, *fg*, *hi* ; & que pendant que le cône *ABC*, en propageant la pression, presse dans la superficie *de* la tranche conique ultérieure *degf*, & que cette tranche presse la tranche voisine *fghi* dans la superficie *fg*, & que cette seconde tranche en presse une troisieme, & ainsi de suite à l'infini. Il est clair (par la troisiéme loi du mouvement) que la premiere tranche *defg* sera autant pressée dans la superficie *fg* par la réaction de la seconde tranche *fghi*, qu'elle presse elle-même cette seconde tranche. Donc la tranche *degf* est pressée des deux côtés entre le cône *Ade* & la tranche *fhig*, & par conséquent (par le Cor 6. de la Prop. 19.) elle ne peut conserver sa figure à moins qu'elle ne soit pressée de tous côtés par une force égale : donc elle sera forcée de céder vers les côtés *df*, *eg* par le même effort par lequel elle presse les superficies *de*, *fg* ; & comme elle n'est point solide mais entierement fluide elle se répandra alors à moins qu'il n'y ait un fluide ambiant qui s'oppose à son effort. Donc par l'effort qu'elle fait pour se répandre, elle pressera d'un même effort, tant le fluide ambiant vers les côtés *df*, *eg*, que la tranche *fghi* ; & par conséquent la pression ne se propagera pas moins vers les côtés *df*, *eg*, dans les espaces *NO*, *KL* à droite & à gauche, que de la superficie *fg* vers *PQ*.   C. Q. F. D.

PROPOSITION XLII. THÉORÊME XXXIII.

Tout mouvement propagé dans un fluide s'éloigne de la ligne droite dans des espaces immobiles.

Cas 1. Que le mouvement soit propagé du point *A* par le trou *BC*, & qu'il continue, s'il est possible, dans l'espace conique *BCQP*, selon des lignes droites qui divergent du point *A*. Supposons premierement que ce mouvement soit un mouvement d'ondulation excité dans la superficie d'une eau stagnante & soient de, fg, hi, kl, &c. les éminences de chacune de ces ondes distinguées l'une de l'autre par autant de cavités. Comme l'eau est plus haute dans les éminences des ondes que dans les parties immobiles KL, NO du fluide ; elle s'écoulera par conséquent des extrémités e, g, i, l, &c. d, f, h, k, &c. des sommets de ces éminences, vers KL & NO : & comme elle est plus basse dans les cavités de ces ondes que dans les parties immobiles KL, NO du fluide, elle s'écoulera de ces parties immobiles dans ces cavités. Par le premier écoulement de l'éminence des ondes, & par l'autre les cavités se dilateront çà & là, & s'étendront vers KL & NO. Et parce que le mouvement des ondes de A vers PQ se fait par un écoulement continu des éminences dans les cavités prochaines, & que par conséquent il n'a pas plus de vîtesse que n'en peut donner la chute ; & que la chute de l'eau de côté & d'autre se doit faire vers KL & NO avec la même vîtesse, la dilatation des ondes sera propagée d'un côté & de l'autre vers KL & NO avec la même vîtesse, avec laquelle ces ondes elles-mêmes s'étendent de A vers PQ en ligne droite. Donc tout l'espace de côté & d'autre vers KL & NO sera occupé par les ondes dilatées $rfgr, shis, tklt, vmnv$, &c. *C. Q. F. D.*

On peut se convaincre que cela se passe ainsi dans les eaux stagnantes.

Cas 2. Supposons à-présent que de, fg, hi, kl, mn représentent des pulsions imprimées du point A & continuées successivement dans un milieu élastique. Supposons de plus que ces pulsions soient propagées par des condensations & des raréfactions successives du milieu, ensorte que la partie la plus dense d'une pulsion quelconque occupe la superficie sphérique décrite autour du centre A, & qu'il y ait des intervalles égaux entre les pulsions successives. Que les lignes de, fg, hi, kl, &c. représentent les parties les plus denses des pulsions, lesquelles se propagent par le trou

trou BC; comme le milieu eft plus denfe dans ce lieu que dans les efpaces d'un côté & de l'autre vers KL & NO, il fe dilatera tant vers ces efpaces KL & NO fitués des deux côtés que vers les efpaces les plus rares qui font entre les pulfions ; ce qui le rendant toujours plus rare vers ces intervales & plus denfe vers les pulfions, le fera participer à tous ces mêmes mouvemens.

Et parce que le mouvement progreffif des pulfions vient du relâchement continuel des parties les plus denfes vers les intervales antécédens les plus rares ; & que ces pulfions doivent s'étendre de côté & d'autre avec la même vîteffe à peu près vers les parties KL, NO du milieu, lefquelles font en repos ; ces pulfions fe dilateront d'un côté & de l'autre dans les efpaces immobiles KL, NO, avec la même vîteffe à peu près avec laquelle elles font propagées directement du centre A ; & par conféquent elles occuperont l'efpace entier $KLON$.   C. Q. F. D.

On l'éprouve ainfi dans les fons, car le fon s'entend quoiqu'il y ait une montagne entre le corps fonore & nous, & lorfqu'il entre dans une chambre par une fenêtre, il fe répand dans toute la chambre, enforte qu'on l'entend de tous fes coins, non pas tant parce qu'il eft réfléchi par les murailles de la chambre oppofées au lieu où on l'entend, que parce qu'il y arrive en droiture de la fenêtre, autant qu'on en peut juger par les fens.

Cas 3. Suppofons enfin qu'un mouvement d'un genre quelconque foit propagé de A par l'ouverture BC : comme cette propagation ne fe peut faire fi les parties du milieu les plus proches du centre A ne preffent & ne meuvent les parties fituées audelà ; ces parties preffées étant fluides, elles fe répandront de toutes parts vers les lieux où elles font moins preffées, & elles fe répandront vers toutes les parties du milieu qui font en repos, tant vers les latérales KL, NO, que vers les antérieures PQ, & par ce moyen, tout le mouvement qui a paffé premierement par l'ouverture BC, commencera à fe dilater & à s'étendre en ligne droite de cette ouverture comme de son origine & comme d'un centre vers toutes les parties. *C. Q. F. D.*

PROPOSITION XLIII. THÉORÈME XXXIV.

Tout corps vibrant propagera de toutes parts en ligne droite dans un milieu élastique le mouvement des pulsions ; & dans un milieu non élastique il excitera un mouvement circulaire.

Cas 1. Les parties du corps vibrant en s'étendant & se contractant alternativement presseront & pousseront en s'étendant les parties du milieu qui les touchent, & en les pressant elles les condenseront ; & ensuite en se contractant elles laisseront ces parties comprimées en liberté de s'étendre & de s'éloigner les unes des autres. Donc les parties du milieu qui touchent ce corps vibrant, s'étendront & se contracteront tour à tour, comme les parties de ce corps : & par la même raison que les parties de ce corps excitent des ondulations dans les parties de ce milieu qui le touchent, ces parties produiront à leur tour de semblables ondulations dans celles auxquelles elles sont contigues, lesquelles en exciteront dans les parties qui en sont les plus éloignées, & ainsi de suite à l'infini. Et comme les premieres parties de ce milieu sont condensées lorsque les parties du corps vibrant s'étendent, & qu'elles s'étendent lorsque les parties de ce corps se contractent, de même les autres parties du milieu sont condensées toutes les fois que les parties du corps s'étendent, & elles s'étendent toutes les fois que ce corps se contracte. Et par conséquent elles ne se condenseront & ne s'étendront pas toutes en même temps (car si elles conservoient ainsi des distances déterminées entr'elles, elles ne se raréfieroient point & elles ne se condenseroient point tour à tour) mais en s'approchant l'une de l'autre par la condensation, & en s'en éloignant par l'extension, il y en aura quelques-unes qui s'éloigneront pendant que d'autres reviendront ; & cela alternativement à l'infini. Les parties qui vont en s'éloignant & qui en allant se condensent par leur mouvement progressif, dans lequel elles frappent con-

DE LA PHILOSOPHIE NATURELLE. 399

tre les obstacles, causent des pulsions; & par conséquent les pulsions successives de tout corps vibrant se propageront en ligne droite. Et cela à des intervalles les uns des autres à peu près égaux à cause de l'égalité des intervalles des temps dans lesquels le corps à chacune de ses vibrations excite chacune des pulsions. Et quoique les parties du corps vibrant aillent & reviennent vers un côté déterminé, cependant les pulsions qui se propagent de là dans le milieu se dilateront vers les côtés, par la Prop. précédente ; & elles se propageront en tout sens dans des superficies à peu près sphériques & concentriques en partant de ce corps à ressort comme du centre commun. Nous avons quelque exemple de cela dans l'eau, car si on la remue avec le bout du doigt, ce mouvement se continue non seulement de côté & d'autre dans le sens dans lequel le doigt s'est mû, mais il s'y continue par des espéces de cercles concentriques qui environnent le doigt dans l'instant, & qui se propagent de tous côtés ; car la pesanteur du fluide tient lieu de force élastique.

Cas 2. Si le milieu n'est pas élastique : comme alors ses parties ne peuvent être condensées par les vibrations des parties du corps vibrant qui les pressent, le mouvement se propagera en un instant du côté vers lequel le milieu cédera le plus facilement, c'est-à-dire, du côté vers lequel le corps vibrant laisseroit sans cela du vuide derriere lui. Ce cas est le même que celui d'un corps projetté dans un milieu quelconque. Le milieu en cédant aux projectiles ne s'en écarte pas à l'infini ; mais en se mouvant circulairement il va remplir la place que le corps laisse derriere lui. Donc toutes les fois qu'un corps à ressort s'avance vers quelque côté, le milieu, en cédant, s'avance par un cercle vers le côté que le corps abandonne ; & toutes les fois que le corps revient à son premier lieu, il en repousse le milieu qui revient alors à celui qu'il occupoit auparavant. Quand le corps vibrant ne seroit pas roide, mais absolument flexible, si cependant il demeure de même grandeur, comme il ne peut presser par ses vibrations le milieu dans un lieu quelconque qu'il ne lui cede de la place en même temps quelqu'autre part; il arrivera que le milieu s'écartant des lieux où il est pressé, s'avancera toujours en rond vers les parties qui lui cedent. *C. Q. F. D.*

Cor. Ceux-là se trompent donc qui croyent que l'agitation des parties de la flamme cause seule la propagation de la pression en ligne droite dans le milieu ambiant. Cette pression ne vient pas seulement du mouvement des parties de la flamme, mais encore de la dilatation du total.

PROPOSITION XLIV. THÉORÉME XXXV.

Si de l'eau descend & monte alternativement dans les branches K L, M N *d'un canal ; & qu'on ait un pendule dont la longueur entre le point de suspension & le centre d'oscillation soit égale à la moitié de la longueur de la colonne d'eau qui est dans le canal : je dis que l'eau montera & descendra dans ce canal dans les mêmes temps dans lesquels ce pendule oscillera.*

Fig. 51 & 52. Je mesure la longueur de la colonne d'eau dans le sens des axes du canal & des branches, & je la suppose égale à la somme de ces axes ; je néglige la résistance de l'eau qui vient de son frottement contre les branches du canal. Que AB, CD représentent donc la moyenne hauteur de l'eau dans l'une & l'autre branche; & lorsque l'eau montera dans la branche KL à la hauteur EF elle descendra dans la branche MN à la hauteur GH. Soit P le corps suspendu, VP le fil auquel il tient, V le point de suspension, $RPQS$ la cycloïde que le pendule décrit, P son point le plus bas, PQ un arc égal à la hauteur AE. La force par laquelle le mouvement de l'eau est alternativement accéléré & retardé, est l'excès du poids de l'eau dans l'une ou l'autre branche sur son poids dans la branche opposée : donc, lorsque l'eau monte à la hauteur EF dans la branche KL, & que dans l'autre branche elle descend en GH, cette force est double du poids de l'eau $EABF$, & par conséquent elle est au poids de toute l'eau comme AE ou PQ à VP ou PR. Mais la

Force par laquelle le corps P est accéléré & retardé dans la cycloïde à un lieu quelconque Q est (par le Cor. de la Prop. 51.) à son poids total, comme sa distance PQ du lieu le plus bas P, à la longueur PR de la cycloïde. Ainsi les forces motrices de l'eau & du pendule, lorsqu'ils parcourent les espaces égaux AE, PQ, sont comme les poids à mouvoir. Donc, si l'eau & le pendule sont en repos dans le commencement, ces forces les feront mouvoir également dans des temps égaux, & feront que par un mouvement réciproque l'eau & le pendule iront & reviendront dans les mêmes temps. C. Q. F. D.

Cor. 1. Donc toutes les ascensions & descensions de l'eau sont isochrones, soit que le mouvement soit plus prompt ou plus lent.

Cor. 2. Si la longueur de toute la colonne d'eau dans le canal est de $6\frac{1}{9}$ pieds de Paris, l'eau descendra dans une seconde & montera dans une autre seconde;& ainsi de suite alternativement à l'infini. Car un pendule de $3\frac{1}{18}$ pieds fait une oscillation dans une seconde.

Cor. 3. La longueur de la colonne d'eau étant augmentée ou diminuée, le temps de ses oscillations augmentera ou diminuera en raison sousdoublée de cette longueur.

PROPOSITION XLV. THÉORÉME XXXVI.

La vîtesse des ondes est en raison sousdoublée de leur largeur.

C'est ce qui suit de la construction de la Proposition suivante.

PROPOSITION XLVI. PROBLÉME X.

Trouver la vîtesse des ondes.

Il faut prendre un pendule dont la longueur entre le point de suspension & le centre d'oscillation soit égale à la largeur des ondes : & dans le même temps dans lequel le pendule achevera chaque oscillation, les ondes parcoureront en avançant un espace presque égal à leur largeur.

J'appelle largeur des ondes l'espace transversal qui est entre leur moindre ou leur plus grande élévation. Que *ABCDEF* repréfente une eau ftagnante dont la fuperficie monte & defcende par des ondes fucceffives ; que *A*, *C*, *E*, &c. foient les éminences de ces ondes, & *B*, *D*, *F* &c. les cavités intermédiaires qui les féparent, comme le mouvement des ondes fe fait par l'afcenfion & la defcenfion fucceffive de l'eau, enforte que fes parties *A*, *C*, *E*, &c. qui font les plus hautes deviennent enfuite les plus baffes ; & que la force motrice qui fait monter les parties les plus baffes & defcendre les plus hautes, eft le poids de l'eau élevée ; cette afcenfion & cette defcenfion alternatives feront analogues au mouvement d'ofcillation de l'eau dans le canal, & elles obferveront les mêmes loix par rapport au temps : & par conféquent (par la Prop. 44.) fi les diftances entre les lieux les plus hauts *A*, *C*, *E*, & les plus bas *B*, *D*, *F* des ondes font égales au double de la longueur du pendule ; les parties les plus hautes *A*, *C*, *E*, deviendront les plus baffes dans le temps d'une ofcillation, & dans le temps d'une autre ofcillation elles redeviendront les plus hautes. Donc il y aura le temps de deux ofcillations entre chacune de ces ondes ; c'eft-à-dire, que chacune de ces ondes parcourera fa largeur dans le temps que le pendule employera à faire deux ofcillations ; mais dans ce même temps un pendule, dont la longueur feroit quadruple & qui par conféquent feroit égal à la largeur de ces ondes, feroit une ofcillation. Donc, &c. *C. Q. F. T.*

Cor. 1. Donc les ondes qui ont $3\frac{1}{18}$ pieds de Paris de largeur en avançant dans une feconde parcoureront leur largeur ; & par conféquent dans une minute elles parcoureront $183\frac{1}{3}$ pieds, & dans une heure 11000 pieds environ.

Cor. 2. Et la vîteffe des plus grandes ou des moindres ondes augmentera ou diminuera en raifon foufdoublée de leur largeur.

Cela eft ainfi dans l'hypotéfe que toutes les parties de l'eau montent & defcendent en ligne droite ; mais cette afcenfion & cette defcenfion fe font plutôt par des cercles, ainfi par cette Propofition le temps n'eft déterminé qu'à peu près.

DE LA PHILOSOPHIE NATURELLE.

PROPOSITION XLVII. THÉORÉME XXXVII.

Des pulsions étant propagées dans un fluide, chacune des particules de ce fluide, qui vont & qui viennent par un mouvement réciproque très-prompt, sont toujours accélérées & retardées suivant les loix des oscillations des pendules.

Que AB, BC, CD, &c. représentent les distances égales des pulsions successives ; ABC l'espace dans lequel s'exécutent les mouvemens de ces pulsions propagées de A vers B ; soient E, F, G trois points physiques du milieu en repos placés sur la ligne AC à des distances égales les uns des autres ; $E\epsilon$, Ff, Gg les espaces égaux très-petits dans lesquels ces points vont & viennent à chaque vibration par un mouvement réciproque ; $\epsilon, \varphi, \gamma$, les lieux quelconques intermédiaires de ces mêmes points ; & EF, FG des petites lignes physiques, ou les parties linéaires du milieu qui sont entre ces points & qui sont transportées successivement dans les lieux $\epsilon\varphi$, $\varphi\gamma$, & ϵf, fg. Soit tirée PS égale à la ligne $E\epsilon$: & soit cette ligne PS partagée en deux parties égales au point O, & du centre O & de l'intervale OP soit décrit le cercle $SIPi$. Que sa circonférence entiere & ses parties représentent le temps entier d'une vibration avec ses parties proportionnelles ; ensorte que le temps quelconque PH ou $PHSh$ étant écoulé, si on tire HL ou hl perpendiculaire sur PS, & qu'on prenne $E\epsilon$ égale à PL ou à Pl, le point physique E se trouvera en ϵ. Par cette loi un point quelconque E allant de E par ϵ à e, & revenant ensuite de e par ϵ à E, achevera chacune de ses vibrations avec les mêmes dégrés de retardation & d'accélération que le pendule qui oscille. Il s'agit donc de prouver que chaque point physique du milieu doit être agité par un tel mouvement. Supposons que le milieu soit mû de cette sorte par quelque cause, & voyons ce qui doit suivre de cette supposition.

Dans la circonférence $PHSh$ soient pris les arcs égaux HI, IK ou hi, ik, qui ayent à la circonférence entiere la raison que

Fig. 54 & 55.

les droites égales EF, FG ont à l'intervale entier BC des pul‑
fions. Et ayant abaissé les perpendiculaires IM, KN ou im, kn,
parce que les points E, F, G font successivement agités par des
mouvemens semblables, & que pendant ce temps ils achevent
leurs vibrations entieres composées de l'allée & du retour pen‑
dant que les pulsions se communiquent de B à C; si PH ou $PHSh$
représente le temps écoulé depuis le commencement du mouve‑
ment du point E, PI ou $PHSi$ représentera le temps écoulé depuis
le commencement du mouvement du point F, & PK ou $PHSk$,
le temps écoulé depuis le commencement du mouvement du point
G; & par conséquent $E\epsilon$, $F\varphi$, $G\gamma$ seront égaux respective‑
ment à PL, PM, PN, ou à Pl, Pm, Pn, le premier dans
l'allée, & le second dans le retour de ces points. D'où $\epsilon\gamma$, ou
$EG + G\gamma - E\epsilon$ dans l'allée sera égal à $EG - LN$, & dans le
retour à $EG + ln$. Mais $\epsilon\gamma$ est la largeur ou l'expansion de la
partie du milieu EG dans le lieu $\epsilon\gamma$; & par conséquent l'ex‑
pansion de cette partie dans l'allée est à son expansion moyenne,
comme $EG - LN$ à EG; & dans le retour comme $EG + ln$ ou
$EG + LN$ à EG. C'est pourquoi, LN étant à KH comme IM
au rayon OP, & KH étant à EG comme la circonférence $PHShP$
à BC, c'est-à-dire, (si on prend V pour le rayon du cercle,
dont la circonférence est égale à l'intervale des pulsions BC,)
comme OP à V; & par conséquent LN étant à EG com‑
me IM à V; l'expansion de la partie EG ou du point physi‑
que F dans le lieu $\epsilon\gamma$ est à l'expansion moyenne de cette partie
dans son premier lieu EG, comme $V - IM$ à V dans l'al‑
lée, & comme $V + im$ à V dans le retour. D'où, la force élasti‑
que du point F dans le lieu $\epsilon\gamma$ est à sa force élastique moyenne
dans le lieu EG, comme $\frac{1}{V-IM}$ à $\frac{1}{V}$ dans l'allée, mais dans
le retour elle est comme $\frac{1}{V+im}$ à $\frac{1}{V}$. Et par le même raison‑
nement les forces élastiques des points physiques E & G dans
l'allée

DE LA PHILOSOPHIE NATURELLE.

l'allée, font comme $\frac{1}{V-HL}$ & $\frac{1}{V-KN}$ à $\frac{1}{V}$; & la différence des forces à la force élastique moyenne du milieu comme $\frac{HL-KN}{VV-V\times HL-V\times KN+HL\times KN}$ à $\frac{1}{V}$. C'est-à-dire, comme $\frac{HL-KN}{VV}$ à $\frac{1}{V}$, ou comme $HL-KN$ à V, en supposant (à cause des limites étroites dans lesquelles se font les vibrations) HL & KN indéfiniment plus petites que la quantité V. Comme cette quantité V est donnée, la différence des forces est comme $HL-KN$, c'est-à-dire, (à cause des proportionnelles $HL-KN$ à HK, & OM à OI ou OP, & des données HK & OP) comme OM; ou, ce qui revient au même, si Ff est coupée en deux également en Ω, comme $\Omega\varphi$. Et, par le même argument, la différence des forces élastiques des points physiques ϵ & γ dans le retour de la petite ligne physique $\epsilon\gamma$ est comme $\Omega\varphi$. Mais cette différence, (c'est-à-dire, l'excès de la force élastique du point ϵ sur la force élastique du point γ) est la force par laquelle la petite ligne physique $\epsilon\gamma$ du milieu, laquelle est entre deux, est accélérée dans l'allée & retardée dans le retour; & par conséquent, la force accélératrice de la petite ligne physique $\epsilon\gamma$ est comme sa distance au point de milieu Ω de la vibration. Donc le temps est exprimé exactement par l'arc PI. (Selon la Prop. 38. du Liv. 1.) Et la partie linéaire $\epsilon\gamma$ du milieu se mouvera selon la loi prescrite, c'est-à-dire, selon les loix des pendules oscillans : il en est de même de toutes les parties linéaires dont le milieu entier est composé. *C. Q. F. D.*

Cor. Il est clair delà, que le nombre des pulsions propagées est le même que le nombre des vibrations du corps vibrant, & qu'il n'augmente point dans leur progrès. Car la petite ligne physique $\epsilon\gamma$, dans le moment qu'elle reviendra à son premier lieu, sera en repos; & elle ne se mouvera point ensuite, à moins que le choc du corps vibrant ou celui des pulsions qui se propagent depuis ce corps, ne lui communique un nouveau mouvement.

Tome I.

Elle fera donc en repos dans le moment que les pulfions qui vien-. nent du corps vibrant cefferont d'être propagées.

PROPOSITION XLVIII. THÉORÉME XXXVIII.

Les vîteffes des pulfions qui fe propagent dans un milieu élastique font en raifon compofée de la raifon foufdoublée de la force élaftique directement, & de la raifon foufdoublée de la denfité inverfement ; en fuppofant la force élaftique du fluide proportionnelle à fa condenfation.

Cas 1. Si les milieux font homogènes, & que les diftances des pulfions foient égales entr'elles dans ces milieux, mais que le mouvement foit plus grand dans un des milieux : les contractions & les dilatations des parties analogues feront comme ces mêmes mouvemens. Mais cette proportion n'eft pas exacte ; cependant fi les contractions & les dilatations font très-grandes, elle ne fera pas loin de l'être & on pourra la prendre phyfiquement pour telle. Mais les forces élaftiques motrices font comme les contractions & les dilatations ; & les vîteffes des parties égales qui ont été produites en même temps font comme les forces. Donc les parties égales & correfpondantes des pulfions correfpondantes achevent enfemble leur allée & leur retour dans des efpaces proportionnels aux contractions & aux dilatations, & cela avec des vîteffes qui font comme ces efpaces : & par conféquent les pulfions, qui dans le temps de l'allée & du retour parcourent en avançant leur largeur entiere, & qui fuccédent toujours à la place des pulfions précédentes, avancent avec une vîteffe égale dans l'un & l'autre milieu à caufe de l'égalité des diftances.

Cas 2. Si les diftances ou les longueurs des pulfions font plus grandes dans un milieu que dans l'autre ; fuppofons que les parties correfpondantes décrivent des efpaces proportionnels aux largeurs des pulfions à chaque fois qu'elles vont & qu'elles viennent : alors leurs contractions ainfi que leurs dilatations feront égales. Donc fi les milieux font homogènes, les forces motrices élafti-

DE LA PHILOSOPHIE NATURELLE. 407

ques qui les agitent d'un mouvement réciproque feront auſſi égales. Mais la matiere que ces forces doivent mouvoir eſt comme la largeur des pulſions : & l'eſpace dans lequel elles doivent achever leur allée & leur retour eſt dans la même raiſon. Le temps d'une allée & d'un retour eſt donc en raiſon compoſée de la raiſon ſouſdoublée de la matiere & de la raiſon ſouſdoublée de l'eſpace, & par conſéquent il eſt comme l'eſpace. Mais les pulſions pendant les temps d'une allée & d'un retour parcourent leurs largeurs, c'eſt-à-dire, des eſpaces proportionnels aux temps ; donc leurs vîteſſes ſont égales.

Cas 3. Donc dans les milieux dont la force élaſtique & la denſité ſont les mêmes, toutes les pulſions ont la même vîteſſe. Et ſi on augmente ou la denſité ou la force élaſtique du milieu, comme la force motrice augmente en raiſon de la force élaſtique, & la matiere qu'il faut mouvoir en raiſon de la denſité : le temps dans lequel les mêmes mouvemens s'exécuteront comme auparavant, augmentera en raiſon ſouſdoublée de la denſité, & diminuera en raiſon ſouſdoublée de la force élaſtique. Et par conſéquent la vîteſſe des pulſions ſera en raiſon compoſée de la raiſon ſouſdoublée de la denſité du milieu inverſement, & de la raiſon ſouſdoublée de la force élaſtique directement. *C. Q. F. D.*

Cette Propoſition deviendra encore plus évidente par la conſtruction de la Propoſition ſuivante.

PROPOSITION XLIX. PROBLÉME XI.

La denſité & la force élaſtique du milieu étant données, trouver la vîteſſe des pulſions.

Suppoſons que le milieu ſoit comprimé comme notre air par un poids qui incombe deſſus ; & que *A* ſoit la hauteur du milieu homogène dont le poids eſt égal au poids incombant, & dont la denſité ſoit la même que celle du milieu comprimé dans lequel les pulſions ſont propagées. Qu'on ſuppoſe un pendule, dont la longueur entre le point de ſuſpenſion & le centre d'oſcillation

Fig. 54. & 55.

soit A : & dans le temps que ce pendule employera à faire une oscillation entiere composée de l'allée & du retour, la pulsion en avançant parcourera un espace égal à la circonférence du cercle dont le rayon est A.

Car les constructions de la Proposition 47. étant conservées, si une ligne physique quelconque EF, en décrivant à chaque vibration un espace PS, est pressée dans les extrémités P & S de son allée & de son retour par une force élastique égale à son poids; elle achevera chacune de ses vibrations dans le temps dans lequel cette même ligne pourroit osciller dans une cycloïde dont le périmétre seroit égal à toute la longueur PS : & cela parce que des forces égales doivent faire parcourir dans le même temps à des corpuscules égaux des espaces égaux. C'est pourquoi comme les temps des oscillations sont en raison sousdoublée de la longueur des pendules, & que la longueur du pendule est égale à la moitié de l'arc de la cycloïde entiere ; le temps d'une vibration sera au temps de l'oscillation du pendule dont la longueur est A, en raison sousdoublée de la longueur $\frac{1}{2}PS$ ou PO à la longueur A. Mais la force élastique qui presse la petite ligne physique EG lorsqu'elle est dans les extrémités P & S, étoit (dans la démonstration de la Prop. 47.) à la force élastique entiere, comme $HL-KN$ à V, c'est-à-dire, (lorsque le point K tombe sur P) comme HK à V : & cette force entiere, c'est-à-dire, le poids incombant par lequel la petite ligne EG est comprimée, est au poids de cette petite ligne comme la hauteur A du poids incombant est à la longueur EG de la petite ligne ; donc, la force par laquelle la petite ligne, EG est pressée dans les lieux P & S, est au poids de cette petite ligne, comme $HK \times A$ à $V \times EG$, ou comme $PO \times A$ à VV, car HK étoit à EG comme PO à V. Ainsi, comme les temps, dans lesquels les corps égaux sont poussés dans des espaces égaux, sont réciproquement en raison sousdoublée des forces, le temps d'une vibration produite par la pression de la force élastique sera au temps d'une vibration produite par la force du poids, en raison sousdoublée de VV à $PO \times A$, & ce temps est par conséquent au temps de l'oscillation du pendule dont la longueur est A, en raison sousdoublée de VV à $PO \times A$ & en raison sousdoublée de PO à A conjointement ; c'est-à-dire, dans la raison entiere de V à A. Mais dans le temps d'une vibration entiere composée de l'allée & du retour, la pulsion, en avançant, parcourt sa largeur entiere BC. Donc le temps dans lequel la pulsion parcourt l'espace BC, est au temps d'une oscillation entiere, composée de l'allée & du retour, comme V est à A, c'est-à-dire, comme BC est à la circonférence du cercle dont le rayon est A. Donc le temps dans lequel la pulsion parcourera l'espace BC, est dans la même raison au temps dans lequel elle parcourera la longueur égale à cette circonférence ; donc, dans le temps d'une telle oscillation, la pulsion parcourera une longueur égale à cette circonférence. *C. Q. F. D.*

Cor. 1. La vîtesse des pulsions est celle que les graves acquierent en tombant d'un mouvement également accéléré, & en parcourant dans leur chute la moitié de la hauteur A. Car dans le temps de cette chute la pulsion parcourera avec la vîtesse qu'un corps auroit acquise en tombant un espace qui sera égal à toute la hauteur A ; donc dans le temps d'une oscillation entiere composée de l'allée & du retour, elle parcourera un espace égal à la circonférence du cercle dont le rayon est A : donc le temps de la chute est au temps de l'oscillation comme le rayon du cercle est à sa circonférence.

Cor. 2. Ainsi, cette hauteur A étant directement comme la force élastique du fluide, & inversement comme sa densité ; la vîtesse des pulsions sera en raison composée de la raison sousdoublée de la densité inversement, & de la raison sousdoublée de la force élastique directement.

PROPOSITION L. PROBLÈME XII.

Trouver les distances des pulsions.

Il faut trouver le nombre des vibrations qu'un corps excite par ses trémulations dans un temps donné. Et il faut diviser par ce nombre l'espace que la pulsion peut parcourir dans le même temps, & le quotient sera la largeur d'une pulsion. *C. Q. F. T.*

SCHOLIE.

Ces dernieres Propositions peuvent s'appliquer au mouvement de la lumiere & des sons. Car la lumiere se propageant en ligne droite ne peut consister dans la seule action. (Selon les Prop. 41 & 42.) Et quant aux sons, comme ils viennent des corps sonores ils ne sont en effet (Prop. 43.) que les pulsions de l'air propagées, c'est ce qui est confirmé par les vibrations que les sons excitent dans les corps voisins, surtout s'ils sont forts & graves, tels que ceux des tambours. Car les vibrations les plus promptes & les plus courtes sont celles qui s'excitent le plus difficilement. Or, que les sons, quels qu'ils soient, excitent des vibrations dans les cordes qui sont à l'unisson des corps sonores, c'est ce qui est connu de tout le monde, & ce qui est aussi confirmé par la vîtesse du son. Les poids spécifiques de l'eau de pluie & du vif-argent sont l'un à l'autre comme 1 à $13\frac{2}{3}$ environ, & lorsque le mercure est à la hauteur de 30 pouces anglois dans le baromètre, les poids spécifiques de l'air & de l'eau de pluye sont alors l'un à l'autre comme 1 à 870 environ : donc les poids spécifiques de l'air & du vif-argent sont entr'eux comme 1 à 11890, donc la hauteur du vif-argent étant de 30 pouces dans le baromètre, la hauteur de l'air uniforme, dont le poids peut comprimer notre air d'ici-bas, sera de 356700 pouces, ou de 29725 pieds anglois. C'est cette hauteur que nous avons nommée *A* dans la construction du Problème précédent. La circonférence du cercle dont le rayon est de 29725 pieds en a 186768 & comme on sçait qu'un pendule de $39\frac{1}{5}$ pouces fait une oscillation composée de son allée & de son retour en deux secondes, un pendule qui auroit 29725 pieds ou 356700 pouces devroit faire une semblable oscillation en $190\frac{1}{4}''$; donc, pendant ce temps, le son parcourera 186768 pieds, & 979 pieds en une seconde.

Au reste, dans ce calcul, je n'ai point eu d'égard à l'épaisseur des particules solides de l'air par lesquelles le son se communique en un instant. Car le poids de l'air étant au poids de l'eau comme 1 à 870, & les sels étant presque deux fois plus denses que l'eau ; si on suppose que les particules de l'air sont à peu près de la même densité que les particules de l'eau ou des sels, & que la rareté de l'air vienne seulement des intervalles qui sont entre ses particules : le diamétre d'une particule d'air sera à l'intervalle entre les centres des particules comme, 1 à 9 ou 10 à peu près, & à l'intervalle entre les particules comme 1 à 8 ou 9. Et par conséquent, il faut ajouter à 979 pieds que le son doit parcourir en une seconde, selon le calcul précédent, $\frac{979}{9}$ pieds ou 109 pieds à peu près, à cause de l'épaisseur des particules de l'air : & alors le son parcourera 1088 pieds environ en une seconde.

Ajoutez à cela, que comme les vapeurs cachées dans l'air ont un autre ressort, & qu'elles sont d'un autre ton, elles participent à peine au mouvement de l'air pur qui propage les sons. Or lorsque ces parties sont en repos, ce mouvement est propagé plus vîte par le seul air pur, & cela en raison sousdoublée de la rareté de la matiere ; ensorte que si l'atmosphere est composée de dix parties d'air pur & d'une partie de vapeurs, le mouvement des sons sera plus prompt, dans la raison sousdoublée de 11 à 10, c'est-à-dire, à peu près, dans la raison de 21 à 20, que s'il étoit composé de onze parties d'air pur : donc la vîtesse du mouvement du son ci-devant trouvée doit être augmentée dans cette raison. Ce qui fait que le son doit parcourir 1142 pieds en une seconde.

Cela doit être ainsi dans le printemps & dans l'automne, lorsque l'air est raréfié par une chaleur modérée, & que sa force élastique est sensiblement augmentée. Mais dans l'hyver, où l'air est condensé par le froid, & où sa force élastique est diminuée, le mouvement du son doit être plus lent en raison sousdoublée de la densité de l'air ; & au contraire, dans l'été il doit être plus prompt ; or on sçait par expérience que le son parcourt à peu près 1142 pieds de Londres & 1070 pieds de Paris en une seconde.

La vîtesse des sons étant connue, on connoîtra les intervalles des vibrations M. *Sauveur* a trouvé par ses expériences, qu'un tuyau ouvert, long environ de cinq pieds de Paris, rend un son du même ton que celui d'une corde qui fait cent vibrations en une seconde. Il se fait donc environ 100 vibrations à peu près dans un espace de 1070 pieds de Paris que le son parcourt en une seconde ; & par conséquent une vibration occupe un espace d'environ $10\frac{7}{10}$ pieds de Paris, c'est-à-dire, deux fois la longueur du tuyau. D'où il est vraisemblable que les largeurs des vibrations des sons dans tous les tuyaux ouverts, sont égaux au double de la longueur des tuyaux.

De plus, on voit (par le Cor. de la Prop. 47. de ce Livre) pourquoi les sons cessent dans l'instant que les mouvemens du corps sonore viennent à cesser. Et pourquoi nous ne les entendons pas plus long-temps lorsque nous sommes éloignés du corps sonore que lorsque nous en sommes très-près. On voit aussi, par les principes qu'on a posés, pourquoi les sons augmentent dans les porte-voix. Car tout mouvement réciproque a coutume d'augmenter à chaque réflexion par la même cause qui le produit. Ainsi le mouvement se perd plus tard & se réfléchit plus fortement dans les tubes qui s'opposent à la dilatation du son, & par conséquent, il s'augmente par le mouvement nouveau imprimé à chaque réflexion. Ce sont-là les principaux phénomenes des sons.

NEUVIÈME SECTION.

Du mouvement circulaire des fluides.

HYPOTHESE.

La résistance qui vient du défaut de lubricité des parties d'un fluide doit être, toutes choses égales, proportionnelle à la vitesse avec laquelle les parties de ce fluide peuvent être séparées les unes des autres.

PROPOSITION LI. THÉORÉME XXXIX.

Si un cylindre solide infiniment long, tourne autour d'un axe donné de position par un mouvement uniforme, dans un fluide homogène & infini, que le fluide soit tourné en rond par cette seule impulsion, & que chaque partie du fluide continue uniformement dans son mouvement ; les temps périodiques des parties du fluide seront comme leurs distances de l'axe du cylindre.

Soit AFL un cylindre mû circulairement & uniformement Fig. 56. autour de son axe S, & que le fluide soit partagé en un nombre infini d'orbes cylindriques concentriques & solides de la même épaisseur, par des cercles concentriques BGM, CHN, DIO, EKP, &c. Ce fluide étant homogène, les impressions que les orbes contigues feront les unes sur les autres seront (par l'hypotèse) comme leurs translations réciproques, & comme les superficies contigues dans lesquelles se font ces impressions. Si l'impression faite dans quelque orbe est plus forte ou plus foible dans sa partie concave que dans sa partie convexe ; la plus forte impression prévaudra, & elle accélérera ou retardera le mouvement de l'orbe, selon qu'elle sera dirigée, eu égard à son mouvement, vers le même côté, ou vers le côté opposé. Donc, pour que chaque orbe persévere uniformement dans son mouvement, les impressions qui viennent de part & d'autre, doivent être égales entr'elles & avoir des directions opposées. Donc, les impressions étant comme les superficies contiguës, & leurs translations réciproques, ces translations seront inversement comme les superficies, c'est-à-dire, inversement comme les distances de ces superficies à l'axe. Mais les différences des mouvemens angulaires autour de l'axe sont comme ces translations divisées par les distances, ou comme les translations directement & les distances inversement, c'est-à-dire, en composant ces raisons, inversement comme les quarrés des distances. Donc, si à chaque partie de la droite infinie $SABCDEQ$ on éleve les perpendiculaires Aa, Bb, Cc, Dd, Ee &c. réciproquement proportionnelles aux quarrés de ces parties SA, SB, SC, SD, SE &c. & que par les extrémités des perpendiculaires on imagine une ligne hyperbolique; les sommes de ces différences, c'est-à-dire, tous les mouvemens angulaires, seront comme les sommes correspondantes des lignes Aa, Bb, Cc, Dd, Ee &c. c'est-à-dire, en supposant que pour former un milieu uniformement fluide on augmente le nombre des orbes & qu'on diminue leur largeur à l'infini, comme les aires hyperboliques AaQ, BbQ, CcQ, DdQ, EeQ &c. analogues à ces sommes. Et les temps réciproquement proportionnels à ces mouvemens angulaires seront aussi réciproquement proportionnels à ces aires. Donc, le temps périodique d'une particule quelconque D est réciproquement comme l'aire DdQ, c'est-à-dire, (par la quadrature connue des courbes) directement comme la distance SD. *C. Q. F. D.*

Cor. 1. Delà, les mouvemens angulaires des particules d'un fluide sont réciproquement comme leurs distances à l'axe du cylindre, & leurs vîtesses absolues sont égales.

Cor. 2. Si un fluide est contenu dans un vase cylindrique d'une longueur infinie, & qu'il contienne un autre cylindre intérieur, que ces deux cylindres tournent autour de leur axe commun, que les temps de leurs révolutions foient comme leur demi diamétre, & que chacune des parties du fluide continue dans fon mouvement, les temps périodiques de chacune des particules feront comme leurs diſtances à l'axe des cylindres.

Cor. 3. Si on ôte ou qu'on ajoute à un cylindre & à un fluide mû de cette forte un mouvement quelconque angulaire commun; comme par ce nouveau mouvement le frottement réciproque des parties du fluide n'eſt pas altéré, les mouvemens de ces parties entr'elles ne changeront pas. Car les tranſlations réciproques des parties dépendent de leur frottement. Donc une partie quelconque confervera fon mouvement lorfque ce mouvement fera tel qu'il ne fera pas plus accéléré que retardé par le frottement produit dans des parties oppofées.

Cor. 4. Donc, fi on ôte de ce fyſtême entier compofé du fluide & des cylindres tout le mouvement angulaire du cylindre extérieur, on aura le mouvement du fluide dans un cylindre en repos.

Cor. 5. Donc, fi le fluide & le cylindre extérieur, étant en repos, le cylindre intérieur tourne uniformement; il communiquera un mouvement circulaire au fluide qui l'environne immédiatement, & ce mouvement fe propagera peu à peu dans tout le fluide; & il ne ceſſera point d'augmenter jufqu'à ce que chaque partie du fluide ait acquis le mouvement dont on a parlé dans le Cor. 4.

Cor. 6. Comme le fluide fait effort pour propager fon mouvement encore plus loin, le cylindre extérieur fera auſſi mû circulairement par cet effort, à moins qu'il ne foit fortement retenu; & fon mouvement s'accélérera jufqu'à ce que les temps périodiques de l'un & l'autre cylindre foient égaux entr'eux. Si le cylindre extérieur eſt fortement retenu, il s'efforcera de retarder le mouvement du fluide; & à moins que le cylindre intérieur, par quelque mouvement imprimé du dehors, ne conferve ce mouvement, il ceſſera peu à peu par l'effort du cylindre extérieur.

Tout ceci peut s'éprouver dans une eau profonde ſtagnante.

PROPOSITION LII. THÉORÉME XL.

Si une sphere solide tourne d'un mouvement uniforme, autour d'un axe donné de position, dans un fluide homogène & infini, que le fluide soit mû circulairement par cette seule impulsion ; & que chaque partie de ce fluide continue uniformement dans son mouvement : les temps périodiques des parties du fluide seront comme les quarrés de leurs distances au centre de la sphére.

Fig. 56.   *Cas* 1. Soit *AFL* une sphere mûe circulairement d'un mouvement uniforme autour de son axe *S*, & que le fluide soit partagé en un nombre infini d'orbes concentriques de même épaisseur par des cercles concentriques *BGM*, *CHN*, *DIO*, *EKP* &c. Supposez que ces orbes soient solides ; comme le fluide est homogène, les impressions que les orbes contigues font les unes sur les autres seront (par l'hypothése) comme leurs translations réciproques, & comme les superficies contigues sur lesquelles se font ces impressions. Si l'impression est plus forte ou plus foible dans quelque orbe vers sa partie concave que vers sa partie convexe ; l'impression la plus forte prévaudra, & elle accélérera ou retardera la vîtesse de l'orbe selon qu'elle sera dirigée du même côté ou d'un côté opposé à la direction de son mouvement. Donc, pour que chaque orbe continue uniformement dans son mouvement, les impulsions de part & d'autre doivent être égales entr'elles, & se faire vers des côtés opposés. Ainsi les impressions étant comme les superficies contigues & comme leurs translations réciproques ; ces translations seront inversement comme les superficies, c'est-à-dire, inversement comme les quarrés des distances des superficies au centre. Mais les différences des mouvemens angulaires autour de l'axe sont comme ces translations divisées par les distances, ou comme ces translations directement & les distances inversement ; c'est-à-dire, en composant ces raisons, comme les cubes des distances inversement. C'est-pourquoi, si à chacune des parties de la droite infinie *S A B C D E Q* on éleve les perpendiculaires *A a*,

DE LA PHILOSOPHIE NATURELLE.

Bb, Cc, Dd, Ee &c. réciproquement proportionnelles aux cubes de ces parties SA, SB, SC, SD, SE &c. Les fommes des différences, c'eſt-à-dire, les mouvemens entiers angulaires, feront comme les fommes correfpondantes des lignes Aa, Bb, Cc, Dd, Ee &c. c'eſt-à-dire, (fi le nombre des orbes augmente & que leur largeur diminue infiniment afin de former un milieu uniformément fluide) comme les aires hyperboliques AaQ, BbQ, CcQ, DdQ, EeQ, &c. analogues à ces fommes. Et les temps périodiques réciproquement proportionnels aux mouvemens angulaires feront auffi réciproquement proportionnels à ces aires. Donc le temps périodique d'un orbe quelconque DIO eſt réciproquement comme l'aire DdQ, c'eſt-à-dire, directement comme le quarré de la diſtance SD. Et c'eſt ce que j'ai voulu premierement démontrer.

Cas 2. Du centre de la fphere foit mené un grand nombre de droites infinies lefquelles faffent avec l'axe des angles donnés, & qui fe furpaffent les uns les autres de différences données ; fuppofez que ces droites, en tournant autour de l'axe, coupent les orbes en un nombre innombrable d'anneaux ; chacun de ces anneaux aura quatre anneaux qui lui feront contigus, un intérieur, un extérieur, & deux autres aux côtés. Un quelconque de ces anneaux, par le frottement intérieur & extérieur, ne peut-être preffé également dans des parties oppofées fi ce n'eſt par un mouvement qui fe faffe felon la loi du premier cas ; c'eſt ce qui eſt clair par la démonſtration de ce premier cas. Et par conféquent, la férie quelconque d'anneaux, allant en ligne droite à l'infini depuis la fphere, fe mouvera felon la loi du premier cas, à moins que le frottement des anneaux latéraux ne s'y oppofe. Mais dans le mouvement qui fe fait felon cette loi, le frottement des anneaux latéraux eſt nul ; ainfi il n'empêchera point que le mouvement ne fe faffe felon cette loi. Si les anneaux, qui font également éloignés du centre, tournoient plus vîte ou plus lentement vers les pôles que vers l'écliptique ; les plus lents feroient accélérés, & les plus prompts feroient retardés par le frottement mutuel, & par là les temps périodiques deviendroient toujours égaux, felon la loi du cas premier. Ce frottement n'empêche donc pas que le mouvement ne fe faffe felon la loi du premier cas, & par conféquent, cette loi aura lieu : c'eft-à-dire, que les temps périodiques de chacun des anneaux feront comme les quarrés de leurs diftances au centre du globe. Ce que j'avois à démontrer en fecond lieu.

Cas 3. Soit à-préfent un de ces anneaux divifé par des fections tranfverfales en des particules innombrables qui forment une fubftance abfolument & uniformement fluide ; comme ces fections n'ont point de rapport à la loi du mouvement circulaire, mais feulement à la conftitution du fluide, le mouvement circulaire continuera comme auparavant. Ainfi les afpérités de tous ces anneaux (lefquels font fuppofés très-petits) ne changeront point par ces fections, non plus que la force de leurs frottemens mutuels ou bien ils changeront également. Ainfi la proportion des caufes demeurant la même, la proportion des effets fubfiftera auffi, c'eft-à-dire, la proportion des mouvemens & des temps périodiques. *C. Q. F. D.*

Cor. 1. Delà, les mouvemens angulaires des parties du fluide autour de l'axe de la fphere, font réciproquement comme les quarrés des diftances au centre de la fphere, & les vîteffes abfolues font réciproquement comme ces mêmes quarrés divifés par les diftances à l'axe.

Cor. 2. Si un globe tourne d'un mouvement uniforme, dans un milieu en repos, homogène & infini, autour d'un axe donné de pofition, il communiquera au fluide un mouvement de tourbillon, & ce mouvement fe continuera peu à peu à l'infini ; & il ne ceffera point d'être accéléré dans chaque partie du fluide, jufqu'à ce que les temps périodiques de chacune de ces parties foient comme les quarrés des diftances au centre du globe.

Cor. 3. Parce que les parties intérieures du tourbillon, à caufe de fa plus grande vîteffe, preffent & frottent les extérieures, que par cette action elles leur communiquent perpétuellement du mouvement, & que ces parties extérieures communiquent auffi en même temps la même quantité de mouvement à d'autres parties qui leur font extérieures, & que par là elles confervent toujours leur quantité de mouvement fans aucune variation; il eft clair, que le mouvement fe communique fans ceffe du centre à la circonférence du tourbillon, & qu'il eft abforbé dans l'infinité de cette circonférence. La matiere du tourbillon contenue entre deux fuperficies fphériques quelconques concentriques, n'eft donc jamais accélérée, parce que tout le mouvement que la matiere intérieure reçoit eft toujours transféré à la matiere extérieure.

Cor. 4. Donc, afin que le mouvement du tourbillon fe conferve le même, il faut un principe actif par lequel le globe reçoive toujours la même quantité de mouvement qu'il imprime à la matiere du tourbillon; & fans un tel principe, il faut néceffairement que le globe & les parties intérieures du tourbillon, communiquant fans ceffe leur mouvement aux extérieures, & n'en recevant point de nouveau, perdent leur mouvement peu à peu, & qu'ils ceffent enfin de tourner.

Cor. 5. Si un autre globe nâgeoit du centre de ce tourbillon, à une certaine diftance & que dans le même temps il tournât continuellement, par quelque force, autour d'un axe dont l'inclinaifon fut donnée; par ce mouvement le fluide feroit forcé de tourner en tourbillon; & ce nouveau tourbillon très-petit commenceroit à tourner avec le globe autour du centre de l'autre tourbillon, & peu à peu fon mouvement fe propageroit à l'infini, comme celui du premier tourbillon. Par la même raifon qui fait que ce nouveau globe feroit emporté par le mouvement du premier tourbillon, le premier globe feroit auffi emporté par le mouvement du fecond tourbillon, enforte que ces deux globes tourneroient autour de quelque point intermédiaire, & qu'ils fe fuiroient mutuellement par leur mouvement circulaire, à moins qu'ils ne fuffent rapprochés par quelqu'autre force. Enfuite, fi les forces continuellement imprimées, par lesquelles ces globes continuent à se mouvoir, venoient à cesser, & que les loix de la mécanique permissent toutes ces suppositions, le mouvement de ces globes diminueroit peu à peu (par la raison indiquée dans les Cor. 3. & 4.) & enfin les tourbillons seroient en repos.

Cor. 6. Si plusieurs globes tournent constamment dans des lieux donnés autour d'axes donnés de position, & avec des vîtesses déterminées, il se formera autant de tourbillons à l'infini. Car chacun de ces globes, par la même raison que le mouvement de l'un d'entr'eux se propage à l'infini, propagera aussi son mouvement à l'infini, ensorte que chaque partie du fluide infini sera agitée du mouvement qui résulte des actions de tous ces globes. Donc ces tourbillons ne seront pas terminés par des limites certaines, mais ils se mêleront peu à peu les uns les autres ; & les globes par les actions de ces tourbillons les uns sur les autres seront perpétuellement dérangés de leur place, comme on l'a fait voir dans le Cor. précédent ; & par conséquent, ils ne conserveront point entr'eux une position fixe, à moins qu'ils ne soient retenus par quelqu'autre force. Mais les forces qui sont continuellement imprimées à ces globes, & qui conservent leur mouvement, venant à cesser, la matiere cessera peu à peu de former des tourbillons, & sera à la fin en repos, par la raison assignée dans les Cor. 3. & 4.

Cor. 7. Si un fluide homogène est enfermé dans un vase sphérique, & qu'il ait un mouvement de rotation uniforme autour d'un globe placé dans le centre, que ce globe & ce vase tournent du même côté autour du même axe, & que leurs temps périodiques soient comme les quarrés de leurs demi diamétres : les parties du fluide ne continueront pas à se mouvoir sans accélération ni retardation, à moins que leurs temps périodiques ne soient comme les quarrés des distances au centre du tourbillon. Car un tourbillon ne peut subsister par une autre loi.

Cor. 8. Si le vase, le fluide qui y est renfermé, & le globe conservent ce mouvement, & que de plus ils tournent d'un mouvement

vement angulaire commun autour d'un axe quelconque donné ; comme par ce nouveau mouvement le frottement des parties du fluide entr'elles ne change pas, les mouvemens de ces parties entre elles ne changeront pas non plus. Car les translations réciproques des parties dépendent de leur frottement. Ainsi une partie quelconque persévérera dans le mouvement qui est nécessaire pour que le frottement qu'elle éprouve d'un côté ne la retarde pas plus que celui qu'elle éprouve de l'autre ne l'accélere.

Cor. 9. Ainsi si le vase est en repos, & que le mouvement du globe soit donné, le mouvement du fluide le sera aussi. Car concevez un plan qui passe par l'axe du globe, & qui se meuve en un sens contraire ; & supposez que la somme du temps de sa révolution & de celle du globe, soit au temps de la révolution du globe, comme le quarré du demi diametre du vase est au quarré du demi diametre du globe : les temps périodiques des parties du fluide seront alors, par rapport à ce plan, comme les quarrés de leurs distances au centre du globe.

Cor. 10. Donc si le vase & le globe se meuvent autour d'un même axe ou bien autour de quelque axe différent, avec une vîtesse quelconque donnée, on aura le mouvement du fluide. Car si de tout le système on ôte le mouvement angulaire du vase, tous les mouvemens demeureront les mêmes entr'eux comme auparavant, par le *Cor.* 8. & ces mouvemens seront donnés par le *Cor.* 9.

Cor. 11. Si le vase & le fluide sont en repos, & que le globe tourne d'un mouvement uniforme, le mouvement se communiquera peu à peu à tout le fluide renfermé dans le vase, & le vase sera mû circulairement par ce mouvement, à moins qu'il ne soit fortement retenu, & le fluide & le vase ne cesseront point d'être accélérés jusqu'à ce que leurs temps périodiques soient égaux aux temps périodiques du globe. Si le vase est retenu par quelque force, ou bien qu'il tourne par un mouvement constant & uniforme quelconque, le milieu parviendra peu à peu à l'état de mouvement dont on a parlé dans les *Cor.* 8. 9. & 10. & il ne restera jamais dans aucun autre état. Ensuite, si les forces qui faisoient tourner le globe & le vase avec des mouvemens déterminés cessent d'agir, & que tout le système soit abandonné aux loix de la méchanique ; le globe & le vase agiront l'un sur l'autre par le moyen du fluide, & ils ne cesseront point de se communiquer mutuellement leurs mouvemens par le moyen de ce fluide, jusqu'à ce que leurs temps périodiques soient égaux entre eux, & que le système entier tourne tout ensemble comme feroit un corps solide.

SCHOLIE.

Dans tout ceci, je suppose le fluide composé d'une matiere dont la densité & la fluidité soient uniformes. Dans un tel fluide, un même globe avec le même mouvement, & dans le même temps, exciteroit des mouvemens égaux & semblables, à des distances égales, dans quelque lieu du fluide qu'il fut placé. La matiere par son mouvement circulaire fait effort pour s'éloigner de l'axe du tourbillon, & par conséquent elle presse toute la matiere qui est au-delà. Cette pression rend le frottement des parties plus fort, & leur séparation plus difficile ; & elle diminue, par conséquent, la fluidité de la matiere. De plus, si les parties du fluide sont plus épaisses dans quelque endroit, la fluidité y sera moindre, à cause de la diminution du nombre des superficies qui séparent ces parties les unes des autres. Je suppose que dans les cas de cette espéce, on supplée par quelque moyen au défaut de fluidité qui vient du manque de lubricité des parties, ou de quelque retardement. Car sans cela, la matiere étant plus cohérente dans les lieux où elle est moins fluide, elle se mouveroit plus lentement, & par conséquent elle recevroit le mouvement plus difficilement, & le propageroit plus longtemps que la proportion assignée ci-dessus ne le demande. Si la forme du vase n'est pas sphérique, les particules se mouveront dans des lignes qui ne seront pas circulaires, mais conformes à la figure du vase, & les temps périodiques feront comme les quarrés des moyennes diftances au centre à peu près. Les mouvemens feront plus lents dans les lieux entre la circonférence & le centre où les efpaces font plus grands, & ils feront plus prompts dans les lieux où ces efpaces feront plus étroits, & cependant les particules qui auront le plus de vîteffe n'en tendront pas moins à la circonférence : car quoiqu'elles décrivent des arcs moins courbes, l'effort qu'elles font pour s'éloigner du centre ne fera diminué par cette moindre courbure qu'autant qu'il fera augmenté par l'augmentation de la vîteffe. En allant des efpaces plus étroits dans ceux qui font plus larges, elles s'éloigneront un peu plus du centre, & en s'éloignant leur mouvement fera retardé ; enfuite, en repaffant des efpaces les plus larges dans les plus étroits leur mouvement fera accéléré, & ainfi chacune de ces particules fera perpétuellement retardée & accélérée tour à tour. Cela fe paffera ainfi dans un vafe folide. Mais la forme d'un tourbillon dans un fluide infini fe connoîtra par le Cor. 6. de cette Propofition.

J'ai cherché les propriétés des tourbillons dans cette Propofition, afin de connoître s'il étoit poffible d'expliquer les phénomènes céleftes par les tourbillons. Il eft certain, par les obfervations, que les temps périodiques des planettes qui tournent autour de Jupiter, font en raifon fefquiplée de leurs diftances au centre de cette planette ; & la même régle a lieu pour les planettes qui tournent autour du foleil. Ainfi cette régle étant obfervée affez exactement par toutes les planettes autant que les obfervations aftronomiques ont pu le faire voir jufqu'à préfent, elle eft une loi de la nature. Or, fi les planettes qui tournent autour de Jupiter & du Soleil étoient tranfportées par des tourbillons, ces tourbillons devroient auffi obferver la même loi en tournant. Mais les temps périodiques des particules des tourbillons font en raifon doublée de leurs diftances au centre du mouvement : & cette raifon ne peut être diminuée & devenir la raifon fefquiplée, à moins que la matiere du tourbillon ne foit d'autant plus fluide, qu'elle s'éloigne plus du centre, ou que la réſiſtance, cauſée par le défaut de lubricité des parties du fluide, n'augmente, par l'augmentation de la vîteſſe avec laquelle les parties du fluide ſont ſéparées les unes des autres, dans une plus grande raiſon que celle dans laquelle cette vîteſſe elle-même augmente. Or l'un & l'autre répugne à la raiſon. Car les parties les plus épaiſſes & les moins fluides iroient à la circonférence, ſi elles ne péſoient pas vers le centre ; & quoique j'aye ſuppoſé pour les démonſtrations au commencement de cette ſection, que la réſiſtance étoit proportionnelle à la vîteſſe, il eſt vraiſemblable cependant qu'elle augmente dans une moindre raiſon que la vîteſſe. Ce qui étant accordé, il eſt certain que les temps périodiques des parties du tourbillon feront dans une plus grande raiſon que la raiſon doublée des diſtances au centre. Que ſi les tourbillons (comme c'eſt l'opinion de quelques-uns) ſe meuvent plus vîte près du centre, & enſuite plus lentement juſqu'à un certain éloignement, & enfin de nouveau plus promptement près de la circonférence ; il eſt certain qu'ils ne pourront obſerver ni la raiſon ſeſquiplée des diſtances, ni aucune proportion déterminée. C'eſt donc aux Philoſophes à voir comment ils pourront expliquer cette loi de la raiſon ſeſquiplée par le moyen des tourbillons.

PROPOSITION LIII. THÉORÉME XLI.

Les corps, qui ſont emportés par des tourbillons & dont les orbites rentrent en elles-mêmes, ſont de même denſité que ces tourbillons, & ſe meuvent ſelon la même loi que leurs parties, quant à la vîteſſe & à la direction.

Car ſi quelque petite partie d'un tourbillon, dont les particules ou les points phyſiques conſervent entr'elles une certaine poſition, eſt ſuppoſée ſe congeler : comme cette particule ne change, ni quant à ſa denſité, ni quant à la force imprimée, ni quant à la figure, elle ſe mouvera par la même loi qu'auparavant ; & réciproquement, si la partie congelée & solide est de même densité que le reste du tourbillon, & qu'elle soit rendue fluide ; elle se mouvera de la même maniere qu'auparavant, à moins que ses particules rendues fluides ne se mûssent entr'elles. Négligeant donc ce mouvement des particules entr'elles comme ne contribuant en rien au mouvement progressif du tout, le mouvement total sera le même qu'auparavant. Mais ce mouvement sera le même que le mouvement des autres parties du tourbillon également éloignées du centre, parce que cette particule solide qui est devenue fluide devient une partie du tourbillon semblable aux autres parties. Donc, si cette partie solide est de la même densité que la matiere du tourbillon, elle aura le même mouvement que les parties de ce tourbillon, & sera dans un repos relatif avec la matiere ambiante. Si elle est plus dense, alors elle fera plus d'effort pour s'éloigner du centre du tourbillon qu'elle n'en faisoit auparavant ; ainsi, en surpassant la force du tourbillon par laquelle cette particule étoit auparavant retenue dans son orbite comme en équilibre, elle s'éloignera du centre, & décrira en tournant une spirale, & par conséquent son orbite ne reviendra plus sur elle même. Et par le même raisonnement, si elle est moins dense, elle s'approchera du centre ; & par conséquent l'orbite que décrira cette particule ne reviendra point sur elle-même, à moins qu'elle ne soit de la même densité que le fluide. Et il a été démontré que dans ce cas elle observeroit dans sa révolution la même loi que les parties du fluide également distantes du centre du tourbillon. *C. Q. F. D.*

Cor. 1. Donc, un solide qui est emporté par un tourbillon, & qui décrit une orbite qui rentre en elle-même, est dans un repos relatif avec le fluide dans lequel il nâge.

Cor. 2. Et si ce tourbillon est d'une densité uniforme, ce corps pourra faire sa révolution à une distance quelconque du centre du tourbillon.

SCHOLIE.

Il est donc certain que les planettes ne font point transportées par des tourbillons de matiere. Car les planettes qui tournent autour du soleil, selon l'hypotèse de Copernic, font leurs révolutions dans des ellipses qui ont le Soleil dans un de leurs foyers, & elles parcourent des aires proportionnelles au temps. Mais les parties d'un tourbillon ne peuvent se mouvoir ainsi. Que AD, BE, CF représentent trois orbes décrits autour du Soleil S, dont le plus extérieur CF soit concentrique au Soleil, & que les aphélies des deux intérieurs soient A & B, & leurs périhélies D & E. Le corps qui fait sa révolution dans l'orbe CF, en décrivant des aires proportionnelles au temps, se meut d'un mouvement uniforme. Mais le corps qui fait sa révolution dans l'orbe BE, se mouvera plus lentement dans l'aphélie B, & plus vîte dans le périhélie E, selon les loix astronomiques ; cependant, selon les loix de la méchanique, la matiere du tourbillon doit se mouvoir plus vîte dans l'espace plus étroit entre A & C que dans l'espace plus large entre D & F ; c'est-à-dire, que le corps révolvant ira plus vîte dans l'aphélie que dans le périhélie. Ce qui est contraire l'un à l'autre. Ainsi dans le commencement du signe de la Vierge, où Mars commence à être dans son aphélie, la distance entre les orbes de Mars & de Venus est à la distance de ces mêmes orbes dans le commencement du signe des Poissons comme 3 à 2 à peu près, & par conséquent, la matiere du tourbillon entre ces orbes devroit aller plus vîte dans le commencement des Poissons que dans le commencement de la Vierge dans la raison de 3 à 2. Car plus l'espace par lequel une même quantité de matiere passe dans le même temps est étroit, & plus elle doit avoir de vîtesse. Donc, si la terre est emportée par une matiere céleste avec laquelle elle soit dans un repos relatif, & qu'elle tourne avec cette matiere autour du Soleil, sa vîtesse au commencement du signe des Poissons doit être à sa vîtesse au commen-

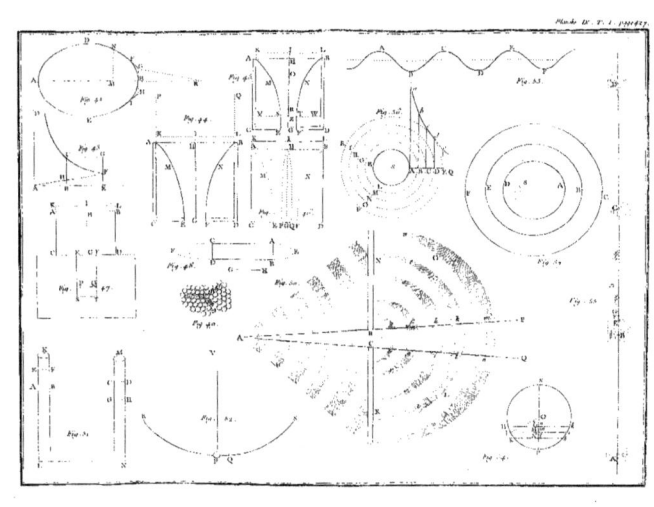

cement du figne de la Vierge en raifon fefquialtere. Donc le mouvement diurne apparent du Soleil devroit être de 70 minutes plus vîte dans le commencement de la Vierge, & plus lent de 48 minutes dans le commencement des Poiffons. Or, il eft certain, (par les obfervations) que le mouvement diurne apparent du Soleil eft plus vîte dans le commencement des Poiffons que dans le commencement de la Vierge, & que par conféquent la terre va plus vîte dans le commencement de la Vierge que dans le commencement des Poiffons. Ainfi l'hypotèfe des tourbillons répugne à tous les phénomènes aftronomiques, & paroît plus propre à les troubler qu'à les expliquer. Mais on peut comprendre par ce qui a été dit dans le premier livre comment ces mouvemens peuvent s'exécuter fans tourbillons dans des efpaces libres. Et cela fera encore mieux expliqué dans le troifiéme livre.

Fin du Tome Premier.

TABLE ALPHABÉTIQUE
DES MATIERES

Contenues dans les Principes Mathématiques de la Philosophie Naturelle.

AVERTISSEMENT.

On a mis à la fin de ce premier Volume la Table générale des Matieres des Principes, quoique leur troisiéme Livre soit contenu dans le second Volume ; ainsi quand on trouvera le troisiéme Livre indiqué, il faudra recourir à ce second Volume. A l'égard des citations elles doivent s'entendre ainsi, III. x. 484 signifient Liv. III. Prop. X. pag. 484. Les Prop. sont marquées en chiffres romains italiques, les pages en chiffres arabes.

A.

AIR, sa densité, à une hauteur quelconque, se conclut de la Prop. 22. du Liv. 2. on fait voir ce qu'elle est à la hauteur d'un demi diamétre de la terre. III. *xlj.* 153

A quelle cause on peut attribuer sa force élastique. II. *xxiij.*

Comparaison de sa pesanteur avec celle de l'eau. III. *ibid.*

Sa résistance : on la mesure par les expériences des pendules. II. *xxxj.*

Et par la théorie des corps tombans, on la détermine plus exactement. II. *IV. Sch.* 40

AIRES (comparaison des) que les corps qui circulent décrivent par des rayons tirés au centre, avec les temps employés à les décrire. I. *ij. iij. lviij. lxv.*

ANGLES de contact ne sont pas tous du même genre, mais les uns sont infiniment plus petits que les autres. I. *Lem. II. Sch.*

APSIDES, on examine leur mouvement. I. *Sect. 9.*

ATTRACTION (démonstration de l') universelle des corps. III. *vij.*

Certitude de cette démonstration. II. *iv.* 17

L'auteur n'a jamais assigné la cause de cette attraction, ni la façon dont elle s'exécute. I. 7. 167. 200. III. 179

C.

CENTRE, le commun centre de gravité de plusieurs corps ne change point son état de repos ou de mouvement par l'action de ces corps entr'eux. I. 25

Le centre commun de gravité de la terre, du Soleil & de toutes les planetes est en repos. III. *xj.*

C'est ce qui est confirmé par le Cor. 2. de la Prop. 14. Liv. 3.

Le centre commun de gravité de la terre & de la Lune parcourt en une année le grand orbe. III. 31

A quelle distance ce commun centre est de la Lune & de la terre. III. 101

Centre des forces par lesquelles les corps qui tournent sont retenus dans leur orbite,

Tome I. Iij

Par quel indice on trouve ce centre des aires. I. *iij.* 54

Comment on trouve ce centre en connoissant les vîtesses des corps qui tournent. I. *v.*

CERCLES, par quelle loi d'une force centripéte tendante à un point quelconque donné, un corps peut décrire en tournant la circonférence d'un cercle. I. *iv. vij. viij.*

CHALEUR, il est reconnu que la chaleur allonge une barre de fer. III. *xliv.*

Quelle est la chaleur du Soleil à différentes distances. III. *xlj.*

Quelle elle est dans Mercure. III. *viij. Cor.* 4.

Quelle elle étoit dans la cométe de 1680. lorsque cette cométe étoit dans son périhélie. III. *xlj.*

CIEUX, ils sont destitués de toute résistance sensible, III. *x. xlj.* & par conséquent ils sont vuides de tout fluide corporel. II. *xl.* Ils donnent passage à la lumiere sans lui faire éprouver aucune réfraction. III. *xlj.*

COMETES, elles sont du genre des planetes, & non de celui des météores. III. *xl. xlj.* 143

Elles sont placées au-dessus de la Lune, & elles sont dans la région des planetes. III. *xxxix.*

Comment on peut déterminer à peu près leurs distances par les observations. III. *Lem. IV.* 110

On en a observé une plus grande quantité dans l'hémisphére vers le Soleil que dans l'hémisphére opposé, & pourquoi. III. 117

Elles brillent par la lumiere du Soleil qu'elles réfléchissent. *ibid.*

Dans quelle proportion est ordinairement cette lumiere. III. 113

Elles sont entourées de grands atmosphéres immenses. III. 114 & 118

On croit que celles qui approchent le plus près du Soleil, sont pour la plûpart les plus petites. III. 160

Pourquoi elles ne sont point renfermées dans le zodiaque, (comme les planetes) mais parcourent toutes les régions du Ciel. III. 171

Elles peuvent quelquefois tomber dans le Soleil & lui servir d'un nouvel aliment. III. 172

On imagine quel est leur usage. III. 157 & 172

Elles se meuvent dans des sections coniques qui ont leur foyer dans le centre du Soleil, & elles décrivent des aires proportionnelles au temps par un rayon tiré au Soleil, & quoiqu'elles se meuvent dans des ellipses si leur orbe rentre en lui-même, cependant ces orbes approchent infiniment d'être paraboliques. III. *xl.*

On trouve leur trajectoire parabolique par le moyen de trois observations données : III. *xlj.* & on corrige cette trajectoire trouvée. III. *xlij.*

Comment on trouve le lieu d'une cométe dans une trajectoire parabolique, pour un temps donné. III. *xlj.*

On compare la vitesse d'une cométe avec celle d'une planete. *ibid.*

Leurs queuës.

Elles sont opposées au Soleil. III. *xlj.* 150

Elles sont les plus grandes & les plus brillantes, immédiatement après leur passage dans le voisinage du Soleil. III. *xlj.* 149

La matiere qui les compose est extrêmement rare. III. *xlj.* 152

Origine & nature de ces queuës. III. 113

Dans quel espace de temps elles s'élévent de la tête des cométes. III. *xlj.* 152

Cométe des années 1664 & 1665.

On examine son mouvement observé, & on le compare avec la théorie. III. *xlij.* 163

Cométe des années 1680 & 1681.

Son mouvement observé. III. *xlj.*

On le calcule pour un orbe parabolique. III. 135

Et pour un orbe elliptique. III. 138

On trace sa trajectoire & sa queuë pour tous les lieux. III. 143

Cométe de l'année 1682.

On compare son mouvement avec la théorie. III. 168

On croit que cette même cométe avoit déja paru en 1607. & que par conséquent son temps périodique est de 75 ans. III. 171

Cométe de l'année 1683.

Comparaison de son mouvement avec la théorie. III. 167

Cométe de 1723.

DES MATIERES.

Comparaison de son mouvement avec la théorie. III. 169

COURBES, on les distingue en géométriques rationnelles, & géométriques irrationnelles. I. 118

Comment on peut trouver la courbure des figures. III. *xxvij.* 60. II. *x.* 273

CYCLOIDE ou EPICYCLOIDE, leur rectification. I. *xlviij. xlix.*

Leur évolution. I. *l.* 162

CYLINDRE (attraction d'un) composé de particules attirantes, & dont les forces attractives sont réciproquement comme les quarrés des distances. I. 229

D.

DEGRE'S, on donne la mesure des degrés du méridien terrestre, & on fait voir par la théorie combien leur différence est petite. III. *xx.*

DESCENTE, quelle est la descente des corps graves dans le vuide. III. 35

On compare les espaces décrits, les temps employés à les décrire, & les vitesses acquises en les décrivant dans l'ascension, & la descension rectiligne des corps, en supposant une force centripete d'un genre quelconque. I. *Sect.* 7.

Descension & ascension des corps dans des milieux résistans. II. *iij. viij. ix. xl. xiij. xiv.*

DIEU. (nature de) III. 175, 176, &c.

E.

ELLIPSE, par quelle loi de force centripete tendante au centre de la figure cette courbe est décrite par le corps. I. *x.*

Par quelle loi un corps qui tourne peut décrire cette courbe avec une force centripete qui tend à un de ses foyers. I. *xj.*

EQUINOXES. (précession des)
On assigne les causes de ce mouvement. III. *xxj.*

Et on tire de ces causes la quantité de ce mouvement. III. *xxxix.*

ESPACE absolu & relatif. I. 8, 9, 10
Il n'est pas également plein. III. 21

ETOILES FIXES, on démontre qu'elles sont en repos. III. 31

A quelles causes on doit attribuer leur radiation & leur scintillation. III. 148, &c.

D'où peuvent venir les nouvelles étoiles. III. 172

On s'apperçoit qu'il faut admettre une espéce de fluide très-subtil qui pénétre tous les corps, & qui demeure caché dans leur substance, afin de pouvoir expliquer plusieurs phénoménes de la nature. III. 179

F.

FLUIDE. (définition du) II. 301
On fait voir quelles loix suivent la densité & la compression des fluides. II. *Sect.* 5.

On détermine le mouvement des fluides qui s'écoulent par un trou fait dans un vase. II. *xxxvj.*

FORCES, leur composition & leur décomposition. I. 19

FORCES ATTRACTIVES (on détermine les) des corps sphériques composés de particules qui attirent selon une loi quelconque. I. *Sect.* 12.

Et celles des corps qui ne sont pas sphériques, & qui sont composés de particules attirantes selon une loi quelconque. *ibid.*

FORCE CENTRIFUGE (quelle est la) des corps sous l'équateur. III. 35

FORCE CENTRIPETE. (on définit la) I. 3

On définit ce qu'on entend par sa quantité absolue. I. 5

Ce qu'on entend par sa quantité accélératrice. I. 5

Et par sa quantité motrice. I. 6

On fait sçavoir comment on peut connoître la proportion à une force quelconque connue. I. 56. *Sch.*

Un corps qui circule autour d'un centre immobile dans un espace non résistant, fait découvrir les forces centripetes. I. *Sect.* 2. & 3.

Les forces centripetes tendantes à un point quelconque, & par lesquelles une figure quelconque peut être décrite par un corps qui circule étant données, les forces centripetes tendantes à un autre point quelconque, & par lesquelles la même figure peut être décrite dans le même temps périodique sont aussi données. I. *vij. Cor.* 3. 61

Les forces centripetes par lesquelles une figure quelconque est décrite par un corps qui circule étant données, on aura aussi les forces qu'il faut pour décrire une nouvelle figure dans laquelle les ordonnées ont une raison donnée avec celles de la premiere figure, & font avec l'axe un autre angle quelconque pourvû que chaque temps périodique demeure le même. I. *Sch.* 65

On fait voir quelles figures peuvent être décrites par des forces centripetes décroissantes en raison doublée des distances. I. *xxij. Cor.* 1. I. 170 *Cor.* 2.

La force centripete étant comme le cube de l'ordonnée, & tendante à un centre des forces très-éloigné, le corps se mouvra dans la section conique quelconque donnée. I. 51. *Sch.*

Si elle est comme le cube de l'ordonné, & tendante à un centre de forces très-éloigné, le corps se mouvra dans une hyperbole. 234, à la fin.

FUMÉE, on explique en passant l'ascension de la fumée dans une cheminée. III. 155

G.

GRAVITÉ, elle est d'un autre genre que la force magnétique. III. 21 *Cor.* 3. Elle est mutuelle entre la terre & ses parties. III. 32. à la fin.

Sa cause n'est point assignée. III. 178 à la fin.

Elle a lieu dans toutes les planetes. III. *v. Cor.* 1.

Et elle décroît hors de leur superficie en raison doublée de la distance au centre. III. *viij.*

Et de leur superficie vers le centre, elle décroît dans la raison simple des distances à peu près. III. *ix.*

Elle a lieu dans tous les corps, & elle est proportionnelle dans chacun d'eux à leur quantité de matiere. III. *vij.*

C'est par la force de la gravité que la Lune est retenue dans son orbite. III. *iv.*

H.

HYDROSTATIQUE, on donne les principes de l'hydrostatique. II. *Sect.* 9.

HYPERBOLE, par quelle loi de force centrifuge tendante à éloigner le corps qui se meut dans cette figure du centre de la figure, cette courbe peut être décrite. I. *x. Sch.* 65

Par quelle loi de force centrifuge, tendante à éloigner le corps du foyer de cette figure, ce corps peut la décrire dans son mouvement. I. *xij.* 69

Par quelle loi de force centripete tendante au foyer de la figure, cette courbe peut être décrite par le corps qui se meut dans cette figure. I. *xij.*

HYPOTHESE, cette philosophie les rejette de quelque espéce qu'elles soient. III. 179

I.

INERTIE, définition de la force d'inertie. I. 2

JUPITER, son temps périodique. III. 9
Sa distance au Soleil. *ibid.*
Son diamétre apparent. III. 6
Son diamétre véritable. III. 24
Quantité de la force attractive. *ibid.*
Poids des corps à sa superficie. *ibid.*
Sa densité. *ibid.*
Sa quantité de matiere. *ibid.*
De quelle quantité son mouvement est troublé par sa saturne. III. 30
On trouve par le calcul la proportion de ses diamétres. III. 39
Et on la compare avec les observations. *ibid.*

En combien de temps il tourne sur son axe. III. 38

L.

LIEU, on le définit & on le distingue en absolu & relatif. I. 8

On trouve pour un temps donné les lieux des corps mûs dans des sections coniques. I. *Sect.* 6.

LUMIERE, sa propagation n'est pas instantanée. I. *xcvj. Sch.*

Elle n'est point l'effet de l'agitation d'un milieu éthéré quelconque. II. 410. *Sch.*

Sa vîtesse est différente dans différens milieux. I. *xcv.*

On explique comment se fait une sorte de réflexion. I. *xcvj.*

On explique la réfraction. I. *xliv.*

Elle ne se fait pas dans le seul point de l'incidence. I. 239

Incurvation des rayons en passant près des bords des corps, découverte par les expériences. I. 238. *Sch.*

LUNE, on détermine par le calcul la figure du corps de la Lune. III. *xxxviij.*

On explique ses librations. III. *xvij.*

Quel est son diamétre apparent, moyen, médiocre. III. 100. *Cor.* 3.

Quel est son diamétre véritable. *Ibid. Cor.* 4.

Poids des corps à sa surface. *Ibid. Cor.* 4.
Sa densité. *Ibid. Cor.* 3.
Sa quantité de matiere. *Ibid. Cor.* 4.

Combien sa distance médiocre à la terre contient de grands diamétres de la terre.

DES MATIERES.

III. 101. *Cor.* 7. 10. & combien elle en contient de médiocres. III. 102. *Cor.* 8.

Quelle est la quantité de sa force pour mouvoir les eaux de la mer. III. *xxvij.*

Elle ne peut être sensible dans les expériences des pendules, ni dans aucune expérience quelconque d'hydrostatique. III. 100. *Cor.* 2.

Son temps périodique. III. 101. *Cor.* 7.

Temps de sa révolution synodique. III. *xxvj.* 59

On déduit ses mouvemens & leurs inégalités de leurs causes. III. *xxij.* 46 *& suiv.*

La Lune va plus lentement dans le périhélie de la terre où son orbe est dilaté, & plus vîte dans l'aphélie de la terre où son orbe est contracté. *ibid.*

Elle se meut plus lentement dans les syzygies de l'apogée avec le Soleil où son orbe est contracté. III. *xxxv. Sch.* Elle se meut plus lentement dans les syzygies du nœud avec le Soleil, & plus vîte dans les syzygies, & elle décrit une aire dans une moindre raison que le temps dans le premier cas, & plus grande dans le second par un rayon tiré à la terre. III. *xxij.*

On calcule l'inégalité de ces aires. III. *xxvj.* 56

Elle a un orbe plus courbe, & elle s'éloigne plus de la terre dans le premier cas, & dans le second elle s'approche plus de la terre, & elle a un orbe moins courbe. III. *xxij.* 46

On détermine par le calcul la figure de cet orbe & la proportion de ses diamétres. III. *xxviij.* 60

Et on propose ensuite une méthode de trouver la distance de la Lune à la terre par son mouvement horaire. III. *xxvij.*

Son apogée se meut plus lentement dans l'aphélie de la terre, & plus vîte dans son périhélie. III. *xxxv.* 88

Son apogée avance le plus lorsque le Soleil est dans les syzygies, & il rétrograde dans les quadratures. *ibid.*

Son excentricité est la plus grande dans les syzygies de l'apogée avec le Soleil, & la moindre dans les quadratures. *ibid.*

Les nœuds se meuvent plus lentement dans l'aphélie de la terre, & plus vîte dans son périhélie. *ibid.*

Les nœuds sont en repos dans leurs syzygies avec le Soleil, & rétrogradent très-vîte dans les quadratures. *ibid.*

On calcule par la théorie de la gravité les mouvemens des nœuds, & l'inégalité de ces mouvemens. III. *xxx. xxxj. xxxij. xxxiij.*

L'inclinaison de son orbe à l'écliptique est la plus grande dans les syzygies des nœuds avec le Soleil, & la plus petite dans les quadratures. I. *lxvj. Cor.* 10.

On calcule par la théorie de la gravité les variations de cette inclinaison. III. *xxiv. xxxv.*

Equations des mouvemens lunaires pour les usages astronomiques. III. 88. *& suiv.*

Mouvement moyen de la Lune.

Equation annuelle. *Ibid.* 89
Premiere équation semestre. *Ibid.* 91
Seconde équation semestre. 91
Premiere équation du centre. *Ibid.* 92
Seconde équation du centre. *Ibid.* 93, 94
Premiere variation de la Lune. III. *xxix.* 63

Mouvement moyen de l'apogée.

Son équation annuelle. III. *xxxv.* 90
Equation semestre.
Son équation semestre. *Ibid.* 90
Mouvement moyen des nœuds. *Ibid.* 90
Leur équation annuelle. *Ibid.* 90
Leur équation semestre. III. *xxxiij.* 79
Inclinaison de l'orbite à l'écliptique.
Son équation semestre. 88

Par quelle méthode on peut établir la théorie des mouvemens lunaires sur les observations. *Ibid.* 94

M.

MAGNETIQUE. (force) I. 32. II. 316. III. 22. 102

MARS, son temps périodique. III. 9
Sa distance au Soleil. *ibid.*
Mouvement de son aphélie. III. *xiv. Sch.*

MATIERE, on définit ce qu'on entend par sa quantité. I. 2

On définit ce qu'on entend par force résidente dans la matiere, ou force d'inertie. *ibid.*

On définit ce qu'on entend par force imprimée dans la matiere. 3

Comment peut-on connoître son extension, sa dureté, son impénétrabilité, sa mobilité, sa force d'inertie, sa gravité. III. 2. III. 179

La matiere subtile de Descartes est réfutée. III. *xxxj. Sch.* 343

MECHANIQUES, on démontre & on explique ce qu'on appelle les puissances méchaniques. I. 29, 30, 34

MER, on déduit le flux de la mer de ses causes. III. *xxiv. xxvj. xxxvij.*

MERCURE, son temps périodique. III. 9
Sa distance au Soleil. *ibid.*
Mouvement de son aphélie. III. *xiv. Sch.*

METHODE des premieres & dernieres raisons. I. *Sect. 1.*
Pour transformer les figures en d'autres qui soient du même genre analytique. I. *Lem. XXII.* 99
Des fluxions. II. *Lem. II.* 250
D'interpolation. III. *Lem. V & VI.* 120, 122
Pour trouver les quadratures approchées de toutes les courbes. *Ibid.* 120
Des séries convergentes appliquée à la solution des Problêmes les plus difficiles. I. 146, 147, 234

MOUVEMENT, on définit ce qu'on entend par sa quantité, I. 2, absolu & relatif. 9 *& suiv.* On démontre par des exemples comment on peut distinguer ces deux sortes de mouvemens l'un de l'autre. 13
Loix du mouvement. 17 *& suiv.*
Composition & résolution des mouvemens. 19
On fait voir par quelle expérience on peut connoître exactement après la réflexion les mouvemens des corps qui se choquent. 27 *& suiv.*
Mouvement des corps.
Dans les sections coniques excentriques. I. *Sect. 1.*
Dans des orbes mobiles. I. *Sect. 9.*
Dans des superficies données, & du mouvement réciproque des pendules. I. *Sect. 10.*
Du mouvement des corps qui s'attirent réciproquement. I. *Sect. 11.*
Des mouvemens des corps très-petits qui sont agités par des forces centripetes, qui tendent à chacune des parties de quelque corps d'une masse beaucoup plus grande. I. *Sect. 14.*
Des mouvemens des corps qui éprouvent des résistances en raison de la vîtesse. II. *Sect. 1.*
En raison doublée de la vîtesse. II. *Sect. 2.*

Partie en raison de la vîtesse, & partie dans sa raison doublée. II. *Sect. 3.*
Des corps qui se meuvent dans des milieux par la seule force résidente en eux. II. *j. ij. v. vj. vij. xxxv.*
Des corps qui montent ou descendent en ligne droite dans des milieux résistans, par la force uniforme de la gravité. II. *iij. viij. ix. xl.*
Des corps projettés dans des milieux résistans. II. *iv. x. xj.*
Des corps qui circulent dans des milieux résistans. II. *Sect. 4.*
Des pendules qui oscillent dans des milieux résistans. II. *Sect. 6.*
Mouvement & résistance des fluides. II. *Sect. 7.*
Mouvement propagé dans des fluides. II. *Sect. 8.*
Mouvement circulaire ou de tourbillons des fluides. II. *Sect. 9.*
Le monde n'a point été formé par des causes méchaniques. III. *Sch. gen.* 174

N.

NAVIRE, proposition qui peut être de quelque utilité pour leur construction. II. *xxxiv. Sch.*

O.

OMBRE, l'ombre de la terre doit être augmentée dans des éclipses de Lune à cause de la réfraction de l'atmosphere. III. 94 *vers la fin.*

ONDES, on trouve la vîtesse des ondes propagés dans la superficie d'une eau stagnante. II. *xlvj.*

OPTIQUE, détermination des verres elliptiques que Descartes avoit cachée. I. *xcvij.*
Solution plus générale du Problême de Descartes. I. *xcviij.*

ORBITES, détermination des orbites que les corps décrivent en partant d'un lieu donné avec une vîtesse donnée & selon une ligne droite donnée, lorsque la force centripete est réciproquement comme le quarré de la distance, & qu'on connoît la quantité absolue de cette force. I. *xvij.*
Que les corps décrivent lorsque les forces centripetes sont réciproquement comme les cubes des distances. I. *ix. xlj. Cor. 3. xliv. Cor. 5.*
Quelles sont celles que les corps sollicités par des forces centripetes quelconques décrivent. I. *Sect. 8.*

P.

PARABOLE, par quelle loi de force centripete tendante à fon foyer cette figure eft décrite par le corps qui s'y meut. I. *xiij*.

PENDULES, on explique les propriétés des pendules. I. *l. lj. lij. liij*. II. *Sect.* 6.

On compare entr'elles, tant par la théorie de la gravité, que par les obfervations, les diverfes longueurs des pendules ifochrones dans les différentes latitudes des lieux. III. *xx*.

PHILOSOPHIE, régles à obferver en philofophant. III. 2

PLANETES, elles ne font point tranfportées par des tourbillons corporels. II. 424-426. III. 174

PLANETES PRINCIPALES, environnent le Soleil III. 8

Elles fe meuvent dans des ellipfes ayant le centre du Soleil dans un de leur foyer. III. *xiij*.

Elles décrivent des aires proportionnelles au tems par un rayon tiré au Soleil. III. *xiij*.

Elles font leurs révolutions dans des temps périodiques qui font en raifon fefquipléc de leurs diftances au Soleil. III. *viij. xiij.* & I. *xv.*

Elles font retenues dans leurs orbites par la force de gravité qui tend au Soleil, & laquelle eft réciproquement comme le quarré de la diftance à fon centre. III. *ij. v.*

PLANETES SECONDAIRES, elles fe meuvent dans des ellipfes qui ont le centre de leur planete principale pour un de leurs foyers ; elles décrivent des aires proportionnelles au temps par un rayon tiré à leur planete principale. III. 5 & *fuiv*. III. *xxij*.

Elles font leurs révolutions dans des temps périodiques qui font en raifon fefquiplée de leurs diftances à leurs planetes principales. *Ibid.* & I. 15

Elles font retenues dans leurs orbites par la force de la gravité qui tend à leur planete principale, & eft réciproquement comme le quarré de la diftance à leur centre. III. *j. iij. iv. v.*

PLANETES, leurs temps périodiques. III. 5, 9

Leurs diftances au Soleil. *Ibid.*

Les aphélies & les nœuds de leurs orbites font prefque en repos. III. *xiv*.

On détermine leurs orbes. III. *j. v. vj.*

On trouve leurs lieux dans ces orbes. I. *xxxj*.

Leur denfité eft proportionnelle à la chaleur qu'elles reçoivent du Soleil. III. *viij. Cor.* 4.

Leurs rotations diurnes font uniformes. III. *xvij*.

Leurs axes font plus courts que les diamétres de leur équateur. III. *viij*.

POIDS DES CORPS fur la terre, fur le Soleil, ou fur une planete quelconque, font à égales diftances de leurs centres comme les quantités de matiere de ces corps. III. *vj.*

Ils ne dépendent point de leurs formes ni de leur texture. III. *vj. Cor.* 1.

On les trouve pour les différentes régions de la terre, & on les compare entr'eux. III. *xx.*

PROBLEMES (folution de) de Kepler par la trochoïde & par approximation. I. *xxxj*.

Conftruction géométrique & folution fynthétique du Problême des quatre lignes des anciens, rapporté par Pappus, & que Defcartes a tenté par le calcul algébrique. I. 90, 91

PROJECTILES, ils fe meuvent dans une parabole fi on fait abftraction de la réfiftance du milieu. I. 27, 28, *x. Sch. ciij. Sch.* II. *x. exemp. feconde.* 2

Quel eft leur mouvement dans les milieux réfiftans. II. *iv. x.*

PULSIONS, on détermine les largeurs ou intervalles des pulfions de l'air par lefquelles elles font propagées. II. *l. Sch. vers la fin.*

Q.

QUADRATURE (on ne peut avoir la) d'aucune ovale en termes finis. I. *Lem. XXVIII.*

QUALITE'S (des corps), comment on peut les connoître, & quand il faut les admettre. III. 3

R.

RAISON (définition de la) fefquiplée. I. 45

REPOS, du repos vrai, & du repos relatif. I. 9 & *fuiv.*

RESISTENCE (quantité de la) dans les milieux qui ne font pas continus. II. *xxxv.*

Dans les milieux continus. II. *xxxviij*.
Dans des milieux d'un genre quelconque. II. *xxxv. Sch.*
La théorie des résistances est confirmée par les expériences des pendules. II. *xxx. xxxj. & Sch. suiv.*
Par les expériences des corps qui tombent. II. *xl. & Sch. suiv.*
La résistance des milieux est comme leur densité, toutes choses égales. II. 340 *& suiv.* II. *xxxiij. xxxv. xxxviij.* II. 391
En raison doublée du diamètre des corps sphériques ausquels ils résistent, toutes choses égales. II. 346 *& suiv.* II. *xxxiij. xxxv. xxxviij. fig. de la pag.* 379
La résistance des fluides est de trois sortes, car elle vient ou de l'inertie de la matiere fluide, ou de la ténacité de ses parties, ou du frottement. II. *xiv. Sch.*
La résistance des fluides est presque toute du premier genre. II. 390
Et elle ne peut être diminué par la subtilité des parties du fluide, sa densité restant la même. II. 392
Proportion de la résistance d'un globe à celle d'un cylindre dans des milieux non continus. II. *xxxiv.*
Et dans les milieux comprimés. III. 374 *Lem. VII.*
Résistance d'un globe dans les milieux qui ne sont pas continus. II. *xxxv.*
Et dans les milieux comprimés. II. *xxxviij.*
Comment on peut la trouver par l'expérience. II. *xl.*
Comment on peut diminuer la résistance qu'un cone tronqué éprouve dans un fluide. II. *xxxiv. Sch.*
Quel est le solide de la moindre résistance. *ibid.*

S.

SATELLITE, plus grande élongation héliocentrique au centre de Jupiter de son dernier satellite. III. *viij.*
Plus grande élongation heliocentrique du satellite d'Hughens au centre de Saturne. *ibid.*
Temps périodiques des satellites de Jupiter, & leurs distances au centre de cette planete. III. 5
Temps périodiques des satellites de Saturne, & leurs distances au centre de Saturne. III. 7
On fait voir comment on peut déduire les inégalités des mouvemens des satellites de Jupiter & de Saturne, de celles des mouvemens de la Lune. III. *xxiij.*
SATURNE, son temps périodique. III. 9
Sa distance au Soleil. *ibid.*
Son diamétre apparent. *ibid.*
Son diamétre au vrai. III. *viij.*
Quelle est la quantité de sa force attractive. *ibid.*
Poids des corps à sa surface. *ibid.*
Sa densité. *ibid.*
Quantité de sa matiere. *ibid.*
Quelle est l'altération que Jupiter cause dans son mouvement. III. *xiij.*
Diamétre apparent de l'anneau qui l'entoure. III. 8
SECTIONS CONIQUES, par quelle loi de force centripete tendant à un point quelconque donné, ces figures sont décrites par les corps qui s'y meuvent. I. *xviij. Sch.*
Description géométrique de ces courbes lorsque les foyers sont donnés. I. *Sect.* 4.
Lorsque les foyers ne sont pas donnés. I. *Sect.* 5.
Lorsque les centres ou les asymptotes sont donnés. I. *xxvij. Sch.*
SOLEIL, il se meut autour du centre commun de gravité de toutes les planetes. III. *xij.*
Son temps périodique autour de son axe. III. *xviij.*
Son diamétre moyen apparent. III. *xxxvj. Cor.* 3.
Son diamétre vrai. III. *viij.*
Sa paralaxe horizontale. *ibid.*
Il y a une paralaxe menstruale. III. *xxiij. à la fin.*
Quelle est la quantité de sa force attractive. III. *viij.*
Poids des corps à sa surface. *ibid.*
Sa densité. *ibid.*
Sa quantité de matiere. *ibid.*
Quelle est sa force pour troubler les mouvemens de la Lune. III. *iij. xxv.*
Quelle est sa force pour élever les eaux de la mer. III. *xxxvj.*
SONS. (on explique la nature des) II. *xliij. xlvij. jusqu'à l.*
Ils se détournent de la ligne droite en se propageant. III. *xlij.*
Cette propagation se fait par l'agitation de l'air. III. *l. Sch.*

TABLE ALPHABETIQUE DES MATIERES.   437

On trouve par le calcul quelle est leur vitesse. *Ibid.*

Elle doit être, selon la théorie, un peu plus grande l'été que l'hyver. *Ibid. vers le milieu.*

Le son cesse aussi-tôt que le mouvement du corps sonore vient à cesser. *Ibid. vers la fin.*

On l'augmente par le moyen des porte-voix. *Ibid.*

SPHEROIDE (attraction d'un) dont les particules ont des forces qui sont réciproquement comme les quarrés des distances. I. *xcj. Cor. 2.*

SPIRALE, on fait voir par quelle loi de force centripete tendante au centre, une spirale qui coupe tous ses rayons sous un angle donné peut être décrite par un corps qui tourne. I. *ix. xj. xv. xvj.*

SUBSTANCES (les) de toutes les choses sont cachées. III. *Sch. 9. à la fin.*

T.

TEMS absolu & relatif. I.   8

On trouve l'équation astronomique du temps par les horloges à pendules, & par les eclipses des satellites de Jupiter. I.   10

Quels sont les temps périodiques des corps qui tournent dans les ellipses lorsque les forces centripetes tendent au foyer. I. *xv.*

TERRE (mesure de la) par Norwood. III. *xix*, par Picart. *Ibid.*

On détermine sa figure, la proportion de ses diamêtres & de la mesure des degrés de Méridien. III. *xix. xx.*

Excès de sa hauteur à l'équateur sur sa hauteur aux Poles. III. *xix. vers le mil. xx. à la fin.*

Son plus grand & son plus petit diamètre. III. *xix. vers le mil.* son diamètre moyen. *Ibid. &c.*

Le Globe de la terre est plus dense que s'il étoit entiérement composé d'eau. III. *x.*

Nutation de son axe. III. *xxj.*

On démontre le mouvement annuel dans le grand orbe. III. *xij. xiij.* III.   152

Quelle est la quantité de son excentricité III. *xxxv. Sch.*

Quelle est la quantité du mouvement de son aphélie. III. *xiv. Sch.*   15

TOURBILLON. On examine leur nature & la maniere dont on les employe. II. *Sec. 9*; III. *Sch. génér. de la fin.* p. 173

V.

VUIDE (il y a du), ou bien (si on veut que tous les espaces soient pleins) ils ne le sont pas également. II. *xl. Sch. à la fin.* III. 6. *Cor. 4.*

VITESSE (plus grande) qu'un globe puisse acquérir en tombant dans un milieu résistant. II. *xxxviij. Cor. 2.*

Quelles sont les vitesses des corps mûs dans des sections coniques, lorsque les forces centripetes tendent au foyer. I. *xvj.*

VENUS. Son tems périodique. III.   9

Sa distance au Soleil. *Ibid.*

Mouvement de son aphélie. III. *xiv. Sch.*

Tome I.   K k k

www.ingramcontent.com/pod-product-compliance
Lightning Source LLC
Chambersburg PA
CBHW071710230426
43670CB00008B/971